미국 사회과학의 기원 1

나남
nanam

한국학술진흥재단 학술명저번역총서
서양편 220

미국 사회과학의 기원 1

2008년 4월 25일 발행
2008년 4월 25일 1쇄

지은이_ 도로시 로스
옮긴이_ 백창재 · 정병기
펴낸이_ 趙相浩
펴낸곳_ (주) 나남
주소_ 413-756 경기도 파주시 교하읍
출판도시 518-4
전화_ 031) 955-4600 (代)
FAX_ 031) 955-4555
등록_ 제 1-71호(79. 5. 12)
홈페이지_ http://www.nanam.net
전자우편_ post@nanam.net
인쇄인_ 유성근(삼화인쇄주식회사)

ISBN 978-89-300-8295-2
ISBN 978-89-300-8215-0 (세트)
책값은 뒤표지에 있습니다.

'한국학술진흥재단 학술명저번역총서'는 우리 시대 기초학문의 부흥을 위해
한국학술진흥재단과 (주)나남이 공동으로 펼치는 서양명저 번역간행사업입니다.

미국 사회과학의 기원 1

도로시 로스 지음 | 백창재 · 정병기 옮김

나남
nanam

이 책과 더불어 자란
존과 엘렌에게

스위스에서 빙하로부터 흘러오는 라인 강을 건너가는 여행자들은, 라인 강의 경로를 따라 중세의 마을들과 봉건시대의 폐허들을 거쳐 라인 강이 현대산업을 위한 고속도로가 되고 마침내는 대양에 이르러 영구적 평형상태에 도달하는 것을 볼 수 있었다. 미국의 역사도 이와 같은 경로를 따라왔다. 선사시대의 빙하나 중세 봉건제와는 별 연관이 없었지만, 대양의 모습이 보이기 시작하는 순간부터는 가히 충격적인 관심을 얻게 되었다.… 과학만으로 대양에 대해 그 깊이를 측정하고 조류를 측량하며 폭풍을 예측하거나 자연체계와의 관계를 교정할 수 있었다. 민주주의의 대양에서 과학은 어떤 궁극적인 것을 볼 수 있었다. 인간은 더 이상 나아갈 수 없었다. 원자는 움직일 수 있었지만, 전체의 평형상태가 변할 수는 없었다.

— 헨리 아담스

《미국의 역사》 제 9권

옮긴이 머리말

우리나라의 현대 사회과학은 서구로부터 유입되면서 대부분 그 경향과 방법론을 답습해 왔다. 물론 동양사상이나 한국의 전통적 대상에 대한 연구는 예외일 수 있다. 그럼에도 '한국 사회과학의 정체성'에 대한 연구가 처음 이루어진 것은 지난 2003년 9월 동양정치사상학회가 개최한 학술회의에서였다. 이처럼 동양정치사상학회에서 먼저 그러한 화두를 냈다는 것은 우리나라 사회과학에 대한 서구의 영향이 제대로 인식되지 못했을 뿐만 아니라 우리 사회과학의 정체성이 제대로 확립되지 못했다는 역설적 증거이다.

외국학문의 소개는 비단 속도에서뿐만 아니라 양적 측면에서도 충분하다고 판단된다. 이제는 양적 발전을 넘어 질적 발전을 추구해야 할 때이다. 그리고 질적 발전이 지향해야 할 점은 바로 우리 학문의 정체성 확립이라 할 수 있다. 특히 사회과학에서 정체성의 확립은 대단히 중요하다. 사회과학은 사회현실을 주된 연구대상으로 하는 만큼 현실적합성이 중요하기 때문이다. 사상과 이념을 다루는 경우에도 그 기본적 시각은 그 사회의 특성에서 출발하기 때문에 예외가 될 수 없다.

우리 학문의 정체성 확립은 우리나라의 기존 학문경향에 대한 심도 있는 천착을 통해서만 가능하다. 그런데 우리나라 사회과학은 뿌리에서부터 서구의 영향을 받았기 때문에 서구 사회과학을 명확히 이해하는 작업이 우선적으로 진행될 필요가 있다. 우리나라 사회과학에 가장 크게 영향을 미친 나라들은 미국과 영국 및 프랑스와 독일이다. 따라서 이 나라들의 사회과학적 경향과 특성을 파악하는 데 우선적으로 힘을 기울여야 할 것이다. 그 중에서도 가장 먼저 관심을 두어야 할 대상은 역시 미국이라 할 수 있다. 우리나라 현대 사회과학에 가장 지배적인 영향을 미친 나라는 미국이기 때문이다.

이러한 문제의식에서 우리는 우선 미국 사회과학의 경향과 역사 및 기원에 관한 연구를 수행해 왔다. 그러던 중 마침 매우 적절한 단행본을 발견하였는데, 존스 홉킨스(Johns Hopkins) 대학의 역사학 교수 도로시 로스(Dorothy Ross)가 쓴 《미국 사회과학의 기원》(*The Origins of American Social Science*)이 바로 그 책이다. 이 책은 제목에서 드러나는 바와 같이 미국 사회과학의 기원에 대해 밝힌 글로서 우리 문제의식에 더없이 적절한 책이다.

자그마치 800쪽 가까이에 이르는 이 책은 미국의 고유한 사회과학 발전과 유럽의 영향을 매우 방대하게 다루고 있다. 따라서 가능한 한 역주를 통해 상세한 설명을 덧붙이고, 해제를 통해 의미와 내용을 좀 더 쉽고 올바르게 전달하기 위해 노력했다. 책은 두 권으로 나누었으며, 제 1권에는 보론을 삽입하고 제 2권에 해제를 추가했다.

보론은 한국 사회과학 정체성 논의의 흐름과 내용을 추적하고 평가함으로써, 한국 사회과학의 정체성에 대해 문제를 제기하였다. 이러한 문제제기는 이 책의 번역동기와도 일맥상통하며 이 책을 읽는 이유도 명확히 해줄 것이다. 따라서 방대한 분량을 탐독하는 동안 잠시 쉬어간다고 생각하고 읽어도 좋으며, 문제의식을 돋우는 의미에서는 가장 먼저 읽어도 좋다. 해제는 사회과학 일반의 개념과 발달사에서 시작하여 미국 사회과학의 발전을 더듬어 보고 이 책의 주요 내용을 소개했으며, 이 책이 한국 사회과학 정체성 논의에 주는 함의를 도출했다. 독자적 판단과 평가를 내린 후 토론하듯 읽으면 좋을 것이다.

해제와 보론의 주요 내용들은 서울대학교 한국정치연구소에서 발간하는 〈한국정치연구〉 제 16집 2호(2007)에 게재된, 역자들의 논문 "로스(Dorothy Ross)의 논의를 통해 본 한국 사회과학의 정체성 문제"를 위 연구소의 양해를 얻어 일부 수정 변경하여 실은 것이다. 논문의 게재를 허락해준 한국정치연구소에 감사드린다.

그리고 무엇보다 이 책은 학술진흥재단의 동서양학술명저 번역사업의 일환으로 든든한 조력을 받아 번역되었으며, 나남출판의 체계적이고 꼼꼼한 편집과정을 거쳐 역서로 완성되었다. 학술진흥재단의 담당자들과 나남출판의 사장님 이하 편집부 여러분들께 심심한 감사를 드린다. 끝으로 오역의 책임은 전적으로 역자들에게 있음을 밝히며, 모쪼록 이 책이 한국 사회과학 정체성 논의에 기여하기를 바란다.

2008년 4월

백창재 · 정병기

감사의 글

학문은 협동적 노력이므로 이 책이 선배 학자들과 동료들의 연구에 얼마나 많이 빚지고 있는지 잘 알고 있다. 이들이 기여한 바를 본문과 각주에서 밝히기는 했으나, 이 책을 집필하는 기나긴 과정에서 진 지적 부채들 중 일부는 누락되었을 수도 있다. 연구를 통해 그리고 종종 직접적인 도움을 통해 이 책에 기여한 학자들과 친구들 모두에게 감사의 말씀을 전한다.

특히 이 책이 쓰여진 버지니아대학(University of Virginia)의 예전 동료들에게 감사한다. 그들은 내게 지적 자극과 용기를 주었다. 시어도어 포터(Theodore M. Porter)는 비판적 시각에서 일독을 해주었고, 스티븐 아이네스(Stephen Innes)는 초반부 여러 장들에 대해 마찬가지 도움을 주었다. 리차드 로티(Richard Rorty), 마이클 홀트(Michael Holt), 마크 토마스(Mark Thomas), 올리비어 준츠(Olivier Zunz), 그리고 조셉 케트(Joseph Kett)는 초고 전체나 일부를 읽고 매우 유용한 제안을 해주었다. 랄프 코헨(Ralph Cohen)이 주재했던 해석학에 대한 교수 세미나에서의 유용한 논의와 에릭 미들포트(Erik Midelfort)의 시의적절한 조언들에 감사한다. 이 책이 반영할 수 있었던 모든 것들이 그들의 덕분이다.

초고에 대한 논평을 해준 다른 동료들 모두에게도 마찬가지로 감사드린다. 존스홉킨스 대학의 새 동료가 된 루이스 갤럼보스(Louis Galambos)는 엄밀하면서 공감적인 입장에서 일독을 해주었고, 피터 노빅(Peter Novick), 데이빗 홀린저(David Hollinger), 에이미 스탠리(Amy Stanely)는 초반부 여러 장에 대해 해박한 논평을 해주었으며, 바바라 래슬렛(Barbara Laslett)은 사회학과 성(*gender*)의 연구에 대한 혜안으로 텍스트를 읽어주었다. 하워드 세프텔(Howard Seftel)은 경제학 부문에서 동일한 도움을 주었으며, 도날드 듀이(Donald Dewey)는 나이트(*Knight*)에 관한 부분을 읽어주었다. 내가 그들의 조언을 채택하지 않기로 한 경우에도, 이 책을 읽은 모든 사람들의 비평과 제안으로부터 나는 큰 도움을 받았다. 마지막으로, 이 텍스트를 교열했을 뿐만 아니라 저자의 불안을 가라앉히기 위해 무엇을 말해야 할지 제대로 알고 있었던 캠브리지대학 출판사 편집자 프랭크 스미스(Frank Smith)에게 감사를 표한다.

많은 사람들과 기관들이 다른 방식으로 이 책의 출판이 가능하도록 도움을 주었다. 초기 연구의 상당부분은 국립과학재단(National Science Foundation) 기금 SES-7923830의 지원을 받았는데, 과학사와 과학철학 분과장인 로날드 오버먼(Ronald Overmann)의 인내심에 보답할 수 있어서 기쁘다. 후반부 저술과 연구의 일부는 버지니아대학 150주년 기념기금의 지원을 받았다. 의회도서관과 서가 직원들에게도, 도서관의 훌륭한 자료들 한가운데에서 연구하고 이 책을 저술할 기회를 준 데 대해 특별히 감사드린다. 초고를 위한 연구를 수행하기 위해 이용했던 도서관들의 직원들도 역시 대단히 큰 도움을 주었다. 여기에서는 시카고대학 특별장서도서관 직원인 로버트 로젠탈(Robert Rosenthal) 한 사람만을 언급하겠다. 이 도서관의 도서수집 책임자인 그가 미국 사회과학 역사에 대해 해박한 지식을 가지고 있어 여러 차례 방문하게 되었다.

집필에 착수하면서 구식 타자기의 한계에 부딪히자, 버지니아대학 비서들인 로티 맥컬리(Lottie McCauley), 캐스린 밀러(Kathleen Miller), 엘라 우드(Ella Wood)가 후속된 초고들을 워드프로세서로 옮겨주었다. 이들의 헌신과, 직무를 뛰어넘는 훌륭한 유머에 깊이 감사한다. 지난 몇 년 동안 내 연구조교였던 찰스 에반스(Charles Evans)는 수많은 과제들을 능숙하게 잘 처리해 주었다.

끝으로, 비판적이면서 동시에 공감하면서 초고를 읽어준 내 남편 로스(Stanford G. Ross)에게 감사하고 싶다. 특히 같이 하는 삶의 만족을 누리게 된 것에 감사한다. 그것이 이 책과 다른 모든 것을 가능하게 했다.

존스 홉킨스 대학에서

도로시 로스

미국 사회과학의 기원 1

차 례

제 2 부 미국 예외주의의 위기 : 1865~1896

제 3 부 혁신주의 사회과학 : 1896~1914

2권 차례 미국 사회과학의 기원 2

각주의 약자 해설

AAAPSS	Annals of the American Academy of Political and Social Science
AER	American Economic Review
AHAAR	American Historical Association Annual Report
AHR	American Historical Review
AJS	American Journal of Sociology
APSR	American Political Science Review
ASR	American Sociological Review
DAB	Dictionary of American Biography
EW	John Dewey: The Early Works, 5 vols. (Carbondale: Southern Illinois University Press, 1967~75)
JAH	Journal of American History
JHBS	Journal of the History of the Behavioral Sciences
JHS	Journal of the History of Sociology
JHUSHPS	Johns Hopkins University Studies in History and Political Science
JPE	Journal of Political Economy
LW	John Dewey: The Later Works, 1925~1953 (Carbondale: Southern Illinois University Press, 1981~)
MW	John Dewey: The Middle Works, 1899~1924, 15 vols. (Carbondale: Southern Illinois University Press, 1976~83)
PAEA	Publications of the American Economic Association
PAPSA	Proceedings of the American Political Science Association
PPASS	Papers and Proceedings of the American Sociological Society
PSQ	Political Science Quarterly
QJE	Quarterly Journal of Economics

서 장

미국 사회과학은 미국적 기원이라는 뚜렷한 특징을 지니고 있다. 실용주의나 프로테스탄트 근본주의 또는 추상적 표현주의와 마찬가지로, 미국 사회과학은 근대 미국문화의 독특한 산물인 것이다. 미국 사회과학이 지닌 자유주의적 가치라든가 실용주의적 경향, 희박한 역사적 상상력, 기술주의에 대한 확신 등은 바로 20세기 미국의 두드러진 특징들이다. 미국 내외의 비판에 따르면, 이러한 특징들로 인해 미국 사회과학은 역사적 차이와 복합성에 대한 이해를 결핍한 채 비역사적이고 과학주의적이다. 반면, 옹호자들에 의하면, 과학적 방법, 역사의 변덕으로부터 자유로움, 그리고 미국사회에서의 실용성을 추구했던 것은 자주 실패하기는 했어도 경탄할 만한 목표였으며 이것이 역시 미국 사회과학의 특징적 모습이었다. 요컨대 미국 사회과학을 두드러지게 만드는 것은 미국 사회과학이 역사과학이 아니라 자연과학을 모델로 하고 있으며 자유주의적 개인주의라는 고전적 이데올로기에 뿌리를 두고 있다는 점이다.

미국 사회과학의 이러한 독특한 성격은 미국에서의 사회적 실천과 사회사상에도 필연적으로 심대한 영향을 미쳤다. 역사는 인간이 창조하는 영역이다. 그것은 인간의 경험에 의해 창출되고 권력구조에 의해 유지되는 제도들, 실천들, 언어들 및 사람들로 구성된다. 역사학은 이러한 역사적 경험에 대해 비판적 이해를 달성하는 데 이용될 수 있으며, 이를 통해 역사를 형성하는 사회구조를 변화시킬 수 있도록 해준다. 이와 대조적으로 20세기 미국 사회과학을 지배한 사회적 영역의 모델들은 역사의 밑바탕에서 진행되는 자연적 과정을 볼 수 있게 한다. 여기에서 사회적 영역들은 자연으로부터의 자극에 대해 반응하는 개별행위들로 구성된다. 실제로 자본주의 시장과 현대 도시사회는 자연의 일부로 이해되고 있다. 이를 통해 우리는 자연에 대한 양적·기술적 조작과 미국 사회에 대한 이상화된 자유주의 시각으로 인도된다. 그러나 시간이 흐르면서 20세기 미국문화가 점점 더 방향성을 상실하게 되고 사회윤리가 지속적으로 침식됨에 따라, 이 비역사적 전략을 면밀히 검토해야 할 필요성이 제기된다.[1)]

내 관심의 초점은 미국 사회과학의 세 가지 핵심분야인 경제학, 사회학 및 정치학이다. 제 1부는 18세기 유럽 사회과학의 기원과 19세기 초반 미국 사회과학의 기원을 다루면서 시작할 것이다. 제 1부의 두

---

1) 미국 사회과학에 대한 수많은 비판 문헌들 가운데 내가 가장 영향을 많이 받은 문헌들은 다음과 같다. Kenneth Bock, *The Acceptance of Histories: Toward a Perspective for Social Science* (Berkeley: University of California Press, 1956); Richard J. Bernstein, *The Restructuring of Social and Political Theory* (New York: Harcourt Brace Jovanovich, 1976); Richard J. Bernstein, *Beyond Objectivism and Relativism: Science, Hermeneutics and Praxis* (Philadelphia: University of Pennsylvania Press, 1983); Warren J. Samuels, "Ideology in Economics," in *Modern Economic Thought*, ed. Sidney Weintraub (Philadelphia: University of Pennsylvania Press, 1977), 467~84; William E. Connolly, *The Terms of Political Discourse*, 2nd ed. (Princeton, N.J.: Princeton University Press, 1983). 그밖에 Peter T. Manicas, *A History and Philosophy of the Social Sciencies* (Oxford: Blackwell Publishers, 1987)도 참조.

장에서는 나의 논지를 구성하는 역사적·개념적 토대를 소개하는데, 어쩔 수 없이 짧은 지면에 방대한 내용을 압축할 것이다. 이보다 덜 무리한 속도로 서술될 이 책의 중심 부분은 미국 사회과학 분과학문들의 형성기인 대략 1870년에서 1929년 사이의 기간을 다룬다. 이 분과학문들은 애초에 독일 역사주의 모델의 영향을 많이 받은 시기에 시작되었지만, 이 시기가 끝나는 시점에 이르러 미국 사회과학자들은 자연과학적 경향을 취하기로 결정했다. 계량적 모델이나 체계분석, 기능주의 및 행태과학 등이 크게 유행했던 1950년대에 과학적 열망이 최고조에 달했지만, 사회역사 영역을 자연과정의 한 영역으로 보는 기본 관점과 자연과학적 방법을 추구하려는 결정은 이미 1920년대에 이루어졌던 것이다.

미국 사회과학이 이렇게 독특한 성격을 갖게 된 것은, 공화제 정부와 경제적 기회에 기반을 두고 있는 미국은 역사상 예외적인 지위를 차지하고 있다는 관념, 곧 미국 예외주의(*American exceptionalism*) 국가 이데올로기와 연관되어 있다고 나는 믿는다. 이런 식의 국가적 자기인식과 이런 사회과학은 18세기 후반, 19세기 초반에 근대사회의 성격과 그 운명을 이해하려는 노력들로부터 생겨났다. 공화제 제도들의 성공적인 수립과 광대한 개척지에 의해 보장된 자유주의적 기회들에 의해 미국의 역사는 영원한 반석 위에 올려졌으며, 미래의 어떠한 변화로부터도 면제되었다고 미국인들은 믿었다. 영국에서 근대성이 초래한 대중의 빈곤과 계급갈등을 미국은 미리 예방하고 있는 것으로 믿어졌다. 남북전쟁 이전까지 이 미국 예외주의 관점은 사회과학으로 하여금 시간을 묶어두려는 거국적 노력에 빠져들도록 만들었다. 사회과학자들은 기존의 국가제도들을 영속시키는 불변의 역사적·자연적 법칙을 발견하곤 했던 것이다.

내전과 급속한 산업화, 그리고 종교적 확신의 쇠퇴를 경험하면서 국가적 위기가 촉발되었고 이에 따라 미국인들도 어쩔 수 없이 근대적 의미에서 역사를 이해하게 되었다. 역사는 지속적이고 질적인 변동의 과정이며, 역사 자체에 내재된 동력에 의해 움직이고 규제된다는 것을 깨달은 것이다. 산업화와 계급갈등의 등장이라는 충격 속에서 미국인들은 자신들의 나라가 유럽과 동일한 역사적 과정을 밟고 있으며, 미국에서도 영속적인 계급들과 심지어 사회주의까지 발전할 수 있다는 가능성에 직면하였다. 그 결과 많은 사회과학자들은 미국 예외주의 이념을 수정했다. 이들은 미국에서 자유주의적·공화주의적 이념을 실현하는 것은 유럽에서 자유주의적 근대성을 창출하는 것과 동일한 동력, 즉 자본주의와 민주정치 및 과학발전에 달려 있다고 주장했다. 미국의 독특한 조건은 근대성의 효과 전체를 차단하지 않으며 오히려 촉진한다고 보았다.

그러나 예외주의 관념에 오랫동안 매달렸기 때문에, 미국을 서구 자유주의 역사에 포함시키려는 노력은 완전하지도 않았고 일관되지도 못했다. 일부 사회과학자들은 자신들의 연구를 역사와 연결짓는 데 성공하기도 했다. 사실, 표면 아래에서 수행되거나, 또는 가끔 주류와 공개적인 갈등을 일으키기도 했던 대안적 시도들이 처음부터 아예 없었더라면, 주류 사회과학의 과학으로의 궤적을 그리는 작업이 별로 흥미롭지도 않을 것이다. 그러나 사회과학자들 중 주류들은 역사의 내부와 역사의 아래로부터 자연의 영역을 추출하려고 시도했으며, 이 자연의 영역이야말로 쇠퇴에 대한 끈질긴 두려움을 방지하고 미래의 어느 시점에 조화롭고 자유로운 사회의 실현을 보장하리라고 보았다. 이러한 자유주의 모델에 입각해 역사는 협소한 범위에서 작동했으며, 미국을 변화에 노출시키는 정도만큼 역사는 변화에 대한 두려움을 야기했다. 따라서 많은 사회과학자들은 역사를 과학의 통제 아래 두려고 서둘렀던 것이다.

20세기의 두 번째 10년대에 이르러서는 산업사회의 급속한 발전과 이러한 변화에 대한 대응의 심화, 그리고 제 1차 세계대전의 경험으로 과거와의 단절이라는 새로운 인식이 생겨났고 역사적 변혁이 가속화되었다. 이러한 상황에서 미국 사회과학자들은 보다 엄격한 형태의 기술적 통제를 추구했다. 이들은 끊임없이 변화하는 자유주의적 세계에 대한 다원주의적·행태주의적·통계학적 모델을 개발하면서, 다른 한편으로는 지속적으로 그 미국적 형태를 재창출했다. 과거가 사라지면서 역사의 당혹스런 불확실성은 통제 가능한 자연과정으로 변형되었던 것이다.

미국인들의 역사에 대한 이해와 역사적 변화에 대한 반응을 검토함으로써 미국 사회과학의 과학주의적이고 자유주의적인 입장을 설명하는 것은 대단히 우회적이고 소모적인 것으로 보일 수 있다. 좀더 직접적이고 쉬운 해답이 가까이 있다. 즉, 미국 사회과학자들이 흔히 그래왔듯이, 미국 사회과학의 과학주의적 열망이 단지 사회과학 자체의 과학주의적 충동의 산물이라고 보는 것이다. 그러나 시간과 국가 경계를 가로질러서 바라보면, 사회사적 사건들을 다루는 데 있어 과학이 상이한 형태를 취할 수 있었음을 알게 된다. 18세기와 19세기 대부분의 시기에 과학은 체계적 지식으로 막연히 이해되었고, 과학적 방법의 모델은 뉴턴(Newton)의 귀납적-연역적 방법에서부터 헤르더(Johann Gottfried von Herder)[2]와 괴팅엔 학파(*Göttingen Gelehrten*)[3]의 비판철학까지

2) 옮긴이 주: Johann Gottfried von Herder(1744~1803) — 동프로이센 출신의 바이마르 궁정의 목사이자 철학자이다. 브루노(G. Bruno), 스피노자(B. Spinoza), 라이프니츠(G. W. F. Leibniz) 등의 영향을 받았으며, 직관주의적이고 신비주의적 신앙을 앞세우는 입장에서 칸트(I. Kant)의 계몽주의적 이성주의 철학에 반대하였다. 역사를 모든 세력들의 경합으로부터 조화로 나아가는 진보의 과정이라고 보는《인류역사철학 논고》(1784~1791)의 역사철학은 레싱(G. E. Lessing)을 계승하여 헤겔(G. W. F. Hegel)의 역사연구 구성으로 이어진다. 또한《언어의 기원에 대한 논고》(1772)는 훔볼트(K. W. Humboldt)의 언어철학에 영향을 주었다. 칸트의 선험철학과 미학에 반대하여 집필한《오성과 경험, 이성과 언어: 칸트의 순수이성비판에 대한 비판》(1799)과《칼리고네》(1800)도 대저작으로 손꼽

포함했다. 나아가 콩트와 스펜서, 다윈 등과 같은 다양한 역사-진화론적 경험주의들도 추가되었다. 이 모든 모델들이 미국 사회과학자들에게 제공되었고, 19세기 초반부터 이 모델들 전체에 걸쳐 매력적 요소들이 발견되곤 했다. 19세기 말로 접어들면서 과학적 방법에 대해 보다 비판적인 요구가 제기되었으나, 과학에 대한 이 새로운 기준들이 결과를 예정한 것은 아니었다. 방법은 주제에 적합해야 한다는 오래된 규칙이 여전히 해석(*interpretation*)에 대한 많은 여지를 남겨주었다. 사회과학의 주제가 역사 자체일 때, 또는 처음부터 역사 자체였을 때 특히 그러했다. 따라서 미국 사회과학이 선택한 특수한 과학주의적 입장은 그들의 특수한 역사의식에 의거하지 않고는 설명될 수 없다.

미국 사회과학의 독특한 특징에 대해 자주 거론되는 또 다른 설명에 따르면, 미국 사회과학은 단지 미국 사회의 독특한 성격을 반영하고 있을 뿐이다. 곧, 미국 사회과학이 한결같이 자유주의적인 것은 미국의 사회와 정치문화가 한결같이 자유롭기 때문이며, 실용적이고 기술적인 것은 미국 국민들이 실용적 민주주의자들이고 기술의 가치를 높이 평가하기 때문이라는 설명이다. 후자의 설명과는 반대로 우리는 미국 사회과학이 실용적인 양키들에 의해 발전된 것이 아니라, 도덕철학에 뿌리를 두고 미국 사회의 엘리트층의 가치를 신봉하는 학자 계층에

힌다.

3) 옮긴이 주: 1901년 이후 후설(Edmund Husserl, 1859~1938)이 괴팅엔 대학에 재직하던 당시에 제자들을 모아 만든 '철학연구회'(Philosophische Gesellschaft)를 지칭하는 것으로 '현상학파'라고도 한다. 이 학파는 '사상(事象) 그 자체에로'라는 입장에서 그 본질을 직관에 의하여 파악하고 기술한다는 공통점을 갖고 있었다. 이러한 기술적(記述的) 현상학에서 출발하여 신칸트학파의 주관적 구성주의를 배제하여 '객관성으로의 전향'을 지향하는 동시에 사실에 한정시키는 실증주의와는 달리 '본질에 대한 직관'을 중시하였다. 이후 후설은 '선험적 현상학'의 입장을 취하여 학파 내의 공유체계가 와해되었다. 당시 이 학파의 대표적인 인물은 슈타인(E. Etein)과 콘라드-마티우스(H. Conrad-Martius)이다.

의해 이루어졌음을 볼 것이다. 설사 이들이 현실 권력에 상관했더라도 이는 이들이 대체로 자신들이 권력과는 거리가 있다고 생각했기 때문이었다.

미국 사회와 미국 정치에 대한 자유주의적 해석은 또한 미국의 경험이 복합적이라는 사실도 파악하지 못한다. 루이스 하츠(Louis Hartz)를 비롯한 미국의 자유주의 사상가들은 미국의 정치문화가 처음부터 전적으로 자유주의적이라고 주장했으며, 자유주의를 탐욕적 개인주의(*acquisitive individualism*)[4]로 정의했다. 미국 예외주의는 이러한 자유주의적 성격에 기반을 두며, 이는 봉건제의 부재가 사회주의의 부재를 가져왔고, 그 결과 미국 정치를 자유주의적 합의(*liberal consensus*)로 고착시켰기 때문이라고 한다.[5] 그러나 이 책에서 나는 18세기 후반과 19세기 초반에 발전된 미국 정치의 합의의 틀이 프로테스탄트 이념과 공화주의 이념 및 자유주의 이념의 접합으로부터 형성되었다고 주장한다. 이 국가 이데올로기에는 비단 자유시장의 가치만이 새겨졌던 것이 아니라, 자본주의의 발전과 역사의 변화에 대한 프로테스탄트 이념과 공화주의의 이중성도 각인되었다. 안정적인 자유주의적 합의를 창출한 것이 아니라 역사와의 끊임없는 갈등을 초래했던 것이다. 따라서 예외주의적 틀은 갈등을 억제했을 뿐 아니라 오히려 촉진하기도 했으며, 그 억제력은 반복적으로 시험되고 옹호되었다. 사회주의가 미국에서 주요 정치적 동력으로 발전하지는 않았지만, 산업화는 여전히 계급갈등의 문제와 사회주의의 위협을 제기했다. 미국 예외주의의 압력 속에서 이러한 문제와 위협은 더욱 커졌고, 이로 인해 사회과학자들의 자유주의적 대응이 이루어졌다. 이들은 미국 예외주의의 이상을 전적

---

4) 옮긴이 주: 자유방임적 개인주의에 대한 부정적 표현으로 이기적이고 비사회적이며 공격적인 개인주의를 의미한다.

5) Louis Hartz, *The Liberal Tradition in America* (New York: Harcourt, Brace & World, 1955).

으로 자유주의적인 맥락으로 재규정했고, 이를 공화국의 기원으로 소급하여 적용했다. 미국의 경험에 관한 하츠(Hartz)식 관점은 바로 미국 예외주의의 자유주의적 수정의 산물인 것이다.

더욱이 서구 국가들 중 미국의 경험이 갖는 독특성은 과장된 것이다. 왜냐하면 각국의 역사는 공통적 요소들과 고유한 요소들의 상호작용에 의해 형성되기 때문이다. 유럽 국가들에서 발전된 사회과학들도 자유주의와 연결되었으며 과학화를 추구했다. 다만 이 공통적 요소들은 자신들의 등장배경이 된 역사적 문화에 의해 영향을 받았다. 그 결과 각국의 사회과학 분과학문들은 어느 정도 상이한 정치적 과제를 맡게 되었고, 미국에서 인문과학과 자연과학이라고 부르는 것 사이에서 각각 다른 위치를 점하게 되었다. 예컨대 독일 문화는 역사학적 이해에 의해 가장 깊은 영향을 받았으며, 자유주의적 로셔(Wilhelm Georg Friedrich Roscher)[6]와 베버로부터 급진적인 맑스와 만하임(Karl Mannheim)에 이르기까지 그 속에서 형성된 학문(*Wissenschaft*)의 사회과학적 모델들도 마찬가지였다. 프랑스의 경우, 역사학과 더불어 합리주의 철학과 실증주의 과학의 영향도 상당했으나, 토크빌과 콩트 시대 이후 인문과학(*les sciences humaines*)에 지속적으로 영향을 미친 것은 역사학이었다. 미국과 마찬가지로 영국은 대륙 국가들에 비해 역사적 사고의 영향을 덜 받았지만, 미국에 비해서는 자연과학 모델의

---

6) 옮긴이 주: Wilhelm Georg Friedrich Roscher(1817~1894)— 독일 역사학파 창시자의 한 사람이다. 종래의 관방학적 또는 스미스적 경제학에 대하여 국민경제의 역사적이고 유기체적인 성격을 강조하였다. 즉, 독일 역사법학의 방법을 경제학에 적용하여, 국민경제는 역사적이고 상대적인 것이므로 역사적 비교에 의해 연구되어야 한다고 주장하였다. 또한 생산요소의 존재방식을 기준으로 한 경제발전단계설도 제창하였다. 주요 저서로는, 독일 역사학파 경제학의 선언서라고 할 수 있는《역사적 방법에 의한 국민경제 강의 요강》(1843)을 위시하여《국민경제체계》(1854~1894),《독일국민경제사》(1874) 등이 있다.

영향도 덜 받았다. 독립 분과학문들로서 사회학과 정치과학(*political science*)이 경제학과 같이 과학적 영역으로 자리잡지 않았고, 그 대신 경제학, 철학, 정치학(*politics*), 역사학들이 19세기적 관계를 유지하면서 대학의 학문으로 남게 되었다.

그렇다고 서구 국가들 간의 이러한 관계들이 단순하게 설정되는 것은 아니다. 예를 들어 영국에 없는 유사성이 미국과 대륙의 사회과학 사이에 존재했음을 발견하게 될 것이다. 즉, 19세기말 국가차원의 위기의식을 반영하거나 역사적 변화에 대한 우려를 반영하는 유사성들을 미국과 독일 및 프랑스가 공유했다. 또한 끊임없이 역사로부터 도피하려는 미국의 욕구가 19세기 초기에는 유럽의 역사의식으로부터 미국을 분리시켰지만, 20세기 초반에 이르면 유럽의 모더니즘적 역사의식과 밀접히 연관됨을 발견할 것이다. 미국 사회과학과 유럽 사회과학의 유사성과 차이점을 드러내는 것은 또 한 권의 단행본을 요구하는 작업이다. 따라서 이 책에서는 일단 미국의 특수한 국가 이데올로기와 사회과학적 과제가 어떻게 유럽 사회과학으로부터 나왔는지를 살펴본 후, 미국 사회과학의 발전과정을 조명하기 위해 간헐적으로만 미국과 유럽의 사회과학을 비교할 것이다.

어떠한 의심의 여지도 없도록 하기 위해 이 점을 분명히 해 두어야겠다. 미국 예외주의 이데올로기에 대한 나의 검토는 미국적 독특성이라는 관념에 대한 옹호가 아니라 비판이다. 예외주의는 미국적 세계를 있는 그대로 묘사한다고 주장했지만 실제로는 이를 왜곡시켰으며, 미국에 대한 단순하고 이상화된 관점을 제공하면서 미국의 독특성을 과장했던 것이다. 그럼에도 불구하고 미국이 다르다는 관념과 미국 예외주의의 이데올로기는 미국인들의 삶에서 극도로 중요한 역할을 수행했으며, 사회적·정치적 사고구조에 깊은 영향을 미쳤다. 이 이데올로기는 미국의 경험을 다른 나라의 경험과 상이하게 만들었으며, 미국인들이 자신들에 대해 보다 다원화된 관점을 발전시켰더라면 덜 했으리라고 나는 믿는다. 이러한 한정된 의미에서 나는 미국 예외주의라는 존재의 죄과를 주장한다. 그러나 이 이데올로기를 지목하여 역사적 비판을 하는 의도는 미래에 이것의 영향력이 줄어들게 하려는 것이다.

이 연구의 접근방법은 미국 사회과학 전체의 역사가 아니라 중심적인 발전노선만을 포착하는 방식이다. 이는 미국 사회과학에 근본적이고 깊숙이 내재된 역동성, 즉 미국의 역사와 사회과학을 연결시키는 역동성이자, 사회과학자들이 지닌 가치와 전제들을 오랜 기간의 역사 속에서 탐구할 때 가시화되는 역동성을 발견하려는 시도이다.

그러므로 이 접근방법은 지성사적 접근방법, 다시 말해 사회과학 연구의 범주가 되는 담론(*discourse*)을 재구성하려는 지성사적 방법이다.[7] 내가 이해하기로, 담론이란 하나의 대화로서, 시간에 따라 전개되고, 특정한 문제들을 중심으로 하며, 참여자들에 대해 토론의 조건을 규정하는 동시에 참여자들의 서로 다른 의도에 반응한다. 담론들은 수없이 많고 중첩되어 있지만, 여기에서는 이 용어를 근대의 사회와 정체(*polity*) 및 경제문제들을 둘러싸고 전개된 학문적 논의와 미국의 예외적 지위에 관한 국가차원의 토론에 한정할 것이다.

지성사에 대한 이러한 접근방법은 필연적으로 두 가지 방향으로 전개될 것이다. 담론은 언어와 특수한 관용구나 수사 및 참가자들의 언

---

7) 나의 담론(*discourse*) 이해는 다음 문헌들에 의거한다: J. G. A. Pocock, "The Concept of Language and the métier d'historien: Some Considerations on Practice," in *The Languages of Political Theory in Early Modern Europe*, ed. Anthony Pagden(Cambridge University Press, 1987), 19~38; James Tully, ed., *Meaning and Context: Quentin Skinner and His Critics* (Princeton, N.J.: Princeton University Press, 1988), pts. 1, 2, 4; David Hollinger, "Historians and the Discourse of Intellectuals," in *New Directions in Americans Intellectual History*, ed., John Higham and Paul Conkin (Baltimore: Johns Hopkins University Press, 1979), 42~63.

설로 구성된다. 그러므로 우리는 담론의 언어와 그것이 실제 언설로 표현되는 방식을 구별할 수 있다. 하나의 언어는 독특한 논리와 수사적 능력을 제공하며, 따라서 일정한 가능성과 한계를 동시에 지닌다. 그러나 언어는 상이한 생각들을 표현하는 데 사용될 수 있고, 전술적 목표를 위해 사용될 수 있으며, 의도하지 않은 영향을 참가자들과 청중에게 줄 수 있다. 이러한 방식으로 이해된 담론은 언어가 형성되고 전파되는 맥락과 연결되기도 한다. 언어는 생활에서 나오며 사람들을 삶에 적응시킨다. 또한 언어는 자신을 둘러싼 역사로부터 분리될 수 없다. 이렇게 볼 때, 미국 사회과학자들의 대화를 촉발했던 문제들과 이들이 그 대화에서 추구했던 의도들은 이들이 살아갔던 역사적 맥락과 학문적 맥락에서 나왔다고 할 수 있다. 따라서 담론에 초점을 둠으로써 나는 이들의 언어를 이들의 역사세계를 형성했던 경제적·정치적·사회적 제도들 안에 놓게 된다. 경우에 따라 우리는 언어가 하나의 정치계급이나 분과학문, 혹은 특정 직업의 이데올로기가 되는 것을 발견할 것이다.

나는 여기에서 역사적 전환점마다 담론을 이끌어 온 주도적 인물들을 중심으로 사회과학적 담론들을 소개했다. 이들은 자신들의 담론이 제기하는 문제들을 면밀히 인식하고 있었고, 이 문제들에 대해 전형적이거나 특징적인 해결책을 제시했넌 사람들이며, 대부분의 경우 자기 세대나 이후 세대에서 가장 영향력 있는 사람들이었다. 각 전환점마다 중심적 발전경로와 이에 대한 몇 가지 중대한 변형들, 그리고 이러한 길을 열었던 탁월한 인물들을 보여주기 위해 필요한 만큼 충분히 많은 의견들을 소개하려고 노력했다. 그러나 논의가 20세기로 접어들어서 사회과학의 영역이 확대되고 나면, 내 이야기의 등장인물들은 어쩔 수 없이 불완전하고 선택적일 수밖에 없다. 나의 선택은 비록 전부는 아니지만 이 시기 미국 사회과학자들의 문헌들에 대한 아주 많은 독서를 통해 이루어졌으며, 풍부한 2차 연구들의 도움을 받았다. 대체로 미국 사회과학의 핵심적 명제들을 확대해석하기보다는 그 경계가 어딘지에 깊이 주목하면서 분석하고 비판하였다.

경제학과 사회학 및 정치학을 핵심 사회과학으로 규정했으므로, 역사학, 심리학, 인류학과 그밖에 사회과학의 한 부분을 차지했던 다른 분과학문들을 체계적으로 포함시키지는 않았다. 역사학은 19세기에 정치학 연구와 철저하게 중첩되었고 다른 사회과학의 역사에 핵심적으로 관련되었기 때문에 상당히 주목하였다. 생명과학과 자연사에 기원을 두었던 심리학과 인류학은 전혀 다른 관심을 지니고 있었기 때문에 관심을 덜 기울였다. 이 분야들은 미국에서 사회과학이 형성되던 수십년 동안 단지 부분적이고 간접적으로만 미국 예외주의에 대한 공동의 담론에 관련되었을 뿐이다. 그렇지만 이 분야들이 사회과학자들의 논의에 핵심적이 될 경우에는 논의에 포함시켰다. 존 듀이(John Dewey)에 의한 실용주의의 발전, 기능주의 심리학 및 이후 행태주의 심리학의 영향 등은 여기에서 사회과학 담론의 중심적 특징으로 다루었다. 인류학의 역할은 그다지 두드러지지 않아서, 처음에는 비판적 방법의 모델로, 다음에는 진화이론과 인종이론의 뒷받침으로서, 그 다음에는 프란츠 보아스(Franz Boas)[8]의 문화인류학을 통해 진화론을 해소하는 것에 한정하였다.

부분적으로는 편의상, '사회과학'과 '사회과학자들'이라는 용어를 책 전체에 걸쳐 다루는 사상가들의 다양한 전통들과 유형들을 지칭하는 집합적 용어로 사용했다는 사실도 밝혀 둔다. 비록 이러한 집합적 명명이 미국에서 20세기 초반까지 공통적으로 사용되지는 않았지만, 이 용어들이 의미하는 다양하지만 동일한 현상들을 인식할 수는 있을 것

8) 옮긴이 주: Franz Boas(1858~1942) — 역사주의 입장을 중시하면서 문화를 통합적 전체로서 고찰하여 기능주의적 연구에 선구적 역할을 했으며, 미국 인류학의 시조로 불린다. 저서로는 《원시인의 마음》(1911), 《인종, 언어, 문화》(1940) 등이 있다.

이다. 이와 달리 구체적인 역사적 맥락들은 이 책에서 명확히 밝혀져서 시대착오적 함의가 생겨나는 것을 틀림없이 방지해 줄 것이다.[9)]

내가 참조한 모든 책들과 마찬가지로 이 책 역시 저자의 의도와 이러한 목적이 결부된 담론에 의해 이루어졌다. 그렇게 인정되든 아니든 과거의 재구성은 항상 과거와의 대화이며, 역사서술은 보다 의식적으로 과거와의 대화를 추구함으로써 무언가를 얻을 것이라고 나는 믿는다. 어떤 면에서 볼 때 이 책을 집필한 목적은 다소 단순하다. 미국 지성사를 연구하는 학자로서 나는 사회과학 연구를 미국 문화연구에 더욱 통합함으로써, 역사학도들로 하여금 이 주제에 보다 쉽게 접근하도록 하고, 사회사상이 사회과학으로 전환되었을 때 미국에서 어떤 일이 일어났는지 역사학도들이 보다 주의 깊게 생각할 수 있도록 하고 싶은 것이다.

성공의 희망이 더 적기는 하지만 나의 보다 큰 목적은, 사회과학적 선택이 역사에 뿌리를 두고 있음을 보여줌으로써 이 선택들의 재검증 필요성을 제안하는 것이다. 사회과학자들이 과학주의적 방법을 선택한 데에는 '충분한 이유들'이 있었겠지만, 이 이유들은 그들의 역사적 의도들에 의해 항상 제약된 이유들이다. 지나고 나서 하는 말일 수 있지만, 달리 선택할 수 있는 더 좋은 이유들을 발견할 수도 있다. 내

---

9) '사회과학'과 '사회과학들'이라는 용어들은 18세기 후반에 새로운 정치과학(*political science*)과 도덕과학(*moral science*)을 위한 명칭으로 등장하였다. 19세기에 때때로 그것은 대학에서 수립된 학과적 전통들보다 사회과학의 특수한 한 종류 — 샤를 푸리에(Charles Fourier)나 콩트의 이론과 영미 사회과학 학회들(*British and American social science associations*)의 보완작업들 — 와 더욱 밀접한 관련이 있었다. Peter R. Senn, "The Earliest Use of the Term 'Social Science'," *Journal of the History of Ideas*, 19 (1958) : 568~70; Georg G. Iggers, "Further Remarks about Early Uses of the Term 'Social Science'," ibid., 20 (1959) : 433~6; Fred R. Shapiro, "A Note on the Origin of the Term 'Social Science'," *JHBS*, 20 (January 1984) : 20~2를 참조.

견해로는, 세기의 전환기에 역사학과 사회과학이 분리되고, 이와 동시에 역사가들이 동료 사회과학자들의 종합적 관심으로부터 멀어진 것은 역사학과 사회과학에게 모두 손해되는 일이었다.

이와 같은 관심과 견해로 인해 이 연구는 지난 20여 년간 일부 중복되면서 지속적으로 진행된 미국 역사편찬의 두 가지 운동에 동조한다. 그 하나는 역사편찬에서 체계적 수단들과 사회과학 이론을 더욱 광범위하게 사용하려는 노력이고, 다른 하나는 미국 역사학계의 자유주의적 전통에 대항하여 맑시스트 이론을 사용한, 새롭고 활발한 좌파 역사편찬의 등장이다. 이들은 다양한 운동들이며, 나는 그들의 모든 입장에 충실해야 한다고 느끼지는 않는다. 꽤 많은 사회학적·사회과학적 역사학자들이 사회과학의 자연과학적 모델에 매혹되어 무비판적으로 이를 역사편찬에 도입하려고 시도했다. 예컨대 일부 좌파 역사가들은 이론을 위해 역사의 복합성과 모호성을 너무 많이 희생하고 있는 듯하다. 그러나 대체적으로 나는 이러한 새로운 경향에 동조하며, 그렇기 때문에 20세기 사회과학의 대부분이 역사적으로 공허해졌음을 개탄하고, 과학주의와 자유주의 이데올로기가 상호작용하여 사회사상에 대해 어떻게 정치적·비역사적 구속을 강화했는지를 알게 되었다. 상당한 규모의 신랄한 논쟁을 거친 후 20세기 초에 맺어진 타협의 일부로 사회-역사적 지식의 모든 전문영역들은 제 갈 길을 가게 되었다. 이 역시 역사적 선택의 하나였던 것이다.

이 책을 집필하는 데 가장 큰 지적 자극을 준 것은 포콕(J. G. A. Pocock)의 연구였다. 그의 《마키아벨리적 계기》(*The Machiavellian Moment*)는 비록 내가 다루는 것과 다른 학문적·정치적 맥락을 다루었지만, 중요한 점에서 내가 다루는 맥락들과 수렴되며, 미국의 지성사가 관례적인 자유주의적 해석의 한계를 넘어 더욱 확대되어야 한다는 필요성을 강력히 제기했다. 더욱 중요한 것은 내가 고찰한 사회과학자들의 기원을 《마키아벨리적 계기》에서 발견했다는 점이다. 포콕의 연구는 나에게 미국 사회과학의 핵심문제가 아메리카 공화국의 장래 운명이었음을 알려 주었다. 또한 이 핵심문제가 역사적으로 어떠한 형태를 취했는지를 보여주었고, 미국인들이 역사를 경험했던 방식을 결정한 담론과 이 담론이 다시 역사적 경험에 의해 재구성되는 것을 알려 주었다. 결국 역사 일반과 미국 역사에 관한 이러한 사고들이 오랜 집필기간 내내 나를 지탱해 주었다. 내가 예상했던 것보다 더욱 깊이 있는 수준에서 역사적 상대주의의 문제들과 아메리카 공화국의 이해와 씨름하도록 만들었던 것이다. 이러한 노력만이 역사가들이 현실맥락으로부터 끝없이 멀어지는 것에 대한 유일한 해결책이다. 지식에 대한 많은 한계에도 불구하고, 해석적 추론이야말로 삶의 경험과 역사의 실상에 접근할 수 있도록 해주는 것이다.

제 1 부

남북전쟁 이전 미국의 유럽 사회과학

제 1 장

근대성의 발견

미국에서 사회과학이 시작된 것은 18세기와 19세기 초반에 유럽에서 발전된 정치경제학과 정치과학(*political science*) 및 사회학 모델들이 수입되고 적용되면서였다. 새로운 종류의 역사의식으로부터 잉태되어 자본주의 사회의 윤곽이 드러남에 따라 모습을 갖추게 된 이 학문들은 역사세계를 이해하는 새로운 방식이었다.

사회과학은 18세기에 근대사회의 성격과 미래를 이해하려는 노력에서 기원했다. 이 새로운 사회과학의 전형적 텍스트들은 몽테스키외의 《법의 정신》(1748), 아담 스미스의 《국부론》(1776), 콩도르세의 《인간정신의 진보에 관한 역사적 관점의 요강》(1795), 헤르더의 《역사철학을 향한 이념》(1784~91) 등이다. 이 텍스트들은 근대사회와 그 이전 사회들 간의 결정적 차이를 전제로 하여 근대사회를 미래로 인도해 줄 사회과학을 구상했다. 이와 같이 사회과학을 창조하려는 노력은, 역사라는 것이 인간에 의해 구성되는 영역이고 인간행위가 누적된 결과에 의해 진전되는 것이며 새로운 질적 형태를 띠는 것이라는 발견과 깊이 연관되었다.[1)]

이러한 역사이해는 근대 서구가 이룬 것으로, 뒤늦기는 했지만 복합적인 성취였다. 중세 말엽까지만 해도 역사는 인간의 행위에 의해 이해될 수 있는 것이 아니었다. 지구상에서 일어나는 역사적 사건들의 궁극적 원인과 의미는 기독교 정신에 따라 이해되어, 세속의 역사를 가동시키는 영원불멸의 기독교적 시간의 연속이라는 초자연적 세계에 놓여 있었다. 이러한 관점이 오랫동안 지배했기 때문에, 그리고 고대 이상주의가 남긴 유산으로 인해서, 역사변화에 대한 이해는 극도로 제한되었다. 중세적 틀 속에서 무한한 자연의 영역은 합리성과 법칙에 따르는 반면, 역사를 구성하는 특정 사건들의 순서는 순전히 우연으로 이해되었다. 즉, 무한히 반복적이고 따라서 관습적인 것이거나, 인간 존재를 본질적으로 규정하는 이상적·합리적 형태로부터 타락하고 쇠퇴한 것, 또는 신의 사역(使役, *divine action*)이 일시적으로 나타난 것

---

1) 사회과학이 역사 문제, 즉 근대사회의 성격과 미래에 기원을 둔다는 주장은 일반적으로 사회학과 그 고전적인 19세기 텍스트들에 적용된다. Philip Abrams, "The Sense of the Past and the Origins of Sociology," *Past and Present*, no. 55 (May 1972): 18~9; Theda Skocpol, "Sociology's Historical Imagination," in *Vision and Method in Historical Sociology*, ed. Theda Skocpol (Cambridge University Press, 1984), 1~2, 20. 그 주장이 경제학과 정치학 및 그 표본적인 18세기 텍스트들에 유효하다는 것은 Duncan Forbes, "'Scientific' Whiggism: Adam Smith and John Millar," *The Cambridge Journal*, 7 (August 1954): 643~70; Keith Michael Baker, *Condorcet* (Chicago: University of Chicago Press, 1975), chaps. 4~6; Isaiah Berlin, *Vico and Herder* (New York: Viking, 1976)에서 알 수 있다. 몽테스키외는 비록 당시에 역사의 누적적 운동의 의미를 갖지는 않았지만, 인간구성으로서의 역사인식에서는 중심적인 인물이다. Berlin에 추가하여, Friedrich Meinecke, *Historism*, trans. J. E. Anderson (London: Routledge & Kegan Paul, 1972), chap. 3도 참조. 이 텍스트들은 한편으로 미국 사회과학에 대한 중요성 때문에, 다른 한편으로 전통의 다양성을 묘사하는 데 대한 중요성 때문에 선택되었다. 나는 나의 주장이 Adam Ferguson, Hume, Turgot, Vico, Kant 같은 다른 예에도 적용된다고 믿는다.

으로만 이해될 수 있었다.[2)]

역사에 대한 근대적 이해는 세속화를 지향하는 광범한 흐름의 한 측면이었다. 영원불멸의 시간이 신의 사역에 의해 일어나는 일련의 사건들로 구분되고 구성된다는 기독교적 관점은 이제 역사에 일정한 의미를 부여하면서 이를 진보적으로 조직하려는 세속적 시간의 개념으로 변해 갔다. 이와 동시에 변화하는 지구상의 세계는 영원한 신의 세계와 신의 불변의 진리로부터 천천히 떨어져 나왔고, 인간역사의 특수한 구성을 이해하는 세속적 방식이 권위를 얻게 되었다. 그래서 변화는 단지 임의적 변형이나 본질적으로 불변하는 사물들이 피상적으로 현현하거나 끝없이 순환하는 회전이 아니라, 질적으로 상이한 현상들이 연속되는 것으로 이해될 수 있었다. 과거는 현재와 질적으로 상이하면서도 인과적으로 연결되었다. 그렇지만 이와 같이 역사를 질적 변화의 지속적 과정으로 이해하는 방식이 하나의 관점으로 충분히 정립된 것과, 유럽의 많은 사상가들이 지금까지 절대적이고 불변적인 것으로 인식되던 것들을 포함한 모든 현실을 역사의 맥락에서 해석하기 시작한 것은 19세기 초반 이후의 일이었다. 나는 역사에 관한 이러한 새로운 관점을 '역사주의' 관점이라 부르고, 이 새로운 해석경향을 '역사주의'(*historicism*)라 칭할 것이다.[3)]

---

2) J. G. A. Pocock, *The Machiavellian Moment* (Princeton, N. J.: Princeton University Press, 1975), pt. 1.

3) 이와 같은 정의는 Hayden V. White, "On History and Historicisms," Introduction to *From History to Sociology. The Transition in German Historical Thinking*, by Carlo Antoni (Detroit: Wayne State University Press, 1959), xv~xxviii에 따른 것이다. 독일의 경험과 독일 낭만주의에 더욱 밀접하게 조응하는 역사주의 개념은 Meinecke, *Historism*과 Georg G. Iggers, *The German Conception of History* (Middletown, Conn.: Wesleyan University Press, 1968)에 의해 발전되었다. 역사가들의 '역사의 의미'를 철저히 배제하는, 역사주의에 대한 더욱 엄격한 철학적 정의는 Maurice H. Mandelbaum, *History, Man, and Reason: A Study in Nine-*

사회과학과 역사주의는 근대 초기의 수많은 문화적 전통들로부터 함께 생겨났다. 자연에 대한 합리적 이해와 역사적 사건에 대한 개별적 이해를 분리하는 고대적 사고가 완전히 사라진 것은 아니었지만, 인간세계에 대한 이 두 가지 접근방법은 근대사회의 18세기적 발견과 몽테스키외, 스미스, 콩도르세, 헤르더의 저작 속에 수렴되었다. 인본주의자들과 법학자들은 먼저 문학과 예술과 법이 나라들 간에, 그리고 시대에 따라 변화하는 방식을 해독하고, 그 차이들을 자연환경과 역사적 환경에 의해 설명하기 시작했다. 고대 문화의 중심지와 근대 문화의 중심지 간에 벌어진 논쟁들과 정치권력을 둘러싼 국가들 간의 갈등으로 인해 이것은 더욱 부추겨졌고, 그에 따라 과거의 차이가 점점 부각되었다. 몽테스키외와 헤르더의 선구적 저작들은 이러한 학술 활동의 산물이었다. 이들은 나라들 간의 질적 차이를 강조하면서 물리적 조건과 문화적 영향 및 역사적 경험 속에서 이러한 차이의 근원을 탐색했다. 몽테스키외와 달리 헤르더에 따르면, 이 차이들은 전적으로 시간에 달린 문제였다. 그러므로 각 나라는 오래 지속된 문화에 뿌리를 두고 각 시대마다 이에 유효한 새로운 형태로 자신의 운명을 개척해야 하는 것이었다.[4)]

르네상스기 이탈리아와 근대초기 유럽에서 시민적 인본주의가 부활한 것은 역사 이해를 위한 또 다른 토대를 제공했다. 이탈리아 애국자

---

teenth Century Thought (Baltimore: Johns Hopkins University Press, 1971), pt. 2에서 논의된다. 더욱더 엄격하고 목적의식적인 역사주의 정의는 Karl Popper의 *The Poverty of Historicism* (London: Routledge & Kegan Paul, 1957)에 의해 유행되었다.

4) Donald R. Kelley, *Foundations of Modern Historical Scholarship* (New York: Columbia University Press, 1970); J. G. A. Pocock, *The Ancient Constitution and the Feudal Law* (Cambridge University Press, 1957); Berlin, *Vico and Herder*, 42~52, 147~51, 167~9; Meinecke, *Historism*, chaps. 3, 9.

들은 여전히 합리적 형태와 영원한 구원이라는 무한한 세계에 살면서도, 인간존재는 정치활동을 통해 자신을 완전히 구현한다는 시민적 인본주의의 이상을 부활시켰다. 이들에 따르면, 공화정은 일인·소수·다수의 균형적 참여에 기반하고 그에 의해 유지되는 이상적 정체였다. 이는 역사적 시간 속에서 보편적 가치를 실현하고 그럼으로써 역사적 시간에 의미를 부여하는 결정적인 발걸음을 내딛는 용기 있는 시도였다. 그러나 시간이 흐름에 따라 창조된 공화정은 또한 시간이 흐름에 따라 파괴되는 운명을 불가피하게 겪어야 했다. 이상적 공화정은 부패와 쇠퇴의 순환 속에 존재하는 한 찰나일 뿐이었다.

이후 수세기 동안 공화주의 사상가들은 공화정의 쇠퇴를 막으려고 노력하는 가운데 역사적 인과관계에 대해 점차 세련된 이해에 도달하게 되었다. 18세기 중반에 이르러 영국의 휘그당과 프랑스의 공화주의 사상가들은 역설적인 역사적 결과를 인식하기 시작했다. 곧, 농업이 공화정의 안정을 보장하던 시기는 원시적 과거에 속하는 것이었고, 근대에서는 바로 근대 문명과 상업, 그리고 당시 유럽에서 진보라고 불렸던 세련됨 자체가 공화정의 쇠퇴를 초래했던 것이다. 이러한 난관에 봉착하자, 아담 스미스 같은 저명한 스코틀랜드 계몽주의 사회사상가들과 역사사상가들은 상업의 증진을 위해 공화정을 포기했고, 공화주의의 순환을 역사 진보의 다단계 이론으로 전환시켰다. 스미스의 새로운 부의 과학(*science of wealth*)이 전하는 의미는, 근대 서구 사회는 상업과 산업이 지니는 전환 에너지를 자유롭게 함으로써 다른 사회들이 겪고 있는 정체와 쇠퇴를 앞으로 오랜 기간 동안 피해갈 수 있다는 것이었다.[5]

---

5) Pocock, *Machiavellian Moment*, pts. 2, 3; Forbes, "'Scientific' Whiggism"; J. G. A. Pocock, "Cambridge Paradigms and Scotch Philosophers: A Study of the Relations between the Civic Humanist and the Civil Jurisprudential Interpretation of Eighteenth-Century Social

직접 관찰과 자연현상의 조작을 통해 이루어진 자연과학의 발전도 역사 진보에 대한 근대의 새로운 인식에 공헌했다. 큰 영향을 미쳤던 프랜시스 베이컨(Francis Bacon)의 프로그램에서 새로운 과학자들은 점차 계몽적 경로를 따라 이 세상의 삶을 개선하고 재구성해 나갔다. 18세기에 이르러 뉴턴의 포괄적인 발견은 베이컨의 전제를 갱신하는 듯했다. 계몽주의 사회사상가들에 따르면, 실용적 예술과 과학의 진보야말로 이성에 의해 축적된 성과들을 이어 받은 근대사회가 야만에 굴복하거나 이전 사회처럼 쇠퇴하지 않을 것이라는 가장 확실한 증거였다. 이러한 통찰에 기반하여 콩도르세는 이성의 진전으로서의 진보 이론을 구축했으며, 사회과학이 미래로 가는 길을 밝혀 준다고 주장했다.[6)]

과학은 또한 역사의 특수한 국면과 합리적 인지가능성을 접목시킴으로써 또 다른 방식으로 근대의 역사개념에 기여했다. 인간세계에 대해 새로운 '실험적' 방법을 적용하기 위해 데이빗 흄은 '나라와 시대를 초월한, 인간행위의 고정불변성'(*uniformity*)을 관찰할 것을 역설했다. 일정한 고정적 상황에서 인간본성의 불변하는 경향이 어떻게 고정적 결과를 산출하는지, 그리고 주어진 변화 속에서 어떻게 주어진 방식으로 변화하는지를 살펴봄으로써, 과학자들이 자연에서 발견한 법칙에 필적할 정도로 경험적 법칙들이 발견될 수 있었다. 이러한 과정은, '올바른 이성(*right reason*)'에 의해 드러나는 이상적 행위법칙으로부터 인간존재의 불완전한 조건에서 이루어지는 이성의 상대적 작동을 탐구했던 예전의 자연법 전통과도 부합되었다. 상이한 상황에서 나타나는

Thought," in *Wealth and Virtue*: *The Shaping of Political Economy in the Scottish Enlightenment*, ed. Istvan Hont and Michael Ignatief (Cambridge University Press, 1984), 235~52.

6) J. B. Bury, *The Idea of Progress* (New York: Macmillan, 1932), chaps. 2, 5~7, 11; Baker, *Condorcet*, chap. 6.

인간행동의 다양한 합리성을 탐구했던 몽테스키외와 흄 및 스미스는 바로 이 길을 따르고 있었다. 계몽주의 사상가들이 점차 진보의 문제에 더욱 주의를 기울이게 되면서, 이들은 예절과 관습 및 제도들에 의해 형성된 이차적이고 가변적인 '본성(*nature*)'에 초점을 두었다. 비록 스미스가 교환의 성향(*propensity to barter*)처럼 특정한 보편적인 심리적 성향을 전제하고 수요와 공급에 대한 가격의 관계 같은 교환의 보편적 법칙을 추론했지만, 그럼에도 불구하고 그는 인간발전의 진보적 경로에 관심을 두었다. 그는 "모든 예술, 과학, 법률과 정부, 지혜 및 심지어 가치 자체도" 사회의 경제적 조직화에 근거하며, 따라서 수렵, 목축, 농경 및 상업의 단계를 통해 문명이 진보함에 따라 변화한다는 것을 알게 되었다.[7]

사회과학은 태동기에 역사에 대한 새로운 이해와 근대성에 대해 높은 기대를 가지고 있었다. 상업 발전, 과학 그리고 대개의 경우 대의제국가 같은 근대사회의 역사적 버팀목들을 옹호했다. 스코틀랜드와 프랑스에서 발전된, 문명에 대한 계몽주의적 이해를 바탕으로 하여 사회과학은 근대성을 원시적·봉건적 삶의 단순하고 조야한 구조가 복잡성과 확대된 편의 및 다수의 가치로 대체되는 다양화(*diversification*)라고 정의하였다. 아담 스미스가 밝힌 바와 같이, 다양화는 분업에 의해 발생되고 과학의 진전과 전문화에 의해 촉진됨으로써, 개인들이 갖가지 목표들을 선택하고 다양한 잠재력들을 실현하는 세계를 창조했다. 따

7) Meinecke, *Historism*, 101~4; Duncan Forbes, *Hume's Philosophical Politics* (Cambridge University Press, 1975), chap. 4; Andrew S. Skinner, "Science and the Role of the Imagination," in *A System of Social Science. Papers Relating to Adam Smith* (Oxford University Press [Clarendon Press], 1979), 14-5; Forbes, "'Scientific' Whiggism," 655-7. 스미스 인용은 그의 법학 강의를 출전으로 하며, Ronald L. Meek, *Social Science and the Ignoble Savage* (Cambridge University Press, 1976), 126에서 재인용.

라서 사회과학은 개선의 동력(*agents of improvement*)이 될 것이었다. 계몽주의의 공리주의적 환경과 스코틀랜드 대학과 독일 대학의 도덕적 담론에서 발전된 사회과학 프로그램들은 넓은 의미에서 볼 때 실질적이면서 도덕적이었다. 경제활동과 실용적 예술 및 세련된 오락의 다양한 영역, 즉 고전적 정치행위의 영역에 반대되는 사적 가치의 세계에 초점을 둠으로써 사회과학은 사회를 발견했고, 인간활동의 본질적이고 가장 포괄적인 토대가 바로 이 사회라고 간주하기 시작했다.[8)]

또한 사회과학은 처음부터 자연과학적 도구와 역사·문화 연구가 제공하는 도구들을 전부 사용하려 했다. 18세기적 기원뿐만 아니라 역사의 미래 추세까지 이해하기 위해서는 자연의 보편적 법칙과 역사적 문화와 제도에 대한 개별적 이해, 양자 모두에서 벗어날 수 없었다. 콩도르세는 수학적 확률에 기반하여 통계학적 사회과학의 발전을 추구하였는데, 이는 정치에서의 합리적 의사결정을 위한 수단을 제공하게 되었다. 스미스는 뉴턴을 따라 매우 다변적인 현상들의 단순한 근본 법칙들을 탐구했으나, 상업사회를 창출하고 유지하는 경제적·정치적·사회적 조건들에 대한 역사적 설명에도 그 법칙들을 적용했다. 헤르더는 무엇보다 교육을 통해 진보를 촉진하기 위해 언어와 문화에 대한 연구와 심리학을 이용하는 경험적 역사과학(*historical science*)을 제안했다. 그의 저작들은 자연의 보편적 법칙, 인종·지리·문화의 다양한 환경, 개인들과 국민들이 역사에서 규정하는 도덕적 목적들 간의 쉽지 않은 종합을 이룩했다.[9)]

---

8) 몽테스키외는 계몽주의의 초기와 완만한 단계에 속한다. 헤르더는 계몽주의의 가치를 수용하기도 했고 반대해 저항하기도 했던, 부분적으로 예외적 인물이다. 그는 강압적 국가에 반대하는 것으로서 자유로운 자기결정, 인간성의 진보, 예술과 과학의 진보를 믿었지만, 그가 높이 평가한 다양성은 경제적 기능주의가 아니라 낭만주의적 전체론에 기반하고 있었다. Berlin, *Vico and Herder*, 145~216 참조.

9) Baker, *Condorcet*, pt. 1; Skinner, "Science and the Role of the Imagi-

근대성의 발견은 오늘날까지도 사회과학을 이해하기 위한 근본적 맥락으로 남아있다. 근대사회의 미래가 사회과학의 핵심적 질문으로 남아있기 때문이다. 다양화가 근대사회에 대한 사회과학적 이해의 핵심으로 남아있고, 도덕적·공리적 목적이 아직까지도 사회과학 프로그램들을 결정하고, 과학적 방법에 대한 다양한 개념들이 여전히 일반법칙과 개별 연구를 연계시켜주고 있는 것이다. 그러나 역사가 변화하면 새로운 상황이 대두되기 마련이다. 18세기 사회과학 창시자들의 프로그램들은 이들이 첫 목격자가 된 역동적 역사에 의해 중대하게 변형되게 되었다. 19세기에 이르러 프랑스 혁명과 그 이후의 갈등, 자본주의의 가속적 발전, 그리고 낭만주의의 성장으로 인해 역사에 대한 근대적 이해가 심화되었고, 사회과학자들이 근대사회의 운명을 고찰해야 하는 긴박성이 더욱 커지게 되었다.

18세기의 사회과학 선구자들은 근대사회의 역사적 존재를 인식하기는 했으나, 이들 대부분은 인간존재의 모든 것을 역사주의 관점에서 보지는 않았다. 몽테스키외에게 역사는 여전히 자연과 신격처럼 본질적으로 영구불변한 것으로, 그리고 그 차이점들과 변화들은 정적인 틀 내의 변형으로 발생하는 것으로 남아 있었다. 인간의 능력에 대한 확신과 시간에 대한 단선적 관념을 지니고 있었던 계몽주의의 진보개념은 역사주의를 향한 중요한 발길음을 내디뎠으나, 진보는 여전히 역사외적인 동기의 산물로 남아 있곤 했다. 콩도르세에게 있어 역사에서 작용하는 법칙은 감성(*sensations*)과 관념(*ideas*)을 결합하여 추론하고, 그럼으로써 "선의 정서와 불가역적인 진리의 법칙에 따라" 추론하는

---

nation"; Forbes, "'Scientific' Whiggism"; H. B. Nisbet, *Herder and the Philosophy and History of Science* (Cambridge: The Modern Humanities Research Association, 1970), chaps. 1, 2; F. M. Barnard, *Herder's Social and Political Thought* (Oxford: Oxford University Press [Clarendon Press], 1965), chaps. 6, 7.

인간의 능력이었다. 문명의 진보는 역사의 결과가 아니라 "인간능력의 필연적 발전"의 결과였다. 봉건영주에 대항하는 군주와 자치도시민(*burgher*)의 동맹이 도시와 상업계급의 세력을 강화시켰을 때와 마찬가지로, 상업사회의 등장에 관한 스미스의 설명은 경제적 단계를 거치는 문명의 "자연적" 진보와 역사적 우연 및 의도하지 않은 결과의 효과라는 두 가지 모두를 인식했다. 스미스의 설명은 "자연적" 혹은 "철학적" 역사로 읽힐 수 있다. 이 역사 안에서 역사적 사건들은 진보의 자연적 과정이 스스로 완성되는 경로 속에 존재하는 특수한 "우연적 사건들"에 불과했던 것이다. 다른 한편 그의 설명은 근본적으로 역사주의적인 것으로 읽힐 수 있다. 진보적 질서와 함께 이 질서를 파괴하거나 촉진시킬 수 있는 우발적 행동들이 역사의 개방된 틀 속에 같이 존재했던 것이다.[10]

프랑스 혁명과 특히 이 혁명의 실패는 유럽 사상가들로 하여금 역사주의로 전환케 한 주요 요인이었다. 혁명이 참주정과 반동으로 전락하자, 혁명이 불러일으켰던 천년왕국적·묵시록적 희망은 세속적 미래 속으로 투사되었다. 인간성은 전적으로 역사 속에 그리고 구원은 전적으로 역사적 시간 속에 던져졌다. 칸트는 생애 말년에 헤겔과 마찬가지로 인간이 자신의 운명을 성취해야 하는 영역은 역사일 뿐이라는 새로운 인식을 피력했다.[11]

---

10) Mandelbaum, *History, Man, and Reason*, chap. 3; Baker, *Condorcet*, 346. 스미스에 관한 자연주의적 독해에 대해서는 Dugald Stewart, "Account of the Life and Writtings of Adam Smith," in Smith, *Essays on Philosophical Subjects*, ed. W. P. D. Wightman and J. C. Bryce (Oxford: Oxford University Press [Clarendon Press], 1980), 292~6; Andrew S. Skinner, "Natural History in the Age of Adam Smith," Political Studies, 15 (February 1967): 32~48을 참조. 역사주의자로서의 흄과 스미스에 관해 흥미로운 읽을거리로는 Don Herzog, *Without Foundations* (Ithaca, N.Y.: Cornell University Press, 1985)를 참조.

낭만주의도 역사세계의 특정한 국면을 보다 충실히 이해하는 데 공헌했다. 모든 현실을 보편적이고 기계적인 일반법칙들에 몰아넣는 계몽주의의 시도에 반대하여, 낭만주의자들은 역사적 실존의 다양성과 개체성에 가치를 두고 거기에서 해석가능성을 추구했다. 독일 계몽주의자들(*Aufklärer*)이 낭만주의적 대응을 선도했고, 프랑스 혁명이 낭만주의와 역사주의를 유럽 전역에 확산시켰다. 혁명에 이어 갈등이 번져나가고 프랑스의 대륙통치가 이루어지자, 혁명의 보편적 주장에 대항하여 다양한 문화와 역사들의 개체성에 대한 새로운 인식이 퍼져나갔다.[12] 역사주의는 인간의 과거와 미래가 지니는 다양성과 우연성을 강조했다. 이러한 새로운 상황에서, 이전의 사회과학 프로그램이 함께 추구했던 합법칙적 규칙성의 자연적 모델과 역사의 복합적인 특수성, 이 양자 간에 더욱 첨예한 긴장들이 생겨나게 되었다.

역사주의는 서구와 사회과학에 막중한 역사적·종합적 과제를 부여했다. 그러나 이 과제를 살펴보기 전에 먼저, 이 과제를 바로 사로잡아버린 이데올로기적 대립 때문에 이 과제가 더욱 어려워졌음을 이해해야 한다. 프랑스 혁명의 여파와 산업발전의 영향 속에서 상업계급은 정치권력을 두고 전통적 토지소유 계급에게 도전했고, 노동자 봉기와 급진적 저항은 양 계급에게 도전하고 있었다. 정치혁명과 사회혁명에 대한 두려움이 근대사회의 운명에 대한 사회과학자들의 연구에 활기를

---

11) M. H. Abrams, *Natural Supernaturalism: Tradition and Revolution in Romantic Literature* (New York: Norton, 1971); White, "On History and Historicisms," xv~xix; Immanuel Kant, *On History*, ed. Lewis White Beck (Indianapolis, Ind.: Bobbs-Merrill, 1963).

12) Meinecke, *Historism*; Iggers, *German Conception of History*; Lionel Gossman, *Medievalism and the Ideologies of the Enlightenment: The World and Work of LaCurne de Sainte-Palaye* (Baltimore: Johns Hopkins University Press, 1968); Thomas Preston Peardon, *The Transition in English Historical Writing, 1760~1830* (New York: AMS Press, 1966).

불어넣었고, 이들이 지닌 이데올로기를 바꾸어놓았다.

'자유주의적'(*liberal*)이라는 용어는 19세기 초 영국과 대륙의 급진주의자들에 의해 처음 채택되었는데, 이들은 봉건세력과 중상주의 세력의 잔재를 국가 내에서 소멸시키고 개인에 기반을 둔 정의와 대의제 및 경제활동을 세우고자 노력했다. 18세기에 등장했던 사회과학들은 자유주의에 앞서서 이에 공헌했던 폭넓은 정치·사회사상의 흐름에 속했다. 18세기 사회과학 창시자들은 이성과 창의를 억누르던 전통적 구속을 타파하고자 했던 관료, 교수, 의사, 법률가, 성직자 및 교육받은 중간계급과 개혁적 성향의 귀족들로 이루어졌다. 사회와 정체와 경제에 대한 그들의 비전은 개인의 권리와 권력 및 잠재력을 중심에 두는 것이었다.[13)]

19세기 초에 등장한 자유주의는 근대문명을 진보적 다양화의 영역으로 보는 계몽주의의 관점과 상업발전·과학·대의제정부에 대한 계몽주의의 신뢰를 받아들였다. 자유주의자들은 사회적 가치와 권위의 기원을 개인에 두면서 개인주의적이고 자유지상론적(*libertarian*)인 정치언어를 구성하였다. 자유주의(*liberalism*)는 개인은 '자율적(*self-possessed*)'이라는 관점으로부터 어떠한 함의를 도출하느냐에 따라 과거에나 현재에나 여전히 다양하게 해석되고 상이한 용법으로 쓰이고 있다. 예를 들어 자유주의 이론의 원조인 존 로크(John Locke)가 개인은 신 앞에서와 마찬가지로 자연상태에서 자유롭고 평등하며, "모든 사람들의 영혼은 자기 자신에게 속한다"라고 주장했을 때, 그가 사용

13) N. T. Phillipson, "Culture and Society in the 18th Century Province: The Case of Edinburgh and the Scottish Enlightenment," in *The University in Society*, 2 vols., ed. Lawrence Stone (Princeton, N.J.: Princeton University Press, 1974), 2: 407~48. Dorothy Ross, "Liberalism," *Encyclopedia of American Political History*, 1984 ed., 2: 750~63에는 자유주의에 대한 나의 설명이 근거로 한 출전 목록이 있다.

한 언어는 자유지상주의적일 뿐만 아니라 민주주의적 해석도 가능할 정도로 보편적인 것이었다. 그렇지만 로크는 자유의 재산권적 토대도 강조했다. 당시의 상업 자본주의를 반영하면서 그는 신체든 영혼이든 마음이든 혹은 자신의 노동의 산물인 물질적 소유이든 재산을 모든 자연권의 은유로 사용했던 것이다. 게다가 그는 화폐의 사용에서 결과한 재산의 불평등을 자연권의 일부로 생각했으며, 그에 따라 재산의 보호는 사람들이 정부를 설립하는 데 동의하는 유일한 중심적 이유가 되었다.[14]

자유주의의 인본주의적 토대와 상업적 토대 사이의 상이성은 자유(*freedom*)가 지닌 소극적 의미와 적극적 의미의 상이성에 의해 더욱 복잡해졌다. 자유주의는 자유(*liberty*)를 법에 의해 그리고 궁극적으로는 신법이나 자연법에 의해 부여된 특수한 면허나 권리로 이해하는 사법적 사고방식에서 생겨났다. 이것은 소극적 자유(*negative liberty*)로서, 특수한 행동과 관계를 추구하는 강압적 권위로부터 인간을 자유롭게 놓아두는 것이었다. 반면 자유는 개인의 자연권을 보호하는 책임 있는 법치 정부에 적극적으로 의존하기도 했다. 아담 스미스는 제한되지만 적절한 입법기능을 정부에 부여해야 한다는 입장을 강력하게 견지했고, 시민권(*citizenship*)을 자유주의적으로 옹호하고자 했다. 그러나 19세기 영국 자유주의 선통에서는 정부가 타인의 간섭으로부터 개인의 권리를 보장하는 것을 넘어서는 다른 어떤 것이 될 수 없었다. 개인이 자율적(*self-possessed*)일 뿐만 아니라, 자신의 이익을 추구하는 자율적인 개인으로 구성되는 사회 역시 자립적인 것이었다. 이와 매우 다른

---

14) John Dunn, *The Political Thought of John Locke* (Cambridge University Press, 1969); Richard Ashcraft, *Revolutionary Politics and Locke's "Two Treatises of Government"* (Princeton University Press, 1986); C. B. Macpherson, *The Political Theory of Possessive Individualim* (Oxford: Oxford University Press 〔Clarendon Press〕, 1962).

독일 칸트(Kant)적 전통에서는 개인의 자아실현과 사회의 조화가 국가의 적극적 행동(*positive action*)을 요구하는 것으로 이해되었다.[15] 어디에서나 자유주의는 상호 갈등하는 경향들의 불안정한 균형을 의미했다. 그 인본주의적 의미는 경제적 편견에 의해 제한될 수 있었다. 또 개인주의적 전제들은 공공재의 개념을 거부할 수 있었고, 사회와 정체를 유지하는 데 필요한 가치들을 침식할 수 있었다. 19세기 초 영국에서 막 등장했던 자유주의는 전통적으로 '고전적'(*classical*) 자유주의로 그리고 비판적으로는 '소유적 개인주의'(*possessive individualism*)로 불리며, 소극적이고 경제적인 편향을 가지고 있었다.

18세기에 생겨난 자유주의적 진보 프로그램과 사회과학은 19세기 초의 정치적 격변과 사회적 갈등 속에서 점증하는 도전에 직면하게 되었다. 자본주의 발전은 아담 스미스가 예견하지 않았던 결과를 이미 초래하고 있었고, 혁명 이후 사회질서들은 모든 곳에서 도전받고 있었다. 자유주의자들은 자유주의가 조화로운 질서를 창출한 것이 아니라 정치적 혼란과 사회적 탈조직화 및 노동 착취를 초래했다는 보수주의의 비난에 취약해졌음을 깨달았다. 보수주의자들은 종교에 의해 합의된 상호 유대와 계급간 상호 의무에 기반을 두고 유기적으로 통합된 사회만이 안정되고 공정할 수 있다고 주장했던 것이다.

콩트는 자신의 사회이론을 형성하는 데 이러한 유기체론적 비판의 많은 부분을 받아들여, 자유주의 사회과학에 접목시켰다. 콩트는 분업이 근대사회의 특징적 성격이라는 입장을 유지했으며, 이성의 진보에 대한 콩도르세의 신념도 유지하면서 이를 3단계의 역사법칙으로 전환시켰다. 그러나 보수주의자들과 마찬가지로 콩트는 근대성이 사회

15) Pocock, "Cambridge Paradigms and Scotch Philosophers"; Donald Winch, *Adam Smith's Politics* (Cambridge University Press, 1978); James J. Sheehan, *German Liberalism in the Nineteenth Century* (Chicago: University of Chicago Press, 1978).

적·도덕적 파편화를 초래한다고 믿었다. 역사가 후퇴할 수도, 전통적인 유기적 질서가 복원될 수도 없었지만, 자유주의적 진보 자체도 사회질서를 창출하는 동력을 생산하고 있었다. 현 시대는 과학적 사회학(*science of sociology*)으로 귀결되는, 과학적 사고의 승리를 목도하게 될 것이고, 과학적 합리성이 합의를 얻게 될 것이었다. 콩트의 독자 중 자유주의자들은 이 지점에서 콩트와 결별하여 기술주의적 국가에 의한 과학의 의도적 사용이 분화된 근대사회를 규율할 것을 주장했다. 반면 콩트 자신이 도달한 것은 유기적 제도들의 과학적 구성에 의해 통합된 위계적이고 권위적인 사회라는 보수적 결론이었다.[16)]

독일에서 자유주의적 사회과학 프로그램은 유기체론적 비판과 민족주의 양자의 영향을 받아 일반적으로 더욱 국가주의적이고 보수적인 입장을 취했다. 근대적 문물이 봉건적 권력 중심들에 대항한 중앙 군주에 의해 도입되었던 독일의 경험과 정치적 통일에 대한 중간계급들의 열망으로 인해 독일의 자유주의자들은 자유와 사회질서 양자가 국가와 그 법률의 통치에 의해 창출된다고 생각하게 되었다. 보통선거제에 대한 요구가 증대하고 계급갈등이 확대되면서 자유주의자들의 두려움은 커져 갔다. 증폭하는 사회적 이해관계들은 입헌국가의 통일적 권위에 종속되어야만 했다. 이와 동시에 칸트와 헤겔의 관념론은 비판적 공격으로부터 현실 국가를 보호해 주는 경향을 띠게 되었다. 따라서 19세기 초 사회과학 프로그램을 구성했던 독일 학자들은 독일의 보수적 정치 전통을 자유주의화하는 데 망설였고, 스스로 권위적 국가통치의 방향으로 접근하게 되었다. 세기의 중반까지 이러한 중도적 자유주의자들은 정치학(*politics*)의 경험과학적 토대를 마련했는데, 그것은 국가 관료의 훈련을 위한 실용적인 행정과학(*administrative science*)이었

---

16) Lucien Levy-Bruhl, *The Philosophy of Auguste Comte* (London: Swan, Sonnenschein, 1903); Harriet Martineau, ed., *The Positive Philosophy of Auguste Comte* (New York: C. Blanchard, 1855).

으며, 또한 공법 속에 구현된 이상국가인 법치국가(*Rechtsstaat*)의 법률과학(*juristic science*)이었다.

자유주의 경제학자들도 중도 노선을 따랐다. 대학에서 발전하고 있던 강력한 역사편찬 전통에 고무되어 빌헬름 로셔(Wilhelm Roscher)는 영국 정치경제학이 역사적 실체로부터 이탈했다고 주장했다. 경제학은 역사에서의 다른 모든 것과 마찬가지로 유기적 총체인 국가 생활의 부분으로 연구되어야만 했다. 로셔는 자유주의 경제에서 적극적 국가 역할을 필수불가결한 것으로 받아들이는 독일 역사경제학의 전통을 정초했다.[17)]

독일에서는 비록 상대적으로 보수적인 유기체론적 사회과학의 지형이 형성되었지만, 가장 급진적인 변형이 나타나기도 했다. 칼 맑스(Karl Marx)는 노동계급에 결합하면서, 헤겔의 관념론, 영국 정치경제학의 자유주의적 진보, 보수주의의 유기체론적 비판을 급진적 역사과학(*science of history*)으로 전환시켰다. 자본주의 시장이 만일 변형되고 논쟁적인 통합을 낳고 있다면, 자본주의의 충분한 발전만이 공산주의를 실현하는 데 필요한 경제적 풍요와 혁명적 동력을 창출할 수 있다는 것이었다. 궁극적으로 시장이 아니라 공산주의가 사회의 조화로운 통합을 가능케 하고 그 구성원들의 모든 개체성을 해방시킬 수 있다고 주장했다.[18)]

---

17) Leonard Krieger, *The German Idea of Freedom* (Boston: Beacon, 1957); Sheehan, *German Liberalism*; Otto Butz, *Modern German Political Theory* (New York: Doubleday, 1955); Charles Gide and Charles Rist, *A History of Economic Doctrines*, 2d ed. (Lexington, Mass.: Heath, 1948), bk. 4, chap. 1.

18) Gerald A. Cohen, *Karl Marx's Theory of History: A Defense* (Princeton, N.J.: Princeton University Press, 1978). J. D. Y. Peel, *Herbert Spencer* (New York: Basic, 1971), chap. 3은 맑스의 조화의 이상이 급진적 자유주의에도 기원을 두고 있다고 주장한다.

좌우 양쪽에서 경쟁하면서 자유주의 사회과학은 완고하게 자신을 방어했다. 자본주의의 진보가 스미스가 말한 대로 개선의 확산을 낳는 것이 아니라 영국 노동계급 대다수에게 산업위기와 불안정한 빈곤을 초래하는 것으로 보이게 되면서, 사실상 자유주의 진영 내부에서도 갈등이 벌어졌다. 1798년에 토마스 맬더스 목사는 인구가 식량공급보다 훨씬 빨리 증가하는 추세를 갖기 때문에 생존조건이 개선되면 더욱 급속하게 팽창하는 노동인구는 그로 인해 언제나 필수생계 수준에 매이게 되는 경향이라고 주장했다. 맬더스의 비관적 전망은 혁명 이후의 이상주의적 급진주의자들의 완벽주의적 희망을 겨냥한 것이었지만, 자유주의 경제학자들의 온건한 희망까지 무너뜨려 버렸다.[19]

리카르도는 곧 토지에 대한 수확체감의 법칙을 맬더스의 인구법칙에 부가함으로써 자유주의자들의 두려움을 더욱 증폭시켰다. 리카르도는 인구가 증가함에 따라 생산성이 낮은 토지가 개간되면 지대가 오르고 이에 따라 식품가격이 상승하며, 그 결과 자본가들은 임금을 인상할 수밖에 없어 이윤이 낮아진다고 주장했다. 리카르도의 결론은 개간 가능한 토지가 고갈되면 정체상태가 도래하고 계급갈등이 확산된다는 역사적 예측으로 널리 이해되었다. 그러나 이는 시장의 힘에 대한 가설적 모델로, 기술혁신을 상수(常數)로 놓은 것이었고, 부분적으로는 토지귀족들이 곡물법(the Corn Law)[20]을 옹호하는 근거가 온당치

---

19) Maxine Berg, *The Machinery Question and the Making of Political Economy* (Cambridge University Press, 1980), pt. 1; Gide and Rist, *History of Economic Doctrines*, bk. 1, chap. 3.

20) 옮긴이 주: 1815년에 제정하여 1846년에 폐지한 영국 곡물법을 말한다. 19세기 초 나폴레옹전쟁의 종결로 곡물가격이 폭락하고 농업공황이 일어나 파산자가 속출하자, 당시 의회의 다수파를 장악한 영국 지주계급은 자신들의 이익을 보호하기 위해 소맥 1쿼터(약 12.7kg)당 가격이 80실링이 될 때까지 외국산 소맥의 수입금지를 법제화함으로써 종래의 이익을 확보하려 한 것이 이 곡물법이다. 1828년에는 곡물가격의 오르내림에 따라 수입관세를

못함을 보여주려는 의도를 가진 경고성 주장이었다.

리카르도는 은행가 겸 증권중개인이자 의원으로서 자유주의자들이 싸웠던 모든 경제정책상의 실제 이슈들에 관여했지만, 이 상이한 이윤율을 문제삼음으로써 정치경제학의 가장 논쟁적인 지점에 들어서게 되었다. 그는 스미스의 가설적 분석을 놀라운 분석도구이자 논증도구로 발전시키면서 스미스의 이론이 기초하던 일체의 역사적 자료와 문명사로부터 떠나서 스미스 이론모델의 정치경제학에만 초점을 맞추었다. 리카르도와 그 추종자들이 자신들의 경제이론을 역사적 틀로부터 이탈시킨 것은 곧 과학을 그 추상적 요소들로 환원(*reduction*)시킨 것이었을 뿐 아니라, 이 요소들로부터 추론되는 자유주의 사회의 진보과정으로 역사 자체를 환원시킨 것이었다.

리카르도를 따르는 자유주의 경제학자들은 그의 방법은 이어 받았으나 극단적으로 보이는 그의 예언들은 뒤집으려 했다. 자유주의 경제학자들은 당시 진행되던 영국 산업의 기계화에 초점을 두고, 리카르도의 분석을 급진적으로 사용하던 노동계급 대변자들에게 대항하면서, 자본축적과 기술진보가 자본주의 진보의 추동력이며 결국 시장사회에 대한 스미스의 희망을 유지하리라는 것을 보여주었다. 또한 이러한 설명을 통해 이들은 스미스가 시장에 부여한 도덕적 토대를 확대했다. 자본주의적 노동에 의해 산출된 덕성이 이제 체제 전체에 침투하게 되었다. 자본축적은 절제의 산물로 정의되었으며, 신맬더스주의자들[21]

증감하도록 개정된 신곡물법이 의회를 통과하였으나, 지주계급의 이익을 옹호하기 위한 악법임에는 변함이 없어 소비자 대중은 풍작과 흉작에 관계없이 비싼 빵을 사먹어야 했기 때문에 자유무역론자를 중심으로 격렬한 반대운동이 일어났다. 특히 1839년 맨체스터에서 결성된 반(反)곡물법 동맹이 선봉이 되고 의회에서도 반대운동이 파급되어, 1846년에 이 곡물법은 폐지되었다. 《경제학대사전》(서울: 박영사, 1999), 제 3 전정판, 243~4 참조.

21) 옮긴이 주: 맬더스(T. R. Malthus)의 인구론에 입각하여, 생활용품의 증가 이상으로 인구가 증가하는 것을 억제하기 위해 산아제한의 필요성을 주

은 만일 경제적 절제와 성욕의 절제를 실천한다면 노동계급을 위한 개선이 서서히 이루어질 것이라고 약속했다. 존 스튜어트 밀은 이러한 자유주의 경제학의 고전적 논리를 그의 《정치경제학 원리》(*Principles of Political Economy*, 1848)에 정리했는데, 협동적 산업의 확산을 예기하고 빅토리아 시대의 정지상태(*stationary state*)[22]를 적절한 안락과 도덕적 개선이 지속되는 시대로 바꾸어 놓음으로써 이 시대의 암울함을 완화시켰다.[23]

콩트와 밀 직후 허버트 스펜서(Herbert Spencer)는 스미스 정치경제학에 내재한 사회학적 질료들로부터 자유주의적 사회학을 개발함으로써 자유주의 사회과학의 마지막 부분을 보완하였다. 스펜서에게 주로 영감을 주었던 것은 청년시절의 급진적 공화주의 정치와 협동적 개인주의의 이상이었다. 그의 사회조직 모델은 콩트가 높이 평가한 전통사회의 유기적 제도들이 아니라 초기 산업도시의 자발적 결사에서 비

장하는 입장이다. 일찍이 19세기 전반 영국의 밀(J. Mill) 등이 주장하였는데, 이 후 의학자 노턴(C. E. Norton) 등에 의해 미국에 보급되었다. 《경제학대사전》(서울: 박영사, 1999), 제 3 전정판, 1693 참조.

22) 옮긴이 주: 경제의 제반 변수관계가 고정되어 있어 기(期)마다 같은 상태가 되풀이되는 경우를 말하는 것으로 정상상태라고도 한다. 구체적으로는 경제 전체로서의 산출량 수준에 변화가 없이 생산, 교환, 소비 등이 같은 규모로 순환하고 있는 상태를 말한다.

23) Gide and Rist, *History of Economic Doctrines*, bk. 3, chap. 2; Berg, *Machinery Question*; J. S. Mill, *The Principles of Political Economy* (Toronto: University of Toronto Press, 1965 〔1848〕); Samuel Hollander, *The Economics of David Ricardo* (Toronto: University of Toronto Press, 1979)는 스미스의 확대된 역사적 관점에 대한 리카르도의 지속적 신뢰와 가설적 분석시각을 지지한다. Hollander는 비록 리카르도의 분배 분석이 곡물법 논쟁에 특별한 기원을 두고 있다는 점을 반박하고 있지만, 리카르도의 분석을 중점으로 삼고 발전시키는 데 있어 곡물법의 중요성을 반증하지 않을 뿐만 아니라, 분배를 주요 쟁점으로 만든, 더 큰 사회갈등의 맥락에 기원이 있다는 것도 반증하지 않고 있다.

롯되었다. 급속히 쇠퇴한 이 토대 위에서 스펜서는 자유주의적 비전을 위한 최선의 정당화를 구축하려 했다. 그는 스미스로부터 배운 분화를 통한 진보의 개념에 진화의 보편 법칙적 지위를 부여하였다. 모든 것은 미분화된 동질적 사물로부터 분화된 이질적 사물로 진화한다는 것이다. 스미스의 자유주의 이념에 내재된 조화의 비전에 기반하여 스펜서는 기능적으로 통합되고 계약에 의거하는 산업사회를 경쟁적이면서 동시에 협동적인 세상이며 구성원들 간의 이타주의와 평화적인 세계질서를 창출하는 세상으로 묘사했다. 스펜서는 좌우의 적들에 대항해서 자유주의 정치경제학의 메시지를 유연화했고 그 권위를 확대했다.[24)]

이데올로기적 갈등이 서로 경쟁적인 다양한 사회과학들을 만들어내던 것과 동시에 사회과학자들도 역사주의가 제기한 문제들을 다루었다. 인간 행위의 구성물로서 역사는 인간사가 지닌 나약함과 우연성에 의해 제약받았다. 지속적인 질적 변화과정으로서 역사는 또한 새로운 것의 부단한 도전을 표출했다. 이해와 실천을 위한 어떠한 안정적 기

---

24) Herbert Spencer, *The Principles of Sociology*, 3d ed., 3 vols. (Westport, Conn.: Greenwood Press, 1975 〔1897~1906〕), vol. 1, pars. 215~7, 260. 스펜서 이론의 스미스적 성격과 급진성의 원인에 대해서는 Peel, *Herbert Spencer*, 136~40, 217~23을 참조. Peel은 스펜서의 관점이 보수주의적 유인력을 갖게 된 것은 자유주의 자체가 변화했으나 스펜서는 변화하지 않았을 때인 19세기 후반이었을 뿐이라고 주장했다. 미국 사회학자들은 매우 자주 사회학의 보수주의 성격의 유래를 콩트 사회학의 보수주의 전통과 유기체론의 보수주의적 기능에서 찾아 왔다. 그것이 기여한 결과의 하나는 미국 자유주의 전통(*liberal tradition*)의 자유지상론적(*libertarian*) 순수성을 유지하는 것이다. Robert A. Nisbet, *The Sociological Tradition* (New York: Basic, 1966)과 Leon Bramson, *The Political Context of Sociology* (Princeton, N.J.: Princeton University Press, 1961) 참조. 사회과학에서 기계적·유기적 은유의 복합적인 정치적 유인력에 대해서는 Theodore M. Porter, "Natural Science and Social Theory," in *Companion to the History of Modern Science*, ed. R. C. Olby (London: Routledge & Kegan Paul, 1989) 참조.

반이 역사영역에서 발견될 수 있는가? 가치는 과연 어떻게 보장될 수 있는가? 19세기 초 사회과학자들은 18세기의 프로그램을 이 과제에 적용하면서, 진보나 법칙 또는 이성에 대한 이상주의적 관념에서 해답을 발견했다. 이 도구들을 통해 이들은 역사주의가 제기한 곤혹스런 함의들을 처리해 버렸고, 역사변화에 대한 자신들의 인식을 제한하게 되었다.

진보개념은 보다 나은 미래를 오래 지속된 역사적 원인이나 최근의 역사적 변혁(*transformation*)에서 찾게 함으로써 인간행위와 역사흐름의 불확실성을 감소시켰다. 여전히 기독교적이었던 문화에서 진보는 세상의 참을 수 없는 불완전성에 대한 보상이 되어줄 수 있었다. 과거의 미덕이건 실패건 늘 더 높은 차원의 문명을 창출하는 데 도움이 된다면 후회할 필요는 없다. 그러나 진보에 관한 인식은 역사이해를 약화시키기도 했다. 특히 계몽주의의 합리주의적 가치가 지배하던 자유주의 사회과학에서는 보수적·급진적 사회과학들에 비해 과거 문화들에 대한 역사주의적 평가가 덜 발전되었다. 자유주의적 자본주의의 현재에 대항한 콩트와 맑스의 경우, 미래가 이전 문화들의 유기적 공동체를 새롭고 더 높은 차원으로 통합해 가는 3단계 과정으로 역사를 구상했던 것이다.

과거에 집착하는 사람들과 변화를 갈망하는 사람들 속에서 19세기 자유주의자들은 점차 미래를 지향하였다. 듀갈드 스튜어트(Dugald Stewart)와 제임스 밀(James Mill) 같은 아담 스미스의 후예들은 역사를 토리당(Tory)의 과거 옹호와 연관지었다. 제레미 벤담(Jeremy Bentham)처럼 그들은 근대사회는 과거로부터 배울 것이 없으며, 그 대신 직접적으로 인간본성의 보편적 원칙을 향해 나아가야 한다고 믿었다. 역사로부터 추상화된 원칙들의 분석체계인 리카르도 정치경제학이 뿌리 내린 것은 바로 이러한 정치적 맥락에서였다. 역사의 진보과정을 이해하려는 사람들에게 과거 전체는 진보가 뒤에 남겨둔 단 하나의 단계로 집약될 수 있었다. 헨리 메인 경(Sir Henry Maine)은 전근대사회를 신분에 의해 조직된 사회로 그리고 근대사회를 계약에 의해 조직된 사회로 규정함으로써, 이러한 두 단계의 자유주의적 상상을 강화시켰다.[25)]

진보가 역사주의의 불온한 함의에 대항하는 한 기제였다면, 다른 한 기제는 과학적 법칙이었다. 18세기 사회과학자들은 "신의 섭리가 흐르는 규칙"으로 자연의 법칙을 제시했고, 이에 따라 자연에서 관찰되는 규칙성으로서의 법칙이라는 과학적 관점과 신이 자연 세계를 다스리는 대리 기제로서의 자연법칙이라는 과거의 종교적 개념을 융합시켰다. 19세기 초중반에 이르러 신의 현존은 대체로 무시되었으나, 필연성과 고정불변성, 대리통치기제로서의 행위 같은 신법의 특징들이 여전히 과학자들이 자연에서 발견한 법칙들에 부여되는 일이 잦았다. 과학적 법칙은 관찰된 피상적 규칙성들에 불과하다는 흄의 비판을 받아들이는 수많은 과학자들과 사상가들조차도 언제나 과학적 법칙들을 자연의 구조에 귀속된 필연적 규칙들로 생각했다.[26)]

과학적 법칙의 물화(物化, *reification*)는 불안감과 확신, 양자 모두의 산물이었다. 신성(神性, *divinity*)이 약화되자 대신 자연에 의거해야 할 필요성과, 과학적 탐구의 영역과 그 힘에 대한 확신, 둘 다를 반영했던 것이다. 이와 동시에 이데올로기적 갈등이 과학의 권위에 프리미엄을 부여했다. 사회과학자들과 철학자들은 지식에 대한 자연과

---

25) J. W. Burrow, *Evolution and Society* (Cambridge University Press, 1966); George W. Stocking, Jr., *Victorian Anthropology* (New York: Free Press, 1987); Stefan Collini, Donald Winch, and J. W. Burrow, *That Noble Science of Politics* (Cambridge University Press, 1983). 스미스조차도 전근대의 단계를 자유주의적이고 진보적인 근대성과 정반대되는 단일한 전통적 단계로 간주하는 경향이 있었다. Berg, *Machinary Question*, 136~44 참조.

26) Mandelbaum, *History, Man, and Reason*, 87~8.

학의 특별한 권위를 주장하고 그 영역을 자연에서 역사로 확장하기 시작했다. 콩트가 실증주의(*positivism*)라는 용어를 자신의 체계 전체에 적용하기는 했지만, 실증주의는 곧 과학적 지식의 일반적 요구들과 더욱 밀접히 연결되어졌고, 특히 이 요구들이 존 스튜어트 밀(John Stuart Mill)에 의해 규정되면서 더욱 그렇게 되었다.

현상만이 인지될 수 있다는 계몽주의의 결론에 근거하여, 실증주의는 과학적 지식이 유일하게 확실한 지식이며 따라서 우선적인 지식 형태라고 주장했다. 18세기에 그리고 종종 19세기에도 과학(*science*)이라는 용어는 독일 사람들이 모든 학술분과에 학문(*Wissenschaft*)이라는 용어를 사용한 것과 마찬가지로 대부분의 체계적 연구들에 적용되었다. 그러나 실증주의는 자연과학으로부터 도출된, 지식에 대한 더욱 선택적인 기준을 적용했다. 밀에게, 뉴턴식 과학모델은 가장 오래되고 가장 발전된 물리과학인 천문학에 존재했고 따라서 패러다임적인 것이었다. 뉴턴의 방법은, 과학자들이 직접 자연으로 다가가 현상을 관찰하고 근본원인들을 규명하며 귀납을 통해 일반화에 도달하여 마침내 그 일반화를 논리적으로 체계적인 형태로 배치함으로써 그들로부터 검증가능한 결론들이 연역될 수 있기를 요구했다. 밀의 경우, 종합적이고 연역적인 형태의 완성은 과학의 결정적 특징이었다.[27)]

그러나 사회과학이 어디까지 이러한 형태에 도달할 수 있는지에 관해 밀은 확신할 수 없었다. 정치경제학은 이미 도달했다고 밀은 믿었다. 정치경제학은 인간적 동기들과 역사의 복합체로부터 몇 가지 근본적인 동기들과 토지와 인구에 관한 몇 가지 근본적 사실들을 추출해냄으로써 경제의 연역적 모델을 도출할 수 있었다. 이 원칙들로부터 사

27) Ibid., 10~3, 167~8, 197~8; Leszek Kolakowski, *The Alienation of Reason* (New York: Doubleday, 1968); John Stuart Mill, *A System of Logic*, bk. 6: "On the Logic of the Moral Science," (Indianapolis, Ind.: Bobbs-Merill, 1965 〔1843〕).

람들은 과학적 법칙의 필연성과 예측가능성을 갖춘 결론을 추론할 수 있을 것이었다. 역사 발전 과정을 예측하고 어떤 특수한 상황에서 결론을 예측하기 위해서는 이와 같은 과학적 원칙들뿐만 아니라 정치경제학이 모델로부터 의도적으로 제외한 역사적 요소들도 고려해야 한다고 밀은 강조했다. 구체적 환경에서 결론을 끌어내는 것은 과학이 아니라 '기술(*art*)'로서, 그 역시 인간적 가치를 고려해야만 하는 것이었다. 그러나 밀 자신은 그러한 주의를 기울이는 데 실패했고, 자신의 수많은 동료들처럼 정치경제학의 전제들로부터만 미래에 대한 설명을 투사했다.[28]

사회학에서 실증주의는 사회진보에 대한 경험과학을 뒷받침했다. 콩트는 과학의 다원주의적 관점을 제안했으며, 사회학은 최신 과학이기 때문에 가장 앞선 학문으로서 종합적이고 연역적인 형태를 취할 필요가 없다고 주장했다. 역사연구를 통해 사회학은 인간의 정신이 물활론적(*animistic*) 사고[29]로부터 형이상학적 사고로, 다시 과학적 사고로 진보해 가는 법칙과 같은 사회진보의 경험적 법칙들을 발견하였다. 이러한 경험법칙들이 인간본성의 원칙으로부터 합리적으로 연역되는

28) Mill, "On the Logic of Moral Sciences"; idem, *Principles of Political Economy*, bk. 4.

29) 옮긴이 주: 모든 물질은 그 자체 속에 생명을 갖추고 있어서 생동한다고 하는 철학상의 학설인 물활론(*hylozoism*이라고도 함)에 기초한 사고를 말한다. 물활론은 영국의 철학자 커드워스(R. Cudworth)가 처음 사용하였는데, 능동적 원리인 정신이나 영혼이 수동적인 원리인 물질로부터 구별되기 이전에 활동했던 초기 철학자를 물활론자라고 불렀다. 물활론은 그리스 철학을 확립한 탈레스(Thales), 아낙시메네스(Anaximenes), 헤라클레이토스(Herakleitos) 등 이오니아(*Ionia*) 학파인 자연철학자들에 의해서 설명되고 스토아 학자들에게 계승되었다. 근세에는 브루노(G. Bruno) 등 르네상스기 이탈리아 자연철학자들이 속하고, 20세기 초기에는 헤겔(G. W. F. Hegel) 등이 이 유파에 속한다. 한국철학사상연구회(편), 《철학대사전》(서울: 동녘, 1989), 424 참조.

것과 일치하는 한, 경험법칙들은 과학적 사회학의 토대가 될 수 있다고 밀은 주장했다. 역사가 미분화된 동질성에서 분화된 이질성으로 진화한다는 스펜서의 법칙도 경험적인 역사적 증거를 통해 이와 유사한 실증주의적 보장을 받을 수 있었고 생물학적·물리적 자연계를 관통하여 작용하는 진화의 자연법칙에 일치한다고 주장할 수 있었다.

실증주의 사회학은 모든 역사를 폐쇄된 체계로 전환시키는 경향이 있었다. 지금까지 비판가들은 아리스토텔레스의 영향이나 19세기 낭만주의나 다윈주의의 유기체론적 은유의 영향력에 초점을 맞추었지만, 사실 '사회'나 '역사'를 단일한 유기체로 다루는 작업의 기본 전제는 결정론적인 자연법의 존재를 믿는 것에 있었다. '경제'가 체계의 모든 변화들을 초래하는 변수들의 폐쇄체계가 된 것과 마찬가지로 사회도 그렇게 되었다. 일단 핵심적인 변동요소가 정해지고 이들이 본질에 뿌리내리고 이들의 활동경로가 정해지고 나자, 역사는 예정된 경로 위에서 내적 논리에 따라 전개되었으며 역사변화의 우연성에 대해 상당한 면역성을 갖게 되었던 것이다.[30)]

밀에 따르면, 정치학(*politics*)은 과학이 되기에 가장 어려운 분야이다. 사회과학을 도덕과학(*moral sciences*)이란 18세기 명칭으로 계속 불렀던 것과 마찬가지로, 밀은 줄곧 정체(*polity*)를 가장 포괄적인 영역이자 다양한 인간적 동기들에 가장 크게 종속된 영역이며, 이로 인해 귀납에 가장 적합하지 않은 영역으로 생각했다. 밀은 인간본성의 보편적 원칙을 국민성에 연관짓는 정치행동학(*political ethology*)[31)]이라

30) 유기적 은유들과 기계적 은유들은 다양한 의미를 갖는 반면, 그 폐쇄적이고 체계적인 성격과 논리적 결과인 역사적 귀납주의는 일치했다. Anthony D. Smith, *The Concept of Social Change* (London: Routledge & Kegan Paul, 1973); Peel, *Herbert Spencer*, 166~73참조. 아리스토텔레스와 유기체론 및 그에 따라 귀납론에까지 이르는 사회과학 비판의 출처는 Frederick J. Teggart, chap. 10과 Kenneth E. Bock, *The Acceptance of Histories* (Berkeley: University of California Press, 1956).

는 중간과학(*intermediate science*)이 발전할 것이라고 생각했으나, 이러한 그의 제안은 받아들여지지 않았다. 그 대신 다양한 연구들이 정치과학(*political science*)이라는 명칭을 택했고, 이들은 모두 어느 정도 역사로부터 경험적 일반화를 이루었다. 헨리 버클(Henry Buckle)은 역사에 관한 그의 경험적 법칙이 실증주의적 지위를 갖는다고 주장한 몇 안 되는 사람들 중의 하나였는데, 그 외 대부분의 경우에 정치과학은 체계적 지식으로서의 과학이라는 더 느슨한 의미에서 이해되었다.[32]

이렇게 해서 19세기 초 사회과학의 토대를 구성했던 역사주의는 실증주의적인 과학적 방법과 상당한 긴장상태에 놓이게 되었다. 더욱이 역사주의에 대항한 것은 실증주의만이 아니었다. 철학적 관념론의 영향을 받던 사회과학들에게는 역사적 필연성의 보장이 이성의 작용에 의해서도 제공될 수 있었다. 헤겔의 역사철학은 역사변화의 복잡한 변증법적 과정에서 작동하면서 이상적 민족국가 내에서 현실화되어가는 이성의 발전을 제시했다. 헤겔은 한 차원에서는 역사발전에 대한 예리한 논증을 통해 역사연구를 자극했지만, 다른 한편으로는 합리주의적 논리로 환원할 수 있는 역사 발전계획이 있다고 믿음으로써 역사의 복합성을 제한하고 독일 역사과학을 경직된 목적론 속에 가두게 되었다. 이렇게 해서 유럽 어디에서나 역사주의는 사회이론가들로 하여금 역사

31) 옮긴이 주: 20세기 전반부터 후반에 걸쳐 유럽에 등장한 행동학의 조류인, 생물의 행동과 외부환경의 관계를 분석하는 비교행동학(*ethology*)을 정치학에 적용한 분야를 말한다. 비교행동학은 형태와 마찬가지로 동물의 행동양식도 종(種)에 따라 특이한 패턴을 제시하는데 그 기본은 각각의 생활조건에 대응한 생득적(유전적)·적응적인 것이라는 파악을 원칙으로 한다. 그에 따라 행동의 발달, 진화, 기능, 적응에 관한 여러 영역의 연구에서 다채로운 성과를 올렸다. 《21세기 정치학 대사전》(서울: Academia-Research, 2002), 1144~5; 양호일(편저), 《정치행동학》(서울: 유림문화사, 1991) 참조.

32) Mill, "On the Logic of Moral Sciences"; Collini, Winch, and Burrow, *That Noble Science*.

의 광대한 역동성을 진보나 법칙 혹은 이성의 범주 안에 가두도록 자극했던 것이다.[33]

가장 예외적인 것은 역사학자들이었는데, 이들 역시 독자적 방식으로 비슷한 동기와 유사한 전략을 따르고 있었다. 과거의 기록을 보존하고 역사를 서술하는 데 종사하는 역사가들은 개별 사건들 자체로부터 역사에 대한 일관된 설명을 발전시키기를 원했다. 이들은 일반적 법칙을 탐색하는 대신 역사의 독창적 구성에 의해 형성되는 중요한 '역사적 개체들'(*historical individuals*) —인물, 제도, 국가—의 행위를 위치지우고 설명하고자 했다. 과거에 대한 진실한 기술을 제공한다는 이들의 주장은 과학적 실증주의자들과 마찬가지로 불안감과 확신, 양자로 인한 것이었다. 다시 말해 역사가 존재의 궁극적 토대를 구성하기 때문에 역사에 의존해야 한다는 필요성과, 과거의 다양한 맥락들을 재발견하기 위한 검증에 사용될 수 있는, 문헌학을 중심으로 하는 비판적 방법들에 대한 확신이 있었던 것이다.

독일대학의 학자들은 이러한 역사주의 프로그램을 설계하고 실천한 최초의 사람들이었다. 레오폴드 폰 랑케(Leopold von Ranke)[34]는 형이상학적 실체나 신적 실체가 역사 안에 위치하고 역사의 모든 개체적 구성 안에 표현되어 있다는 동일철학(*Identity-philosophy*)[35]에서 영감

33) White, "History and Historicisms," xix-xxiii. G. A. Wells, *Herder and After* (The Hague: Mouton, 1959), chap. 4, pts. 2, 4도 참조.

34) 옮긴이 주: Leopold von Ranke(1795~1886) —사실을 있는 그대로 기술할 것을 강조하는 새로운 연구방법과 교수법으로 서유럽 역사서술에 큰 영향을 끼쳐 '근대 역사학의 아버지'라 불린다. 그는 역사학이란 많은 사건들이 상호 관련되어 발전된 그대로를 기술해야 하며, 또 각 시대에 존재하는 독자적인 개성과 가치를 간파해야 한다고 주장하였다. 이러한 객관주의는 역사학을 현실의 철학과 정책에서 해방시켜 역사학의 독자적 연구시야를 개척하였다는 점에서 의의가 크다. 주요 저서로는 《종교개혁 시대의 독일사》(1839~1847), 《프로이센사》 총9권(1847~1848), 《프랑스사》(1852~1861) 등이 있다. 《21세기 정치학 대사전》(서울: Academia-Research, 2002), 675 참조.

을 받아, 역사를 "실제 존재하는 그대로" 묘사하는 것을 가장 중요한 과제로 삼았다. 역사가들은 증거에 대한 끊임없는 비판적 조사, 낭만적이거나 신비한 통찰의 과정, 그리고 일차 자료들에 몰두함으로써 역사의 경험적 실체 속에 숨겨진 발전의 진보적 과정을 밝힐 수 있었다. 랑케와 바톨드 니부르(Barthold Niebuhr)[36] 및 다른 창시자들로부터 이 프로그램의 영향은 프랑스와 영국의 덜 전문화된 역사편찬 그룹에 확산되었다.[37]

---

35) 옮긴이 주: 이원론(二元論)과 뚜렷이 대립하는 철학원리로 동일론 혹은 동일설이라고도 한다. 주관과 객관 또는 정신과 물체가 대립하고 있으나, 절대적 동일자의 두 현상형식이나 양태에 지나지 않는다는 원리에 근거한다. 주관과 객관의 차이 등을 강조하는 근대철학의 이원론을 극복하고자 한 칸트(I. Kant) 이후 헤겔(G. W. F. Hegel)로 이어지는 관념론자들에 의해 정립되었으나, 구체적 입장에 따라 학자마다 일정한 차이를 보인다. 먼저 스피노자(B. Spinoza)와 페히너(G. T. Fechner)는 무한의 속성을 갖는 실체의 두 속성을 정신과 물질(사유와 연장)로 해석하고, 양자가 실체 속에서 통일되어 있다고 보았다. 그리고 헤겔은 정신이 절대자이며 로고스(logos: 절대이념)가 자기 전개를 하는 것이 곧 자연과 정신으로 나타난다고 하였다. 한편 셸링(F. W. J. Schelling)은 다른 철학자들이 주체로서의 자아와 대상으로서의 자연을 서로 분리된 두 부분인 것처럼 생각하는 잘못을 저질렀다고 주장하며, 피히테(J. G. Fichte)의 동일원리를 실재론(實在論)의 관점으로 해석하고 스피노자의 주장과 결합시켰다. 그는 처음부터 자연과 자아의 관계를 자연의 일원론적 원리에 바탕을 두고 설명하였으며, 이러한 원리로서의 동일자를 절대자라고 하였다. 셸링 외에도 크라우제(K. C. Krause), 바그너(J. J. Wagner), 슐라이어마허(F. E. D. Schleiermacher) 등이 동일철학에 기여하였다. 《철학대사전》(서울: 학원사, 1972), 수정 3판, 231~2 참조.

36) 옮긴이 주: Barthold Georg Niebuhr(1776~1831) — 독일의 역사학자이자 정치가로서, 프로이센 학우회 보루시아(*Borussia*)의 역사학풍을 대변한다. 주요 저서로는 《로마사》(1811~1812)가 있다.

37) Lewis D. Wurgaft, "Review Essay: The German Conception of History," *History and Theory*, 8, no. 2 (1969): 404~18; Leonard Krieger, *Ranke* (Chicago: University of Chicago Press, 1977); Herbert

따라서 19세기 중반에 이르러 사회과학의 보다 실증주의적인 변형들과 보다 역사주의적인 역사편찬, 이 양자는 독특하고 때로 갈등적인 정체성을 지니게 되었다. 독일에서 랑케는 헤겔의 합리주의적 체계가 역사편찬의 경험적 기준들을 위반한다고 비난했던 반면, 영국에서는 역사의 결정론적 법칙들을 발견하려는 버클(Henry Buckle)의 시도가 당시 활동하던 역사가들로부터 비판받았다. 이와 동시에 콩트와 스펜서 같은 실증주의 사회학자들은 역사편찬을 전망 없는 피상적 사실들에 매몰된, 왕들과 전쟁들에 관한 단순한 연대기적 기술로 폄하했다. 실증주의 법칙들은 역사의 경험적 실체 아래 어딘가에 존재하는 것으로 여겨졌다. 콩트의 사회학은 스펜서의 사회학보다 더 풍부한 역사적 토대를 포괄했으며, 맑스는 스펜서나 콩트와 달리 사료들에 대한 면밀한 맥락적 연구를 했다. 그러나 콩트와 스펜서는 둘 다 사회학자들이 역사편찬에 의해 연대기적으로 기술된 사건들의 행간을 읽어야 한다고 주장했으며, 역사기록의 모든 복합성에 대해 자신들의 이론을 검증해야 할 의무가 있다고 느끼지는 않았다. 역사에 관한 대량의 경험적 정보들에 대해 순수하게 분석하고 그로부터 또 순수하게 귀납하는 것은 소모적이고 전망 없는 일로 생각되었다.[38] 그러나 서로 일치하고 유사한 영역들도 상당히 남아 있었다. 역사주의적 성향들과 몰역사적 성향들 간의 긴장이 완화되는 경우도 많았고, 알렉시스 드 토크빌과 맑스 같은 역사주의 사회사상가들은 항상 양자를 포괄했으며, 정치학과 역사학의 연구들은 정치제도에 관한 연구에서 서로 중첩되었다.

Butterfield, *Man on His Past* (Cambridge University Press, 1955), chaps. 2, 4.

38) Iggers, *German Conception of History*, 43; T. W. Heyck, *The Transformation of Intellectual Life in Victorian England* (New York: St. Martin's, 1982), 133~7; Mandelbaum, *History, Man, and Reason*, 88~9, 130~2.

19세기 초반은 유럽의 사회과학 형성에서 중대한 시기였다. 사회갈등의 압력 속에서 계몽주의의 자유주의적 사회과학들은 갈등적인 이데올로기적 프로그램들로 분기해 들어갔고, 자유주의 사회과학자들은 방어적으로 근대의 사회적 조화의 비전을 다시 주장했다. 역사편찬과는 대조적으로 사회과학의 주요 영역들은 보다 추상화되고 체계화되어 갔으며, 불확실한 역사과정을 안정화시키고 그들의 경쟁적인 사회 프로그램들에 대한 자연의 권위를 획득하기 위해 실증주의적 법칙을 추구했다.

각 나라의 상이한 문화적 환경과 역사적 환경들로 인해 이 요소들의 비중은 달리 나타났으며, 그 결과 각국의 특성에 뿌리내린 상이한 역사의식과 사회과학 전통들을 창출했다. 독일의 낭만적 계몽주의와 파편화된 정치적 조건은 역사적 상상을 과거와 미래에 투영해서 독일 사회사상가들과 역사가들을 역사주의의 선구자로 만들었다. 독일의 학자층은 국가에 경도되어 역사주의를 국가목적에 연결시켰다. 그러나 영국에서는 정치제도의 연속성이 강하여 역사주의가 상대적으로 널리 천명되지 못했다. 중간계급과 이들의 자유주의적 프로그램들의 힘이 성장하는 것과 연계하여 고전 정치경제학이 전형적이고도 가장 풍부하게 발전한 영국 사회과학이 되었다. 따라서 우리가 미국으로 옮겨 갈 때, 스코틀랜드와 영국, 프랑스, 독일에서 발전한 상이한 사회과학들이 또 다른 특징적 경로를 밟게 되는 것을 발견하는 것은 놀라운 일이 아니다.

제 2 장

미국 예외주의의 비전

18세기 후반과 19세기 초반에 유럽의 사회사상가들을 지배했던 근대사회의 발견에는 미국인들도 참여했으나 이에 관한 사회과학적 담론과 논의들을 상당히 다르게 사용했다. 유럽에서 역사주의로 발전한 많은 문화적 요소들, 예컨대 프로테스탄티즘과 세속적 계몽주의, 공화주의 정치담론들과 낭만주의가 미국에도 존재했지만, 유럽과 같은 시기에 역사주의로 발전하지는 못했다. 역사주의는 사실상 19세기 후반까지도 거의 태동하지 못했다. 미국인들은 자신들의 국가적 존재를 발견하고 규정하는 데 몰두한 채, 이 문화적 질료들로부터 전혀 색다른 역사의식을 개발했고 이와 함께 상이한 사회과학 전통을 수립했던 것이다.[1)]

---

1) 이 미국 역사의식 개념에 대한 더 상세한 논의로는 Dorothy Ross, "Historical Consciousness in Nineteenth Century America," *AHR*, 89 (October 1984) : 909~28을 참조.

미국이 유럽을 뒤따라 역사주의를 수용하지 않았던 주요 원인들 중 하나는 미국인들이 자신들의 혁명을 프랑스 혁명과는 달리 성공적인 것으로 간주했다는 점에 있다. 미국인들은 미국 혁명의 성공과 입헌 공화정의 수립을 기독교 및 공화주의 시기의 사건으로 이해했다. 프로테스탄트 미국인들은 이미 새로운 국가가 본받을 수 있는 기독교 패러다임을 지니고 있었다. 종교개혁의 예언들에 따라 미국인들은 새 천년이야말로 바야흐로 이 종교개혁의 세상이 들어서게 될 역사진보의 시기이며 뉴잉글랜드로 향했던 청교도들이 이 희망의 무대를 신세계로 옮겨 놓았다고 믿었다. 국가의 독립이 쟁취되자, 열렬한 프로테스탄트들은 아메리카 공화국의 수립을 인류의 최종적 구원이자 역사의 종말을 예고하는 천년왕국의 도래와 동일시했다. 미국의 진보는 역사변동의 과정이 아니라 천년왕국의 씨앗을 틔우는 것이 되리라고 생각했던 것이다.[2)]

공화주의의 역사적 시각에서 볼 때, 공화정의 성공적 수립은 보다 모호한 것이었다. 18세기 영국에서 근대문명이 시민적인 것의 토대를 침식하는 듯 여겨졌을 때, 이에 대한 공화주의 사상가들의 견해는 나뉘었다. '궁정당'(*Court party*)은 역사는 관리할 수 있다고 주장하면서 진보를 위해 공화주의 가치들을 양보했던 반면, '지방당'(*Country*

---

2) Ernest Lee Tuveson, *Redeemer Nation* (Chicago: University of Chicago Press, 1968); Sacvan Bercovitch, *The Puritan Origins of the American Self* (New Haven, Conn.: Yale University Press, 1975); Theodore Dwight Bozeman, *To Live Ancient Lives: The Primitivist Dimension in Puritanism* (Chapel Hill: University of North Carolina Press, 1988)은 청교도 소명의 제1세대 참가자들에 대해서는 천년왕국 지향성에 의문을 제기하지만, 다음 세대들에 대해서는 그렇지 않다.

party) 공화주의자들은 고결한 공화정의 이상을 강력히 고수하고 최초의 원칙들로 돌아갈 것을 주장하면서 시간의 흐름을 멈추거나 되돌리려 했다.[3] 지방당 공화주의자들의 특징적 입장은 역사에 대항해 공화주의적 덕성을 실현하려고 노력하는 것이었으며, 이 공화주의적 덕성은 독립적 시민의식의 힘 외에도 인간행동을 통해 역사적 사건들 위에 자신의 형상(*form*)과 의지(*will*)를 부여하고 실현하는 능력인 마키아벨리적 의미의 덕(*virtû*)도 지닌 것이었다. 미국인들은 두 정파의 영향을 모두 받았고, 그래서 세월의 침식에 대항해 공화주의 가치를 옹호하기 위해 지방당의 목표를 가지고 궁정당의 전략을 종종 적용하곤 했다.

헌법이 제정된 후 이 목표는 달성되는 것 같았다. 헌법 제정자들은 과거의 공화정들을 항상 파괴했던 폐해들을 드디어 해소한 듯이 보이는, 보다 확장되고 균형 있는 민주적 공화정의 새로운 유형을 의식적으로 만들어냈다. 이제 고전적 공화주의자들의 순환론적 역사관은 영원한 진보의 가능성에 밀려나기 시작했다. 스코틀랜드 사회사상가들을 따라 미국인들은 농업적 발전단계와 상업적 단계 사이의 중간에 미

---

3) 옮긴이 주: 궁정당과 지방당은 차알스 2세(재위 기간: 1660~1685) 때 왕위 계승자인 제임스의 가톨릭 신앙을 둘러싸고 등장한 최초의 정당들이다. 궁정당은 제임스의 왕위 계승을 가능하게 하는 기존의 법과 전통을 고수하여 이를 찬성하는 지주, 귀족, 가톨릭 성직자들로부터 지지를 받은 반면, 지방당은 법을 바꾸어서라도 제임스의 왕위 계승을 막아야 할 뿐만 아니라 왕권을 제한하고 신교도들에게 관대할 것을 요구하여 청교도와 도시상인 및 반가톨릭적인 일부 지방귀족들로부터 지지를 받았다. 궁정당은 이후 반대파들로부터 아일랜드의 해적 같은 무리라는 뜻으로 '토리즈'(*Tories*)라고 불려 보수당의 전신인 '토리당'이 되었으며, 지방당은 이후 왕당파들에 의해 스코틀랜드의 청교도 무리라는 뜻으로 '휘거모어즈'(*Whigamores*)라고 불려 자유당의 전신인 '휘그당'이 되었다. 오영달, "영국 정치제도 발전의 역사적 배경," 유럽정치연구회 편, 《유럽정치》(서울: 백산서당, 2004), 228; George M. Trevelyan, O. M., *History of England* (London: Longmans, 1966), 449~50, 460~5, 464~5.

국이 위치하고 있다고 보고, 공화주의 제도들과 광대한 대지가 농업의 토대와 공화주의의 발전을 사실상 영구적으로 보장한다고 결론지었다. 미국은 발전하지만 과거의 국가들과 달리 노쇠하지는 않을 것이라는 입장이었다. 미국의 공화주의자들은 발전단계에 관한 아담 스미스의 역사주의적 설명을, 미국이 이러한 역사 변동을 피할 수 있으리라는 비전으로 바꾸어 놓았던 것이다.[4]

아메리카 공화정을 천년왕국으로 포장한 것은 과거와 미래를 각각 아메리카 공화정의 운명이 실현되어 가는 서장과 종장으로 만들어 놓았다. 국가주의와 프로테스탄트 신앙에 의해 강화되고, 세속화가 '시민종교'(*civil religion*)가 됨에 따라 변형되면서, 양자간의 연계성은 19세기 내내 대단히 끈질기게 지속되었다. 사실 공화정과 신의 섭리 간의 결합은 일단 성립되고 나면 이 융합을 다시 강화하는 긴장을 생성한다. 공화정이 반드시 쇠퇴한다는 두려움은 진보의 개념에 의해서도 완전히 극복되지는 않았다. 많은 사람들에게 공화정을 유지하는 세속적 조건들은 쇠퇴의 가능성을 없애는 것이 아니라 다만 연기시키는 것

---

4) J. G. A. Pocock, *The Machiavellian Moment* (Princeton, N. J. : Princeton University Press, 1975), chaps. 13, 14; Gordon S. Wood, *The Creation of the American Republic* (Chapel Hill: University of North Carolina Press, 1969), 6~8, chaps. 13, 15; Drew R. McCoy, *The Elusive Republic: Political Economy in Jeffersonian America* (Chapel Hill: University of North Carolina Press, 1980). Rush Welter가 남북전쟁 직전의 대중적 논의에서 발견한, 미래에 관한 지배적 개념은 질적 변화를 예상하지 않았다. "미래는 미국인들이 이미 도입한 제도들을 정교화하고 확대하기 위한 기회여야만 할 것이다." *The Mind of America*, 1820~1960 (New York: Columbia University Press, 1975), 8, pt. 1. 여기에 제시된 것과 교차하는 관점이지만, 변화가 심하고 개인적인 "과거에 대한 태도"(p. 123)를 강조하는 미국의 역사의식에 관한 관점에 대해서는 David Lowenthal, *The Past Is a Foreign Country* (Cambridge University Press, 1985), chap. 3을 참조.

으로 인식되었다. 계급갈등과 참주정 속에서 로마 공화국이 쇠퇴했었다는 사실이 당시 미국인들의 정치적 상상을 지속적으로 곤혹스럽게 만들었다.[5] 더욱이 신의 도움을 일단 받아들이자, 이 역시 인간의 불확실성을 초래하게 되었다. 어쨌든 신은 절대로 인간의 사고로 완전히 파악될 수 없는 존재이고, 또 신을 거부하는 죄는 인간이 일상적으로 저지르는 경험이었던 것이다.

부패에 관한 공화주의적 수사는 신의 백성이 타락했다는 예언자적 고백이나 비통함과 결합되었고, 이로 인해 생겨난 우려와 안도의 순환 주기는 거의 영구적으로 계속될 수 있었다. 예컨대 복음주의적 신앙심과 국가주의가 분출되어 천년왕국의 정체성을 확고히 한 때는 바로 건국 당시의 고결한 공화정을 유지할 수 있는 능력에 대한 우려가 최고조에 달했던 1812년 전쟁 기간과 1820년대 및 1830년대였다.[6] 유럽인들이 프랑스 혁명의 실패로 인해 자신들의 가치들을 역사의 진전 속에 두게 되었고 따라서 스스로 역사적 시간의 위험에 노출되었다고 한다면, 미국인들은 미국 혁명의 성공에 의해 도덕적 보장을 신의 가호 속에서 찾게 되었고 이로 인해 천년의 우려에 빠지게 되었던 셈이다.

이와 같이 특수한 상황에서 미국의 저술가들은 종종 자국의 역사를

---

5) Dorothy Ross, "The Liberal Tradition Revisited and the Republican Tradition Addressed," in *New Directions in American Intellectual History*, ed. John Higham and Paul Conkin (Baltimore: Johns Hopkins University, 1979), 121~5.

6) Hatch, *Sacred Cause of Liberty*, chaps. 2, 3; Steven Watts, *The Republic Reborn: War and the Making of Liberal America*, 1790~1820 (Baltimore: Johns Hopkins University Press, 1987), 특히 pp. 283~9; Fred Somkin, *Unquiet Eagle: Memory and Desire in the Idea of American Freedom, 1815~1860* (Ithaca, N.Y.: Cornell University Press, 1967); James H. Moorhead, *American Apocalypse: Yankee Protestants and the Civil War, 1860~1869* (New Haven, Conn.: Yale University Press, 1978), 10~11, 49.

잉글랜드에서 전개되었던 앵글로-색슨의 자유의 발전과정에 대한 설명과 연결시켰다. 미국의 자치는 로마를 패퇴시켰던 튜튼 족(*Teutonic tribes*)으로부터 전래된 유산에 결부되었다. 튜튼의 제도들은 색슨 족에 의해 잉글랜드로 이전되어 권리장전(Magna Carta)과 명예혁명에 실현되었으며, 북미 식민지들에도 이식되어 미국 혁명과 헌법에 가장 완전한 형태로 구현되었다는 것이다. 따라서 미국 공화정은 튜튼적 자유의 연결고리들 중 가장 최신의 것이자 세계에 대한 자유의 표본이다. 이런 식의 자유관은 원래 태고적부터의 관습의 하나로 이해되었으며, 현재의 제도적 형태들을 과거로 소급하여 파악함으로써 역사에 대한 평면적 인식을 불러왔다. 천년왕국적 숙명론은 이와 똑같은 정태적 논리와 고대로부터의 연속성을 필요로 했다. 아메리카 공화정은 단순히 지역적이고 일시적인 것들의 산물이 아니라, 보편적 의미를 지닌 것들의 장기적 지속성을 닮아야 했던 것이다.[7]

이에 대한 또 다른 보완적 전략은 과거보다는 앞날을 보면서 아메리카 천년왕국의 '새로움'(*newness*)을 강조하는 것이었다. 이와 연관하여 미국으로 하여금 공화정의 쇠퇴를 피할 수 있도록 해주는 광대한 미개발 대륙의 중요성이 점점 커지게 되었다. 신대륙 발견 이후 유럽인들은 '신세계'(*the New World*)에 유토피아적 환상을 부여했다. 예컨대 존

7) H. Trevor Colbourn, *The Lamp of Experience* (Chapel Hill: University of North Carolina Press, 1965); David Levin, *History as Romantic Art* (Stanford, Calif.: Stanford University Press, 1959), chap. 4; Herbert Butterfield, *The Englishman and His History* (New York: Archon Books, 1970〔1944〕); J. G. A. Pocock, *The Ancient Constitution and the Feudal Law* (Cambridge University Press, 1957). Reginald Horsman, *Race and Manifest Destiny* (Cambridge, Mass.: Harvard University Press, 1981)는 뉴잉글랜드에서 발원하고 이곳을 문화적 배경으로 하는 더 유연한 관점의 앵글로-색슨 인종주의와, 1830년대와 1840년대에 발전하기 시작한 더욱 심악하고 팽창주의적인 인종주의를 구분한다.

로크는 신세계를 그의 '자연상태'(*state of nature*)로 상정했다. 이와 마찬가지로 19세기의 낭만적 시기에 서부는 역동적인 자연의 에너지를 지닌 것으로 간주되었고, 점차 미국의 찬란한 미래와 동일시되었다. 줄곧 서부로 나아가서 자연을 정복함으로써 미국은 자유의 제국(*empire for liberty*)이 되고 자신의 덕성을 재생시킬 수 있었다. 그들은 자연의 영역에서 자신들의 운명을 실현하는 동안 역사를 과거로 내칠 수 있었다. 영속적으로 자신을 재생하는 자연 덕분에 미국인들은 시간이 아니라 공간 안에서 발전할 수 있었다.[8)]

역사 속에서 미국이 독특한(*unique*) 위치를 점하고 있다는 비전이야말로 내가 미국 예외주의(*American exceptionalism*)로 부르고자 하는 관념들의 핵심이다. 이에 따르면, 미합중국은 유럽 역사의 최서단에 위치하고 있으면서 미래의 역사에서 유럽을 뒤따르지는 않을 것이다. 미국의 진보는 질적 변화의 과정이 아니라 근본적 제도들의 정교화와 양적 팽창일 것이다. 역사 밖에 존재하는 불변하는 신의 계획을 신봉하고 여전히 역사주의의 전(前)단계에 머문 채, 미국 예외주의는 미국인들

---

8) Henry Nash Smith, *Virgin Land* (Cambridge, Mass. : Harvard University Press, 1950) ; R. W. B. Lewis, *The American Adam* (Chicago : University of Chicago Press, 1955) ; Leo Marx, *The Machine in the Garden* (Oxford University Press, 1964) ; David W. Noble, *Historians against History : The Frontier Thesis and the National Covenant in American Historical Writing since 1830* (Minneapolis : University of Minnesota Press, 1965) ; Major L. Wilson, *Space, Time, and Freedom : The Quest for Nationality and the Irrepressible Conflict, 1815~1861* (Westport, Conn. : Greenwood, 1974). Andrew Martin Kirby는 공간으로의 이데올로기적 이동은 시간적으로 미국의 획일적인 역사와 유사하게 지리적으로 획일적인 대륙을 창출했다고 주장한다. "The Great Desert of the American Mind : Concepts of Space and Time and Their Historiographic Implications," in *The Estate of Social Knowledge*, ed. Jo Anne Brown and David Van Keuren (Baltimore : Johns Hopkins University Press, 근간).

로 하여금 19세기 대부분의 기간 동안 자신들의 역사에 대해 완전히 역사주의적인 설명을 하지 못하게 만들었으며, 유럽 역사주의를 수용하는 것도 제한시켰다. 앞으로 보듯이, 미국 문화에서 역사주의 경향이 존재하지 않았던 것은 아니나, 보다 광범위하게 퍼진 초역사주의적 틀에 대항해야만 했다. "자연의 국가"(*nature's nation*)[9] 이자 신의 국가로서 미국은 18세기 자연법의 영역에 속하는 것으로 인식되기가 쉬웠다. 즉, 미국 역사의 진행은 자연이 규정하는 규범을 따랐다는 것이다.

미국 예외주의는 특정한 역사적 입장뿐만 아니라 특정한 정치경제적 입장도 내포하고 있었다. 유럽에서와 달리 미국에서는 근대성에 의해 영국에 초래되었던 대중빈곤과 계급갈등이 억제되리라는 것이다. 미국의 공화정치는 정치참여라는 시민적 인본주의의 이상에 뿌리를 두고 있었으며, 월폴(Sir Robert Walpole)[10] 의 '근대' 정치에 대한 지방당의 반대에도 근거를 두고 있었다. 따라서 상업발전의 정치적 결과에 대한 이들의 불신을 이어받았다. 공공선에 대한 애착을 열정적인 사적 이득추구로 대체하는 금융투기라든가, 시민들의 민병대를 왕권에 속한 직업병력으로 대체하는 상비군 제도, 그리고 뇌물로 매수되는 정파들, 이 모든 것들이 공화주의적 자유에 핵심적인, 토지소유와 시민의 무장권에 기반을 두는 시민의 독립성과 덕성에 위배된다고 보았다. 지방당의 이상은 스파르타였지 아테네가 아니었다. 따라서 농업적 공화주의(*country republicanism*)는 신용증권이나 사채이자, 분업, 또는 제조업의 성장을 비난할 풍부한 어휘들을 제공했으며, 이 어휘들은 새로운 국가 미국이 영국 같은 중상주의적 교역과 제조업의 국가가 되어야

---

9) Perry Miller, *Nature's Nation* (Cambridge, Mass.: Harvard University Press, 1967).

10) 옮긴이 주: Sir Robert Walpole(1676~1745) — 휘그당 출신으로 영국 최초의 수상. 조지(George) 1세와 2세 치하에서 장기간 수상을 역임하며(재임 기간 1721~1742), 영국의 무역과 상업을 진흥시켰다.

한다고 해밀턴(Alexander Hamilton)11)이 제안하자마자 바로 사용되었다. 얼마 지나지 않아 영국의 산업화 결과에 대한 우려들, 특히 맬더스가 제기한 우려들이 자본주의의 발전에 대한 공화주의의 이 두려움을 더욱 증폭시켰다.12)

그러나 많은 미국인들은 상업발전에 의해 촉발된 부와 개인주의에 이끌리기도 했으며, 새로운 공화국이 지리적·경제적으로 급속히 팽창하게 되면서 자유주의적 가치들의 기반이 점점 확대되었다. 더욱이 공화주의자들도 자유주의자들과 정치경제의 몇 가지 기본적 전제들을

---

11) 옮긴이 주: Alexander Hamilton(1755?-1804) —미국의 정치가. 강력한 중앙정부 수립을 주장하였고, 신연방헌법의 비준을 확보하기 위하여 J. 매디슨, J. 제이와 함께 헌법을 옹호하는《연방주의자 논고》(*The Federalist Papers*)를 발표하였다. 1789~1795년 워싱턴 대통령 때 초대 재무장관이 되어 보호주의 입장에서 국채액면상환, 주채(州債)의 연방정부 인수, 국립은행 창설, 보호관세 설립 등 상공업 발달을 중시한 재무정책을 시행하여 정부의 재정적 기반을 확립하였다.

12) 자유주의에 대립하는 공화주의에 관한 문헌들은 방대하며 Pocock의 *Machiavellian Moment*에 근거한 반면, 반대의 입장을 취한 문헌들은 Joyce Appleby의 *Capitalism and a New Social Order* (New York: New York University Press, 1984)에 요약되어 있다. 요즘에는 양 극단에 대한 강력한 비판이 있다. Appleby에 대해서는 John Ashworth, "The Jeffersonians: Classical Republicans or Liberal Capitalists?," *Journal of American Studies*, 18 (Summer 1984): 425~35; Donald Winch, "Economic Liberalism as Ideology: The Appleby Version," *Economic History Review*, 38 (Spring 1985): 287~97을 참조. Pocock의 비판에서 가장 훌륭한 점은 자유주의적 가치 및 정치와 공화주의적 가치 및 정치 간에 언어상의 일탈영역이 있음에도 불구하고 그 수렴지점들을 제안하려는 중요한 노력이다. Jeffrey C. Isaac, "Republicanism vs. Liberalism? A Reconsideration," *History of Political Thought*, 9 (Summer 1988): 349~77. James T. Kloppenberg, "The Virtues of Liberalism: Christianity, Republicanism, and Ethics in Early American Political Discourse," *JAH*, 74 (June 1987): 9~33도 참조.

공유했다. 즉, 생산적 노동을 국부의 원천으로 여기고, 재산에 기반을 둔 자립을 노동의 촉진요인으로 간주했다. 만일 프로테스탄트의 덕목과 공동체에 의해 뒷받침된다면, 개인적 사익추구는 전체의 부를 창출할 수 있을 것이었다. 이미 스미스는 노동과 기업이 어떻게 사익을 공익에 결합시킬 수 있는지를 보여준 바 있었다. 기업적 공화주의자들(*enterprising republicans*)은 재산권의 혜택을 자작농들로부터 모든 생산적 노동자들에게 확장할 수 있었고, 정부권력과 자본주의 신용에 의해 풀려난 탐욕과 투기의 과도한 표출로부터 자연스런 교역과정을 더욱 분명하게 구별할 수 있었다.

이와 같이 공화주의적 관념과 자유주의적 관념 간의 화해를 이루게 해 준 것은 미 대륙의 예외적 조건들이었다. 제퍼슨(Thomas Jefferson)과 매디슨(James Madison), 그리고 그 세대의 많은 사람들이 두려움을 극복했던 근거는, 미국은 다르고 가까운 장래에도 다르게 남을 것이라는 신념이었다. 맬더스의 예측이 영국과 같이 오래된 나라에는 적용될 수 있겠지만, 미국에서는 식량생산이 인구증가를 감당하고도 남을 것임을 방대한 양의 비옥한 땅이 보장한다고 보았다. 더욱이 가까운 장래까지 미국이 농업국으로 남을 것임은 확실했다. 이들은 노예인구의 증가를 간과하고 흑인노예의 자유를 인정하지 않으면서, 앞으로 미국에 살 사람들은 시장을 위해 곡물을 경작하는 토지소유 자영농들과 노동도구를 소유한 숙련노동자들일 것으로 상정했다. 이러한 조건이라면, 개개의 재산 소유자들이 공화주의 정부와 자유주의 경제, 양자를 지탱하는 중추로 남게 될 것이었다.

1840년대와 1850년대까지 상업엘리트들은 철도와 기계화된 공업의 건설을 조성했고, 이에 따라 아일랜드와 독일로부터 대규모 이민이 유입되었다. 그러나 심지어 가장 열렬한 제조업 옹호자들조차 농업과 공업이 통합된 '중간형태'를 동경했다. 서부지역의 정착이 여전히 가능하고 이에 따라 임금수준이 높게 유지되는 한, 경제적 자립이 용이할 것이며 임노동은 노동자들의 인생 중 단지 일시적 상태일 뿐이라고 믿었다. 사회 이동성(*social mobility*)과 자본축적 및 재산소유의 개념들을 통해 새로운 임금노동자들과 자영농들 간의 차이를 없앰으로써, 미국인들은 폭넓게 확대된 경제적 자립이 공화제 정부의 토대를 제공하리라는 믿음을 지속할 수 있었다. 그리고 공화제 정부는 다시 자유주의 시장이 이윤을 널리 분배하도록 해 줄 것이었다. 자유주의 시장경제와 공화주의 정치제도 간의 이러한 공생관계가 유럽역사에서 보이는 계급갈등을 억제할 것이었다.13)

이와 같이 미국 예외주의는 뒤섞여 짜여진 관념들—세계에 대한 미국의 사명과 같은 다른 차원들도 합쳐질 수 있었다—의 결합체이며 그 범위를 확정하기도 어렵다. 근본적으로 미국 예외주의는 국가의 정

---

13) 남북전쟁 직전의 미국에서 발전한, 공화주의와 자유주의 간 공생관계에 대한 나의 견해는 McCoy, *Elusive Republic*; Cathy Matson and Peter Onuf, "Toward a Republican Empire: Interest and Ideology in Revolutionary America," *American Quarterly*, 37 (Fall 1985): 496~531; Eric Foner, *Tom Paine and Revolutionary America* (New York: Oxford University Press, 1976); Thomas Bender, *Toward an Urban Vision* (Lexington: University of Kentucky Press, 1975); John Ashworth, *"Afrarian" and "Aristocrats": Party Political Ideology in the United States, 1837~1846* (London: Royal Historical Society, 1983); William B. Scott, *In Pursuit of Happiness: American Conceotions of Property from the 17th to the 20th Century* (Bloomington: Indiana University Press, 1977); Isaac, "Republicanism vs. Liberalism?"에서 도출했다. Watts의 *The Republic Reborn*은 1812년 전쟁기간 동안에 공화주의 정치문화가 자유주의 정치문화로 대거 전환되었다고 주장한다. 그러나 그의 책에 서술된 논증은 프로테스탄티즘, 공화주의, 자유주의의 이념들이 이들을 전체적으로 대신하는 미국 예외주의를 통해 종합되고 있음을 시사한다. Watts가 전개한 변증법은 분명히 1812년 전쟁의 결론에서 끝나지 않는다. 유사한 논증으로서 Watts의 견해를 보정한 것으로는 J. David Lehman, "Political Economy and the Response to the Panic of 1819 in Philadelphia," 미발표 논문, 1989를 참조.

체성(*national self-conception*)이 독립쟁취의 경험으로부터 지적으로 형성되어야 했던 미국의 국가주의 이데올로기(*nationalist ideology*)였다. 미국 예외주의는 18세기 후반과 19세기 초반의 국가적·정치적 위기 시에 뚜렷이 주장되어 곧 대중 문학과 종교적·정치적 담론에 신속히 도입되었으며, 대단히 광범위하게 유포됨으로써 종종 그 전제들이 무시된 채 결론만이 유행할 정도였다.[14)]

국가주의적 수사를 제공한 것 외에도 미국 예외주의는 남북전쟁 직전기[15)]의 정치적 담론에도 침투하여, 두 주요 정당들이 운신하는 틀

---

14) 이 국가 정체성의 확립이 완성되지는 않았다. 그 핵심 요소들은 Bercovitch, *The Puritan Origins of the American Self*; Bercovitch, *The American Jeremiad* (Madison: University of Wisconsin Press, 1978); Hatch, *Sacred Cause of Liberty*; Somkin, *Unquiet Eagle*; *Richard W. Van Alstyne*, *Genesis of American Nationalism* (Waltham, Mass.: Ginn, 1970). Anne Norton, *Alternative Americas: A Reading of Antebellum Political Culture* (Chicago: University of Chicago Press, 1986)는 18세기 후반 이래로 남부가 미국 국가주의의 다른 개념을 창출했고, 그 개념은 미국 공화정을 천년왕국과 동일시하는 뉴잉글랜드의 구상을 거부하는 것이었다고 주장한다. 남부 국가주의는 오히려 농업의 은유와 모성의 은유에 뿌리를 두었으며, 교회와 국가의 분리를 강조했다는 것이다. 비록 암시적이긴 했지만, 그의 저서는 남부의 상당한 반증들을 간과했다. 교파와 지역뿐만 아니라 휘그당(*Whig*)과 민주당 등, 미국의 이념 구성 속에는 수많은 변형들이 존재했다.

15) 옮긴이 주: 미국 역사에서 남북전쟁 직전 시기(*ante-bellum era*)와 남북전쟁 이전 시기(*pre-Civil War era*)는 다른 의미로 쓰인다. 남북전쟁 직전 시기는 남부와 북부의 분열을 결정적으로 촉발시킨 캔자스-네브라스카 법안(*Kansas–Nebraska Act*)이 통과된 1854년부터 남북전쟁 발발 기간까지를 의미한다. 1854년 캔사스는 노예주로, 네브라스카는 자유주로 미연방에 편입시킨 캔자스-네브라스카 법안은 노예제 폐지론자들의 공화당과 노예론자들의 민주당으로 정당 체제를 재편시킨 결정적 계기가 되었고, 이를 통해 남부와 북부의 대립은 격화되어 갔다. 남부의 입장에서 이 시기는 토지 균분소유를 바탕으로 기사적 정신이 발현되었던 남부가 미국 역사에서 마지막으로 존재하였던 시기이다. 저자는 다른 논문에서 자영농에 의한 소박한 공화주의를 주

을 제공했다. 주요 정당들은 1790년대, 1820년대 그리고 1830년대를 거치면서 형성되었는데, 예외주의적 이상을 실현시킬 최선책이 무엇인가에 대한 이견에 따라 정파가 갈렸다. 각각의 정당들은 예외주의적 이상을 실현할 수 있는 조건이 무엇이고 방해되는 위협이 무엇인가에 대해 다르게 규정했다. 앤드류 잭슨(Andrew Jackson)[16]을 중심으로 형성된 민주당은 예외주의적 이상이 귀족제의 침투에 의해 위협받고 있다고 믿었다. 자유를 수호하기 위해 잭슨이 제시했던 주요 방안은 투표권과 공직의 민주화, 민중의 의지를 대표하는 강력한 행정권, 그리고 어떠한 '특권'도 거부하는 작은 정부의 경제정책과 낮은 관세였다. 반면 휘그당(*the Whigs*)[17]은 잭슨의 선동적인 행정부 독재야말로

창하였던 남부 출신 제퍼슨(Jefferson)의 지지세력이었던 남부가 노예해방 논쟁이 격화되기 시작한 1830년대부터 제퍼슨의 이상을 져버렸다고 주장한다.

16) 옮긴이 주: Andrew Jackson(1767~1845) — 미국 제 7대 대통령(1829~1837). 재임중 사우스캐롤라이나 주의 연방관세법 무효선언을 계기로 1833년 타협관세법을 성립시킴으로써 보호관세로부터 자유무역으로 정책을 전환했다. 또한 합중국은행을 폐지하여 일부 기업가뿐만 아니라 당시의 반(反)독점운동이 전개되는 가운데 농민층과 도시 노동자의 폭넓은 지지를 받았다. 그러나 노예제를 지지하고 인디언에 대한 가혹한 정책을 폈다. 잭슨의 정책 전개는 남부 노예주 계급이 건국 이래 주장해 왔던 '주권론(州權論)'에 바탕을 둔 것이었으며, 그 지지세력은 민주당을 형성하였다.

17) 옮긴이 주: 영국에서는 자유당의 전신인 휘그당과 그 당원을 말하나, 미국에서는 1834년 잭슨(Andrew Jackson) 대통령에 반대하는 여러 세력이 결집하여 형성된 정당을 의미한다. 보호관세정책과 중앙집권주의에 반대하는 남부파, 구연방주의자, 잭슨의 개인적 흑막정치 반대자 등 거의 모든 반(反)잭슨 세력을 망라했다. 'The Whigs'라는 용어는 미국은행특허연장법안 거부와 같은 강력한 행정권한을 행사한 잭슨을 '앤드류 왕'이라 규정하고, 그 지지자를 영국의 토리당에 비유하고, 이에 저항하는 자신들을 '휘그'라고 칭한 데에서 비롯되었다. 당의 이념은 상공업 계급을 대변하는 경향이 강하였으며, 멕시코 전쟁 후에 일어난 노예제 문제를 둘러싸고는 남부의 노예제 확대론과 북부의 자유토지론 사이에서 기회주의적 입장이었다. 휘그당은 이

민중들이 빠지기 쉬운 특수한 형태의 부패라고 우려했다. 존 스튜어트 밀과 같은 영국 자유주의자들이나 헌법 제정자들처럼 휘그당은 교육과 재능을 갖춘 천부적 귀족들(*natural aristocracy*)이 정부 내에서 특별한 역할을 수행해야 할 필요성을 강조했다. 또한 모든 이에게 경제적 기회를 확대시켜 줄 수 있다는 근거를 내세워 고관세와 정부의 경제발전 촉진 역할을 지지했다.[18)]

예외주의 틀이 정치적 합의를 표현했다고 말하는 것은, 예외주의 관점의 일부나 전부를 거부했던 남북전쟁 직전 사회의 급진적 부류나 보수적 부류들뿐 아니라 공식 정치과정으로부터 전적으로 배제되었던 성인들 다수, 즉 흑인과 여성들을 간과하는 것이다. 그러나 예외주의가 지배적인 정치적 언술을 구성했던 것은 분명하다. 정치적 담론에서 차지한 지배적 위치와 국가 이데올로기에 내린 뿌리, 양자로부터 규범적 힘을 끌어냄으로써 미국 예외주의는 비록 진정한 합의는 아니더라도 하나의 가설적 합의가 되었던 것이다.

그럼에도 불구하고 미국 정치문화의 합의적 토대라는 것은 기만적일 수 있다. 국가 이데올로기로서 미국 예외주의는 문화 엘리트와 정치 엘리트들이 만들어 낸 지적 창조물이었고, 따라서 미국 사회의 다양한 계층들에 전파되고 학습되고 수용되어야만 했다. 그 전파도 인정

후 점차 분열되어 1954년 새로 결성된 공화당에 흡수되었다. William Miller, *A New History of the United States, new revised edition* (London: Paladin, 1970), 167~8, 189.

18) 남북전쟁 직전 정당체제에 관한 문헌들은 방대하다. 그중 Marvin Meyers의 *The Jacksonian Persuasion* (New York: Random House, 1960)과 Daniel Walker Howe의 *The Political Culture of the American Whigs* (Chicago: University of Chicago Press, 1979)는 훌륭한 입문서들이다. 정치 이데올로기와 사회·정치적 경험을 결합한 최근의 연구로는 Ashworth의 *"Agrarians" and "Aristocrats"*와 Michael F. Holt의 *The Political Crisis of the 1850's* (New York: Wiley, 1978)가 있다.

도 당연한 것으로 여겨질 수 없었다.[19] 더욱이 정치의 지배적 틀로서 미국 예외주의는 동의를 형성하기보다는 갈등을 조장했다. 잭슨파와 휘그당 간의 첨예한 이데올로기적 갈등 밑에는, 그리고 심지어 '더'냐 '덜'이냐에 대한 보다 일상적인 정치적 이견들 밑에는 원심적 경향들이 작동하고 있었다. 왜냐하면 미국 예외주의에 합쳐진 프로테스탄트 이념과 공화주의 이념 및 자유주의 이념들 간의 결합이 불안정했기 때문이다. 진보의 전경 뒤에서 쇠퇴에 대한 두려움을 좀체 떨쳐내지 못했던 것과 마찬가지로, 개인적 이익에 대한 믿음에도 불구하고 공동체와 덕성 및 공공선에 대한 유기체론적 관념들이 사라지지 않고 있었다. 또한 자유와 화합과 상대적 평등이라는 기약은 현실조건들에 의해 부단히 검증받아야만 했다. 주요 정당들은 자주 이러한 이견들의 근거들을 동원했고 포용했지만, 미국 예외주의에 내재되었던 역사변화와 자본주의적 진보에 대한 모호함과 천년왕국적 우려는 때때로 합의된 틀을 벗어나곤 했다. 이견은 언제나 '비미국적(*un-American*)'이 될 가능성을 띠고 있었다. 그러므로 미국의 정치적 합의는 주어진 사실이 아니라, 끊임없이 위협받고 지속적으로 유지되어야만 하는 것이었다. 그것은 갈등과 반대되는 것이 아니라 갈등이 벌어지는 항구적 근거였던 것이다.

19) Jean Baker, "From Belief into Culture: Republicanism in the Antebellum North," *American Quarterly*, 37 (Fall 1985): 532~50; Daniel Walker Howe, "Classical Education and Political Culture in Nineteenth Century America," *Intellectual History Group Newsletter*, 5 (Spring 1983): 9~14.

미국 예외주의의 뿌리가 근대성 논의 및 그에 대한 합의와 갈등의 변증법에 있었으므로, 미국은 새로운 사회과학을 위한 비옥한 토양이었다. 미국 예외주의의 비전을 명확히 하고 유지하려는 사람들과 이를 기각하거나 수정하려는 사람들이 모두 사회과학을 발전시키는 데 관심을 보였다.

이 국가 이데올로기와 그 정치적 실행을 반대하는 주요 근원은 그 자체가 미국 역사의 거대한 '예외'(*exception*)였던 남부의 노예제였다. 남부의 정치인과 지식인들은, 남부의 경제적 이익에 위협이 되고 연방 정부 내에서 남부의 정치적 영향력이 약화될 것을 예고했던 1828년 관세법(Tariff of 1828)[20]으로 자극받게 되었고, 1830년 냇 터너(Nat Turner)[21] 반란과 노예제 폐지운동의 확산에 두려움을 갖게 되었는

---

20) 옮긴이 주: 1828년 애덤스(John Quincy Adams) 정부가 뉴잉글랜드 지방의 양모관계 업자를 보호하기 위해 수입 원료에 대한 관세를 인상한 법안을 말한다. 자유무역을 선호하는 남부지역이 이 법안에 크게 반발하였다. 이후 애덤스 정부를 계승한 잭슨(Andrew Jackson) 정부가 1832년에 1828년 관세보다 낮은 1824년의 관세 수준으로 관세법을 개정했다. 그러나 남부는 여전히 반대하였고, 그 중에서도 사우스캐롤라이나 주는 한 때 새 관세법의 무효와 연방탈퇴를 선언하기까지 했다. http://www.americanhistory.or.kr/book/link/d-1832.htm.

21) 옮긴이 주: Nat Turner (1800~1831) —1831년 8월 흑인 노예들을 이끌고 버지니아 주 사우스햄프턴(Southhampton) 카운티에서 미국 역사상 유일하게 지속적인 영향을 미친 노예반란을 일으킨 흑인 노예. 그의 반란은 군청 소재지인 예루살렘(Jerusalem)으로 행진하던 중 3천여 명의 진압군에 의해 진압되었으나, 비굴한 노예근성에 젖어 있다는 흑인에 대한 당시의 편견을 깨트리는 데 크게 기여했다. 그러나 다른 한편 그의 반란은 남부의 백인사회를 공포로 몰아넣었던 만큼 노예의 교육과 이동 및 집회를 금지하는 억압적인 법률이 제정되어 남북전쟁 때까지 계속되는 반동의 물결을 일으키기도

데, 이에 따라 자신들의 노예제 사회를 방어하려는 시도를 펼치기 시작했다. 그 결정체가 1850년대에 정치이론과 정치경제 및 사회학에서 형성된 독특한 보수적 관점이다.[22)]

그 중 가장 유명한 것은 존 캘훈(John C. Calhoun)의 《정부에 관한 논고》(*Disquisition on Government*, 1851)이다. 다른 남부 저술가들과 마찬가지로 캘훈은 북부의 경제발전 과정에서 초래된 노자 갈등의 심화에 주목하여, 이 갈등이 "부와 문명의 진보된 단계"에서 당연히 예기되는 것이라고 보고, 필연적으로 자멸적일 수밖에 없는 이 갈등에 대한 균형으로서 남부를 제시했다. 그러나 그의 주된 관심은 북부와 남부 간의 지역적 불균형이었다. 처음에 그는 헌법에 따라 주(*state*)가 연방의 입법을 무효화할 수 있다고 주장했다가 종국에는 과감한 개헌을 주장했다. 곧, 이원대통령제(*dual presidency*)와 같은 것을 통해 어떠한 입법에서든 모든 주요한 지역적 이해와 계급적 이해의 동의가 보장되는 "공동다수"(*concurrent majority*)의 정부를 주장했다. 캘훈의 논거와 언술은 전적으로 공화주의적 정치학의 경계 내에 머물렀다. 지방당의 기조 내에서 북부 자유주의 경제와 타협한 것이며, 정치적 견제와 균형이 강화된 구조 내에서 자본주의의 파괴적 영향을 억제하려 했

했다. 터너와 그의 반란은 윌리엄 스타이어런(William Styron)의 소설 《냇 터너의 고백》(*The Confessions of Nat Turner*, 1967)으로 널리 알려졌다.

22) Drew Faust의 *A Sacred Circle* (Baltimore: Johns Hopkins University Press, 1977)은 William Gilmore Simms, James H. Hammond, Edmund Ruffin, Nathaniel Beverley Tucker, George Frederick Holmes를 포함해 지식인 자격으로 노예제 지지논쟁을 벌인 남부 지식인들에 대해 논한다. 그들의 수많은 저술들을 사회과학 전통 속에 포함시키는, 폭넓은 남부 저술가 그룹에 대한 다른 한 연구에 따르면, 그들은 역사적 쇠퇴의 문제와 로마의 사례에 사로잡혀 있었다: James C. Britton, "The Decline and Fall of Nations in Antebellum Southern Thought: A Study of Southern Historical Consciousness, 1846~1861" (Ph. D. dissertation, University of North Carolina at Chapel Hill, 1988); 로마에 대해서는 p. 290 참조.

던 것이다.[23]

남부의 경제학자들 역시 선조들의 전통 속에서 활동했으며, 마찬가지로 미국 예외주의의 틀을 폐기하기보다는 수정하려고 했다. 윌리엄 앤 매리 대학(William and Mary College) 교수이자 노예제를 지지하는 데 가장 유능했다고 평가되는 경제학자 토마스 듀(Thomas R. Dew)는 리카르도를 따라, 더 척박한 토양과 더 높은 식량가격, 더 높은 임금 및 더 낮은 이윤을 예측했다. 이러한 인과관계에 의해 잉글랜드 같은 오래된 국가가 제조업에 집중하고 미국 같은 신생국가가 농업에 집중하는 것이 정당화되었고, 자연스러운 교역에 대한 인위적 제한과 농업 지역인 서부와 남부로부터 제조업 지역인 북동부로 부를 인위적으로 이전하는 기제들이 비판받았다. 또한 미국이 일단 선진 제조업 국가가 되면 궁극적으로 쇠퇴할 수밖에 없다고 예측되었다. 이와 같은 리카르도식의 부정적 분석은 공화제 정부의 토대인 농업이 일단 사라지면 궁극적으로 몰락하게 되리라는 농업지대의 우려에 강하게 공명했고, 자유노동(*free-labor*) 경제에 대한 남부의 비판자들은 이러한 우려를 크게 확산시키려 했다. 듀는 노예제야말로 열등한 사람들에 대한 통제가 문명화된 형태이자, 농업에 정착된 뛰어난 노동체계이며, 부유하건 가난하건 모든 백인들의 공화주의적 자유를 보장하는 것으로 정당화시켰다. 북부의 자본주의가 그리스와 로마에서 재산권을 공격했던 가난한 사람들 같은 수백만의 가난한 노동자들을 창출했다면, 보수적인 남부의 노예제는 공화정을 위해 남겨진 유일한 방어책으로서, "테르모필레

23) John C. Calhoun, *A Disquisition on Government* (Columbia, S.C.: A. S. Johnston, 1851); Richard Hofstadter, *The American Political Tradition* (New York: Knopf, 1948), chap. 4; Pauline Maier, "The Road Not Taken: Nullification, John C. Calhoun, and the Revolutionary Tradition in South Carolina," *South Carolina Historical Magazine*, 82 (January 1981): 1~19; Ross, "Historical Consciousness," 919~20.

(Thermopylae)[24]에 선 스파르타 군처럼 견고하고 단호한" 것이었다. 듀는 곧 노예제를 미국 예외주의의 보루로 만들었던 것이다.[25]

1850년대 남부에서는 사회학의 선구자들만이 유기체론적 사회학의 관점에서 볼 때 이질적 발전 가능성을 인정하는 미국 예외주의의 기본 전제들에 대해 의문을 제기했다. 그들은 정치경제학을 북부 자유노동 사회의 과학으로 간주하면서, 전혀 다른 역사적 경로를 걷는 사회에 대한 모델을 창안하기 위해 초기 사회주의자들이나 콩트에 주목했다.[26] 조지 피츠휴(George Fitzhugh)의 《남부를 위한 사회학인가, 자유사회의 실패인가》(*Sociology for the South, or the Failure of Free Society*, 1854)는 다음과 같은 핵심적 논점에서 시작했다. 즉, 자본주의의 등장은 "하늘 아래 새로운 것"을 창출했고, 그 철학자 아담 스미

---

24) 옮긴이 주: BC 480년 스파르타 왕 레오니다스(Leonidas)의 군대가 페르시아 군과 싸워 전멸한 그리스의 옛 싸움터. 당시 스파르타 군은 비록 패배하기는 했지만 매우 용감히 싸워 훗날까지 회자되고 그리스의 민족적 영웅으로 추앙받았다.

25) 남부의 정치경제학뿐만 아니라 남북전쟁 직전의 정치경제학에 관한 최근의 가장 훌륭한 저서는 Allen Kaufman, *Capitalism, Slavery, and Republican Values: Antebellum Political Economists*, 1819~1848 (Austin: University of Texas Press, 1982); Dew에 관해서는 chaps. 5~6을 참조. 미국 경제학사에 관해 요긴한 출전으로는 Joseph Dorfman, *The Economic Mind in American Civilization*, 5 vols. (New York: Viking, 1946~59), vol. 2, chaps. 31~2; 인용은 p. 907.

26) L. L. Bernard, "Henry Hughes, First American Sociologist," *Social Forces*, 15 (December 1936): 154~74; Harvey Wish, "George Frederick Holmes and the Genesis of American Sociology," *AJS*, 46 (March 1941): 698~707; Theodore D. Bozeman, "Joseph LeConte: Organic Science and a 'Sociology for the South'," *Journal of Southern History*, 39 (November 1973): 565~82. 사회적 화합을 추구함으로써 사회학을 연구하게 된, 북부의 한 이상주의적 무정부주의자가 남부의 저술가들과 연결되기도 했다: Harvey Wish, "Stephen Pearl Andrews: American Pioneer Sociologist," *Social Forces*, 19 (May 1941): 477~82.

스는 이러한 새로운 발전을 통해 이득을 보는 극히 소수의 사람들만을 보고 앞으로의 사회가 모든 사람들이 자신만을 위해 행동한다는 새로운 원리에 입각해 작동하면서 천년왕국을 향해 나아갈 것이라고 선언했다. 이러한 자유주의적 역사주의에 대항해 피츠휴는 규범적 관습에 의한 영속적 세상을 주장하는 옛 토리당의 비전으로 돌아갔다. 자유노동의 원칙들은 일탈, 즉 "유럽의 작은 구석에서 짧은 기간 동안 시도된 작은 실험"일 뿐이다. 사실 "하늘 아래 새로운 것은 없다." 노예제는 인간사회에 언제나 존재했으며, 신에 의해 제정되고, 인간과 가족을 다스리는 사회적 본성에 기초한 것이다. "사회가 신과 자연의 뜻에 따라 충분히 오랫동안 작동했을 때, 인간은 그 작동을 관찰함으로써 사회의 법칙과 구성을 발견할 수 있을 것이다." 피츠휴는 역사에는 실제적으로나 규범적으로나 아무런 진보도 없었지만 기술(*mechanic arts*)에는 진보가 있어 왔다고 인정했다. 즉, 그의 마지막 변칙은, 지주귀족에 의해 다스려지고 예속노동의 계서체제에 의해 조직되는 자급자족적 지역 단위들의 울타리 안에 철도와 은행 및 도시의 새로운 세계를 끼워 넣는 것이었다. 미국은 예외가 아니었고, 세계사 자체가 자본주의를 포함할 수 있는 영구적 질서를 구현하고 있기 때문에 예외일 필요도 없었던 것이다.[27)]

남부의 사회과학은 그 독창성에도 불구하고 남부연합(*Confederacy*)과 함께 패배하여 몰락했다. 피츠휴에 의해 주장된 영구적 노예제나 조지 프레데릭 홈스(George Frederick Holmes)에 의해 기획된 유기체적 노예제 사회로 가는 콩트식 역사발전은 남북전쟁 이후 큰 설득력을 가질 수 없었다. 노예제 사회의 이상화된 이미지는 향수를 불러일으키

27) George Fitzhugh, *Sociology for the South, or the Failure of Free Society* (Richmond, Va.: A. Morris, 1854), 8, 70~1, 151~2, 176; Eugene D. Genovese, *The World the Slaveholders Made* (New York: Pantheon, 1969), pt. 2.

는 소설과 허구의 위장된 형태로나 남게 되었다. 윌리엄 딘 하웰스(William Dean Howells)는 남부 사회학이 자본주의에 대한 도금기(*the Gilded Age*)[28]의 비판과 유사하다고 역설적으로 지적했지만, 노예제 주장이 직접 이와 비교될 수는 없다. 남북전쟁에서 살아남은 몇몇 선구자들도 조심스럽고 주변적인 지적 생활만을 유지했다.[29]

남북전쟁 직전 시기에 미국 예외주의에 반대했던 두 번째 집단은 급진적 노동계급이었는데, 이들도 노동계 지도자들과 저널리스트들 및 노동정치에 간여한 개혁가들을 통해 자본주의에 대한 사회과학적 공격을 시작했다. 이들은 미국에 "조건의 극심한 불균등"이 존재하며 1830년대 공황기에 더욱 심각해졌다고 주장하면서, 사실상 미국은 예외가 아니라 이미 유럽의 계급체제를 재생산하고 있다고 믿었다. 이 그룹의 가장 급진적인 사람은 기계공 토마스 스키드모어(Thomas Skidmore)였는데, 1829년에 그는 모든 남녀는 자연상태에서 동등한 재산권을 갖고 있으며 따라서 사회에서도 동등한 재산권을 갖는다고 주장했다. 최초의 정부가 그 권리를 보장하는 데 실패했으므로 정부는 이제 모든 재산을 동등하게 재분배해야 하고 상속을 금지해야 한다는 것이다. 그리고 모든 사람들에게 교육을 실시하고 18세에 도달했을 때는 동등한

28) 옮긴이 주: 미국 역사에서 물질주의와 정치부패가 만연했던 1870년대 혹은 1865~90년을 일컫는 말로, 마크 트웨인(Mark Twain)과 찰스 더들리 워너(Charles Dudley Warner)의 《도금기》(*The Gilded Age*, 1873)에서 처음 사용되었다. 이 소설은 워싱턴 D.C.를 생생하고 정확하게 묘사하고 있으며, 탐욕스러운 실업가와 부패한 정치인들을 비롯한 그 시대의 많은 지도적 인물들을 풍자했다.

29) William Dean Howells, *A Hazard of New Fortunes*(1890), Woodburn 대령의 역으로; Lester D. Stephens, Joseph LeConte, *Gentle Prophet of Evolution* (Baton Rouge: Louisiana State University Press, 1982); Jonathan M. Wiener, "Coming to Terms with Capitalism: The Postwar Thought of George Fitzhugh," *Virginia Magazine of History and Biography*, 87 (October 1979): 438~47.

몫을 제공해야 한다고 주장했다. 재산과 공장들의 공동소유와 함께 농업개혁을 주장함으로써 스키드모어는 사회의 전반적인 재조직을 구상했다.[30]

그러나 노동계급 출신 저술가들의 대부분은 자유주의 경제가 덜 과격한 변화를 통해 예외주의 이상을 실현할 수 있다고 믿었다. 뉴욕 민주당의 급진파(*Loco-Foco wing*)는 지방당의 두려움에 은행들을 결부시켰다. 이들의 최고 이론가인 윌리엄 레지트(William Leggett)는 미국 정부와 자유시장을 정치와 경제에 있어서 자연의 "단순한 질서"로 간주하면서, 오직 독점적 특권에 의해서만 부패된다고 보았다. 그는 백악관을 장악한 잭슨(Andrew Jackson) 대통령과 그 참모들에 의해 자연적 질서가 복구될 것으로 기대했다.[31] 그러나 자유주의-공화주의적 종합이 지배적인 가운데에도 공화주의 연방(*republican commonwealth*)에 대한 보다 균등주의적이고 반시장적인 견해도 지속되었다. 이 견해는 급진적 노동자들과 자영농들에 의해 표출되었고, 때로 "평등권"(*equal rights*)이라는 말과 결합되기도 했으며, 남북전쟁기에는 자유노동 사회를 옹호하는 데에도 이용되다가, 도금기에 가서야 산업자본주의에 대한 급진적 비판으로 부활되었다.[32]

---

30) Sean Wilentz, *Chants Democratic: New York City and the Rise of the American Working Class, 1788~1850* (New York: Oxford University Press, 1984); Joseph L. Blau, *Social Theories of Jacksonian Democracy* (New York: Macmillan, 1947), chap. 25; Dorfman, *Economic Mind*, vol. 2, chaps. 23~4, 특히 pp. 641~645.

31) Dorfman, *Economic Mind*, 2: 653~4; Meyers, *Jacksonian Persuasion*, chap. 9; 인용은 p. 193.

32) Wilentz, *Chants Democratic*, 182~9; Chester M. Destler, *American Radicalism, 1865~1901* (Chicago: Quadrangle Books, 1966〔1946〕); William E. Forbath, "The Ambiguities of Free Labor: Labor and the Law in the Gilded Age," *Wisconsin Law Review*, 1985: 767.

민주당 급진파의 대변자들 중 가장 복잡한 사람인 오레스테스 브라운슨(Orestes Brownson)은 이후 지속적인 영향을 미치지는 않았으나, 미국 예외주의에 대한 사회과학적 이견을 제시하려는 노력을 대표한다. 콩트의 선구자 생시몽(Henri de Saint-Simon)과 캘훈, 두 사람의 영향을 받은 브라운슨은 그 스스로의 심적 갈등 속에서 북부 자본가들과 아프리카계 미국인들에 맞서는 남부 노예 소유자들과 북부의 급진적 노동자들 간의 민주당 연합을 구상했다. 자본주의가 실제로 자유노동자들을 빈곤하게 만들며 다수주의 정치가 자본가들의 이익에 따라 노동자들을 조종할 뿐이라고 믿었고, 또 자신이 생시몽이 말한 역사적 분열의 시기에 살고 있고 이 시기는 새로운 형태의 질서를 요구한다고 믿었으므로, 브라운슨은 1840년에 이르러 재산의 평등한 재분배를 위한 스키드모어의 계획을 받아들였다. 그러나 스키드모어와 달리 브라운슨은 이러한 계획은 극단적 계급전쟁을 유발할 것이며, 머지않아 그에 따라 초래되는 광란에 의해 위축될 것이라고 보았다. 그는 평등한 자연질서의 복구에 대한 이전의 희망을 포기했고, 가톨릭에 의지하면서 자본주의의 파괴적 영향을 억제할 수 있는 위계적 안정을 추구했다. 결국 브라운슨은 북부판 피츠휴가 되었던 셈이며, 따라서 이 둘은 자연과 역사의 중도적 융합을 꾀했던 예외주의에 대한 양 극단의 반대의 전형이 되었던 셈이다.[33]

예외주의의 반대자들이 사회과학에서 비판적 자원들을 탐색했던 그 때, 정치·문화·경제 엘리트들도 미국 예외주의를 위해 사회과학을 활용했다. 맬더스와 리카르도 같은 유럽의 이론가들이 미국에 대해 제기한 의문을 반박하고, 미국 내에서 제기되는 좌우로부터의 비판에 대응해 예외주의 관점을 정당화할 필요가 있었던 것이다. 더욱이 정당들

---

33) Dorfman, *Economic Mind*, 2: 661~7; Blau, *Social Theories of Jacksonian Democracy*, chap. 22; Arthur M. Schlesinger, Jr., *Orestes A. Brownson* (Boston: Little, Brown, 1939).

간의 정치적 갈등으로 인해, 통치구조와 경제 정책에 대해 제기된 계급 관련 이슈들이 예외주의적 유산에 대한 상이한 해석과 결부되어 제기되었다. 이 중도적 틀 안에서 미국 예외주의의 이상이 현재 실현되었다고 주장함으로써, 이 국가적 이데올로기와 그 사회과학적 입증은 기존 권력체계를 정당화할 수 있었다. 또한 민주주의 이상의 폭을 확장시킴으로써 기존체제에 대한 반대를 동원할 수도 있었고 억제할 수도 있었다. 이러한 기능에서도 사회과학은 일정한 역할을 수행했다.

중도적 사회과학 담론은 그 정치적·문화적 발전 배경에 크게 영향받았다. 사회과학의 저술가들은 종종 공공정책을 위해 특정 주제에 집중하기도 했으며, 두 주요 정당들 중 하나에 소속함에 따라 나뉘기도 했다. 넓은 의미에서 휘그당은 "고귀한(*respectable*) 계급들"의 정당으로서 상공업 발전을 이끌고 이로부터 이익을 보는 사람들을 끌어들였다. 휘그당은 또한 자유주의 경제에 기여하는 자율성의 윤리를 강조하는 복음주의 개신교 그룹들도 끌어들였다. 민주당은 휘그당식의 사회발전모델에 반대하는 연합의 성격에 걸맞게 개인과 지역의 다양성을 주장했다. 휘그당이 자연권이라는 잠재적으로 급진적인 주장에 대항하여 역사적 제도의 중요성과 교육의 가치를 강조한 반면, 민주당은 자연이라는 수사(*rhetoric*)를 발전시켰던 것이다.[34]

정당체제 외에 미국 사회과학에 가장 크게 영향을 미친 또 다른 문화적 맥락은 극히 종교적이고 엘리트주의적 교풍을 지녔던 남북전쟁 직전의 대학들이었다. 비록 지역과 종파에 따른 차이가 존재했지만, 뉴잉글랜드에서 발전한 대학 모델이 북부, 서부, 남부로 전파되었다.

---

34) 앞의 각주 18을 참조. 문화의 주형(*matrices*)으로서 정당이 갖는 성격에 대해서는 특히 Howe, *Political Culture of the American Whigs*와 Jean H. Baker, *Affairs of Party: The Political Culture of Northern Democrats in the Mid-Nineteenth Century* (Ithaca, N. Y. : Cornell University Press, 1983)를 참조.

이 대학들은 대개 각 교파들의 성직자 단체들에 의해 설립되거나 병합되었는데, 대학들의 목적은 급격한 세속적 변화를 경험하는 사회에서 기독교적 학문과 도덕성을 보존하는 것이었다. 비록 남북전쟁 직전 시기에 성직자들의 지위가 하락했고, 성직과 대학 입학이 가난한 농부의 자녀들에게까지 개방되었지만, 성직은 여전히 전문직으로 남아 있었고 성직자들은 고전적 교육을 통해 신사계층(*gentleman*)과 동류가 되었다. 하바드와 예일 및 컬럼비아 같은 일부 유서 깊은 대학들은 오랫동안 각 지역의 상류계층에 밀착되어 있었고, 1850년대 들어 부유한 북동부 상인들의 자식들이 보다 소규모의 대학들에 입학하기 시작하면서 대학은 부유층과 더욱 밀접하게 동일시되었다.[35)]

따라서 대학 스스로 인식했던 사회적 역할은 고귀한 엘리트들의 사회적 권위와 기독교 신앙을 보존하는 것이었다. 자본주의 발전이 경제적 불만과 저항을 유발하고, 백인 남성의 투표권이 확대되고, 민주당과 휘그당, 양당이 직업적 정치인들이 장악한 대중정당이 됨에 따라, 문화적·경제적 엘리트들은 자신들이 점차 정치영역으로부터 배제되고 있음을 알게 되었다. 이들은 평준화 민주주의(*leveling democracy*)의 위험에 대항하여 자신들의 영향력을 회복하기 위해 민간 문화기구들에 눈을 돌려 자신들의 교육과 지위에서 생겨난 권력을 행사했다. 이들은 공화국의 생존이 실질적으로 이의 성공에 달려 있다고 믿었다. 대학

---

35) Richard Hofstadter and C. DeWitt Hardy, *The Development and Scope of Higher Education in the United States* (New York: Columbia University Press, 1952); Frederick Rudolph, *Mark Hopkins and the Log* (New Haven, Conn.: Yale University Press, 1956), 76~7; Donald H. Meyer, *The Instructed Conscience* (Philadelphia: University of Pennsylvania Press, 1972); Peter Dobkin Hall, *The Organization of American Culture, 1700~1900* (New York: New York University Press, 1982), chaps. 3~5; Ronald Story, *The Forging of an Aristocracy* (Middletown, Conn.: Wesleyan University Press, 1980).

이사회의 이사들이었던 이들은 여전히 고전 중심으로 짜여진 교과과정 안에 정치경제학과 역사학 및 정치학 과목들을 도입하도록 대학에 압력을 행사하기도 했다.[36]

종교적이고 엘리트주의적인 대학의 풍토는 휘그적 정치문화와 밀접히 연관되어 있었다. 고귀한 계급의 정당으로서 휘그당은 압도적으로 대학의 이사들과 교수단 및 학생들의 정당일 수밖에 없었다. 대학과 휘그당의 두 문화는 분명히 대중적 덕성과 도덕적 개선에 대한 관심을 공유했으며, 자연권을 제한하고 도덕적 금욕을 장려하려는 휘그당의 시도 역시 대학에 충분히 수용되었다.

대학의 사회과학 강의가 기반을 두었던 지적 토대는 도덕철학이었는데, 이 도덕철학은 신학과 자연철학의 중간영역으로서, 18세기 스코틀랜드의 인간과 사회에 관한 과학이 발전했던 영역이다. 도덕철학은 의무(*duty*)의 원칙과 책임에 관한 과학으로 이해되었던 만큼, 개인들이 도덕적 개선을 추구하는 영역으로서 인간사를 탐구했다. 정치학과 시민윤리 및 정치경제학이 도덕철학 과목의 보조과목이나 과목내 몇 개의 장으로 교수되었고, 도덕철학은 고등교육의 정화로서 통상 교목 학장에 의해 4학년 학생들을 대상으로 교수되었다.[37]

---

36) Story, *Forging of an Aristocracy*, chap. 7; Hall, *Organization of American Culture*, chaps. 5, 8~10. 다음 문헌에는 19세기를 거치면서 사회과학 과목들과 경제학이 도입된 과정에 대한 유용한 정보가 있다. *Breaking the Academic Mould: Economists and American Higher Learning in the Nineteenth Century*, ed. William J. Barber (Middletown, Conn.: Wesleyan University Press, 1988).

37) Meyer, *The Instructed Conscience*; Wilson Smith, *Professors and Public Ethics* (Ithaca, N.Y.: Cornell University Press, 1972); Daniel Walker Howe, *The Unitarian Conscience* (Cambridge, Mass.: Harvard University Press, 1970). 도덕철학과 미국 사회과학의 관계에 대해서는 Gladys Bryson의 "The Emergence of the Social Sciences from Moral Philosophy," *International Journal of Ethics*, 42 (April 1932): 304~8과

장로회파 스코틀랜드인들에게 도덕철학은 기독교적 확신과 세속의 비판적 연구 사이의 중간에 위치했다. 또한 미국 대학들이 역시 도입했던 상식적 현실주의도 마찬가지였다. 상식론자들(*commonsense theorists*)은 로크의 경험주의적 지식비판을 수용했으나, 조지 버클리(George Berkeley)의 이상주의나 흄의 회의주의로 나아갈 필요는 없다고 주장했다. 인류의 상식인 기본적인 도덕적 직관을 포함해서, 경험적 진리에 대한 합리적 고찰에 의해 일상적인 물리적 세계는 물론 기독교 정신에 내재된 도덕성과 신성의 근본적 진리가 모두 정당화된다는 것이었다. 미국 대학에서 상식적 현실주의는 모든 과학의 적절한 방법론으로서 베이컨의 경험론을 장려했다. 실제로, 뉴턴의 방법은 경험적 관찰이 경험적 증거에 대한 합리적 성찰을 통해 최고의 과학적 진리를 가져다 줄 것이라는 신념과 같은 것이 되었다. 이러한 상식적 현실주의는 과학과 종교 간의 조화에 대한 믿음을 뒷받침함으로써, 과학의 진보를 기독교적 시야 내에 한정시켰다.[38] 대학에 대한 종교의 지배라든가 천년왕국적 정체성과 같은 사조들이 유행했던 것이 바로 19세기 미국에 프로테스탄트적 종교성이 깊이 뿌리박혔던 점과 자연과 역사에 대한 세속화된 이해가 더디게 진행되었던 점을 시사한다.

"The Comparable Interests of the Old Moral Philosophy and the Modern Social Sciences," *Social Forces*, 11 (October 1932): 19~27과 "Sociology Considered as Moral Philosophy," *Sociological Review*, 24 (January 1932): 26~36을 참조.

38) Bruce Kuklick, *The Rise of American Philosophy* (New Haven, Conn.: Yale University Press, 1977), chaps. 1~2; James Turner, *Without God, Without Greed* (Baltimore: Johns Hopkins University Press, 1985), chaps. 2~3; Theodore Dwight Bozeman, *Protestants in an Age of Science* (Chapel Hill: University of North Carolina Press, 1977), chap. 1; George H. Daniels, *American Science in the Age of Jackson* (New York: Columbia University Press, 1968).

리버의 정치과학

마지막으로, 남북전쟁 직전 미국의 정치환경과 대학환경에서 형성된 주요 사회과학 전통들과 이들과 미국 예외주의의 담론 간의 근본적 결합을 살펴보자. 비록 체계적 연구로는 정치경제학보다 덜 발전되었지만, 미국에서 최초로 수립된 사회과학은 정치학이었다. 《연방주의자 논고》(*The Federalist Papers*)에서 매디슨과 해밀턴이 서술하였듯이, 공화국의 수립 자체가 공화주의 정치학의 강력한 실천이었으며, 존 애덤스(John Adams)와 캐롤라인의 존 테일러(John Taylor of Caroline) 같은 그 세대 사람들에 의해 이 논쟁은 19세기 초반까지 지속되었다.[39] 그러나 공화주의 제도들이 일단 수립되자, 정치적 사고는 대부분 정치적 실천의 문제로 전환되었다. 즉, 미국 정치의 원칙들은 사법부의 판단과 의회의 논쟁, 정당의 담화와 저널리즘의 형태로 정교화되었다. 한편, 보다 지속적으로 성찰할 기회를 제공할 수 있었던 대학 역시 당파적 논쟁을 피해갔다. 이 시기의 가장 심각한 정치적 갈등은 지역주의(*sectionalism*)에 의해 야기되었는데, 심지어 남부에서조차 캘훈의 《논고》와 같이 지역주의의 자극으로 생겨난, 기존 공화주의 원리에 대한 가장 체계적인 도전은 현실정치영역에서만 제기되었다.

정치학은 또한 정치경제학이나 역사학, 철학, 관방학(*statecraft*) 등 다양한 학문들에 속한 채, 널리 분산된 지식의 형태로 남아 있었다. 미국 대학들에서 정치학 강의는 미국 정치제도들에 대한 기초적인 설명들에 그쳤고, 이마저 라틴어나 희랍어 또는 서양사 과목에 포함되거나 도덕철학과 합쳐서 이루어졌다.[40] 당시 미국 대학들의 소심함과

39) 건국 세대들의 '정치과학'(*political science*) 개념 사용에 대해서는 Alexander Hamilton and James Madison, *The Federalist Papers*, nos. 9, 18, 31, 37, 44, 46을 참조.

현실정치의 역동성, 그리고 정치학이 널리 분산되어 있었다는 점을 감안할 때, 남북전쟁 이전에 가장 영향력 있는 정치학 업적이 한 독일인 이주자에 의해 이루어졌다는 것은 그리 놀라운 일이 아니다. 국가에 대한 독일식 이해와 미국 휘그당 문화간의 공명(共鳴)을 바탕으로, 프랜시스 리버(Francis Lieber)가 미국 정치과학에서 이 둘 사이의 결합을 이루어냈던 것이다.

리버는 나폴레옹 시기의 프러시아에서 열렬한 공화주의자가 되었다가, 전제정치가 복고되자 위험한 급진주의자로 낙인찍혔다. 비밀경찰에 의해 독일의 이 대학 저 대학으로 쫓겨다니면서, 리버는 신칸트주의 철학을 단편적으로 배웠다. 역사주의의 선구자이자 마키아벨리 공화주의의 신봉자인 바톨드 니부르(Barthold Niebuhr)의 문하에서 그는 역사적 방법론을 중시하게 되었다. 리버는 1827년 보스턴으로 망명하여, 구 연방주의자들과 신 휘그당 엘리트들로부터 지원을 받았다. 그는 자신의 독일판 중간계급 입헌자유주의(*middle-class constitutional liberalism*)가 새 친구들의 이념과 매우 잘 부합된다는 것을 발견했다. 자연법에 근거를 둔 자연권에 대한 그의 믿음은 국가권위와 사회제도를 존중하는 보수주의 내에 자리 잡게 되었다. 영국의 보통선거권이 제한적이라든가 미국의 재산권이 계급적 기반을 가지고 있다는 좌파들의 공격이 당시에 확대되었는데, 그는 이에 거의 찬성하지 않았다. 그의 가장 영향력 있는 제자였던 예일대 총장 울시(Theodore Dwight Woolsey)는 "정치적 견해에 있어 그는 그 무엇보다도 영국인다웠고 공화주의적이었다. 젊은 시절의 그에게 의혹을 살 만한 어떤 허황된 자

40) Stefan Collini, Donald Winch and John Burrow, *That Noble Science of Politics: A Study in Nineteenth-Century Intellectual History* (Cambridge and New York: Cambridge University of Press, 1983); Anna Haddow, *Political Science in American Colleges and Universities, 1636~1900* (New York: D. Appleton, 1939).

유라도 있었다면 … 놀라운 일이다"고 회상한 바 있다.[41)]

리버의 독일 전통이 지니고 있던 도덕에 대한 강조 또한 미국 토양에 쉽게 뿌리를 내렸고, 그의 모든 저서에서 보이는 바와 같이 이 점에서도 그는 양자간의 수렴을 꿰뚫어 보았다. 그러나 독일 억양을 결코 잃지 않은 자유주의자이자 성공회 교도였던 그를 미국 대학들은 여전히 믿지 않았으므로, 리버는 수년 동안 사우스캐롤라이나 대학(South Carolina College)에서 역사학과 정치경제학 강좌를 맡아야 했다. 1838~9년에 이곳에서 쓴 최초의 주요 논문에서 그는 보편적 법칙과 정치적 실천에 대한 칸트의 구분을 응용하여 "정치윤리"(*political ethics*)라 불린 주제를 다루었는데, 시민이 지녀야 할 의무를 강조함으로써 자신의 독일 관념론을 공화주의 가치를 설명하는 데 활용했다.[42)]

리버의 출발점은 휘그당 신조를 칸트식으로 정리하면서 정치의 철학적 토대를 마련하는 것이었다. 자연권은 고립된 개인, 즉 가상의 자연상태에 본래부터 주어진 것이 아니며, 인간은 자신의 (사회적) 인간성으로부터 원초적 자연권을 부여받는 사회적 존재였다. 사람들이 지니는 권리는 사회의 구성원으로서 자신들의 개인적 본성과 사회적 본성을 진보적으로 실현하는 것에 있었다. 칸트의 목적론적 용어로는, 인간의 "목표는 문명이며 … 우리가 지닌 모든 힘과 재능의 계발과 발

---

41) Frank Friedel, *Francis Lieber, Nineteenth Century Liberal* (Baton Rouge: Louisiana State University Press, 1947); Bernard Edward Brown, *American Conservatives: The Political Thought of Francis Lieber and John W. Burgess* (New York: Columbia University Press, 1951); Theodore Dwight Woolsey, "Introduction" to *On Civil Liberty and Self-government*, by Francis Lieber, 3d. ed., ed. Theodore Dwight Woolsey (Philadelphia: Lippincott. 1877), 8~9. Niebuhr의 공화주의에 대해서는 Carlo Antoni, *From History to Sociology* (Detroit: Wayne State University Press, 1959), 124~5.

42) Francis Lieber, *Mannual of Political Ethics*, 2 vols., ed. Theodore Dwight Woolsey (Philadelphia: Lippincott, 1875〔1838~9〕).

전과 신장이다." 리버에게 이러한 목적을 위한 수단들은 필요의 동기와 자유주의 경제 그리고 가장 중요한 것으로 법치국가였다. 칸트와 마찬가지로 리버는 국민국가를 인간에게 운명지어진 사회생활의 가장 고차원적 형태로, 그리고 정부를 가족의 자연스런 확장이자 긍정적인 존재로 보았다. 1857년에 사우스캐롤라이나를 벗어나 뉴욕의 컬럼비아 대학에 임용되자 리버는 그간 숨겨왔던 반노예제 정서를 드러냈고, 남북전쟁 기간에는 지도적 공화당원이자 국가통합 정책들의 열렬한 옹호자가 되었다. 전쟁 이후 그가 구축한, 정부에 대한 칸트적 관점과 휘그당 관점의 종합, 그리고 독일 민족주의와 미국 국가주의의 종합은 새로운 정치과학의 근간이 되었다.[43)]

비록 정부에 대한 긍정적 관점을 표명했지만, 리버가 주장한 것은 어디까지나 제한된 정부였다. 먼저 그는 국가와 사회를 구분하여, 사회는 인간성과 원초적 권리가 진보해 가는 영역으로, 그리고 국가는 제헌적 주권의 소재지이자 정치적 권능을 지닌 국민(*nation*)이나 인민(*people*) 전체로 규정했다. "인간은 국가 없이는 존재할 수 없으며, 국가 없이 존재한 적도 없다"고 리버는 말했다. 그러나 동시에 그는 국가와 그 피조물인 정부를 합법적 권위 내에서 통제할 수 있는 권리를 개인적 양심과 사회적 결정에 부여했으며, 필요할 경우 저항권도 부여했다. 수단으로서의 적절한 역할을 완수하기 위해 국가와 정부는 원초

---

43) Ibid., 1: 127, 180~1; Lieber, *On Civil Liberty*, chaps. 3~4. Lieber로부터 제 1차 세계대전에 이르기까지 독일 관념론에 둔 미국 정치과학의 뿌리는 Thomas I. Cook and Arnaud B. Leavelle, "German Idealism and American Theories of the Democratic Community," *Journal of Politics*, 5 (August 1943); 213~36에 잘 서술되어 있다. 그러나 이러한 발전 경향은 자유주의적 자연권 전통에서 변칙적으로 성장했다고 매우 자주 생각되었다: Sylvia D. Fries, "Staatstheorie and the New American Science of Politics," *Journal of the History of Ideas*, 34 (July-September 1973): 391~404.

적 인간권과 시민적 자유를 보호해야만 한다는 것이었다. 에드먼드 버크(Edmund Burke)와 마찬가지로 리버는 입헌정부에 대한 자유주의적 관념을 정치적 권리에 대한 사회적 관점과 결합시켰다. 시민적 자유와 재산권의 보장, 지방 자치와 자발적 행동이라는 영국과 미국의 전통이야말로 정부의 진정한 원리들로서 인간의 개인적 본성과 사회적 본성, 양자간에 균형을 이루는 것이었으며, 반면 프랑스의 중앙집권적인 다수주의 민주주의 체제는 결단코 피해야 할 모델이었다.[44)]

자신의 가장 유명한 저서인 《시민적 자유와 자치》(*Civil Liberty and Self-Government*, 1853)에서 리버는 "국가의 역사적 발전을 그 철학적 근거와 조화시키려고 노력했다." 리버는 역사적 사실에 비추어 철학적 원리를 검증하는 것이 필수적이라고 믿었기 때문에 정치과학에서 자신이 수행할 역할을 더욱더 역사학적인 것으로 보게 되었다.[45)] 그는 컬럼비아 대학의 역사학 및 정치학 교수로 취임할 때 첫 공개 강의에서 이러한 관점의 요지를 다음과 같이 설명했다.

> 정치과학은 인간을 가장 중대한 세속적 단계에서 다룬다. 국가는 자신의 모든 행위들을 보호하고 통제하는 동시에 이를 반영해야 하는 제도이다. 따라서 정치과학의 철저한 교과과정은 상당부분 문명사에 대한 묘사가 되어야 하며, 바르트(Barth)[46)]가 중앙아프리카에서 발

44) Lieber, *Political Ethics*, 1: 214~7; 2: 162~76; idem, *On Civil Society*, 38~40, chaps. 22~35.

45) Francis Lieber, "History and Political Science Necessary Studies in Free Countries," in *The Miscellaneous Writings of Francis Lieber*, 2 vols., ed. Daniel Coit Gilman (Philadelphia: Lippincott, 1880), 1: 339~40; Brown, *American Conservatives*, 30~1.

46) 옮긴이 주: Heinrich Barth(1821~1865) — 독일의 탐험가로 유럽인으로서는 처음으로 중북부 아프리카의 니제르(Niger) 공화국의 아가데즈(Agadez)를 발견하였다.

견한 허술한 인간조건에서부터 우리들의 축적된 문명에 이르기까지 인간성의 모든 기복을 포괄하는 것이 당연하다.

리버는 역사적 방법론을 정교하게 이해하고 있어서, 용어에도 민감했고 역사학을 분석적 목적으로 활용하기를 원했다. 역사연구를 위한 적절한 방법을 그는 "사회적 분석"(*social analysis*) 이라고 불렀는데, 이는 "우연적이고 피상적인 것으로부터 항구적이고 본질적인 것을 구분함으로써 현재를 더 잘 이해하는 데 열쇠가 된다." 그래서 그는 역사기술에서 인간사회의 법칙을 찾으려는 새로운 노력들뿐 아니라 미시적이고 정밀한 연구를 추구하는 새 경향도 인정했으며, 최고단계의 역사연구의 초점을 제도와 역사의 거시적 운동에 맞추었다. 이와 같이 그의 역사정치학(*historico-politics*) 은 역사와 정치에 관심을 가진 학자들이 수렴될 수 있는 광범위한 분야를 규정하고 있었다.[47]

《시민적 자유와 자치》에서 서양사 탐구를 통해 리버는 정치적 진보가 미국 입헌정부의 보수적 휘그당 원리에서 궁극에 달했음을 발견했다. 미국의 시민적 자유는 영미의 관습법 전통과 그 자치제도들에 구현되었다. 추상적 신조들에 기대었던 프랑스혁명은 좋지 못한 사례였던 반면, 서로 연계된 제도들과 "명확히 규정된 자유"를 지닌 영국과 미국의 대중정부(*popular government*) 는 역사상 이룩된 가장 수준 높은 형태였다. "오래 존속하는 동시에 자유와 부를 누리며 존속하는 것은 근대국가가 해결해야 할 커다란 문제"이며, 오직 튜튼인이 발전시킨 "제도적 자치"만이 할 수 있다는 것이었다. 헨리 메인 경(Sir Henry

47) Lieber, "History and Political Science," 344, 367; idem, "On History and Political Economy, as Necessary Branches of Superior Education in Free States," *The Miscellaneous Writings*, 1: 179~203, 특히 192, 203; James Farr, "Hermeneutic Political Science: The Forgotten Lesson of Francis Lieber," *History of Sociology*, 6~7 (1986~7): 65~74.

Maine)이 "아리안"(*Aryan*) 정치전통과 그 역사적 경로라는 용어를 만들어내기 수년 전에 리버는 이와 같은 정치적 유산을 묘사하는 어떠한 용어도 없음을 개탄하면서 "앵글리컨"(*Anglican*)적 자유의 원리라는 말을 고안하기에 이르렀다. 이것이야말로 "서양사의 주요 주제이자 우리 인종과 우리 시대, 우리 나라와 우리 나라의 소명을 특징짓는 징표이며 형상"이라는 것이다. 이로써 그는 자신의 정치이론을 튜튼의 역사와 결합시켰고, 미국 예외주의를 옹호하는 데 참여하게 되었다.[48]

미국 공화정에 관한 리버의 낙관적 관점을 그의 친구 토크빌(Alexis de Tocqueville)이 공유하지 않았다는 것은 주목할 만한 점이다. 리버는 토크빌이 1831년 미국을 여행할 당시 그에게 정보를 제공한 주요 인사들 중 하나였으며, 그후 이들은 평생에 걸쳐 서신을 교환했다. 어쩔 수 없이 자신의 생을 보낼 수밖에 없게 된 이 변두리 세계에 대한 개인적 불안에도 불구하고, 아니 어쩌면 바로 이 이유 때문에, 리버는 친구의 분석이 담고 있는 비관적 의미를 결코 파헤쳐 보지 않았다. 토크빌은 미국을 유럽이 뒤따를 민주주의 원리의 전형으로 여겼는데, 동경의 대상인 동시에 우려의 대상으로 보았다. 그는 공화제 정부의 안정을 보존해 주는 사회적 기반과 미국인들의 평균적인 경제적 안락과 지적 수준에 감탄했다. 그러나 그는 미국 민주주의는 인류문명의 어떤 영역에서도 우수한 업적을 이루지는 못할 것으로 내다봤으며, 개인적 정체성을 제한하는 동시에 이를 뒷받침하는 계급구조가 부재하다는 점을 염려했다. 민주적 개인주의는 진정한 개인성을 잠식할 수 있어서, 개별 시민들을 서로 구별되지 않고 자기중심적이며 상상력이 결핍된 순응주의자들(*conformists*)로 만들 수 있다는 것이다. 여기서 토크빌은 개인이 사회에 의존하게 되는 공화주의적 자유의 모순적 결과를 보여주는, 몽테스키외(Montesquieu)로부터 이어받은 공화주의적 "자유의

48) Lieber, *On Civil Liberty*, 22, 204~14, 300, 319, 361~2.

사회학"을 완성한 셈이다. 이전에 루소는 이를 개인의 심리상태를 통해 보여준 바 있다. 토크빌의 경고는 휘그당 엘리트들에 의해 포착되었고 때로 반응이 나오기도 했으나, 이를 보다 널리 읽은 것은 회의적인 전후세대들이었다. 대학의 젊은이들에게는 리버가 더욱 적합한 스승으로 여겨졌던 것이다.[49]

정치경제학의 토착 전통

리버의 정치과학처럼 중도적 정치경제학의 의도는 미국 내의 위험들과 외국의 의혹들에 대항하여 미국의 프로테스탄트적이고 공화주의적인 자유주의적 진보를 재확인하는 것이었다. 해밀턴의 〈제조업에 관한 보고〉(Report on Manufactures) 이래, 관세와 은행업 및 통화에 대한 정책논쟁들은 미국 예외주의에 관한 보다 근본적인 담론에 근거를 두고 전개되었다. 남북전쟁 직전 정치경제학의 최초의 체계적 논문들과 경쟁학파들은 나폴레옹 전쟁에 의해 유발된 경기 침체기에 등장했다. 뉴잉글랜드의 상인, 은행가들과 이들을 지지한 성직자들은 당시의 불황과 대중 소요에 대응하기 위해 뉴잉글랜드 대학들이 가르치던 정치경제학을 널리 퍼뜨렸다. 영국과의 자유무역에 이해가 걸려 있고 비관적인 칼뱅주의와 연방주의의 유산을 물려받았던 뉴잉글랜드 엘리트들은 고전경제학의 보수주의적 용도를 활용하고 싶어했다. "정치경제학은… 모든 종류의 혼란과 무질서를 자극하지 않고 안정시키는데 있어 다른 과학들보다 탁월하다는 사실이 발견될 것"이라는 점에

49) Melvin Richter, "The Uses of Theory: Tocqueville's Adaptation of Montesquieau," in *Essays in Theory and History*, ed. Melvin Richter (Cambridge, Mass.: Harvard University Press, 1970), 74~102; Haddow, *Political Science in American Colleges*, 248~9.

있어서 이들은 고전경제학의 모국 영국의 시각에 동의하고 있었다. 북부 자유무역론자들의 대부분은 대학의 이러한 방어적 기도에 참여하는 성직자 혹은 평신도들이었다. 고전경제학은 비정기적으로 개설되었고 흔히 도덕철학에 부속되기도 했으나, 그 텍스트들은 뉴잉글랜드의 문화적 영향에 의해 북부와 서부의 대부분 지역으로 전파되었다.[50]

남북전쟁 직전 시기의 가장 유명한 교과서는 브라운 대학(Brown University)의 성직자 총장 프랜시스 웨일랜드(Francis Wayland)에 의해 쓰였다. 그는 공공연한 변명조로 상인과 은행가들의 유용성을 찬양했고, 이들을 규제하려는 정부의 노력이나 이들의 재산권에 대한 대중의 침해에 반대했으며, 이들과 공동체 전체 간에 자연스런 이익의 조화가 있음을 강조했다. 자신의 보수적 칼뱅주의에 맞추기 위해 웨일랜드는 미국 예외주의의 전제들을 자제했다. 천년왕국적 국가주의는 대중들의 기대를 상승시키고 그럼으로써 불만도 조장할 수 있다는 것이다. 그러나 그는 여전히 미국을 맬더스 법칙의 작용에서 제외시키려 했으며, 이 법칙이 "창조주가 의도한 인간의 조건"을 규정하고 있는지 의심했다. 인구는 자본형성에 따라 정해지는데, 미국에서 자본은 인구보다 더 빨리 성장하기 때문에 실제의 곤란은 "매우 드물며", 노동자들은 비도덕적이거나 게으르지 않다면 가족의 생존에 필요한 만큼 충분히 벌고 있다는 것이다. 웨일랜드는 당시 북부의 대학들에서 그의 교과서보다 더 인기가 있는 교과서를 썼던 프랑스 경제학자 세이(J. B. Say)의 영향을 받았는데, 세이는 경제부문과 계급들 간의 이익의 조화와 자본의 생산적 역할을 강조했었다.[51]

---

50) Michael J. L. O'Connor, *Origins of Academic Economics in the United States*, "Introduction" by Michael Hudson (New York: Garland Publishing, 1974), chap. 3; 인용은 p. 92; Dorfman, *Economic Mind*, vol. 2, chaps. 25~7.

51) Francis Wayland, *The Elements of Political Economy* (New York: Leavitt,

웨일랜드는 또한 세이의 '소비' 개념을 생산과 교환 및 분배를 조절하는 주요 범주로 받아들였다. 세이와 마찬가지로 그는 개인과 국가, 양자의 지출을 모두 소비에 포함시키면서 동일한 자연원리 체계에 따르는 것으로 규정했으며, 소비자의 선택과 정부의 지출 및 조세가 갖추어야 할 도덕적 차원을 강조했다. 예외주의의 용어로 바꾸어 말하면, 도덕적 소비에 대한 이러한 강조가 미국 정치경제학의 특징적 성격이 되었다.[52)]

아매사 워커(Amasa Walker)는 웨일랜드가 쓴 교과서의 내용들을 보다 희망적인 형태로 만든 자유무역론자였다. 워커는 사업가였으나 수년간 정치경제학을 가르치다가 1866년에 자신의 생각을 정리하여 책을 썼다. 그의 주장에 따르면, 기아상태에 이르기 훨씬 전까지 인구를 제한하는 자연적 원인들과 토지 생산성의 증가로 인해 미국에서 맬더스의 예언은 적용되지 않는다. 미국내 노동계급의 출산률이 감소하는 것에서 이 과정이 이미 진행되고 있음을 알 수 있다. 만일 정부가 어떠한 특권도 부여하지 않고 중과세나 전쟁을 피하는 등 경제를 방해하지 않으며, 개인들도 생산적이고 도덕적인 목적을 위해 현명하게 저축하고 소비함으로써 워커가 명명한 "올바른 소비"(*right consumption*)를 한다면, 풍요와 평화가 달성될 수 있다. 천년왕국의 기대를 불러일으키는 시 한 수를 인용한 후 워커는 다음과 같이 결론지었다.

Lord, 1937), 327~9, 340; O'Connor, *Origins of Academic Economics*, 120~35, 172~90; Paul Conkin, *Prophets of Prosperity* (Bloomington: Indiana University Press, 1980), 28~30; Charles Gide and Charles Rist, *A History of Economic Doctrines*, 2d ed. (Lexington, Mass.: Heath, 1948), 118~33.

52) Wayland, Elements, bk. 4. Jean-Baptiste Say, *A Treatise on Political Economy*, trans. C. R. Prinsep (Philadelphia: John Grigg, 1827), bk. 3도 참조.

> 이러한 결과에 빨리 도달하기를 기대하는 것은 현명하지 않거나, 인류의 이러한 발전을 위해 미리 예복을 준비하는 것은 쓸모 없는 일일 것이다. 그러나 부의 소비가 인간의 법률 혹은 관습과 협약에 의해 영향받을 수 있는 한, 이러한 결과는 오늘날까지 매일 매일 가까워지고 있는 것이다.

워커의 관점은 미국 예외주의 신념이 확대된 것이었다.[53]

19세기 초반의 경기침체는 자유무역에 찬성하는 북부의 경제학자들을 동원했으나, 다른 한편으로는 관세에 찬성하는 반응도 생겨나게 했다. 볼티모어의 법률가 다니엘 레이먼드(Daniel Raymond)는 자본주의 발전으로부터 초래될 수 있는 극심한 불평등을 방지하기 위해 공화제 정부는 보호관세를 통해 적극적 행동을 취해야 한다고 주장했다. 이러한 보호정책을 통해 시장의 자연법칙이 작동하고 미국이 기독교적 구원으로 세계를 이끈다는 것이다. 레이몬드의 저술은 정치경제학의 "미국식 체계"를 강조한 최초의 업적이었다. 서민들에 대한 맬더스와 리카르도의 비관적 관점과 자유무역의 세계주의를 지니고 있던 영국의 고전주의 경제학에 대항하여 이 경제학자들은 미국 예외주의의 천년왕국적 희망을 지속시키는 국가주의적 저항을 일으켰던 셈이다.[54]

미국 학파는 특히 펜실베니아와 같이 소규모 제조업이 번창하던 대서양 중부 주들에서 주로 지지를 받았다. 필라델피아에 정착해 미국내 굴지의 출판사를 차린 아일랜드계 공화주의자인 매튜 캐리(Matthew Carey)는 해밀턴의 중상주의를 공화주의적 국가주의로 변형시킨 선구

53) James P. Munroe, *A Life of Francis Amasa Walker* (New York: Henry Holt, 1923), chap. 1; Amasa Walker, *The Science of Wealth* (Boston: Little, Brown, 1866), 특히 464~66.

54) Kaufman, *Capitalism, Slavery, and Republican Values*, chaps. 3~4; Ernest Teilhac, *Pioneers of American Economic Thought* (New York: Macmillan, 1936); Conkin, *Prophets of Prosperity*.

자들 중 한 사람이었다.[55] 1820년대에 한동안은 당시 독일의 억압을 피해 미국으로 망명한 자유주의자 프리드리히 리스트(Friedrich List)가 그의 후원 하에 있었다. 리스트는 분열된 독일 국가들을 위한 공동 보호관세를 이미 주창한 바 있었고, 필라델피아에서 보게 된 국가주의 강령에 호의를 가지고 있었다. 그는 영문 교과서를 기획하고 대학 교수가 되기를 바랐지만, 새 보금자리를 찾는 데 있어서 리버만큼 행운을 누리지는 못했다. 그는 독일로 돌아가서야 독일 민족주의 경제학의 교과서인 《국민 정치경제학 체계》(*Das Nationale System der Politischen Oekonomie*, 1841)를 출간했다.[56] 리버의 경우와 마찬가지로 그의 사례는 독일과 미국의 자유주의적 국가주의(*nationalism*)가 초기에 일치하는 점들이 많았음을 보여 준다.

미국 정치경제학 학파는 휘그당 강령의 핵심을 제공했으며, 매튜 케리의 아들이자 후계자인 헨리 캐리(Henry C. Carey)가 주도적 이론가가 되었다. 헨리 캐리는 휘그당과 민주당이 관세에 대해 타협했던 시기에 저술을 시작했고, 1837~40년 동안 저술한 자신의 최초의 주요 논문들에서 자유무역을 지지했다. 그러나 그의 실제 목적은 미국 예외주의의 확장판(*expansive version*)을 옹호하는 것이었다. 리카르도가 기술과 생산성의 개선을 상수(常數)로 놓고서 그의 결론에 도달한 것과 달리, 캐리는 경제체계의 작동은 진보의 개념이 고려될 때에만 이해될 수 있다고 믿었다. 그는 부가 어떻게 증진되는지에 관한 아담 스미스의 원래의 설명을 재고하면서 이것이 빛나는 전망을 제시한다고 결론지었다. 노동은 자본을 창출하고 자본은 노동의 질을 향상시킴으로써,

55) Arnold W. Green, *Henry Charles Carey: Nineteenth Century Sociologist* (Philadelphia: University of Pennsylvania Press, 1951), chap. 1: A. D. H. Kaplan, "Henry Charles Carey: A Study in American Economic Thought," *JHUSHPS*, ser. 49, no. 4 (1931): 11~2.

56) Gide and Rist, *History of Economic Doctrines*, bk. 2, chap. 4.

끊임없이 부의 양을 증가시킨다. 이러한 역동적 과정에서 생산물의 가치는 노동에 의해 측정되며, 축적된 노동인 자본의 가치는 재생산 비용에 의해 측정된다. 따라서 항상 자본은 상대적으로 적은 부분을 갖게 되고 노동은 필연적으로 보다 많은 부분을 갖게 되며, 상품의 양이 전반적으로 증가하면서 양자의 이해관계는 조화를 이루게 된다는 것이다.[57]

스미스처럼 캐리는 부의 생산이 자유주의적 진보의 핵심이라고 보았다. 자본이 증식할 때,

> 사람들은 이웃과 협력함으로써 이득을 볼 수 있으며, 친절과 호의의 습관이 야만적이고 약탈적인 과거의 습관을 대체한다. 빈곤과 고통은 점차 사라져 평안과 안락으로 대체된다. 노동은 점차 덜 가혹해지고, 생계수단을 확보하는 데 필요한 노동의 양은 줄어들며, 그럼으로써 사람들은 정신수양에 더 많은 시간을 할애할 수 있게 된다. 물리적 조건의 개선과 도덕적 개선이 보조를 맞추며, 이를 통해 문명의 선(*virtues*)이 야만적 생활의 악(*vices*)을 대체한다.

이러한 자연법칙이 문명을 향한 인류의 진보에 작용한다 할지라도, 역사상 그 작용을 부단히 방해하는 요인들이 존재했다. 네 권에 달하는 방대한 그의 저술의 상당부분은 역사적이고 통계적인 분석을 통해, 빈곤의 반복과 자본형성의 억제가 맬더스나 리카르도의 법칙 때문이 아니라 인간의 도덕적·정치적 실패에 의해 초래된 제약조건들 때문이었다는 것을 보여주고자 했다. 많은 미국 공화주의자들과 마찬가지로 캐리는 왕조간의 전쟁과 지나친 과세 및 개인적 악덕들이 역사의 원흉이라고 보았다. 경제적 진보과정이 온전히 이루어질 수 있게 하는 "행

57) Henry Charles Carey, *Principles of Political Economy*, 3 vols. (Philadelphia: Carey, Lea & Blanchard, 1837~40), vol. 1.

동의 완전한 자유와 개인의 안전"을 제공하는 것은 오직 미국뿐이며, 영국이 둘째가 되고 프랑스는 훨씬 뒤쳐진 셋째였다. 실제 맬더스에 대한 반박은 그의 저술에서 겨우 끝에서 두 번째 장을 차지했을 뿐이며, 마지막 장은 미국의 장래에 대한 토크빌의 근거 없는 우려를 비판하는 데에 할애되었다. 그에 따르면, 토크빌은 미국이 진보해 가는 진정한 역동적 과정을 보지 못했다. 민주주의는 원인이 아니라 미국 정치경제라는 보다 근본적인 조건에 따른 결과일 뿐이다. 그럼에도 불구하고 다른 어떤 요인들보다 공화제 정부야말로 자연법칙이 미국에서 방해받지 않고 작용하게 하는 요소이다.58)

미국의 진보에 대한 캐리의 낙관적 시각은 1840년대에 한 번 더 변화했다. 대단한 부자였던 그는 아버지의 출판업을 확장하고 펜실베니아의 신흥 광산기업에 투자했다. 1830년대 관세인하 이후에 국가경제가 침체하고 자신도 손실을 보았다가 1842년 관세인상 이후에는 자신의 부와 국가경제가 모두 성장한 것에 주목하여 그는 유사한 사례를 역사에서 발견했다. 《과거와 현재와 미래》(*The Past, the Present and the Future*, 1847)에서 캐리는 영국의 자유무역 정책이 문명의 진보과정을 빗나가게 한다고 주장했다. 영국은 도시와 그 주변 촌락들간에 교역이 이루어지게 하지 않고 보다 비용이 많이 드는 장거리 상업, 즉 무역에 자금과 노동이 투입되도록 함으로써 모든 국가들이 과잉특화된 식민지적 빈곤에 빠져들도록 했으며 자본의 형성과 번영을 억제했다는 것이다. 이제 그는 방해받지 않고 자연스러운 분업과정은 하나의 멋진 연합의 법칙(*law of association*)에 따라 이루어진다는 것을 발견했다. 연합은 "토지의 분할과 인간의 결합"에 기반을 두며, 이는 개인적 독립성을 증진시키는 동시에 기업들의 사업과 지역들간의 교환에서 협력을 증진시키는 경향을 가져와서 문명의 진정한 균형을 이룬다. 영국의 무

---

58) Ibid. 인용은 1: 341과 2: 462.

역정책은 이 법칙의 작동을 방해했으며, 따라서 폐기되어야만 한다. "서부로, 제국의 별은 방향을 잡는다. … 이는 바로 미합중국의 국민들에게 주어진 위대한 과업이다."[59]

이어지는 20년 동안 캐리는 저널에 기고하고 정치적 논쟁을 벌이면서 펜실베니아의 관세지지 세력의 주도적 대변자 중의 한 사람으로 활동했으며, 1858~60년에는 자신의 주요 이론체계를 《사회과학의 원리》(*The Principles of Social Science*)라는 제목으로 출판했다. 그는 진보의 연결망 속에서 이루어지는 정치적·사회적·경제적 요소들 간의 상호작용에 대해 관심을 기울이게 되면서 점차 사회학에 몰두하게 되었다. 허버트 스펜서가 진보적 분화(*progressive differentiation*)라는 자신의 관점을 폰 배어(K. E. von Baer)[60]의 발생학(*Embryology*)에서 확인했듯이, 캐리는 자신의 연합의 법칙이 타당하다는 것을 괴테와 아놀드 기요(Arnold Guyot)[61]의 자연사에서 확인했다. 모든 유기체들에 있어서 부분들의 개체성이 크다는 것은 곧 조직의 수준이 높음을 의미한다. 경제적 과정뿐만 아니라 '사회조직들'도 연합의 법칙을 따르며,

---

59) Kaplan, "Henry Charles Carey," 46~8; Henry Charles Carey, *The Past, the Present and the Future* (Philadelphia: Henry Carey Baired, 1847), 138, 446.

60) 옮긴이 주: Karl Ernst von Baer(1792~1876) — 에스토니아 태생의 독일 동물발생학자로 발생학에서 중요한 업적을 남겨 근대 동물발생학의 시조라 불린다. 포유류의 난자와 척색(脊索)을 발견하였으며, 동일한 배엽에서 동일한 종류의 기관이 형성된다는 '배엽설'을 확립하였다. 또한 여러 동물의 발생을 비교하여 다른 동물이라 해도 발생의 초기로 거슬러 올라갈수록 유사하다는 '베어의 법칙'을 수립했다.

61) 옮긴이 주: Arnold Henry Guyot(1807~1884) — 스위스 태생의 미국 지리학자. 1846년 도미하여 30여 년간 프린스턴 대학 지리학 교수를 역임하면서 빙하(氷河)의 조사 및 기상 관측 지도를 하고, 미국 기상대 설립에 힘을 쏟았다. 저서로 《대지와 인간》(*The Earth and Man*, 1853), 《자연지리학론》(*Treatise on Physical Geography*, 1873) 등이 있다.

사실상 자연 전체가 그렇다는 것이다. 운동의 법칙과 열의 법칙에 의해 뒷받침되면서, 이제 캐리는 정교한 물리적 비유들로 초기 저작들에서 선보였던 역사적 분석들을 대체했다.[62)]

캐리가 이와 같이 실증주의적 설명으로 빠져들게 된 것은, 이로 인해 자신이 원하는 정책들에 권위가 부여되었기 때문이기도 하지만, 그가 지니고 있던 강한 종교적 성향 때문이기도 했을 것이다. 정치경제의 법칙들이 바로 신의 명령과 같다는 것이 언제나 그의 저작의 주요 주제였다. "우주의 위대한 건축가는" 맬더스와 리카르도가 말한 것 같은 "얼간이가 아니다." 정치경제로부터 사회 전체로 관심을 넓혀 감에 따라 캐리는 보편적 법칙체계가 가져다주는 확신을 갖게 되었다. 스펜서처럼, 그러나 그와는 독립적으로 캐리는 스미스 경제학으로부터 사회학을 개발해서, 분화의 증대에 대한 역사적 설명을 하나의 사회진화의 법칙으로 만들었다. 이처럼 적어도 영국과 북미의 자유 주들(*states*)에서 사회학은 자본주의 질서가 조화로울 수 있는 가능성을 최대화하려는 자유주의적 시도로부터 시작되었다. 그리고 남북전쟁 이후에는 상당수의 미국 경제학자들이 이와 동일한 길을 좇아 사회학으로 옮겨갔다.[63)]

남북전쟁 이전에 캐리는 수많은 휘그당 저널리스트와 정치가들의 추종을 받았으며, 미국 경제학자들 중 해외에서 가장 명성이 높았다. 그러나 국내에서는 자유무역 옹호자들이 국가정책을 통제했고, 북부

62) Henry Charles Carey, *Principles of Social Science*, 3 vols. (Philadelphia: Lippincott, 1858~60), 특히 vol. 2, chap. 2.

63) Ibid., 232; Green, *Henry Charles Carey*, 79, 145~55. 그러나 캐리는 콩트(*Comte*)를 읽었고, 《과거와 현재와 미래》 212~227쪽에서 드러나는바, 또한 프랑스의 "연대"(*Solidarité*)에 관한 토크빌의 분석을 연구함으로써 연합의 법칙을 도출했다. 자신의 이론에 대한 마지막 저술인 *The Unity of Law* (Philadelphia: Henry Carey Baired, 1872)에서 캐리는 Youman의 대중과학에서 인용된 관성의 원칙(*principle of persistence of force*)을 부가했다.

의 대학들을 장악한 자유무역론자들이 그를 당파적인 관세 옹호자로 배척했다. 미국 학파는 펜실베니아 대학을 지배했고 캐리의 제자인 하바드의 프란시스 브라운(Francis Brown)과 같이 곳곳에 발판을 마련하기도 했지만, 결코 학문시장의 큰 부분을 장악하지는 못했다. 전쟁이 끝난 후 캐리는 엘리트들 대부분이 정화(正貨, *specie money*) 지불의 재개를 원했음에도 불구하고 그린백(*greenback*)[64]의 유통을 지지함으로써 명성에 손상을 입었다. 그러나 그의 통화정책은 자신과 미국 경제학파가 지녀 왔던 입장과 일치하는 것이었다. 제조업자와 노동자의 이해관계가 완전히 연결된 것으로 보았던 캐리는 통화팽창이 가져올 수 있는 여신확대와 경제성장 그리고 임금상승을 선호했던 것이다. 그의 이론 전체는 노동자에 대한 그의 관점에 근거를 두고 있었다. 즉, 그는 노동자를 가난한 임금 소득자로 본 것이 아니라. 자신의 조건을 개선해 가는 근로자로서 자본축적의 능력에서 농민이나 소규모 사업가 혹은 제조업자들과 거의 구별되지 않는 존재로 보았다.

이와 같은 캐리의 대단한 낙관론에는 상당한 역설이 숨어 있었다. 그는 탄층의 성격상 채광의 경제성이 없다는 지질학자들의 경고에도 불구하고 펜실베니아 탄광을 개발한 공격적 경영자들 중의 한 사람이었다. 그 결과는 잦은 실패와 낮은 이윤이었으며, 이로 인해 캐리는 고관세 정책의 옹호자가 되었다. 그 결과는 또한 노동자들에게는 저임금과 실업 및 열악한 노동조건으로 돌아갔다. 캐리는 훌륭한 경영자였던 것으로 보이지만, 동료들과 마찬가지로 노동조합과 파업에 반대했고, 자기 종업원들의 고난을 해소하려고 자연법칙이 작동하기만을 기대했다. 자신의 이론을 주장하는 한편 그는 필라델피아 엘리트들 속에서 우아한 삶을 누렸고, "이해관계의 조화"나 "미국 노동자들에게 보호

---

64) 옮긴이 주: 1875~1884년에 농산물 가격 인상을 위해 발행한 지폐. 뒷면이 초록색인 데에서 유래한 명칭.

를"이라는 현수막 아래 차려진 호화로운 만찬에서 동료들로부터 칭송받곤 했던 것이다.

이 낙관론의 대가가 불평등했음에도 불구하고, 신은 확실히 미국에서는 "얼간이가 아니다"라는 굳건한 믿음과 대륙의 급속한 개척에 의해 생겨난 기회들로 인해 자본가들뿐만 아니라 수많은 노동자들까지도 캐리의 대범한 낙관론에 동참하게 되었다. 다음 장에서 살펴보듯이 평균적 노동자가 동산을 소유한 시민이 될 것이라든가, 혹은 웨일랜드가 뜻했듯이 견딜만한 수준의 빈곤에 처한 안정적 노동자가 될 것이라는 희망은 남북전쟁이 끝난 후 사라지기 시작했다. 보다 험한 세상이 되자, 조화로운 진보에 대한 캐리의 느긋한 확신은 부적절하게 여겨졌고, 그의 영향력도 빠른 속도로 사라지게 되었다.[65)]

결론

남북전쟁이 발발하기 이전에 미국인들은 18세기와 19세기 초반 유럽에서 이루어진 사회과학 전통들을 도입하고 정교화하며 변형시켰

65) Anthony F. C. Wallace, *St. Clair, A Nineteenth Century Coal Town's Experience with a Disaster-Prone Industry* (New York: Knopf, 1987), 65~70, 184, 194~200, 400; Green, *Henry Charles Carey*, 22~5, 89, 172~92; Francis A. Walker, "Recent Progress of Political Economy in the United States" (1888), in Walker, *Discussions in Economics and Statistics*, 2 vols., ed. Davis R. Dewey (New York: Augustus M. Kelley, 1971 〔1899〕), 1: 321~39. 캐리의 남북전쟁 직전 시기 자유주의는 20세기 역사학자들이 이해하기 어렵다. Dorfman, *Economic Mind*, vol. 2, chap. 29에서 그의 이론은 부유한 기회주의자에 대한 자본가적 변호인 것처럼 보인다. 그리고 O'Connor, *Origins of Academic Economics*에 대한 Hudson의 서문에서 캐리와 그의 미국 학파 동료들은 개혁주의 역사경제학과 관련된 강력한 탈남북전쟁 성향을 가진 물질주의적 관념론자로 소개되었다.

다. 처음부터 미국인들은 근대사회의 미래에 대한 유럽인들의 우려를 공유했으나, 자신의 공화주의 제도들과 자연적 이점으로 인해 미국은 유럽보다 훨씬 더 근대성의 자유주의적 기약들을 실현할 수 있을 것이라고 믿었다. 공화주의 정치과학과 자유주의 정치경제학은 바로 이 미국 예외주의 국가 이데올로기에 핵심적으로 연결되었고, 주류 정치담론 속에서 이 이데올로기를 옹호한 사람들뿐만 아니라 이에 반대한 계급적·지역적 대변자들에 의해서도 발전되었다.

급진적 입장과 보수적 입장도 존재했지만, 남북전쟁 이전에 가장 강력한 제도적 기반을 구축했고 전쟁 이후의 발전에도 기초가 되었던 사회과학 전통은, 자유주의-공화주의 합의의 중도 및 중도 우파를 점유하던 정치·문화·기업 엘리트들이 수립했다. 이들 대부분은 잭슨파가 아니라 휘그당의 정치적·문화적 정서에 공감하는 사람들로, 자신들이 종종 강의했던 각 교파 대학들의 방어적이고 도덕주의적인 입장에 의해 크게 영향받았다. 또한 영국 정치경제학뿐 아니라 19세기 초반 독일의 정치사상가와 경제학자들의 온건 자유주의와 민족주의에 강한 친밀감을 느꼈다.

정치경제학과 관련하여 미국인들은 초기 산업화 과정의 빈곤과 갈등으로부터 등장한 맬더스와 리카르도의 어두운 이론보다는 스미스의 낙관론을 더 좋아했다. 미국 예외주의의 자유주의-공화주의의 시각은 당대 영국의 고전적 자유주의보다는 스코틀랜드 계몽주의의 도덕적 세계에 더 가까웠다. 리카르도의 무서운 예언은 공화정의 쇠퇴에 대한 두려움과 봉건적 주장을 가졌던 남부의 보수적 엘리트들에게는 설득력 있게 들릴 수 있었지만, 북부의 정치경제학자들은 미개척의 대륙과 구속 없는 자본주의 발전 과정이 영국식 두려움을 벗어나게 해 줄 것이라고 주장했다. 웨일랜드의 보수적 저술이 노동자들에게 검소한 생존만을 제시했다면, 헨리 캐리의 미국학파와 아매사 워커 같이 보다 낙관적인 자유무역 경제학자들은 자본축적의 기회가 모든 노동자들에게 열려 있다고 강조하며 재산과 자립이 널리 퍼질 것이라고 주장했다. 1840년대와 1850년대에 산업발전이 가속화되면서 북부의 경제학자들은 생산 자원이 폭넓게 분포한다는 산업화 이전 시기의 비전에 매달림으로써 자본주의 발전을 정당화했을 뿐 아니라 미국 예외주의의 확장적 이상(*expansive ideal*)을 항구적으로 만들었다. 이 순간, 스펜서가 영국을 그렇게 했던 것처럼, 미국적 이상을 보편적 사회학으로 전환시켰던 것이다.

프랜시스 리버는 잭슨식 민주주의의 균등주의 분출에 대한 대항으로서 제기된 휘그적 관점의 정치적 권리에 정치과학을 결합시켰다. 앵글리컨 정치원리를 찬양함으로써 그는 미국 헌법에 있는 다수결 민주주의에 대한 견제를 자유의 정의 그 자체로 만들었다. 그는 또한 그렇게 태어나지 않았더라도 신사처럼 행동하는 "공인"(*public man*)이 정부를 이끌 것이라고 전제했다. 그럼에도 불구하고 리버는 정치적 권리와 정치교육을 모든 시민에게 부여했고, 정치적 선택을 계급의 역할보다는 개인적 선택으로 묘사함으로써 최소한 남북전쟁 직전 미국 사회에서 시작되었던 대중적 정치참여를 긍정했다.[66] 남북전쟁 직전의 이론들이 고의적으로 누락시켰던 계급문제를 전후의 경제학자들이 점차 부각시키던 바로 그 때, 휘그당 엘리트주의를 계급적·직업적 이데올로기로 전환시키는 일은 새로운 현실주의(*new realism*)를 주장했던 그의 도금기 후계자들에게 남겨졌다.

미국인들은 유럽의 사회과학들 중에서도 미국의 제도들이 변함없이 보존될 수 있는 가능성을 열어주는 종류의 사회과학을 가장 선호했으며, 심지어 급진적·보수적 반대자들까지도 영속적 자연 혹은 무궁한 역사의 관념에 자주 빠지곤 했다. 리버가 비록 튜튼의 자유의 역사가

66) Lieber, *Mannual of Political Ethics*, vol. 1, bk. 1, chap. 5; vol. 2, bk. 5, chap. 4와 bk. 6, chap. 1.

지속됨을 강조하고 미국의 공화주의 제도를 정치적 지혜의 궁극적 도달점으로 묘사하기는 했으나 그의 독일식 정치과학 모델은 기본적으로 역사주의와 칸트의 이상주의를 결합한 것이었다. 미국의 영원한 통치 원리를 통해 리버는 정치과학과 제도사 간의 가교를 만들어 냈으며, 이와 동시에 공화국의 쇠퇴를 방지할 수단을 만들어 냈던 것이다.

정치경제학자들은 미 대륙에서 자연법칙의 섭리를 보존하고 복구하려고 노력했다. 남부의 변명자들은 이 이상을 노예제에 맞춰 조정해야 했지만, 스미스나 세이를 추종했던 북부의 자유무역 경제학자들은 공화국을 자본주의 발전의 헌신적 수호자로 만들고 그 경제를 공화국 시민을 위한 교육장소로 만드는 데 아무 어려움이 없었다. 경제에 대한 정부의 역할이 부정적일 뿐 아니라 긍정적일 수도 있다고 보았던 관세지지 국가주의 경제학자들은 독일의 역사주의 경제학자들이 1840년대에 들어 시작했던 것처럼 국가의 행동을 완전히 역사 속에서 규정했을 수도 있었다. 대신에 이들은 관세라는 일시적 처방을 발견해냈고 이에 의해 자애로운 자연법칙이 복구될 수 있을 것으로 생각했다. 관세지지 경제학자들과 자유무역 경제학자들은 모두 문명의 진보를 자연법칙의 작용으로 간주했다. 따라서 '역사'가 생겨나는 것은 단지 실수나 미신 혹은 부패 탓일 것이었다. 이들과 가치를 공유했던 계몽시대 자유주의자들과 마찬가지로 이들에게서 과거는 진보에 대한 장애일 뿐이었다.

미국 사회과학자들은 18세기 유럽인들처럼 자연법칙을 신이 세상을 다스리는 법칙으로 시종 이해했다. 이 법칙이야말로 "올바른 소비"를 위한 규범이 나오는 것이며, 칼뱅주의적 엄격성이나 특수한 신성의 구현으로서 자유주의적 자비를 구현하는 규범적 규칙이었다. 밀이나 콩트의 실증주의는 남북전쟁 이전에는 거의 존재하지 않았다. 이제부터 우리가 살펴볼 도금기에 들어서야 세속적 자연주의(*secular naturalism*)와 역사주의가 이 자연법칙에 대한 관념들을 무너뜨리고 미국 예외주의의 원리들을 위협하기 시작한다.

제 2 부

미국 예외주의의 위기 : 1865~1896

제 3 장

사회과학 분과학문들의 수립

남북전쟁 이전에 사회과학들은 느슨하게 구성된 대부분의 인문학 분야처럼 파편화된 상태에 있었다. 앞에서 논의했듯이, 역사학과 정치학의 결합이나 경제학의 수립은 남북전쟁 직전 시기에 대학들에서 이루어졌지만, 공직자들에 의해서는 커다란 정책논쟁으로 다루어졌음에도 불구하고 사회과학들은 여전히 교회의 영향하에 놓여 있었고 도덕철학 교과과정에 부속되어 있었다. 전쟁이 끝나고 부의 증대와 대학의 확장 그리고 노동 및 지식의 전문성 증가로 인해 독립적인 사회과학 분과학문들이 수립되는 길이 열렸다. 사회과학도들을 일깨우고 새로운 분과학문들이 미국적 형태를 갖추도록 한 것은 바로 도금기(*Gilded Age*)를 거치면서 심화되었던 미국 예외주의 국가 이데올로기의 위기였다. 이 위기는 한 수준에서는 지적 권위의 문제에 결부되었다. 즉 당시까지 미국 문화의 주류 주장들이 신의 섭리에 순진하게 의존하고 변호하는 것에 대해 과학이 점차 의문을 제기했던 것이다. 그리고 또 다른 수준에서 이 위기는 도금기의 사회적·정치적 도전들로부터 초래되었다. 남북전쟁과 재건(*Reconstruction*)[1] 및 급속한 산업화로 인해 미국의 역사적 위치를 규정했던 원칙들이 보존될 수 있을지가 의문시되었던 것이다.

도금기의 위기

당시 교육과 정치를 지배한 중도적 관점의 휘그파 성직자 계급과 공직자들 중에는 도금기에 광범위하게 발생했던 문화적·사회적 격변에 대해 신속하고도 강력하게 대응한 사람들이 있었다. 이들 중 보다 세계주의적(*cosmopolitan*)인 사람들, 즉 내가 젠트리(*gentry*) 계급이라고 부르게 될 사람들—대부분 북동부에 거주하고 교육수준이 높으며, 자유주의적이거나 다양한 종파에 속했다—은 자연과학이 정통교리에 제기한 도전에 주목했다.[2] 날 때부터 이 계급에 속했건 교육을 통해

1) 옮긴이 주: 남북전쟁 당시 연방에서 탈퇴했던 남부의 주들이 종전 후 연방으로 재통합된 것 혹은 재통합된 시기(1865~1877).

2) 사회과학 분과학문들을 수립하는 데 있어 이 계급의 중요성은 John Higham, *History* (Englewood Cliffs, N.J.: Prentice-Hall, 1965), chap. 1과 Robert L. Church, "Economists as Experts: The Rise of an Academic Profession in the United States, 1870~1920," in *The University in Society*, ed. Lawrence Stone, 2 vols. (Princeton, N.J.: Princeton University Press, 1974), 2: 571~609에서 언급되었고, Thomas L. Haskell, *The Emergence of Professional Social Science* (Urbana: University of Illinois Press, 1977), chap. 4에서 더 깊이 논의되었다. 이 운동에 적극적인 사람들의 세속적이고 세계주의적인 성향은 David D. Hall, "The Victorian Connection," in *Victorian America*, ed. Daniel Walker Howe (Philadelphia: University of Pennsylvania Press, 1976), 81~94에서 확인되었으며, 그 기반이 북동부의 상류계층에 있다는 것은 Peter Dobkin Hall, *The Organization of American Culture, 1700~1900* (New York: New York University Press, 1982), pt. 3에서 분석되었다. "젠트리"(*gentry*)라는 단어와 심지어 "세계주의적 젠트리"(*cosmopolitan gentry*)라는 단어까지도 영국의 역사적 의미를 담고 있지만, 그럼에

이 계급에 진입했건, 젠트리 계급의 사람들은 자신들을 아메리카 공화국의 수호자 엘리트로 여겼으며, 따라서 정치적·경제적 변동으로 야기된 예외주의 이념에 대한 위협에 민감하게 반응했다. 남북전쟁 후 20년 동안 이들은 미국 예외주의의 오래된 원리들에 난공불락의 과학적 근거를 부여할 수 있는 사회과학 분과학문들을 수립하고 과학적 진리를 천명할 현대적 대학들을 창설함으로써 자신들의 권위와 비전을 확립하기 시작했다.

지적 권위의 문제는 1860년대와 70년대에 심화되었다. 당시 프로테스탄트의 거의 모든 교파들이 주창했던 과학과 종교의 조화가 점차 유지되기 어려워졌다. 19세기 중반에 이르면, 질량보존의 법칙에서 이루어진 물리학과 화학의 결합이나, 열역학의 새로운 이론들, 그리고 유기체와 인간생명의 기본 현상들을 과학적으로 설명할 수 있게 한 생리학과 생물학의 발전 등에 의해 자연과학이 총체적인 세계관을 제공할 힘을 지녔다고 인식되기 시작했다. 이와 동시에 과학은 기술을 통해 문자 그대로 세계를 재창조하고 있었다. 남북전쟁 직전 미국인들이 '뜰 안의 기계'만을 생각했다면, 도금기 미국인들은 상업과 산업의 철로들이 뜰 전체에 새로운 질서를 부여하는 것을 보았다. 토마스 해스켈(Thomas Haskell)이 말했듯이, 인간사란 것이 가까이 존재하는 개인적 의도와 행동이 아니라 멀리 존재하고 비인격적이며 덜 명확해 보이는 원인들에서 비롯된다는 것을 사람들이 깨닫고, 이에 따라 자연과학의 비인격적 설명에 권위와 실질적 힘을 부여하던 바로 이 때에, 미국 사회는 통합의 지점에 도달하고 있었다.[3)]

도 불구하고 귀족적 상류계층이 아니라 학식에 개방적이고 때로는 세계주의에 공감하도록 교육받은 지방적 상류계층을 말한다.

3) Hall, "Victorian Connection"; Frank M. Turner, *Between Science and Religion* (New Haven, Conn. : Yale University Press, 1974), chap. 2; Haskell, *Emergence of Professional Social Science*, chap. 2.

과학의 영역이 날로 확장되는 데 대하여 종교 옹호자들은 점차 수세적 자세를 취하여, 자연과학과 독일의 성서비판론 및 오귀스트 콩트와 허버트 스펜서의 이론이 지닌 비종교적 함의들에 대해 경고하곤 했다. 그럼에도 불구하고 이단적 자연주의의 영향은 특히 독일과 영국으로부터 금단의 열매처럼 몰래 들어왔다. 독일 대학들은 1815년 이후 19세기에 약 9천 명의 미국인들을 불러 들였는데, 이들 중 대다수는 1870년과 1900년 사이에 독일 대학들에 유학했다. 영국 대학들과 달리 독일 대학들은 종교시험을 치르지 않았으며, 비록 자유주의적이긴 하지만 프로테스탄트 문화였기 때문에 가톨릭과 프랑스식 자유종교에 대한 미국내 비판을 피해갈 수 있었다. 특히 중요한 것은 독일 대학들이 세계에서 가장 선진적이었다는 것이다. 미국의 대학생들은 그곳에서 자연과학적 지식의 발견을 높이 평가하고 교조적 추론을 거부하는 것을 배웠다. 이에 못지않게 중요한 것은, 과학과 실증주의를 수호하던 존 스튜어트 밀 등 저명한 영국 자유주의자 그룹이 책과 저널 및 개인적 소통을 통해 미국인들에게 알려지게 된 점이다.[4)]

교육수준이 높은 미국 젠트리에게 과학은 가장 권위 있는 현대적 지식일 뿐 아니라, 권위적이고 구시대적인 종교에 대항하는 자유로운 연구를 북돋아 주는 원천으로 생각되기 시작했으며, 미국 교회들이 더 방어적이 될수록 이들의 반교권주의는 보다 강화되어 갔다. 기독교는 사회의 '고귀한'(*respectable*) 견해에 오랫동안 영향을 미쳤지만, 특히

---

4) Charles C. Cashdollar, "Auguste Comte and the American Reformed Theologians," *Journal of the History of Ideas*, 39 (January 1978) : 61~80; Jerry Wayne Brown, *The Rise of Biblical Criticism in America, 1800~1870* (Middletown, Conn. : Wesleyan University Press, 1969) ; Jurgen Herbst, *The German Historical School in American Scholarship* (Port Washington, N.Y. : Kennikat Press, 1972), chap. 1; Charles E. McClelland, *State, Society and University in Germany, 1700~1914* (Cambridge University Press, 1980) ; Hall, "Victorian Connection."

남북전쟁 이후에는 일부 정통파 프로테스탄트들이 자신들의 종교적 계율들을 보다 공격적으로 정치에 끌어들이기 시작했다. 이들은 무신론자들뿐만 아니라 로마 가톨릭 교회에도 대항하는 것을 목표로 했는데, 세계주의적 젠트리에게 이들의 정통교리 수호는 당시 근대문명에 대항하려 들었던 로마 가톨릭 교회와 마찬가지 입장으로 보였다.

수많은 도금기 사회과학자들이 이 갈등에 참여했다. 예컨대 경제학자였던 아버지에 의해 노예폐지론자로 자란 프랜시스 아매사 워커(Francis Amasa Walker)는 처음에는 보수적 성직자들의 노예제 옹호론에 대항했으며, 1870년대에는 공립학교에서 실시되는 기도에 반대하는 운동을 주도했다. 레스터 프랭크 워드(Lester Frank Ward)도 이와 유사한 노예제 폐지론자였다. 그는 신교도 부모로부터 반가톨릭주의를 배웠는데, 자연주의에 이끌리게 되면서는 공법에 자신들의 종교적 관점을 강제하려고 시도하던 정통 신교도들에 대해서도 반교권주의 입장을 취했다. 토마스 페인(Thomas Paine)과 볼테르의 저작에 서문으로 소개된 것처럼("나는 결코 이보다 더 유익한 책을 읽은 적이 없다."), 그는 종교적 교조주의와 싸우기 위해 1869년에 '자유주의 개혁 전국연맹'(National Liberal Reform League)을 결성했다. 한편, 1870년대 초반 매사추세츠 주에서 캐롤 라이트(Carroll Wright)는 종교의 자유를 실현하고 공교육을 개선하려는 노력에 반대하는 정통 회중파들(*Congregationalists*)을 "가톨릭" 분자들이라고 비난했다.[5)]

---

5) George M. Marsden, *Fundamentalism and American Culture* (New York: Oxford University Press, 1980), chap. 2; James P. Munroe, *A Life of Francis Amasa Walker* (New York: Holt, 1923), 276~8; Clifford H. Scott, *Lester Frank Ward* (Boston: Twayne, 1976), 136~9; Lester F. Ward, *Young Ward's Diary*, ed. Bernhard J. Stern (New York: Putman, 1935), 234, 239, 313~35; James Leiby, *Carroll D. Wright and Labor Reform* (Cambridge, Mass.: Harvard University Press, 1960), 24.

이와 같이 과학적 자연주의와 종교 간의 갈등은 이미 별도로 진행되고 있었는데, 찰스 다윈(Charles Darwin)의 《종의 기원》(*Origins of Species*)에 대한 논쟁은 불에 기름을 끼얹는 격이 되었다. 기독교에 대한 다윈의 도전이 1870년대에 보다 완전하게 드러남에 따라, 자유주의적 젠트리의 새로운 실증주의와 프로테스탄트 정통교리의 수호 간의 적대관계도 더욱 확연해졌다.[6] 대학을 장악하는 데 젠트리들은 점점 더 공격적으로 되었다. 앤드류 딕슨 화이트(Andrew Dickson White)는 신앙심 깊은 아버지의 집요한 설득에 어릴 때부터 저항했으며, 대학원생 시절과 유럽에서 외교관으로 근무하면서 종교적 자유를 존중하게 되었다. 1866년에 코넬 대학교의 초대 총장이 되자 그는 대학의 세속성을 강조하고 모든 고등교육에 비종파적 모델을 도입할 것을 주장했으며, 과학과 신학 간의 싸움에 대해 수많은 글을 썼다. 1872년 예일 대학교에는 독일과 영국에서 공부한 성공회 목사 윌리엄 섬너(William Graham Sumner)가 사회과학을 강의하기 위해 부임했다. 당시의 성직자 총장이 학부생들을 대상으로 한 스펜서의 《사회학 연구》(*The Study of Sociology*) 강의를 금지시키자, 섬너는 사회과학을 종속시키면서 종교가 지배하고 있는 도덕철학 교과과정을 공개적으로 공격했다. 학문의 역사에서 하나하나의 주제들은 "형이상학적 추상"으로부터 벗어나 독립적 과학이 되어왔다고 그는 선언했다.[7]

---

6) John W. Draper는 콩트의 역사학을 다룬 자신의 저서 *History of the Intellectual Development of Europe* (1863)을 줄일 때, 가톨릭의 대응과 최근 다윈주의 순교자에 대한 통렬한 비판을 서술한 장을 추가했다. *History of the Conflict between Religion and Science* (1864)라는 제목으로 출간된 그 책은 Youman의 대중과학 시리즈에서 베스트셀러가 되었다. Donald Fleming, *John William Draper and the Religion of Science* (Philadelphia: University of Pennsylvania Press, 1950), 125~34.

7) Glenn C. Altschuler, *Andrew D. White - Educator, Historian, Diplomat* (Ithaca, N.Y.: Cornell University Press, 1979), chaps. 1~4; Andrew

종교적 통제를 공격한 젠트리 지식인들은 종교와 과학의 조화를 파괴하고자 한 것이 아니라 변화시키고자 한 것이었다. 실증주의 과학은 정통교리 자체 대신에 이에 대한 동의의 조건을 설정하려 했던 것이다. 이들 중 극소수만이 실제로 불가지론에 빠져들었을 뿐이며, 대다수는 자연과학과의 인지적 갈등을 피하기 위해 자신들의 기독교 신앙의 토대를 수정하였다. 그러나 이들 모두에 있어서 미국에서는 처음으로 실증주의의 영향으로 인해 자연과학 지식과 계시적 기독교 교리의 분리가 이루어졌고, 자연과학 지식을 그 자체의 논리대로 발전시켜야 한다는 점이 확고해졌다.

도금기의 젠트리들은 기본진리들을 자연과학적 관점에 의해 재검증하기 시작함과 동시에, 역사적 사건들로 인해 미국 예외주의의 기존 진리들도 면밀히 검토해야 했다. 남북전쟁은 강력한 국가주의 감정과 공화국에 대한 헌신을 낳았다. 휘그파의 상업주의 경향을 지닌 많은 북부인들뿐 아니라 부패하지 않은 자연적 경제법칙을 신봉하는 구 잭슨주의자들까지도 공화당으로 옮겨갔고, 전쟁을 거치면서 국가적 통합과 국력의 중요성에 대해 새롭게 각성하게 되었다. 특히 남북전쟁 직전에는 정치적 주변부에 그쳐야 했던 북동부의 젠트리들은 전쟁을

D. White, *The Warfare of Science* (New York: D. Appleton, 1876); idem, *New Chapters in the Warfare of Science* (New York: D. Appleton, 1888); idem, *A History of the Warfare of Science with Theology in Christendom* (New York: D. Appleton, 1896); idem, "The Relation of National and State Governments to Advanced Education," *Journal of Social Science*, 7 (September 1874): 299~322; William Graham Sumner, "Sociology," *Princeton Review*, 57 (November 1881): 303; Donald Bellomy, "The Molding of an Iconoclast: William Graham Sumner, 1840~1885" (Ph. D. dissertation, Harvard University, 1980), chap. 14; Frank M. Turner, "The Victorian Conflict between Science and Religion: A Professional Dimension," *Isis*, 69 (September 1978); 356~76.

조직하고 전투를 수행하는 데 있어 유력한 참여자가 되었으며, 향후 자신들의 리더십을 계속 확대시킬 수 있는 길을 찾게 되었다. 그리고 전쟁은 한편으로는 새로운 국가적 역량의 가능성을 열어 준 반면, 다른 한편으로는 권력과 조직과 필요악이라는 잔혹한 교훈으로 이 젊은 국가주의자들을 단련시켰다.[8)]

전쟁의 교훈들은 곧 산업화의 파괴적 효과에 의해 몇 배나 증폭되었다. 산업발전에 따라 엄청난 경제적·사회적 혼란이 촉발되었으며, 이에 따라 조장된 미국 정치의 부패는 환상을 철저히 깨어 나갔다. 전후 정치에서 적극적 역할을 추구했던 저널리스트나 학자 혹은 전문가들로서 젠트리들은 부패한 현실정치, 즉 이민 노동자 유권자들의 도시 정치 머신들(*political machines*)[9)]과 정치과정에 부정하게 침투한 자본주의 금력들 및 직업 정치인들 사이에 결탁된 권력에 바로 부딪치게 되었다.

아마 이들이 직면해야 했던 가장 곤란한 사실은 기계화 과정에 의해 임노동과 경기순환에 점차 얽매이던 항구적 노동계급의 존재였을 것이다. 전후 혼란기와 1873년부터 1877년까지의 장기 침체기 동안에 새로운 노동계급은 자신의 존재를 매우 뚜렷한 방식으로 부각시켰다. 곧 일자리와 구호(救護)를 찾는 극빈 노동자들의 급증, 지역적·전국적 노조의 결성, 반체제 정당의 출현, 그리고 파업과 폭력사태와 같은 현상들이 나타났던 것이다. 급진 공화주의의 평등권 주장이 노동자 조직에서 부활하여 산업자본주의의 "임금체계"를 공격하기 시작했고, 협동

---

8) Hall, *Organization of American Culture*, chap. 11; George M. Fredrickson, *The Inner Civil War* (New York: Harper & Row, 1965).

9) 옮긴이 주: 남북전쟁 이후 생겨난 도시지역의 정당조직으로, 금권과 정치권력이 결탁하여 유권자들을 동원, 부정선거를 벌이고, 집권 후 매관매직과 정경유착의 비리를 저지른 온상이 되었다. 20세기 초 뉴욕의 태머니 홀이 가장 악명 높은 정치머신이었으며, 1960년대 시카고의 민주당 머신까지 존속되었다.

조합적 산업(*cooperative industry*)을 통해 자립의 이상을 실현하자고 주장했다. 무정부주의뿐만 아니라 라쌀 사회주의(*Lassallean socialism*)와 맑스 사회주의[10]도 소수의 노동자 그룹과 독일인 이민 공동체에서 처음 출현했다. 1870~71년 파리 코뮌 시기에 생겨나 1877년 미국 전역에 걸친 철도파업에서 절정에 이르게 된 미국 내 계급갈등은 젠트리 계급의 예외주의라는 갑주를 부수었다. 미국이 아무런 변화 없이 지속적으로 진보해 갈 것이라는 희망, 많은 공화국들을 몰락시켰고 또 장차 자본주의가 겪을 수밖에 없는 계급투쟁과 부패를 미국은 피해갈 수 있으리라는 희망은 이제 위협받게 되었다고 인식되었다.

과학적 자연주의와 역사적 대변동의 결과, 미국이 변화했다는 뚜렷한 인식이 생기게 되었다. 처음으로 미국인들은 자기 세계를 이해하기 위한 전제로 역사주의적 안목을 수용해야만 했다. 헤겔과 콩트 및 스펜서의 역사주의 이론들은 이제 유럽뿐 아니라 미국의 역사적 경로 아래에도 깔려 있는 분석적 구조로서 진지하게 고려되기 시작했다. 인간

10) 옮긴이 주: 라쌀 사회주의는 노동자 정당이 의회를 장악하여 국가를 통해 점진적으로 사회주의를 건설해 간다는 국가사회주의 입장으로서 독일 최초의 노동자 정당인 전독일노동자연맹(ADAV: *Allgemeiner Deutscher Arbeiterverein*, 1863)을 창당한 라쌀(Ferdinand Lassalle)에 의해 주창되었다. 반면 맑스 사회주의는 맑스(Karl Marx)와 엥겔스(Friedrich Engels)의 혁명적 사회주의 입장으로서 프롤레타리아트 혁명을 통해 자본주의 국가가 소멸함으로써 최종적 공산주의가 완성된다는 전통적 공산주의 이념이며 베벨(August Bebel)과 리프크네흐트(Wilhelm Liebknecht)가 창당한 사민주의 노동자당(SDAP: *Sozialdemokratische Arbeiterpartei*, 1869)을 통해 정당으로 성립되었다. 두 정당은 1875년에 사회주의노동자당(SAP: *Sozialistische Arbeiterpartei*)이라는 명칭으로 합당했다가 1890년에 현재의 명칭인 독일사회민주당(SPD: *Sozialdemokratische Partei Deutschlands*)으로 개명했다. 이와 같이 독일사민당은 두 사회주의 진영의 통합을 통해 형성되었지만 이후 당내 논쟁을 통해 공산주의 진영이 탈당함으로써 라쌀 사회주의가 주류를 이루게 되었다는 것이 다수설이다.

사의 복합적인 특수성을 파악하려는 역사주의 방법론은 이제 새로운 권위를 획득했다. 독일 대학들에서 대학원 교육을 받은 많은 학생들은 역사의 영향을 확대시켰다.[11] 예컨대 역사정치학(*historico-politics*)에서 존 버제스(John W. Burgess)는 "역사적이고 혁명적인 힘"의 의미를 파악하려 애쓰기 시작했고, 프랜시스 워커(Francis Walker)는 산업사회의 다양한 경험적 실체들을 설명할 수 있는 방법을 발견하려고 노력했다. 요컨대 미국 예외주의의 위기는 곧 변화의 실체와 그 개념의 위기였으며, 만일 우리가 이 위기의 광범위한 확산을 따라가 본다면 미국 사회과학의 발전경로를 재구성할 수 있을 것이다.

우선, 변화의 경험은 미국 문화의 다양한 영역들, 특히 사회사상에 있어서 현실주의에 대한 새로운 동기를 창출했다. 로저 살로몬(Roger B. Salomon)에 따르면, 현실주의는 과거와 현재가 "비연속적"이 되었으며 전래된 문화전통은 더 이상 현재의 현실에 적용되지 않기 때문에 현실은 "현존하고 이해 가능하며 가시적이고 명백한" 것, 즉 "자연의 충실한 모방" 속에서 찾아져야 한다는 인식의 산물이다. 낡은 종교적 틀이 누더기가 되고 새로운 세계가 문턱에 와 있던 당시 섬너는 교수 취임 연설에서 다음과 같이 선언했다.

> 구시대의 전통과 관습은 파괴되었거나 적어도 불신되고 있다. 새로운 조건은 새로운 제도를 요구하며, 우리는 전통과 규범으로부터 벗어나 자료들을 재검토함으로써 어떤 사회질서 원리들이 진정한(*true*) 것인지, 다시 말해 인간의 본질과 인간사회의 조건에 합당한지를 배워야 한다.

---

11) 미국에서 일어난 역사주의 사회과학의 등장과 쇠퇴에 대한 독일 교육의 영향을 다룬 고전적 연구는 역사주의를 "실패할 수밖에 없는"(p. x) 이국적 독일 수입품으로 보았으나, 역사주의의 미국적 맥락을 탐구하지는 않았다. Herbst, *The German Historical School in American Scholarship*.

프랜시스 워커도 역시 사실 자체에 눈을 돌리고 싶어했다. 남북전쟁에서 부상당한 후 아버지를 따라 정치경제학에 입문한 그는 "세계가 선험적 정치학에 대한 관심을 잃어버렸음"을 반기게 되었다. 전후 세계는 "정부의 행동"과 "사회의 사실 자체"에 대한 "엄격하고도 실천적인 연구"를 요구했다. 실제 "우리는 자유를 더 이상 여성적인 것이 아니라 사실 자체로 보아야 한다." 즉, 자유는 구애의 대상이 되는 낭만주의적 이념이 아니라, 정밀하게 파악될 수 있는 구체적인 어떤 것으로 보아야 한다는 것이다. 워커는 다가올 호시절과 반드시 도래할 자유와 평등과 우애의 영광스러운 나날들에 대한 아버지의 믿음을 간직하고 있다고 고백했다. 그러나 낡은 이상론은 더 이상 냉혹한 현실을 인도하는 지침이 될 수 없었다.

> 현실주의는 계승을 부정하는 단절(*disinheritance*)의 미학이었다. 현실주의는 끊어진 실타래가 된 시간의 문제를 더욱 작은 실밥들로 자름으로써 해결했다. 변화의 세계에서 일종의 평형상태(*stasis*)는 이른바 시간을 극소화(*atomizing*)함으로써 달성될 수 있었다.[12)]

현실주의는 미국 사회과학을 의도적으로 '남성적' 경로에 놓이도록 하는 데 일조했다. 낭만주의적 환상을 경멸했기 때문에 현실주의는 객관적 사물 자체에 대한 저자의 주관적 목소리를 포기했다. 빅토리아

12) 현실주의에 대한 분석은 Roger B. Salomon, "Realism as Disinheritance: Twain, Howells and James," *American Quarterly*, 16(Winter 1964): 531~44; 인용은 532~2. Robert C. Bannister, Jr.는 "William Graham Sumner's Social Darwinism: A Reconsideration," *History of Political Economy*, 5(Spring 1973): 89~109에서 Salomon이 말한 "단절"이 Sumner와 그 세대에게 갖는 중요성에 대해 주의를 환기시켰다. Sumner 인용은 Bellomy, "The Molding of an Iconoclast," 251, 그리고 Walker 인용은 Francis A. Walker, "Mr. Grote's Theory of Democracy," *Bibliotheca Sacra*, 25(October 1868): 687~90.

시대의 문화가 지닌 사회적 성(*gender*)의 언어에 따르면, 엄밀한 사실과 엄격한 과학은 남성적인 것이며, 감성과 이상론 및 문학적 허구는 여성적인 것이었다. 콩트와 존 스튜어트 밀의 시대 이래 사회과학자들은 두 영역 모두에 매력을 느꼈지만, 현실주의의 과학적 권위에 대한 욕구와 주관성을 제거하려는 욕구로 말미암아 줄곧 사회과학연구들은 남성적 성격으로 이루어졌다.[13]

현실주의는 자연지식에 대한 신봉이 경험주의화하는 것을 더욱 강화시켰다. 베이컨의 경험론은 그때까지 미국 과학의 지배적 방법론이었으며, 상식적 현실주의(*commonsense realism*)[14] 철학에 근거하고 있었다. 비록 새로운 철학사조들이 도금기 사회과학을 재구성할지라도 바탕에 깔려있는 경험론적 성향을 바꿀 수는 없었다. 이러한 맥락에서 도금기 사회과학자들은 점차 통계를 많이 이용하게 되었다. 남북전쟁 이전에 미국의 통계적 작업들은 영국식 모델을 따라 발전했는데, 주로 사회집단들에 대한 기술적(*descriptive*) 통계나 자연법칙에 관한 기초과학으로 취급되었고, 사회현상에서 나타나는 수리적 규칙성이 사회에 작용하는 자연법칙을 산출하는 것으로 생각되었다. 19세기 중반에 영국에서, 그리고 더욱 확실하게는 독일의 역사주의에 의해 뒷받침되면서 통계학은 다양한 사회현상들을 분석하기 위한 과학적 방법으로 간주되었다. 독일인들에게 통계학은 인간현상들의 고유한 다양성과 불확실성을 다루는 데 유용한 대량 관찰방법이었으며 자연법칙보다는 역사과학의 일반화를 산출하는 방법이었다.[15] 도금기에 독일의 역사

---

13) Wolf Lepenies는 *Between Literature and Science: The Rise of Sociology* (Cambridge University Press, 1988)에서 비록 사회적 성의 범주를 문학과 과학의 경쟁에 적용할지라도 그 중요성은 사회과학의 발전에 부여하고 있다.

14) 옮긴이 주: 우리 자신의 경험에서 나온 것을 강조한다는 의미에서 전통적 현실주의를 상식적 현실주의라고도 부른다.

15) Theodore M. Porter, *The Rise of Statistical Thinking, 1820～1900* (Princeton, N. J. : Princeton University Press, 1986) ; Victor L. Hilts,

통계학 관점이 일정한 영향력을 발휘하기 시작했으나, 미국 사회과학자들은 미국의 역사를 미국의 자연에 결부시키려 했기 때문에 사회적 다양성에 대한 관심을 자연법칙의 실증주의적 개념과 결부시키려는 경향이 강했다.

경험적 방법을 통해 사회과학자들은 자연과 역사에 동일하게 작용하는 근본적 법칙을 발견하기를 원했다. 섬너는 "자료"(*data*) 분석을 통해 "사회질서의 진정한(*true*) 원리"를 파악하고자 했다. 실제 이들은 역사변화에 대해 깨닫고 자체적인 질서의 원리를 지니고 있는 자연 세계와 역사세계의 삶에 대해 인식하게 됨에 따라, 이전의 유럽 실증주의자들처럼 과학적 법칙의 힘에 대해 과거보다 더욱 의존하게 되었다. 섬너는 사회과학이 아직 충분히 창출하지는 못했지만, "필연적이고도 완전하게 작동하는 원리와 법칙들, 즉 과학적 토대라는 것이 존재하며, 이는 모든 사회과학들 밑에 깔려 있다. … 나에게 있어 이는 신앙과도 같은 것이다"라고 고백했다.[16)]

자연과 역사에 대한 이러한 새로운 태도는 미국 사회과학자들에게 특별한 의미를 갖는 것이었다. 역사적 변화를 입증하는 막대한 증거들과 마주하면서 더 이상 신의 섭리에 호소할 수 없게 된 상황에서 이들은 이 변화들에 의해 미국 역사의 예외주의적 흐름이 변경될 수 있다는 가능성에 직면해야만 했다. 이 가능성을 인정하고 이에 대응하는 장구한 노력을 이들은 시작하게 되었다. 즉, 이들은 미국을 유럽과 다

"Aliis exterendum, or, The Origins of the Statistical Society of London," *Isis*, 69 (September 1978): 21~43; Theodore M. Porter, "Lawless Society: Social Science and the Reinterpretation of Statistics in Germany, 1850~1880," in *The Probabilistic Revolution*, ed. Lorenz Kruger, Lorraine Daston, and Michael Heidelberger (Cambridge, Mass.: MIT Press, 1987), 351-75; Robert C. Davis, "Social Research in America before the Civil War," *JHBS*, 8 (January 1972): 69~85.

16) Bellomy, "The Molding of an Iconoclast," 253.

르게 만드는 독특한 미국적 성격 중의 일부가 이제 퇴색되었다고 인정했고, 미국 역사를 자연법칙과 서구 역사발전의 보편적 경로에 보다 체계적으로 통합시켰던 것이다. 그러나 보다 근본적 차원에서 이들은 여전히 예외주의적 비전과 이 비전의 초역사주의적 시간관을 고집했다. 이들은 미국적 고유성의 범위를 재규정했으며, 미국 역사의 기존 경로에 깔려있는 불변의 토대로 자연법칙과 역사발전 원리를 만들었다. 이렇게 해서 가능한 정도까지 변화는 무력해졌고 역사는 무해한 것이 되었다. 사실 도금기에 널리 퍼진 위기감은 아직 변화의 필요성에 적응하지 못한 예외주의 역사의식의 산물 그 자체였다. 공화국의 쇠퇴와 임박한 종말론적 파멸에 대한 두려움, 그리고 부활한 천년왕국적 염원이 여전히 이 사회과학자들의 역사적 상상을 규정했으며, 변화에 직면해서도 여전했던 공화주의-천년왕국적 비전의 힘을 드러내고 있었다.[17]

미국 예외주의에 나타난 사회적·지적 위기는 또한 계급적 위기이기도 했다. 지적 권위의 불확실성과 끝없는 부패와 갈등이 젠트리 계급의 지위와 기능에 직접적인 타격이 되었는데, 젠트리들은 자신의 사회정치적 권위와 문화적 권위를 다시 주장함으로써 이 딜레마에 대응했다. 실제로 이 도금기 젠트리의 성향은 종종 "머그웜프(*mugwump*)"[18]

---

17) 도금기의 위기에 대해서는 Dorothy Ross, "The Liberal Tradition Revisited and the Republican Tradition Addressed," in *New Directions in American Intellectual History*, ed. John Higham and Paul Conkin (Baltimore: Johns Hopkins University Press, 1979), 121~5를 참조. 미국 정치과학에 관한 한 연구는 비록 역사의식의 중재적 요소에 초점을 두지는 않지만, 이 분과학문이 아메리카 공화국 초기의 가치를 실현하려는 노력과 역사적 변화에 의해 촉발된 도금기 위기에서 기원했다고 주장한다. Raymond J. Seidelman with Edward Harpham, *Disenchanited Realists: Political Science and the American Crisis, 1884~1894* (Albany: State University of New York Press, 1985).

18) 옮긴이 주: 원래 족장 혹은 대장을 뜻하는 인디언 말이었는데, 1884년 공화

로 불리는데, 이는 부패 정치인들을 "최선의 인물들", 즉 자기 자신들의 공평무사한 리더십으로 대체하려던 노력 때문이었다. 계급갈등의 유령과 직면하여 이들은 자신들의 기존 지위를 잃을까 두려워했던 동시에 자신들의 리더십 획득을 위한 기회로 기꺼이 받아들였다. 앤드류 딕슨 화이트(Andrew Dickson White)는 "확실히 때가 되었다 … 실의에 빠진 주민들이 전체 사회 질서 체계를 파괴하는 장광설에 귀 기울이고 있을 때 … 유일한 보호막은 대중적 무분별의 통제와 올바른 이성의 확산을 철저히 제공하는 것이다"라고 선언했다.

젠트리의 새로운 자각은 1870년대에 형성되기 시작한 첨예한 계급 구분을 반영하고 있었다. 이때가 되면 노동계급이 보다 분명히 구분되었을 뿐 아니라 사회 최정상부에서는 훨씬 큰 부가 축적되고 있었다. 교육수준이 높은 젠트리들은 언제나 출생과 후원과 교육을 통해 상업계급과 동맹하거나 이 계급의 한 부분이 되어 왔으며, 때로 신흥 자본가들이 자행하는 오만과 무법성에 분노하면서도 이해관계와 외양에 있어서는 이들과 함께 했다. 도금기를 거치면서 북동부 젠트리와 신흥자본가들은 점차 융합하여 하나의 전국적 상층계급을 형성하기 시작했다. 상층의 이러한 부와 권력을 통해 교육수준이 높은 엘리트들은 새로운 영향력을 추구할 수 있었다. 이미 자신들을 일종의 공화제의 천부 귀족이자 휘그파의 도덕적 대변인으로 인식했던 이들은 도금기에 이르러서는 자본가 계급의 양심이자 국가 전체에 대한 "올바른 이성"의 목소리로 떠오르게 되었다.

이들은 또한 자신들을 전문가로 생각하기 시작했는데, 그 권위와 전문성은 한편으로는 지위와 높은 교육수준과 같은 전통적인 사회적 자원을, 그리고 다른 한편으로는 특화된 전문적·사회적 기능이라는 새

당의 대통령후보 블레인(James G. Blaine)에 반대한 공화당원을 지칭하는 용어로 사용되었다. 이후 공화당내 비주류 진보세력을 통칭하는 단어로 사용되곤 한다.

로운 자원을 지니고 있었다. 이들의 새로운 권위의 토대는 현대의 과학적 지식이었다. 성직자들의 리더십이 점차 불신됨에 따라 세계주의적 젠트리가 유일한 근대적 대안으로 등장했던 것이다. 분열적 주장을 하는 정치가와 노동 지도자 및 기업가들과는 대조적으로, 젠트리들은 현대과학의 권위에 의지해 합의를 호소할 수 있었다. 과학은 과학을 실행하는 이 엘리트 계급에게 특별한 권위를 부여하면서 이들로 하여금 보편적 합리성의 목소리로 말할 수 있게 했다.[19)]

머그웜프적 이념을 가진 젠트리들은 남북전쟁 이후 정부기능의 확대가 과학적 원리에 해박한 사람들에 의해 이루어지기를 원했으며, 처음에는 자신들 스스로가 공직경력을 추구했다. 예컨대 프랜시스 워커는 주로 아버지에게 경제학을 배웠고, 법과 정치적 저널리즘에 잠깐 손을 대기도 했으며, 1870년에는 워싱턴의 부(副) 조세감독관에서 인구조사(*census*) 감독관으로 빠른 승진을 했다. 캐롤 라이트(Carroll Wright)는 1870년대에는 매사추세츠 주의, 그리고 1880년대에는 워싱턴의 노동통계국 국장을 역임했으며, 노동문제에 대한 진지한 연구를 위해 토대를 마련하고 사회과학 전문가 양성의 발판을 마련하기 위해 자신의 지위를 적극 활용했다. 지질측량국(U. S. Geological Survey) 국장이었던 존 웨슬리 파월(John Wesley Powell) 주위에는 레스터 프랭크 워드(Lester Frank Ward)를 비롯한 사회과학자와 자연과학자 그

---

19) 위의 각주 2를 참조. Andrew D. White, *Education in Political Science* (Baltimore, Md.: John Murphy, 1879), 34~5. 젠트리와 그들의 계급에 기반한 전문가 기질에 대해서는 Dorothy Ross, "Professionalism and the Transformation of American Social Thought," *Journal of Economic History*, 38 (June 1978): 494~5를 참조. Douglas Sloan, "Science in New York City, 1867-1907," *Isis*, 71 (March 1980): 35~76에는 대학의 분화가 학회들을 분열시키기 전인 1870년대와 1880년대에 뉴욕의 과학자들을 통합했던, 계급에 기반하고 공동체를 지향하는 학회의 흥미로운 논쟁이 서술되어 있다.

룹이 있었으며, 이 회원들은 정부에서 활동하는 과학 전문가들이 공익을 위한 주요 세력이 될 수 있다고 믿었다. 그러나 결국에는 연방정부와 주정부들이 중앙 행정기구들을 기민하게 발전시키지도 못하고, 젠트리들의 과학적 권위를 빨리 받아들이는 데에도 대학에 미치지 못한다는 것이 확인되었다.[20]

미국의 학술기관들로 하여금 엄격한 전문성을 강화하도록 압력을 행사한 자연과학자 젠트리 그룹을 본받아 머그웜프 지식인들은 대학의 개혁을 주장하기 시작했다. 역사학과 정치학을 전공한 앤드류 화이트(Andrew White)는 1866년에 코넬대학 총장을 맡았고, 화학자 찰스 윌리엄 엘리어트(Charles William Eliot)는 1869년에 하바드 대학 총장에 취임했으며, 지리학자 다니엘 코이트 길먼(Daniel Coit Gilman)은 1876년에 존스 홉킨스 대학을 설립했다. 또한 예일 대학의 윌리엄 섬너나 컬럼비아 대학의 존 버제스(John William Burgess)와 같이 사회과학 분과학문들의 대변자들이 대학의 핵심지위를 차지하기도 했다. 세속적이고 부유한 동창들과 연대하여 이들은 낡은 대학체제 위에 근대 대학교육의 세속적 정점을 구축했으며, 고등교육의 표준을 수립하기 시작했다.[21]

---

20) Munroe, *Life of Francis Amasa Walker*, chaps. 1~3; Leiby, *Carroll D. Wright*, chaps. 3~4; Michael Lacey, "The Mysteries of Earth-Making Dissolve: A Study of Washington's Intellectual Community and the Origins of American Environmentalism" (Ph. D. dissertation, George Washington University, 1979), chaps. 1, 5.

21) Haskell, *Emergency of Professional Social Science*, chap. 4; Bellomy, "The Molding of an Iconoclast," chap. 6. 예일 대학교의 Theodore Dwight Woolsey와 Noah Porter 및 윌리엄스 대학(Williams College)과 위스콘신 대학교의 John Bascom과 같은 옛날 종교 대학 세대는 이미 독일의 진보된 장학제도 이념을 수용하고 개방된 대학을 만들기 시작했다. 그러나 그들의 종교적 집착은 그들이 감내할 수 있는 개혁의 수준에 분명한 한계를 부여했으며, 남북전쟁 이전의 형태를 타파하는 것은 더 세속적인 젠트리

이와 동시에 젠트리들은 고조되는 위기에 사회과학이 영향을 미치도록 하기 위해 다른 전선(戰線)으로도 나아갔다. 영국사회과학진흥협회(British National Association for Promotion of Social Science)를 본받은 미국사회과학협회(American Social Science Association: ASSA)가 대학 개혁가들과 자선단체나 정부 및 정계에서 활동하던 젠트리 출신 개혁가들에 의해 1865년에 공동으로 창립되었다. 1870년대와 1880년대 초반에 ASSA는 계급적·사회적 외양이 대체로 일치하던 개혁가들과 사회과학자들 모두의 활동에 촉매와 같은 역할을 수행했다. 그러나 1880년대에 젠트리 활동가들과 학자들 간의 이 연합은 깨어지기 시작했다. 기능적 능력의 기준이 점점 중요해졌고, 이데올로기적 대립으로 인해 학자들이 공공연한 공적 주장(*public advocacy*)을 회피하게 되었기 때문이었다. ASSA는 전국자선·교정협회(National Council of Charities and Corrections)나 미국경제학회(American Economic Association)처럼 기능적 성향을 띤 전문 조직들의 설립을 통괄했으며 이들에 의해 해체되기까지 일종의 "모든 단체들의 어머니"가 되었다. 이제부터는 새로운 대학들이 사회과학자들에게 보다 안정적인 경력과 전문지식에 대한 접근을 더욱 통제할 수 있는 힘, 그리고 어느 정도 전문분야의 자율성을 제공하면서 실용적 직업들을 대신하여 새로운 사회과학 분과학문들의 권위를 차지하는 존재가 될 것이었다.[22]

들에게 남겨졌다. Louise L. Stevenson, *Scholarly Means to Evangelical Ends* (Baltimore: Johns Hopkins University Press, 1986)를 참조. 대학 개혁에 관한 모범적 저술로는 Laurence R. Veysey, *The Emergence of the American University* (Chicago: University of Chicago Press, 1965)가 있다.

22) Haskell, *Emergence of Professional Social Science*; Mary O. Furner, *Advocacy and Objectivity* (Lexington: University of Kentucky Press, 1975), chaps. 1~2; Lawrence Goldmann, "Experts, Investigators, and the State in 1860: British Social Scientists through American Eyes," Paper presented at the Wilson Center, Washington, D.C., September

1870년대 젠트리 지식인들은 미국 사회과학 분과학문들의 발전과정에서 하나의 중대한 분수령을 돌파하는 데 주도적 역할을 했다. 남북전쟁과 급속한 산업화는 프랑스 혁명이나 영국의 산업화와 대단히 흡사해서, 실증주의와 역사주의, 그리고 계급의식이라는 새로운 경향을 낳았다. 또 영국 빅토리아 시기의 유럽에서처럼 현실주의는 산업화된 새로운 세계에 대응하는 방안으로 대두되었다. 그러나 젠트리들은 여전히 도금기 미국 예외주의 위기의 출발점에 서 있었고, 가치와 지식에 대한 이 새로운 경향들이 자신들에게 제기하는 바에 대해 진지한 고려를 거의 시작하지 못했다. 이에 대한 젠트리들의 이해와 대응은 예외주의의 유산에 의해 형성되곤 했다. 처음부터 이들의 주된 관심은 미국의 통치와 경제에 대한 전통적 원리들을 사회과학이 재확인시켜 줄 수 있음을 보여주는 것이었고, 예외주의적 미래의 확실한 길잡이로서 종교를 사회과학이 대체하도록 하는 것이었다.

역사정치학과 공화주의 원리

프랜시스 리버가 수립한 역사정치학(*historico-politics*) 모델이 대부분의 도금기 정치학의 기초를 제공했으나, 1870년대에 이와는 조금 다른 역사정치학적 시도가 있었다. 이에 대해서도 주목할 필요가 있다. 리버는 축적된 역사적 경험에 의해 검증되는 원리들을 모색했던 반면, 실증주의 과학의 이념에 영향받은 몇몇 미국인들은 콩트와 스펜서에 의해 수립된 것과 같은 역사발전 법칙들을 발견하기를 바랐다. 헨리 애덤스(Henry Adams)는 이러한 부류에 잘 속하지는 않지만, 어쨌든 1870년대에 대학의 역사학과에 잠시 몸담으면서 실증주의 진영에 속

1986.

하게 되었다. 당시 젊은 세계주의자로서 정치 저널리스트이자 개혁가였던 그는 하바드 대학에서 엘리어트(Eliot)와 그의 근대화 그룹으로부터 초빙받았는데, 초빙분야였던 중세사에 대해서는 그 자신이 아무런 전문지식이 없다고 토로하였다. 그러나 곧 애덤스는 미국 제도들의 중세적 기반에 대해 과학적 근거가 주어질 수 있음을 발견했다.[23]

19세기 중반에는 상세한 연구를 통해 튜튼적 계보가 새로운 과학적 근거를 통해 제시되었다. 1871년에 이르러 헨리 메인 경(Sir Henry Maine)은 자신의 연구 《동서양의 촌락공동체》(*Village Communities in the Eat and West*)에서 색슨족의 헌드레드(*hundred*)[24]와 게르만족의 마르크(*mark*)[25]로부터 유래하는 영국의 촌락공동체를 고대의 형태 그대로인 인도의 촌락공동체와 연관지었다. 월터 배지핫(Walter Bagehot)과 메인 경은 산스크리트어로부터 유래한 인도-유럽어들에 대한 언어학적 분석을 통해 '아리안'(*Aryan*)이라는 용어를 채택했고, 수년 후에는 아리안 족의 계보를 주장했다. 이렇게 해서 미국을 포함하는 튜튼 계보는 서구사에 대한 종합적 관점의 일부분이 되었다.[26]

헨리 애덤스는 아리안의 법칙 혹은 인도-유럽의 법칙으로 불리는 것에 대단한 매력을 느꼈는데, 그 이유는 이것이 "꽤 완성된 과학의 하

---

23) Robert L. Church, "The Development of the Social Sciences as Academic Disciplines at Harvard University, 1869~1900" (Ph. D. dissertation, Harvard University, 1965), 1: 90~9.

24) 옮긴이 주: 7~9세기 경 영국의 각 왕국은 주(州, *shire*)로 분할되어 있었고, 주는 100가족의 집단 혹은 100명의 병사를 차출하는 집단인 백호(百戶, *hundred*)로 구성되어 있었으며, 백호는 다시 부락(*tun*, *township*)으로 나누어져 있었다.

25) 옮긴이 주: 고대 게르만 지역의 광역행정단위인 마르크는 13~14세기까지 6개 내지 12개의 작은 촌락들을 포괄했으며, 이후에는 쇠퇴했으나 프로이센 왕국에서는 주(州)의 명칭으로 사용되었다.

26) George P. Gooch, *History and Historians in the Nineteenth Century* (Boston: Beacon, 1959[1913]), 320, 369~70.

나이자 인류에게 매우 가치 있는 것의 하나"가 될 수 있다고 생각했기 때문이다. 콩트의 체계와 같은 것들은 아직 시기상조라 할지라도, 애덤스는 이 체계들이야말로 사회발전 법칙의 발견을 추구하는 건전한 과학적 동기를 구현한 것이라고 믿었다. 더욱이 자유에 대한 아리안의 과학(이론)은 미국 제도들의 우수성을 입증해 주었다. 자신의 연구에서 애덤스는 알프레드(Alfred) 치하의 짧은 기간 동안 색슨족의 헌드레드(*hundred*)가 공화주의적 연합국가를 위한 토대가 되었고, 따라서 이후 영국과 미국의 자연스런 제도발전 과정을 미리 구현했음을 보여주고자 했다.[27]

그러나 애덤스의 사상은 너무나 복잡해서 캠브리지의 상아탑 안이나 아리안의 정치적 자유론에 오랜 기간 갇혀 있을 수 없었다. 그는 1876년에 워싱턴으로 돌아가서 이 원리들을 미국인들 스스로가 어떻게 다루었는지 건국 초기 역사를 통해 평가하려 했다. 그는 당대 그 누구보다도 더 역사의 힘과 그 역설적 흐름에 대해 경악했으며, 그럼에도 불구하고 비록 은유적이긴 했지만 역사를 통제하는 과학법칙들을 발견하려고 끊임없이 노력했다. 애덤스의 과학주의 추구는 역사와 자연 간의 미국적 융합이 갖고 있던 지속적 힘을 보여주는 것이었다. 풍부한 은유로 가득 찬 다음 글에서 애덤스는 미국 민주주의가 역사과학을 필요로 한다는 믿음을 설명했다.

> 스위스에서 빙하로부터 흘러오는 라인강을 건너가는 여행자들은, 라인 강의 경로를 따라 중세의 마을들과 봉건시대의 폐허들을 거쳐 라인 강이 현대산업을 위한 고속도로가 되고 마침내는 대양에 이르러

---

27) William H. Jordy, *Henry Adams, Scientific Historian* (New Haven, Conn.: Yale University Press, 1952), 113~20; Henry Adams, "The Anglo-Saxon Courts of Law," in *Essays in Anglo-Saxon Law*, ed. Henry Adams (Boston: Little, Brown, 1876).

> 영구적 평형상태에 도달하는 것을 볼 수 있었다. 미국의 역사도 이와 같은 경로를 따라 왔다. 선사시대의 빙하나 중세 봉건제와는 별 연관이 없었지만, 대양의 모습이 보이기 시작하는 순간부터는 가히 충격적인 관심을 얻게 되었다. … 과학만으로 대양에 대해 그 깊이를 측정하고 조류를 측량하며 폭풍을 예측하거나 자연체계와의 관계를 교정할 수 있었다. 민주주의의 대양에서 과학은 어떤 궁극적인 것을 볼 수 있었다. 인간은 더 이상 나아갈 수 없었다. 원자는 움직일 수 있었지만, 전체의 평형상태가 변할 수는 없었다.

여기에서 과학의 언어와 "민주주의의 대양"(*democratic ocean*)이라는 이미지에는 그의 가족이 수세대간 품어왔던 천년왕국적 미국이라는 강력한 비전이 깃들어 있다. 곧, 미국은 구조화되고 변화하는 유럽의 과거를 뒤에 남긴 무변의 자연영역이자, 법칙의 최후의 보고이고 역사의 종착점이며, 거대한 평형상태 내에 존재하는 역동적인 원자운동이라는 것이다.[28)]

애덤스는 결코 역사발전의 과학적 법칙이 무엇인지를 발견할 수는 없었다. 그러나 그의 주변 지식인들 중 몇몇은 1870년대를 거치면서 튜튼 이론을 결합한 역사진보의 실증주의 법칙들을 만들어 냈다. 애덤스는 캠브리지 대학 친구인 올리버 웬델 홈즈(Oliver Wendell Holmes)로 하여금 영국 관습법의 색슨적 기원을 조사토록 했는데, 그 결과가 1881년 홈즈의 유명한 강의였다. 스펜서와 메인, 그리고 인류학의 추종자였던 홈즈는 관습법의 진전이 진화론을 반영하고 있음을 발견했다. 그가 후세대들에게 기억되는 것은 법의 생명이 연역적 논리가 아

---

28) Adams와 관련된 역사주의에 대해서는 J. C. Levenson, *The Mind and Art of Henry Adams* (Stanford, Calif.: Stanford University Press, 1957)와 Jordy, *Henry Adams, Scientific Historian*을 참조. 인용은 Henry Adams, *History of the United States of America*, 9 vols. (New York: Scribner, 1890), 9: 225에서.

니라 경험에 있다는 신념 때문이지만, 캠브리지 실증주의의 맥락에서 경험은 곧 진화의 법칙을 낳았다. 1860년대 하바드 법대를 다닌 홈즈의 동년배이자 1870년대에 하바드 역사학과에 거의 임용될 뻔했던 존 피스크(John Fiske)도 실증주의와 튜튼 문헌들에 천착했다. 피스크는 스펜서의 우주적 법칙을 아리안 역사에 직접 결부시켰다. 그 결과 연방공화국은 모든 자연적 형태들의 발전과정에서 보이는 응집과 분화, 연합과 개체화, 중앙권력과 개인의 자유에 대한 욕구를 모두 완벽하게 반영했다.29)

헨리 애덤스가 주창하고 홈즈와 피스크가 실현시킨 실증주의는 1870년대와 80년대에는 대학에 뿌리를 내리지 않았다. 종교적 저항이 사라지는 속도가 아직 완만했기 때문에. 애덤스나 홈즈와 같은 독립적 인물들은 대학 바깥에서 경력을 추구했고 젊고 진지한 피스크는 대학 임용이 거부되었다. 그러나 1890년대에 이르러 종교적 통제가 위축되면서, 캠브리지 실증주의를 이어받은 애버트 로렌스 로웰(Abbott Lawrence Lowell)이 이 전통을 복구하여 정치학자들에게 넘겨주었다.

1870년대와 80년대를 지배했던 역사정치학의 구상은 프랜시스 리버의 전통이었는데, 그는 튜튼과의 연관성을 자연과학의 전제가 아니라 역사편찬의 방법론적 전제들과 결부시켰다. 문명사에 각인된 정치적 진보의 원리들을 추구하고 강력한 국민국가의 중요성을 강조함으로써 리버의 정치학은 남북전쟁기 국가주의와 예외주의 위기 속에서 새로운 중요성을 지니게 되었다. 전후 리버의 업적을 널리 알렸던 다니엘 길먼에 따르면, 1872년 사망 당시 리버는 이미 "가장 지각 있는 정치학

29) 캠브리지의 실증주의에 대해서는 Mark DeWolfe Howe, *Justice Oliver Wendell Holmes*, 2 vols. (Cambridge, Mass. : Harvard University Press, 1957), vol. 1, chap. 5; vol. 2, chap. 5를 참조. 홈즈의 스펜서주의적 틀에 대해서는 Grant Gilmore, *The Ages of American Law* (New Haven, Conn. : Yale University Press, 1977), 41~67도 참조.

도들"에게 중대한 영향을 미치고 있었다. 리버의 가장 영향력 있는 제자는 아마 예일대학 성직자 총장이었던 울시였을 것인데, 그는 역사학과 정치학 및 국제법 과목들에서 리버의 생각들을 가르쳤고, 1872년에 은퇴한 후에는 리버의 저술들의 신판을 발행하는 한편, 그 자신의 재해석도 출판했다.[30)]

울시의 제자였던 앤드류 화이트(Andrew White)는 유럽에서 역사 공부를 마친 후, 울시가 리버의 저술들을 열정적으로 수용하고 있을 때인 1856년에 석사학위를 취득하기 위해 예일대학으로 돌아갔다. 정치학에 대한 화이트의 관심은 시민적 인문주의의 미국적 전통에 의해 생겨났으며, 노예제도를 둘러싼 갈등이 심화됨에 따라 고양되었다. 그는 1857년에 미시간 대학 역사학과 학과장직을 받아들였는데, "이 나라는 곧 선과 악을 향한 '기로'에 도달하겠지만, 서부야말로 선과 악의 힘의 균형을 이루고 있으며, 이 나라가 인간사에서 축복이 될지 저주가 될지를 서부가 결정할 것이다"라고 주장한 프랜시스 웨일랜드에 의해 영향을 받아서였다.[31)]

30) Daniel Coit Gilman, "Introductory Note" to *On Civil Liberty and Self-Government*, by Francis Lieber, 4th ed. ed. Theodore Dwight Woolsey (Philadelphia: Lippincott, 1901); Theodore Dwight Woolsey, "Introduction" to *On Civil Liberty and Self-Government*, by Francis Lieber, 3d. ed. ed. Theodore Dwight Woolsey (Philadelphia: Lippincott, 1877); idem, *Political Science*, 2 vols. (New York: Scribner, Amstrong, 1877); Stevenson, *Scholarly Means to Evangelical Ends*, chap. 7. 남북전쟁 후기 국가주의 정치학 이론의 등장에 대해서는 이 책 제2장의 각주 43과 Mark E. Neely, Jr. "Romanticism, Nationalism, and the New Economics: Elisha Mulford and the Organic Theory of the State," *American Quarterly*, 29 (Fall 1977): 404~21을 참조.

31) Andrew Dickson White, *The Autobiography of Andrew Dickson White*, 2 vols. (New York: Century, 1905), 1: 256~62; 2: 384; 화이트가 길먼에게 쓴 편지 1883년 2월 2일자와 3월 5일자, Gilman Papers, *Johns*

화이트는 또한 옥스퍼드 대학의 역사학 왕립석좌교수(*Regius professor*)인 토마스 아놀드(Thomas Arnold)로부터도 영향을 받았다. 아놀드는 튜튼주의뿐 아니라 비판적 역사편찬 방법과 제도에 대한 수준 높은 이해, 국가(*nation*)는 역사법칙에 따라 발전한다는 신념, 그리고 역사에 대한 이해를 당대의 정치적 문제들과 관련지으려는 현재주의적 목적, 이 모두에 있어서 리버의 정치학 구상과 공동의 토대를 지니고 있었으며, 미국 역사가들이 자신들의 연구를 그와 연결시킬 수 있는 근거를 제공했다. 화이트는 역사를 가르치는 일차적 목표가 "우리들의 커다란 국가적 문제들에 대해 사고하는 훈련"을 촉진하는 것이라고 주장했다. 현실정치에 잠시 몸담은 후 그는 1867년에 코넬대학 총장에 취임하자마자 곧 최소한 서류상으로는 "정치과학대학" (*School of Political Science*)의 설립을 선언했다. 정치과학대학이란 의존적이고 나태하고 결함 있는 계급으로 불리는 존재들을 과학적으로 다루는 "사회과학" 강좌뿐만 아니라 역사학과 정치학 및 법학과 경제학을 포괄하는 것이었다. 달리 말해 정치과학은 모든 사회·역사 과학을 포괄하는 용어였다. 화이트의 제자인 찰스 캔달 애덤스(Charles Kendall Adams)는 이 구상을 이어 받아 1881년 미시간 대학에서 정치과학대학의 수립을 주관했다.[32)]

이 즈음 버제스(John W. Burgess)는 "정치과학들"(*the political sciences*)의 위상을 한층 높여 놓았다. 버제스도 남북전쟁의 경험으로 인해 정치에 발을 들여놓았다. 그러다가 앰허스트 대학(Amherst College)의 줄리어스 실리(Julius Seelye)의 제자로서 리버의 저술을

Hopkins University; Andrew Dickson White, "How I Was Educated," *Forum*, 2 (February 1887) : 572~3.

32) Thomas Arnold, *Introductory Lectures on Modern History* (New York: D. Appleton, 1845); Duncan Forbes, *The Liberal Anglican Idea of History* (Cambridge University Press, 1952); Anna Haddow, *Political Science in American Colleges and Universities, 1636~1900* (New York: D. Appleton-Century, 1939), 189~92, 205~8.

연구했고, 졸업 후에는 리버의 지도를 받기 위해 컬럼비아 법대에 입학했다. 병으로 재학이 어렵게 되자 버제스는 개인적으로 법을 공부하기로 결정했고, 그 뒤 독일에서 역사와 국가학(*Staatswissenschaft*)을 공부했다. 그는 1877년에 컬럼비아로 돌아 왔는데, 당시 뉴욕의 부유한 세계주의자이자 대학 현대화에 관심을 가지고 있던 새뮤얼 러글스(Samuel Ruggles)를 중심으로 한 대학 이사들과 교수그룹이 그를 리버의 후계자로 인정했다. 1880년에 이르러 버제스와 자유주의적 대학 이사들은 정치과학대학을 창설했다. 화이트의 포괄적 모델을 따라 만들어진 정치과학대학은 보다 큰 규모의 교수진과 야심찬 대학원 프로그램으로 인해 곧 이 분야의 새로운 표준을 제시하게 되었다.[33)]

허버트 백스터 애덤스(Herbert Baxter Adams)도 유사한 방향으로 움직였다. 그도 역시 앰허스트 대학에서 실리의 지도하에 리버를 읽었고, 독일에서 정치학과 역사학을 공부했다. 그의 지도교수는 리버의 추종자였던 하이델베르크(Heidelberg) 대학교의 요하네스 블런칠리(Johannes Bluntschli)였는데, 그는 국가학의 관념론적 영역과 역사학적 영역을 결합시켜 단일한 국가론을 만들었다. 존스 홉킨스 대학 교수임용에 지원하면서 애덤스는 "역사학적 연구를 추구하면서 정치과학에 기여하고" 싶다고 말했다. 길먼과 함께 그는 "역사·정치과학"에 대한 대학원 세미나를 시작했고, 이어 이에 대한 간행물 시리즈도 시작했다. 컬럼비아 대학에서 이룬 버제스의 성공에 자극받아 그는 더 많은 기금을 모아 "역사학과 정치과학의 최고의 대학"을 설립할 것을 바

---

33) John W. Burgess, *Reminiscences of an American Scholar* (New York: Columbia University Press, 1934); Albion Small, "Fifty Years of Sociology in the United States (1865~1915)," *AJS*, 21 (May 1916): 728n.; R. Gordon Hoxie et al., *A History of the Faculty of Political Science, Columbia University* (New York: Columbia University Press, 1955); D. G. Brinton Thompson, *Ruggles of New York* (New York: Columbia University Press, 1946).

랐다. 이 대학은 “졸업생들을 위해 워싱턴의 상황에 정통하고,” 그럼으로써 “전문가들이 필요할 때 … 이 대학교로부터 차출되는” 그러한 대학이었다. 그러나 길먼에게는 이만한 기금이 없었다.[34]

그럼에도 불구하고 애덤스는 종합과학이라는 자신의 비전을 고집했다. 1890년에 고대하던 교수직이 제시되었으나, “미국사와 제도사”를 가르쳐야 한다는 것에 낙담했다. “미국사”라는 용어는 자신의 강의가 다루는 세계주의적 범위나 자신의 목표를 전하지 못한다고 그는 길먼에게 말했다.

> 이 대학에서 내가 실제 대표하는 것은 역사학과 정치학의 실질적 결합이다. 이 결합이야말로 내 학과의 가장 두드러진 강점이다. 역사·정치과학 학과와 내 저술의 정신은 이 나라와 독일에서 존중되어 왔다. 바로 리버, 아놀드(Arnold)와 프리먼(Freeman)이 분리할 수 없는 것으로 간주했던 역사과학과 정치과학의 긴밀한 융합을 보여주기 때문이다. ‘제도사’나 ‘역사정치학’이라는 용어야말로 우리 대학의 연구동 벽에 새겨진 경구의 정신을 제대로 표현하고 있다.

그 경구는 옥스퍼드 대학의 흠정강의교수로서, 아놀드(Arnold)의

---

34) John Martin Vincent, “Ruggles Baxter Adams,” in *American Masters of Social Science*, ed. Howard Odum (New York: Holt, 1927), 99~130; Richard T. Ely, “A Sketch of the Life and Services of Herbert Baxter Adams,” in *Herbert Baxter Adams: Tributes of Friends*, ed. John Martin Vincent et al., *JHUSHPS*, extra vol. 23 (1902); H. B. Adams가 Gilman에게 쓴 편지 1876년 5월 21일자, 인용은 W. Stull Holt, “Historical Scholarship in the United States, 1876~1901: As Revealed in the Correspondence of Herbert Baxter Adams,” *JHUSHPS*, ser. 56, no. 4 (1938)의 p. 32에서; H. B. Adams가 Gilman에게 쓴 편지 1887년 3월 4일자, 〈Herbert Baxter Adams Papers〉, Johns Hopkins University; H. B. Adams가 Gilman에게 쓴 편지 1890년 12월 13일자, 〈Gilman Papers〉.

제자이자 철저한 튜튼주의자인 프리먼에게서 가져온 것으로 다음과 같았다.

역사학은 과거의 정치학이며, 정치학은 현재의 역사학이다.[35)]

남북전쟁 이후 미국 예외주의의 위기가 확산되던 점을 감안할 때, 대학의 개혁적 젠트리들에게 리버식의 역사정치학이 왜 그렇게 인기가 있었는지는 명확하다. 그들의 임무는 당시 변화에 의해 위협받고 있는 듯했던 시민적 자유에 대한 튜튼의 원칙들을 밝히고 강화하며 설파하는 일이었다. 역사학 분야의 행동가들은 보다 튼튼한 과학적 기초 위에 미국의 전통적 원리들을 재구축하고 그럼으로써 미국을 미래로 이끄는 동시에 과거를 보존하려 했다. 버제스는 "만일 더 건전한 정치적 지혜와 더 훌륭한 정치적 실천을 획득하지 않으면, 공화주의 체제는 단지 하나의 형식이 되고, 공화주의 제도들은 기만에 불과할 것"이라고 우려했던 바 있다.

미국 젠트리들은 해외로 나갔을 때 자신들이 가졌던 우려와 그 해결 방안의 전체적 맥락을 확인했다. 이들을 가르친 블런칠리와 같은 독일

---

35) H. B. Adams가 Gilman에게 쓴 편지 1890년 12월 19일자, 〈Gilman Papers〉. 이 편지가 Holt 전집에는 빠져있음을 주의할 것. 비록 David Van Tassel, "From Learned Society to Professional Organization: The American Historical Association, 1884~1900," *AHR*, 89 (October 1984): 941~54에서는 논의되었지만, 역사가들은 대개 역사학과 정치과학의 연결을 무시했다. 나는 "On the Misunderstanding of Ranke and the Origin of the Historical Profession in America," in *Leopold von Ranke and the Shaping of the Historical Discipline*, ed. Georg G. Iggers and James M. Powell (Syracuse, N.Y.: Syracuse University Press, 1990)에서 역사학과 정치과학의 기원이 연결되어 있음을 주장해 왔다. Freeman에 관해서는 Stefan Collini, Donald Winch, and J. W. Burrow, *That Noble Science of Politics* (Cambridge University Press, 1983)를 참조.

의 온건 자유주의자들은 계급갈등과 대중민주주의 정치의 위협에 훨씬 더 사로잡혀 있었고, 또한 이 위협을 극복할 역사·정치과학을 발전시키고 있었다. 프랑스에서도 정치과학 자유대학(Ecole Libre des Sciences Politiques)이 새로 설립되어 제 3 공화국을 수호하는 임무를 부여받은 것에 버제스는 깊은 인상을 받았다. 미국에서 역사정치학이 수립되었던 것은 서구의 교육받은 계급들이 자신들의 문화적 전통을 부활시킴으로써 불안정한 자유주의를 수호하려 했던 광범위한 노력들 중의 하나였던 것이다.36)

정치학자들에게서, 지도자 계급과 전문가 공무원을 양성하는 머그웜프적 프로그램은 자신들의 계급적 의도일 뿐만 아니라 직업적 의도이기도 했다. 찰스 캔달 애덤스는 "여론은 언제나 바람직한 사고를 가지고 있고 교육받은 계급에 의해 형성되고 주도된다. … 잘 따르는 것보다 잘 주도하는 것이 훨씬 더 필요하다"라는 일종의 희망을 표한 바 있다. 버제스는 처음에 법대에서 시간강사로 강의했으며, 이를 기반으로 정부 내의 전문교육을 해 보고 싶어했으나, 곧 이 작은 목표를 포기했다. 뉴욕 주가 공무원제도 개혁안을 통과시킨 뒤 프랑스 행정학교의 엘리트교육 프로그램을 둘러보고 나서 버제스는 컬럼비아 대학 이사진에게 공무원 대학원 과정을 제안했다. 미국 정치의 변화속도에 대해 그보다 덜 낙관적이었던 이사진은 대신 정치과학 대학을 승인했는데, 공무원 경력의 가능성과는 무관하게 여전히 원칙에 대한 교육이 필요하다는 이유에서였다.37)

---

36) John W. Burgess, "The Study of the Political Sciences in Columbia College," *International Review*, 12 (April 1882): 346; James J. Sheehan, *German Liberalism in the Nineteenth Century* (Chicago: University of Chicago Press, 1978), 19~21, 87~9, 106, 114, 150, 156; Thomas R. Osborne, *A "Grande Ecole" for the "Grands Corps"* (Boulder, Colo.: Social Science Monographs, 1983).

37) Charles Kendall Adams, "The Relations of Political Science to National

실제로 컬럼비아 대학 졸업생들은 아직 더디게 발전하고 있는 정부 공직에서보다는 막 피어나고 있는 대학체계에서 더 많이 자리를 잡았다. 존스 홉킨스 대학에서도 워싱턴에 전문가들을 공급하려는 헨리 백스터 애덤스의 노력에도 불구하고 그의 졸업생들은 오히려 대학 교직이나 언론 및 사회사업 등 새로운 전문직종으로 진출했다. 그러나 버제스와 마찬가지로 그는 지도자 계급을 배출하는 원대한 계획의 일환으로 전문적 공직자 양성의 이상을 계속 간직하고 있었다. 애덤스의 세미나실에는 자신이 배출한 성공한 졸업생들의 소재지를 직접 표시한 거대한 미국지도가 걸려 있었다. 우드로 윌슨(Woodrow Wilson)은 그를 위대한 "업계의 명장"(*Captain of Industry*)으로 기억했다.[38]

역사·정치과학자들은 독일에서 크게 발전한 비판적 역사학 방법을 사용함으로써 자신들의 과학을 강화하는 데 착수했다. 랑케의 철학과 역사편찬 방식에 근거를 두고 과학적 역사학 방법을 이와 같이 파악하는 접근은 유학의 영향으로 미국에 도입되고 수용되었다. 토마스 아놀드와 랑케의 영향, 영국 및 독일의 제도사, 새로운 튜튼주의 연구, 성서비평에 대한 지식의 성장 등 이 모든 것들에 의해 비판적 역사학 방법이 역사의 사실을 발견하게 해 줄 것이라는 생각이 확산되었다. 그간 생각한 것과는 달리 젠트리 출신 정치과학자들은 역사가들이 "모든 철학을 포기하고 일반화 과정도 없이 단지 사실만을" 발견할 수 있다고 믿는 명목주의적(*nominalistic*) 실증주의 역사학자들이 아니었다. 이들은 사실이라는 것은 깊이 성찰되었을 때 근본적 원리들을 제공해서 정치적 진보를 이끈다고 믿었다. 상식적 현실주의 또는 관념론에

Prosperity," Address delivered at the opening of the School of Political Science of the University of Michigan, October 3, 1881, pp. 4, 18; Hoxie, *History of the Faculty of Political Science*, 11~5.

38) Vincent, "Herbert Baxter Adams," 118~9; Ely, "A Sketch of H. B. Adams," 46.

철학적 토대를 두고 이들은, 마치 동일철학(*identity philosophy*)에 따라 랑케가 믿었던 것처럼, 역사가들이 사실 속에서 진보의 근본 원리들을 구분해낼 수 있다고 믿었던 것이다.[39)]

젠트리 출신 정치과학자들은 공화주의 원리들을 보존하기 위해 이처럼 다양한 과학적 프로그램들을 가지고 있었다. 버제스는 국가가 "역사를 통해 진보적으로 발현된 인간 이성의 산물"이라고 믿는 헤겔주의적 관념론자였다. 정치과학의 과제는 우선 "역사 속의 사실들을 과학의 형태와 결론"으로 배치하는 것이며, 다음으로 이 사실들 속에서 "아직 실현되지 않은 정치적 이상들(*ideals*)"을 구별해 내는 것이었다. 이러한 이상들은 다시 "정치과학의 원리들이 되고, 그런 다음 정치적 신조의 소재가 되며, 궁극적으로 법과 제도가 된다." 따라서 "철학적 추론"의 과정은 "진보의 과정을 밝혀주기 때문에 정치과학에서 가장 중요한 요소"이다. 이러한 생각의 실제 의미는 버제스가 그의 교과과정을 정치제도와 법제도, 그리고 정치이론 및 경제이론을 중심으로 구성하고 이 모두를 역사적으로 가르치면서 자신의 연구 프로그램은 근대 정치제도의 비교분석에 초점을 두었던 데 있다.[40)]

잠시 후 보게 되듯이 헤겔주의적 성향은 버제스에게 일정한 주제들을 다루는 데 있어 역사변동에 대한 확고한 인식을 심어주었지만, 공화주의적인 시민적 자유를 궁극적인 입헌국가 형태로 보게도 했다. 그

---

39) 이 책 제1장 각주 37; Carl Diehl, *Americans and German Scholarship, 1770~1870* (New York, Conn.: Yale University Press, 1978). 인용은 W. Stull Holt, "The Idea of Scientific History in America," *Journal of the History of Idea*, 1 (June 1940): 356~7; 이 관점에 관한 더 상세한 비판에 대해서는 Ross, "On the Misunderstanding of Ranke" 참조.

40) Burgess, Reminiscences, 52~4; idem, *Political Science and Comparative Constitutional Law*, 2 vols. (Boston: Ginn, 1890), 1: 67; idem, "Political Science and History," *AHR*, 2 (April 1897): 407~8; Haddow, *Political Science*, 178~82.

가 가장 찬양했던 정치과학 원리이며 역사적 실체이자 최고의 이상은 전통적인 제한적 자치였다. 프리먼과 튜튼주의 문헌들을 인용하면서 그는 근대 국민국가들이 "튜튼적 정치사조의 창조물"이라고 선언했고, 이러한 국가들 중에서 미국의 정치제도들이 자유의 문제를 가장 완벽하게 해결했다고 주장했다. 일단 완전한 형태의 이성이 획득되면, 변화가 원리에 영향을 미칠 수 없다는 것이다.[41]

공화주의 원리에 관한 버제스의 정태적 이해는 아마 그의 법학훈련에서 힘을 얻었을 것이다. 이 새로운 분야를 개척했던 울시나 기타 다른 많은 사람들처럼 버제스는 법을 먼저 공부했는데, 홈즈 이전의 대다수 미국 법학자들은 입헌원리가 자연법칙처럼 고정된 것이라고 인식했다. 법률의 원리는 언제나 "각 시대의 진보하는 정신"에 부합하도록 조정되어야 했다. 그러나 컬럼비아 법대학장이었던 시어도어 드와이트가 주장했듯이, 그렇게 하는 것은 수학의 "확정되고 결정된 원리들"을 공학의 가변적이고 복잡한 환경에 적용하는 것과 전혀 다르지 않다고 여겨졌다. 드와이트에게 있어 역사연구는 필요하고 유용한 것이지만 불변의 원리를 밝혀야 했다.[42]

상식적 현실주의자인 허버트 애덤스의 경우, 시민적 자유의 전통적 원리들을 정당화하는 길은 역사연구를 통해 그 원리들의 오랜 궤적을 추적하는 것이었다. 자신의 주위에서 일어나는 사회적 변화의 증거들과 마주치게 되자, 애덤스와 그의 학생들은 뉴잉글랜드 지역에서 공동체 연구에 착수하여 미국과 영국의 제도들이 파괴되지 않은 연속성을 지니고 있음을 보여주게 되었다. 애덤스에게 있어 연속성이란 것은 그와 그의 젠트리 동료들이 주도하고자 하는 보수적 경로를 보장하는 것

---

41) Burgess, *Political Science*, 1: 38~9, 53, 57, 68, 174~83, 264.

42) Theodore W. Dwight, *Inaugural Addresses of Theodore W. Dwight and George P. Marsh in Columbia College* (New York: Columbia University Trustees, 1859), 31, 38~40; Gilmore, *Ages of American Law*, 34~60.

이었다.

> 현존 사회질서를 개선하는 데 있어 세계가 필요로 하는 것은 현존하는 제도적 맥락을 따르는 역사적 계몽과 정치·사회적 진보이다. 우리는 이 국가(*the State*) 안에서 과거 우리들 삶의 연속성을 보존해야만 한다. …

"세계의 정치사는 단일한 총체로 다루어져야 한다"는 그의 바람 또한 철학적 일관성을 위해 역사 세계를 바라보았던 당시 세속 지식인들의 경향을 반영하고 있었다.[43)]

연속성이야말로 단순히 정치적 안정성이나 철학적 일관성에 그치지 않고, 미국을 신의 섭리에 결부시켜주는 불변의 원리의 비전을 지탱해주는 것이었다. 독일 연구에서 역사주의를 완벽히 접했고 미국적 원리들이 정당화되는 근거가 역사라는 점을 인식했지만, 애덤스의 저작은 여전히 미국 예외주의의 초역사주의적 성향에 의해 크게 영향받았다. 19세기 영국의 휘그파 역사학과 독일 관념론적 역사편찬에서 나타났듯이 연속성과 변화가 상호 침투하는 것이 아니라, 애덤스의 연속성은 변화하지 않는 것이었다. 미국 제도들의 튜튼적 기원에 대한 연구를 옹호했던 그의 주장은, 뉴잉글랜드의 마을들이 단순히 청교도적 가치나 척박한 뉴잉글랜드 토양으로부터 마치 "자연발생적인" 것처럼 생겨날 수는 없었다는 것이다. 무언가 씨앗이 있었어야 하며, "필그림(*Pilgrims*)과 청교도들에 의해 전파되어, 마치 수천 년 동안 미이라의 관에 건조되어 있던 이집트의 낟알처럼, 미국의 자유로운 토양에 뿌리내릴 준비가 된 영국과 독일의 오래된 관념들"이 그것이었다고 그는

43) Ross, "On the Misunderstanding of Ranke"; Herbert Baxter Adams, "Is History Past Politics?" *JHUSHPS*, ser. 13, nos. 3~4 (1895) : 74, 80~81.

말했다. 이런 식의 상상 이상의 비유야말로 시간의 침식효과로부터 미국적 원리를 보호하려는 애덤스의 단호한 결정을 잘 표현하고 있다. 미국적 원리는 지금까지 항상 같았고 앞으로도 그럴 것이 틀림없다는 것이다.[44)]

찰스 캔달 애덤스도 역시 역사의 영구적인 원리를 발견하려 했다. 그러나 그의 대상은 보다 위협적인 공화주의 성쇠의 순환 원리였다. 그는 "문명의 역사는 연속적인 발전의 이야기이며," "다른 시기의 역사들 간에, 또는 다른 종류의 역사들 간에 존재하는 모든 인위적 구분들은 이 사실 앞에서 의미가 없어진다"고 주장했다. 연속성이라는 것은 "폰 홀스트(von Holst)가 조롱했듯이, 마치 아녀자에게 하듯이 신의 섭리가 미국인들에게 친절하게 하사한 예외적 보호 하에 우리가 있지 않다"는 것을 의미했다. 그러나 폰 홀스트의 조롱이 미국인들로 하여금 천년왕국을 포기하고 역사적 변화의 세계로 들어가게 하려 했던 것이라면, 찰스 캔달 애덤스는 오히려 공화주의의 순환적 운명으로 돌아간 셈이 되었다.

> 우리는 대서양의 다른 편에서 국가들의 운명을 규정해 온 것과 동일한 엄격한 법칙의 적용을 받으며, … 우리의 발전 추세 역시 본질적으로 다른 공화국들에서 나타난 것과 동일하다.

앤드류 화이트의 대부분의 연구들에서처럼 그의 역사 연구 프로그

---

44) Herbert Baxter Adams, "The Germanic Origin of New England Towns," *JHUSHPS*, ser. 1, no. 2 (1882) : 8 ; Dorothy Ross, "Historical Consciousness in Nineteenth Century America," *AHR*, 89 (October 1984) : 909~28. Adams의 역사학 저술을 검토한 다음 John Higham은 "그는 단지 연속성에 대해서만 관심을 가졌으며, 변화에 대해서는 어떠한 관심도 보이지 않았다"고 결론지었다. John Higham, "Herbert Baxter Adams and the Study of Local History," *AHR*, 89 (December 1984) : 1229.

램에서 유럽의 역사는 공화주의 원리로부터 낙오될 때 나타날 비참한 결과들을 예행연습하고 있는 것이었다.[45]

역사·정치과학의 주요 인물들인 허버트 애덤스와 버제스가 볼 때, 공화주의 원리는 또한 도금기의 보수적인 정치적 목적들을 위해 강화되어야 했다. 리버나 휘그파 선조들처럼 이들은 개인의 권리를 역사와 공동체에 종속시킴으로써 민중으로부터 기성 제도들을 보호하고자 했다. 생존에 대해 설명하면서 허버트 애덤스는 잭슨주의적 인민 주권과 연관된 뉴잉글랜드 타운 회의의 의미를 무시하고 개인의 자유에 대한 공동체적 제한을 강조했다. 그는 뉴잉글랜드에서 "독일 촌락공동체에 가장 고유한 특징인 협동조합적인 옛 공동농장체계"의 흔적을 발견했다. 이러한 경제적 협동으로부터 그는 "플리머스(*Plymouth*) 정착지는 만인의 자율성(*every man for himself*)이라는 정착민 주권(*squatter sovereignty*)의 원칙이 아니라 가장 엄격한 성격의 공동체 원칙에 입각해 설립되었다. … 이와 같이 외견상 토지보유가 금지된 형태에서 지속된 삶의 원칙은 구성원에 앞선 공동체의 주권이었다"고 결론지었다. "만인의 자율성"에 대한 비난에서 노동계급의 요구에 대한 저항이 드러났다면, 애덤스는 자본가들의 무법성도 개인의 이기주의로 간주했다는 점을 지적할 필요가 있다.

> 자본과 노동, 사용자와 고용인의 관계인 기업세계에도 도덕적 요소가 있고 또 언제나 있어 왔다. … 이기주의와 개인주의의 신조들은 이제 관대함과 공공정신의 개념으로 대체되어야 한다.

---

45) Charles Kendall Adams, *A Manual of Historical Literature* (New York: Harper, 1882), 17~8; idem, *Democracy and Monarchy in France* (New York: Holt, 1874); Andrew Dickson White, *The Greater States of Continental Europe: A Syllabus* (Ithaca, N.Y.: Cornell University Press, 1874), 특히 pp. 5~9.

애덤스는 스펜서의 생존을 위한 생물학적·경제적 투쟁의 방정식보다 "다른 사람의 삶을 위한 투쟁"으로 보는 헨리 드러먼드(Henry Drummond)의 진화의 관점을 더 선호했다. 그러나 애덤스의 개혁노력은 대부분 머그웜프의 자선개혁과 공공교육 프로그램의 한계를 벗어나지 않았고 직접적인 계급적 호소를 회피했다.[46)]

버제스는 휘그 프로그램을 더욱 보수적인 방향으로 이끌었다. 리버와 마찬가지로 그는 권리와 제한 정부의 기초를 "궁극적 주권을 가진 조직체 안의 국민"으로 규정되는 국가에 두었다. 따라서 진정한 공화국은 미국의 법관들과 같이 능력에 따른 귀족들로 이루어진 귀족제 정부를 지닌 민주주의 국가였다. 그러나 남북전쟁 시기 국가주의로 인해 이러한 휘그적 관점은 강력하고 보수적인 전국적 정부를 추구하는 방향으로 전환되었다. 애덤스가 볼 때, 남북전쟁과 이후 재건기는 국가주의적 열정을 약화시켰다. 그래서 그는 지방자치의 튜튼적 원리를 "집중화가 강화되는 오늘날 존재하는 총체적인 보수주의 힘"이라고 불렀다. 반면 버제스는 국가 권력의 전도사가 되어, 리버나 애덤스보다 훨씬 심하게 개인들을 국가에 종속시켰다.[47)] 그는 "개인이든 집단 소속원이든 자신의 권리가 무엇인지 결정할 수 있는 권한을 실질적으로

46) H. B. Adams, "The German Origins of New England Towns," 14~5, 33, 37; Herbert Baxter Adams, "Arnold Toynbee," *The Charities Review*, 1 (November 1891): 13~4, Ely, "A Sketch of H. B. Adams," 36~8; 1894년 10월 19일자 역사·정치과학회(Historical and Political Science Association)와 역사학·정치학 연구회(Seminary of History and Politics)의 기록, Johns Hopkins University. 유기체론적 전제와 가치들을 강조하는 도금기 사회과학에 대해서는 Guenther Brandt, "The Origins of American Sociology: A Study in the Ideology of Social Science, 1865~1895" (Ph. D. dissertation, Princeton University, 1974) 참조.

47) Burgess, *Political Science*, 1: 66, 72; 2: 365~6; Herbert Baxter Adams, "Cooperation in University Work," *JHUSHPS*, ser. 1, no. 2 (1882)): 89.

부여받고 있다는" "파괴적인 자연권 독트린"을 신랄하게 공격했다. 오직 "국가의 의지"(*the Nation's will*) 만이 윤리적인 개인의 생각을 권리로 전환시킬 수 있는 것이다. "그러나 이렇게 되기 전에 권리를 주장하는 것은 무지한 허풍에 불과하거나 불충한 위협일 뿐이다." 이 말은 단지 보수주의 휘그파의 소리만이 아니라, 남북전쟁으로 인해 고통스럽게 살았던 사람의 소리이기도 하다. 테네시(Tennessee) 주의 한 노예소유주의 아들이자, 전쟁의 역풍으로부터 자기 아들의 안전을 보장해주지 못했던 연방통합주의(*unionist*) 휘그파로서 버제스는 공포와 박탈감으로 괴로워하는 시기를 지냈다. 북부로 진출하면서 그는 승리를 거둔 국가에 충성하기로 했다. 국가 의지가 발현되었을 때 이에 반한 개인적 양심과 정파적 양심의 주장은 아무 의미가 없음을 그는 개인적 경험을 통해 알고 있었던 것이다.[48]

남북전쟁기 국가주의는 버제스에게 역사의 힘도 가르쳤다. 국가와 그 헌법(*Constitution*) 은 법률이 아닌 "역사적이고 혁명적인 힘"에 의해 만들어지는 것이기 때문이다. 미국의 헌법은 인민의 국가 의지를 표현한 혁명 회의의 산물이었지, 비준을 한 주들의 법률행위의 결과물이 아니었다. 이와 같은 혁명적인 역사의 분출을 미래의 역사에서 방지하기 위해서는 헌법수정이 용이해져야 한다고 버제스는 충고했다. 그는 역사발전에 따라 주들이 중앙 정부의 단순한 행정단위로 제한되고 있음을 기뻐했다. 만일 미국이 이미 자유의 문제를 해결했다면, 그 미래의 운명은 정부 내에서 집중화와 탈집중화 간의 적절한 균형을 발견해내는 것이라고 그는 썼다. 연방행정부와 관련해서는 "현대적 조건들에 대한 적응이 여전히 진행 중"이었다.[49] 버제스가 볼 때, 미국의 국가

48) John W. Burgess, "The American Commonwealth: Changes in Its Relations to the Nation," *PSQ*, 1 (March 1886): 17; idem, *Reminiscences*, chaps. 1~3.

49) Burgess, *Political Science*, 1: 90, 98~108, 150~4; 2: 38~40, 319;

주의는 여전히 형성단계에 있었다. 이 영역에서만은 역사는 동일한 고대 원리들의 담지자가 아니라, 아직 실현되지 않은 이상을 향한 질적 변화의 담지자였다. 이와 같이 양분된 버제스의 관점은 역사주의의 영향이 시작되는 가운데 미국 예외주의의 힘이 여전히 지속되고 있었음을 확실히 보여 준다.

버제스에게는 불행하게도, 고정된 것으로 믿었던 시민적 자유의 영역이 바야흐로 역사에 따라 확실히 변화하기 시작했다. 급진적 정서의 확산과 혁신주의(*Progressive*) 개혁으로 인해 버제스는 사유재산권이 미국적 자유의 전통에 핵심적이라는 자신의 생각을 더욱 확고히 했다. 이에 따라 개혁에 대한 그의 관심은 깨끗한 정치를 정착시키는 지방자치 및 공직제도의 개혁과 "참정권 남용"에 대한 불만에 한정되었다. 후에 그는 소득세의 도입으로 인해 특히 배신감을 느끼게 되었다. 주권국가가 자신의 의지를 집행하고 역사의 소리를 말하는 과정인 헌법개정을 통해 소득세 도입이 이루어졌기 때문이다. 역사적 실재인 국가에 사유재산권의 근거를 두는 버제스의 전략은 역설적으로 상반된 두 가지 갈래로 모두 작동했다. 만일 개인들의 권리가 국가의 헌법에 의존한다면, 국가 또한 역사 속에서 개인들의 행위의 합에 의존하게 된다. "헌법의 뒤에는, 사물들을 인위적 명칭의 허상들이 아니라 그 본질에 따라 다루는 정치과학의 확고한 원리가 있었거나 최소한 있어야만 한다"고 그는 불평했다. 헤겔주의적 관념론의 도움으로 버제스는 합리적인 것과 현실적인 것을 전적으로 동일시했으므로, 논리적으로 역사의 판결로부터 피할 곳이 없었던 것이다.[50]

사회적·과학적 시도들에서나, 역사 속에서 권위와 사적 권리의 적

---

idem, "The American Commonwealth."

50) John W. Burgess, "The Ideal of the American Commonwealth," PSQ, 10 (September 1895): 404~25; idem, *The Reconciliation of Government with Liberty* (New York: Scribner, 1915), 368.

절한 조합을 만들려는 시도에서나, 1870년대와 80년대 초반의 역사·정치과학자들은 쉽게 과도기 세대로 평가된다. 19세기 초반의 공화정과 다음 세기의 변화하는 산업세계, 양자의 성향을 모두 지닌 사회적·역사적·철학적 관념들로부터 이들은 큰 영향을 받았다. 그러나 나중에 보듯이, 이들의 다음 세대 역시 마찬가지로 과도기적이었다. 역사적 시간이 항상 옛 것과 새 것을 종합하는 과제를 제시하기 때문만이 아니라, 모든 미국 사회과학도 세대들마다 미국 예외주의에 의해 남겨진 해명의 과제를 받아들이고 이 과제에 수반된 갈등적 주장들을 단지 부분적으로만 해결하곤 했기 때문이다.

그럼에도 불구하고 남북전쟁 이후 20년 동안 역사정치학은 정치과학을 체계적 지식의 분야로 수립하는 데 비교적 안정적 상황을 조성했다. 이 공통분야는 오직 역사연구에만 관심을 가진 학자들로부터 동시대 정치에 더 기울어진 학자들까지 다양한 성향의 학자들을 포함했다. 심지어 공동 교과과정 내에서 역사학과 정치학 중의 어느 하나가 더 지배적인 경우도 있었다. 대부분의 정치학도들은 어떤 형태이든 역사정치학을 배운 반면, 순 인문학(*belles lettres*)으로서의 구 역사학 전통을 이어받았거나 정치적 행동주의(*activism*)에 대해 회의적이었던 많은 역사학자들은 자기 분야에 대해 다르게 구상했다. 허버트 애덤스와 앤드류 화이트는 1884년에 역사학과 정치학을 모두 연구하는 미국역사학회(American Historical Association)를 창립했는데, 동시대 정치에 관심을 가진 학자들과 행동가들이 학회에서 논문을 발표하긴 했지만, 처음부터 일정한 긴장이 존재했다. 그러나 일정 기간 동안 양 분야의 전문가들은 대체로 평화롭게 공존했다. 튜튼적 자치원리들에 대한 공통의 믿음뿐 아니라 역사적 방법에 대한 공통의 확신으로 인해 이들은, 자주 인용되는 비트겐슈타인(Wittgenstein)의 표현을 빌리자면, 서로의 작업에서 가족적 유사성을 볼 수 있었다.[51]

정치경제학에서 수정된 예외주의: 프랜시스 워커

남북전쟁 이전에 대학을 지배했던 자유무역주의 정치경제학 전통은 도금기에도 여전히 그 영향력을 유지했다. 1900년에 이르기까지 대학의 주요 교재는 프랜시스 웨일랜드와 아매사 워커, 그리고 워커의 제자이자 윌리엄스 대학(Williams College)의 성직자 정치경제학 교수이며 자유무역주의 활동주의자였던 아서 페리(Arthur L. Perry)의 책들이었다. 실무자들 중에서도 역시 이 오래된 학파의 사람들인 페리, 보스턴의 사업가이자 경제저술가 에드워드 앳킨슨(Edward Atkinson), 정부관료이자 조세와 무역과 철도에 관한 평론가 데이빗 에임즈 웰즈(David Ames Wells) 등이 가장 널리 알려졌다. 이들은 기계화된 산업이 대두하고 있는 데 대한 현실적 대응의 일환으로 예외주의 자유무역 전통을 재가동시켰다. 섬유제조업의 선구자인 앳킨슨과 발명가이자 날카로운 관찰자였던 웰즈는 기계화된 생산은 거대한 시장의 성장을 요구하며 그에 따라 무역장벽의 철폐가 필요하다고 일찍이 결론지었다. 이들은 남북전쟁 기간 동안 보호관세를 구축하는 데 성공했던 제조업에 대항하여 자유무역의 장기적 혜택을 주창했다.[52]

자유시장의 법칙은 특혜를 추구하는 제조업자들뿐만 아니라 점차 그린백 당파(*Greenbacker*)[53]와 노동 개혁가들에 대항하는 파수꾼 역할

---

51) Ross, "On the Misunderstanding of Ranke."

52) Joseph Dorfman, *The Economic Mind in American Civilization*, 5 vols. (New York: Viking, 1946~59), vol. 3, chaps. 1, 3; Daniel Horowitz, "Centeel Observors: New England Economic Writers and Industrialization," *New England Quarterly*, 48 (March 1975): 65~83; Broadus Mitchell, "David Ames Wells," *DAB*, 19: 637~8; Harold F. Williamson, *Edward Atkinson: The Biography of an American Liberal, 1827~1905* (Boston: Old Corner Book Store, 1934), chaps. 1~2.

을 했고, 헨리 조지(Henry George)의 저서 《진보와 빈곤》(*Progress and Poverty*)이 출간된 1879년 이후에는 지대의 자연증식분을 몰수하려던 단일 조세 찬양론자들에도 대항하여 주창되었다. 신의 섭리와 자연법의 융합이라는 남북전쟁 이전의 관점에 서 있던 경제학자들에게, 도금기의 현저한 빈곤과 계급갈등에 대한 또 다른 방어자원은 신의 의도에 호소하는 것이었다. 앳킨슨의 주장에 따르면, 만일 신의 존재를 믿는다면, "지금 이 세상이야말로 이루어질 수 있는 최상의 세계이며, 생존을 위한 투쟁은 비록 힘들고도 엄혹해 보이지만 인간이 들판의 야수들 위에 군림하도록 발전해 올 수 있게 만들어 준 훈련장임에 틀림없다는 것"을 믿어야만 했다. 페리의 유명한 텍스트는 시종일관 신을 언급했다. "만일 신의 섭리가 펼쳐지는 자취들이 이 땅 위 어디에선가 발견되고 신의 섭리의 증거들이 어디에선가 인식될 수 있다면, 그 자취와 증거들은 바로 사회의 근본 법칙에서 식별 가능하고 발견될 것이다." 상황이 그들의 믿음과 달리 전개될수록, 그들의 믿음은 더욱 강해져야만 했던 것이다.[54]

사실 페리의 텍스트는 눈에 띄게 진부해져 가던 남북전쟁 이전 확장적(*expansive*) 예외주의의 관점을 요약한 것이었다. 그는 워커와 캐리가 묘사했던 낙관적 전망과 계급화해를 존중했던 반면, 관세에 대한 그들의 고집은 기각했으며, 경제적 교환을 서비스의 교환으로 보는 바스티아(Bastiat)[55]의 정의에 기반하여 자신의 텍스트를 구성하였다.

---

53) 옮긴이 주: 1875~1884년에 농산물 가격 인상을 위해 그린백 지폐(뒷면이 초록색인 미국 법정 지폐)의 증발 정책을 지지한 정당인 그린백당(Greenback party)의 당원.

54) Williamson, *Edward Atkinson*, 243, 인용은 Atkinson의 *The Industrial Progress of the Nation* (1890)에서; Arthur Latham Perry, *Elements of Political Economy* (New York: Scribner, 1866), 26, 76, 126.

55) 옮긴이 주: (Claude-)Frédéric Bastiat(1801~1850) — 프랑스의 경제학자로 자유무역을 주창하고 아담 스미스의 경제학을 지지했다. 1846년 '자유무

리카르도의 수확체감의 법칙과 관련해 페리는 캐리보다는 고전파 이론을 수용했는데, 이는 전 세계에 걸쳐 개척되는 토지의 질이 향상되고 있는 것을 고려한 국제주의 관점을 지녔기 때문이었다. 그러나 맬더스와 관련해서는 예외주의에 토대를 둔 낙관론을 고수했다. 이른바 맬더스의 법칙은 전혀 검증되지 않았고, 신의 의지를 졸속으로 모방한 것이며, 노동자들의 상향이동을 부정하는 것이라고 보았다. 1870년대와 80년대에 저항이 심화되어 가자 페리는 더욱 직설적이 되어갔다. "미국은 위대한 자유가 지배하고 있으며, 노동자가 자본가가 되는 것을 막는 어떠한 장애도 없다."[56]

이런 식의 오랜 전통이 지속되었지만, 세계주의적인 젠트리는 경제학을 도덕철학과 과거의 관세전쟁으로부터 분리된 독립적 분과학문으로 수립하기 시작했다. 엘리어트가 1869년 하바드 대학에서 한 최초의 결정들 중 하나는 옛 캐리주의 도덕철학자인 프랜시스 보웬(Francis Bowen)이 맡았던 정치경제학 강좌 대신 미국에서 최초로 독립적인 정치경제학 교수직을 신설한 것이었다. 1871년 그 자리는 하바드 법대 졸업생이자 《보스턴 데일리 애드버타이저》(*Boston Daily Advertiser*)지 편집장인 찰스 던바(Charles F. Dunbar)에게 돌아갔다. 자유무역주의 관점 덕분에 지역 기업가들로부터 지지받았던 던바는 새로운 학문적 역할에 바로 적응했고 공적 활동을 그만두었다. 1872년 예일대학에서는 섬너가 울시의 후임으로 정치·사회과학 교수가 되었으며, 프랜시스 워커가 예일의 셰필드 과학대학(Sheffield Scientific

---

역협회'를 설립하고 기관지 〈자유무역〉(*Le Libre-Échange*)을 통해 보호무역 반대론을 펼쳤다. 저서 《궤변의 경제학》(*Sophismes économiques*, 1845)에서는 소비자 본위론을 주장하면서, "만일 인류가 완전해질 수 있다면 그것은 도덕성에 의한다"라고 설파했다.

56) Dorfman, *Economic Mind*, 3: 56~63; Perry, Elements, 74~166; 1873 ed., 158~66; 1883 ed., 239~40, 247.

School)의 정치경제학 및 역사학 교수로 임명되었다. 섬너는 강의와 저술에서 부분적으로만 정치경제학을 다루었지만, 워커는 셰필드 대학과 대학원 과정에서 경제학을 주 전공분야로 맡았다. 1876년에 워커는 정부활동도 하면서 신설 존스 홉킨스 대학에서 시간강좌를 개설하기도 했다.[57]

역사정치학 교수들처럼 젠트리 출신 정치경제학자들도 미국 역사의 기존경로를 강화하기 위해 보다 견고한 과학적 토대를 제공하려 했다. 1876년에 쓴 최초의 논문에서 던바는 미국 정치경제학의 모든 기존 업적들을 신랄하게 비판했다. 그는 캐리의 이론을 실패작으로 폄하하고, 다른 업적들 역시 이론적으로 주변적인 것이거나 특수한 문제에 협소하게 얽매였거나 당파정치에서 헤어나지 못한 것으로 간주하면서, "이제까지 미국은 정치경제학 이론을 발전시키는 데 아무 것도 하지 않았다"고 주장했다.[58]

이처럼 신랄하지는 않았지만 워커와 섬너 역시 던바가 미국 정치경제학의 전통을 비판적으로 평가한 기준들에 대해 같은 생각을 지니고 있었다. 이들이 생각한 현대과학의 기준이란 우선 정치경제학을 밀이 규정한 것과 같은 '실증적' 과학, 즉 도덕철학의 신학적·윤리적 전제들에 얽매이지 않는 학문으로 만드는 것이었다. 그 때까지의 미국 교과서들에서 그처럼 자주 언급되던 신의 섭리가 이들의 교과서에서는 사라졌다. 던바는 하바드 대학에서 도덕철학에 대항해 싸울 필요가 없었지만, 섬너는 예일대학에서 이미 그런 싸움을 했고, 또한 워커는 자

57) John B. Parrish, "Rise of Economics as an Academic Discipline: The Formative Years to 1900," *Southern Economic Journal*, 34 (July 1967): 1~16; Church, "Economists as Experts," 577; idem, "The Development of the Social Sciences," chap. 1.

58) Charles F. Dunbar, "Economic Science in America, 1776~1876" (1876), in *Economic Essays* (New York: Macmillan, 1904), 16.

신의 독실한 아버지의 영향으로부터 벗어나야만 했다. 자신의 저서 《정치경제학》(*Political Economy*, 1884)에서 워커는 경제학자들에게 윤리를 다루지 말 것이며 감정을 드러내지 않아야 한다고 촉구했다. 그러나 소비라는 주제의 끝 부분에 와서는 결국 자신의 아버지가 그랬듯이 "위대한 도덕철학자"의 필요성을 인정할 수밖에 없었는데, 곧이어 "이 도덕철학자는 이러한 요인들의 경제적 효과에 대한 연구에만 몰두하고 순수히 윤리적인 고려나 신학적 고려에 대해서는 관심 기울이기를 단호히 거부하는" 철학자여야 한다고 재빨리 덧붙였다. 경제이론과 빅토리아 시대 윤리학과의 은밀한 결합은 언급되지는 않았지만 다시 한번 여전히 남게 되었다.[59]

젠트리의 과학은 역사정치학에서처럼 경제학에서도 경험주의를 강조했다. 정치경제학에는 오랜 경험연구의 전통이 이미 있었다. 통화, 금융 및 관세와 같은 정책 이슈들은 처음부터 이론적 주장뿐 아니라 사실분석에 관한 연구들을 산출하고 있었고, 이들은 국가기구 등이 수행한 통계자료에 의해 이루어졌다. 대학교재에 금융과 통화, 무역과 관세 및 과세에 대한 역사적 분석과 정책분석을 다루는 장을 포함시키는 시도는 아매사 워커에서 비롯되었고 페리는 이를 더욱 확대했다. 웰즈와 앳킨슨은 저술에서 실제 경제생활의 사실들, 특히 통계를 사용한 것으로 유명했다. 앳킨슨은 자신의 저서 《사실과 수, 경제과학의 토대》(*Facts and Figures, the Basis of Economic Science*)의 시작을 "거짓말쟁이가 수를 만들지 않는 한, 수는 거짓말하지 않는다"는 경구로 시작했는데, 이는 바로 미국의 상식적 현실주의 전통을 반영한 것이었다.[60]

---

59) Francis A. Walker, *Political Economy* (New York: Holt, 1884), 15~6, 305.

60) Dorfman, *Economic Mind*, 3: 49~50, chap. 1; Edward Atkinson, *Facts and Figure, the Basis of Economic Science* (Boston: Houghton Mifflin, 1904).

사실 자체에 대한 도금기 경제학자들의 관심은 여러 모로 볼 때 이러한 전통의 연장이었다. 워커는 아버지로부터 가르침을 받았고, 웰즈의 조교였으며, 인구조사국에서 일하면서 배웠다. 그러나 젠트리 경제학자들은 역사편찬 분야의 새로운 경험주의 조류로부터도 영향을 받았으며, 새로운 방법론적 자각을 통해 연구에 임하기도 했다. 던바는 1876년에 이미 고전경제학의 한 방법으로서 경험적·역사적 분석의 중요성을 잘 깨닫고 있었다. 밀을 따라 그는 경험연구를 일반화의 창출을 위한 수단이 아니라 검증의 수단이자 실제 생활의 다양하고 특수한 조건들에 경제법칙을 적용하는 수단으로 보았다. 이러한 작업들의 중요성은 점점 더 커지고 있다고 던바는 생각했다. 경제학 논의의 중심지는 이제 독일이라고 말하면서, 던바는 "추상적 과학"뿐 아니라 "철학"과 "보다 난해한 역사탐구"에서도 미국 학계가 전문지식을 결여하고 있다고 한탄했다. 이론과 금융에 대한 연구에서 던바는 역사적 분석에 너무나 노력을 집중했기 때문에, 그의 젊은 동료인 프랭크 토식(Frank W. Taussig)이 "골동품 수집 취향"을 느꼈다고 할 정도였다. 괴팅엔(Göttingen) 대학에서 철학을 공부한 섬너도, 경제학이 연역적 과학으로서 훌륭히 발전했지만 이제부터는 느릴지라도 확실한 방법으로서 귀납적 방법을 사용해야 한다고 믿었다. 그의 주된 업적은 미국의 통화와 관세의 역사에 관한 것이었다. 던바와 섬너, 그리고 이들을 계승한 많은 정통 경제학자들에게서 사실에 대한 경험연구는 고전정치경제학의 근본 원리들을 심화하고 그럼으로써 자연과 역사의 결합을 굳혀주는 것이었다.[61]

워커가 볼 때는, 경제학의 경험주의 경향은 고전경제학에 반대하는 역사주의자들의 비판적 공격의 성격을 지니고 있었다. 이에 대해 살펴

---

61) Dunbar, "Economic Science in America," 2, 22~3; Frank W. Taussig, "Introduction" to *Economic Essays* by Charles F. Dunbar, xi; Bellomy, "The Molding of an Iconoclast," 284~5.

보기 전에 먼저, 당시 젠트리 경제학자들 모두에게 있어 보편적 시장 법칙이란 것은 어떻게 수정되거나 확장된다 하더라도 분명한 실증주의 법칙의 힘을 지니고 있었다는 점을 인식할 필요가 있다. 사실 미국 경제학자들의 입장에서는 견고한 법칙에 대한 실증주의의 강조가 특별한 힘을 가지고 있었는데, 이는 미국 경제학자들이 그때까지의 모든 정치경제학적 노력이 맬더스와 리카르도의 냉혹한 분석결과를 피하려는 데 있었음을 알았기 때문이었다. 도금기에 미국이 변화하고 있다는 인식은 모든 젠트리 사회과학자들의 핵심적인 문제였으며, 정치경제학자에게 있어 이 변화는 더 이상 미국이 고전경제학자들이 예측한 역사의 방향에서 벗어날 수 없다는 것을 의미했다.

이러한 인식은 1876년에 첫 포문을 열던 당시 던바에게 핵심적인 것이었다. 미국은 "강대국들 중 유일하게" "풍요로운 미개척의 영토를 개발하는 국민의" 나라라는 지위를 누리고 있었다. 이 사실로부터, "어떤 경제법칙의 작용이 미국에서 실제로 중단되지 않는다고 해도 이 법칙은 어쨌든 비교적 안전하게 무시될 수 있다"는 식의 결론이 도출되곤 했다고 던바는 진단했다. 이와 같은 오해는 "우리나라가 신생 국가였을 때"는 지나칠 수 있는 것이었으나, "우리의 조건이 오래된 나라들의 조건에 갈수록 근접해 감에 따라" 더 이상 그렇지 않게 될 것이었다. "합리적으로 생각할 때 아마 지금부터 50년 후가 될 것이지만, 현재 성장하고 있는 위험한 세력들이 상당히 커지면 … 정치가나 학자들이 우리들 행동의 결과를 결정하는 이 경제법칙을 무시하거나 경시하는 것이 더 이상 가능하지 않을 것이다." 워커도 자기 아버지가 받아들이지 않았던 맬더스 법칙과 리카르도 법칙의 보편 타당성을 수용하게 되었는데, 다만 다른 요소들이 고려되지 않는 한 이 법칙들이 인구나 지대의 실제 추세를 반드시 결정하지는 않는다는 것을 조심스럽게 보여주었다. 도금기의 변화된 산업세계에서는 미국 역사의 예외적 조건들이 더 이상 고전정치경제학의 철칙으로부터 미국을 완전히 벗어나게 해 줄 수는 없었던 것이다.

영국의 저명한 정치경제학자인 클리프 레슬리(T. E. Cliffe Leslie)는 1880년에 이 문제를 살펴보면서, 미국적 전통의 성격이 맬더스의 거부와 과도한 "신적 요소"의 혼합, 명망 있는 일부 경제학자들까지도 찬성하는 보호관세의 승인, 그리고 헨리 조지(Henry George)의 그릇된 지방주의에 있다고 지적했다. 신이 아녀자들에게 부여한 특별한 보호와 같은 것을 포기해야 한다는 폰 홀스트의 메시지를 찰스 캔달 애덤스가 역사가들에게 전달했던 것처럼, 레슬리의 비판은 미국 경제학자들에게 자연과 역사의 실제 조건들에 직면해야 한다는 도전을 제기했던 것이다.[62]

젠트리 경제학자들 중에서 가장 탁월하고 독창적이었던 워커는 레슬리의 도전을 전면적으로 받아들였다. 경제과학은 고전정치경제학의 근본 법칙에 토대를 두어야 하며 미국인들이 간단히 이를 파기할 수는 없다고 그는 믿었다. 그러나 이 법칙들은 현대 산업사회의 삶의 실제 조건들에 파고 들어갈 수 있도록 만들어져야 했을 뿐만 아니라 노동자들의 실제 필요에 부응하도록 만들어져야 했다고 워커는 주장했다. 이는 역사주의에 대한 워커의 이해가 자신의 정치적 목적에 의해 결정되었다는 점을 드러내 준다. 워커에게 경험주의는 고전적 법칙의 엄격한 제약들을 풀고 노동계급을 위해 보다 완화된 길을 열 수 있는 방법을 제시하는 것이었다. 그의 아버지가 가졌던 확장적 미국 예외주의의 계승자로서 워커는 남북전쟁을 거치면서 강렬한 민주주의적 정서를 지니게 되었으며, 1870년대 노동계급의 저항에 동조적이 되었다.

워커는 산업갈등에 적응하려던 영국 경제학자들 사이에서 이미 형

---

62) Dunbar, "Economic Science in America," 25, 29; Francis A. Walker, *The Wages Question* (New York: Holt, 1876), 107~8, 224~7, 367~71; T. E. Cliffe Leslie, "Political Economy in the United States," *Fortnightly Review*, n. s. 28 (October 1880): 488~509.

성된 온건한 비판론을 재빨리 수용했다. 케언즈(J. E. Cairnes)를 따라 그는 자유방임은 과학적 법칙이 아니라 오히려 정책의 실천원칙이라고 지적했다. 그렇기 때문에 자유방임은 모든 상황에 자동적으로 적용될 수는 없으며, 이는 밀이 말한 것처럼 경제학이 가설의 과학이며 그 결론은 단지 교란요인이 없을 때에만 진리이기 때문이다. 그러므로 경제학자들은 "부를 추구하는 인간행위에 영향을 미치는 요인이 정신적이든 물리적이든, 정치적이든 사회적이든 간에 이러한 부차적 원인들의 성격"을 확인해야만 한다. 이는 마치 천문학자들이 새로운 행성을 발견하는 것과 같다. 새로운 행성은 "그 영향력의 범위 안에 있는 모든 천체에 작용해서 이전에 계산되었던 궤도에서 천체가 일정하게 벗어나도록 만드는 매력이 있는 것이다."[63]

1870년대에 이르러 케언즈의 온건한 비판은 역사주의의 이름으로 행해진, 고전경제학이론에 대한 광범위한 공격에 압도되었다. 한편으로는 콩트와 메인을 통해 형성된 영국 역사주의의 영향과 다른 한편으로는 영국 이론에 대한 독일 역사학파의 영향에 자극받은 클리프 레슬리나 존 켈스 잉그램(John Kells Ingram)과 같은 영국 경제학자들은 고전경제학의 연역적 방법이 필연적으로 현실을 단순화하고 왜곡한다고 주장했다. 1879년에 워커는 이 비판을 그대로 따랐다. 고전경제학자들이 간과하는 것은 바로 역사가 명백히 하는 것, 즉 경제·사회구조의 효과와 국가간 차이의 효과, 그리고 실제 현실적 조건의 효과였다는 것이다.[64]

---

63) Francis A. Walker, "Cairnes' 'Political Economy,'" in *Discussions in Economics and Statistics*, 2 vols., ed. Davis R. Dewey (New York: Augustus Kelley, 1971〔1899〕), 1: 279~85.

64) A. W. Coats, "The Historist Reaction in English Political Economy, 1870~1890," *Economica*, n.s. 21 (May 1954): 143~53; Francis A. Walker, "The Present Standing of Political Economy," in *Discussions*, 1: 301~18.

보편적 법칙과 조건적 사실을 결합함으로써 워커는 도금기의 변화된 산업상황에 직면한 미국 예외주의의 이상을 구원하고자 했다. 《임금문제》(*The Wages Question*, 1876)에서 그는 부가 기본적으로 분배되는 방식을 재정리했는데, 이를 통해 시장의 근본적 작동을 정당화하고 어려움에 찌든 노동자들에게 희망을 주려 했다. 지대와 이자의 결정에 관해서는 기존에 수용된 리카르도와 스미스의 이론을 따라서, 지대는 토지의 생산성 차이에 의해 결정되고, 이자는 자본의 수요와 공급에 따라 결정된다고 보았다. 그러나 이윤은 기업가의 기능에 대한 지불이며, 지대가 결정되는 것과 유사하게 기업가의 생산 효율성 차이에 의해 결정된다고 그는 주장했다. 이렇게 해서 워커는 사회주의자들이 주장하는 것처럼 이윤이 노동이 창출한 잉여가치의 착취가 아니라 기술에 대한 정당한 보수로 규정했다.

마지막으로 워커는 임금을 재평가했다. 당시 노동자의 저항에 대한 경제적 보수층의 주요 방어논리 중 하나는 임금기금론(*wages-fund theory*)이었는데, 이에 따르면 특정 시점에 사용가능한 유동자본 중 일정량의 고정된 기금으로부터 노동자들의 임금이 지불된다. 임금을 인상하면 임금기금으로부터 특정한 노동자들에게 더 많이 지불케 하는 반면 다른 노동자들의 몫을 빼앗게 될 뿐이므로 임금인상 노력은 무용하다는 것이다. 워커는 노동자들이 사용가능한 고정량의 자본으로부터 임금을 지불받는 것이 아니라, 생산의 전 과정을 통해, 궁극적 수익, 즉 생산증대의 기대분을 반영한 임금수준에 따라 임금을 지불받는다고 주장했다. 이렇게 해서 노동자들은 예외주의자들이 항상 미국 경제에 기대해 왔던 부단한 생산성 상승의 또 다른 수혜자가 되었다. 결론에서 그는 자신이 전개한 논의의 모든 초점이 다음을 보여주는 것이라고 했다.

> 고용노동자의 보수는 계급차별적 법률에 의해 수탈되고 왕조간 전쟁

> 들로 낭비되던 과거에 의해 결정되는 것이 아니라, 항상 보다 크고 자유롭고 불행이 없는 현재와 미래에 의해 결정된다… 노동자들이 자신들의 임금의 양을 과거가 아니라 현재와 미래에서 발견해야 한다는 것은 정말로 하찮은 일이 아닌 것이다!

이와 같이 캐리와 아버지의 생각을 반추하면서 워커는, 자본주의 시장의 법칙에 복종하는 동시에 자유-공화주의 질서 아래에서 보다 관대한 처분을 기대하는 이중적 메시지를 통해 미국 정치경제학의 확장적 관점을 재확인했던 것이다.

그러나 예외주의의 익숙한 이상은 이제 고전주의의 구조에 토대를 두게 되었다. 노동자들이 생산증가로부터 이득을 얻는다 하더라도, 여전히 출생률 제한과 도덕적 개선을 통해 맬더스적 압력에 대처해야만 했다. 근대 산업생활의 현실적 조건에서, 심지어 미국에서조차 이들이 항상 성공할 수는 없었다. 고전경제학의 경험적 비판을 이용하면서 워커는 완전한 경쟁이 존재할 때 체계가 공정하게 작동하지만 현실은 종종 그렇지 않다고 지적했다. 바스티아와 페리와 같은 경제학자들은 시장에서 재화와 서비스 간에 존재하는 차이를 은폐했다. 노동자가 언제나 자유롭게 행동하여 자신의 처지를 극대화할 수는 없는 것이다. 일단 노동자가 최저생계비 임금수준으로 떨어지면, 시장에서 최대의 이득을 추구할 수 있는 에너지와 기력을 상실하게 된다. 거대한 직물공장은 "종업원들을 마치 원료나 다름없이 끊임없이 찢고 깨고 갈아버리면서 돌아가는 거대한 기계"이며 "… 인간성은 사라지고 … 머지않아 희망과 소원을 대신해 무관심이 자리잡는다." 사용자들은 종종 자신들의 최선의 이익이 무엇인지 인식하지 못한 채 이러한 노동자들을 이용하곤 한다. 결국 노동자들은 경쟁이라는 유리한 법칙이 작동하는 한도 아래로 추락한다는 것이었다.[65]

---

65) Walker, *The Wages Question*, 359, 411과 pt. 2; Bernard Newton, *The*

워커가 묘사한 것처럼 상황은 비참했지만, 워커 자신이 제안한 직접적 처방이 암시하는 바에 따르면 이 병은 치명적이지는 않았다. 그의 처방은 곧 사용자들에게 미치는 여론의 영향이라든가, 국가가 제공하는 초등교육과 공중보건 및 특히 아녀자들에 대한 공장법, 그리고 저축은행이었다. 파업은 저항의 한 형태로 드물고도 극단적인 경우에 필요할 수 있었으나, 자발적 행동에 맡겨지는 것이 최선이었다. 미국에서는 대부분의 노동자들이 안정적 상태에 있고 자신들의 이익에 민감하기 때문에 노동조합이 꼭 필요한 것은 아니었다. 경제법칙이 미국에서 항상 완벽하게 작용한 것이 아니라고 본다면, 교란요인들은 여전히 부차적 원인들로 남아 있게 된 셈이었다. 이렇게 해서 예외주의 이념은 약화될 위험에 처했으나 다시 구제되었다.[66]

경제학자로서 워커는 한계주의 경제학의 시장균형 정의에 핵심이 된 완전경쟁 개념을 최초로 명확하게 규정했다. 한계주의자들은 시장을 변동하는 균형으로 파악했지만, 워커의 모델은 케언즈의 정적인 뉴턴적 세계였다. "중력이 물리적 세계의 질서라는 것이 진리이듯이" 경쟁은 "경제적 세계의 질서이며 … 마찬가지로 그 작용에 있어서도 조화롭고 유용한 것"이다. 그러므로 역사적 요인들이 법칙의 작동을 방해할 수 있고 따라서 이를 막기 위해 역사적 처방이 필수적이라는 점을 인식하고는 있었지만, 워커의 사고는 자연법칙이 필연적 힘이자 도덕적 규범이라는 옛 관념에 여전히 뿌리내리고 있었던 것이다.[67]

워커 역시 어느 정도 미국을 역사에 개방하기 시작했다. 자연법칙의 기약뿐만 아니라 그 작동을 저지하는 특수한 요소들도 미국에서 작용

Economics of Francis Amasa Walker (New York: Augustus Kelley, 1968), 87.

66) Walker, *The Wages Question*, 398, 406과 chaps. 15~9.

67) Newton, *The Economics of F. A. Walker*, 24, 26, 77, 103; Walker, *Political Economy*, 228.

한다고 보았던 것이다. 그러나 다행스럽게도 노동계급을 그 때까지 건전하게 유지해 준 자유-공화주의 제도들, 즉 대중교육이나 거래와 토지소유에 대한 자유로운 접근, 그리고 완전한 시민적·정치적 권리 등도 작동해서 타락을 막고 있다고 믿었다. 그러나 새로운 조치가 취해져야 했다. 왜냐하면, 부분적으로 예외주의 이상의 실현이 역사적 투쟁에 좌우되기 때문이며, 또 부분적으로 이 이상 자체가 변화하기 시작했기 때문이다. 웨일랜드의 빈약한 미국 예외주의 관점에서조차도 미국의 정직한 노동자는 남부끄럽지 않은 가족의 생존을 보장받았고 자연적 요인에 의해 처지가 악화될 수 없었다. 그러나 워커에 있어 노동자들은 여전히 자본을 축적하고는 있었지만, 더욱 힘든 투쟁을 하게 되었다. 노동자들은 실패할 수 있었으며, 노동계급에서 벗어날 운명은 어디에도 명백히 언급되지 않았다. 이와 같이 자립적 소유에 대한 대중적 접근이라는 남북전쟁 이전의 이상은 고전주의적 신맬더스주의의 위축되고 희박한 희망으로 뚜렷이 변화해 갔던 것이다.

사회학의 시작: 섬너와 워드

워커가 확장적 예외주의에 현실주의적 토대를 점차 부여해 간 반면, 그의 예일대학 동료인 윌리엄 섬너(William Graham Sumner)는 보다 엄격한 예외주의를 적극적으로 정당화시키려 했다. 1872년 임용된 이후 섬너는 정치·경제·사회과학을 두루 망라하면서 주로 관세나 통화팽창, 그리고 대중민주주의에 대한 지속적 위협들과 싸울 것을 공중에게 설파했다. 그는 곧 워커와 공개적으로 부딪혔고, 그 갈등으로 인해 워커는 1881년 예일대학을 떠나 매사추세츠 공과대학(Massachusetts Institute of Technology) 총장으로 부임하게 되었다. 섬너는 이후 자신의 보수적인 정치·경제 이념을 중심으로 사회학(*science of sociology*)

을 일구어 나갔다.[68]

남북전쟁 이전에는 이렇다 할 만한 사회학의 전통이 미국에서 형성되지 못했지만, 전후 수십 년간 예일대학의 섬너와 워싱턴 대학의 워드 두 사람이 콩트와 스펜서의 모델에 따라 사회학 이론들을 발전시키려고 노력했다. 사회학은 역사의 법칙, 곧 문명의 진보를 통할하는 법칙에 관한 학문이어야 했다. 섬너와 워드는 모두 미국이 위기에 처했으며 전통적 유산이 사멸의 위협에 부딪혔다고 믿었고, 희망을 발견할 수 있는 가장 광범위한 분야를 찾게 되었다.

섬너의 이념은 영국인 직공으로 감리교 신자였던 아버지로부터 자기 스스로 자신을 책임지는 것을 존중하는 절제(*temperance*) 문화를 물려받은 데서 형성되었다. 그는 일찍이 고전경제학 원리를 해리엇 마티노(Harriet Martineau)[69]가 제시한 단순한 형태로 수용했고, 그 논리를 결코 의심하지 않았다. 한편으로 섬너의 사회학은 고전경제학에 내재된 역사적 관점의 연장이었다. 그러나 섬너의 사회학은 그가 예일대학에서 가진 직위가 다양한 분야에 걸쳤던 것처럼 역사정치학까지도 반영하고 있었다. 그는 예일대학에서 리버와 울시로부터 휘그파의 통치원리를 배웠으며, 그 후 옥스퍼드 대학에서 리차드 후커(Richard Hooker)의 《교회 정체》(*Ecclesiastical Polity*)를 읽었을 때, "그것은 내가 듣고 자라온, 헌정 질서, 권리 조정, 헌법적 권위, 역사적 지속성

---

68) Bellomy, "The Molding of an Iconoclast," 317~24. 이 장에서 인용되는 각주들은 모두 Bellomy의 박학하고 통찰력 있는 명제들에 크게 의존한다.

69) 옮긴이 주: Harriet Martineau(1802~1876) — 영국의 작가로서, 역사와 사회과학 분야에서도 많은 저작을 남겼으며, 1834년에는 장기간 미국을 여행하면서 노예제 폐지론자가 되었다. 1849년에 쓴 *The History of the Thirty Years' Peace, 1816~1846*은 당시 철학적 급진주의 관점을 대변했으며, 1853년에 저술한 *Philosophie Positive*는 영국 실증주의 철학을 집대성한 것으로 알려져 있다. 그밖에 대표적인 작품으로는 *Society in America* (1837), *The Hour and the Man* (1840) 등이 있다.

의 개념들과 정확히 부합했다. … 그것은 … 정치과학에 대한 나의 모든 사랑을 다시 일깨웠다"라고 말한 바 있다. 1870년대 초반에 정부의 정책을 요구하는 대중에 맞서 그는 이 전통을 더욱 보수적인 성격으로 재구성했다. 버제스처럼 그는 기존의 판결과 제도들에 의해 권리가 규정되는 것으로 간주했다. 재산권과 엄격히 제한된 정부야말로 미국 공화국에 확고히 고정된 것이며, 사회학은 바로 이러한 정치적·경제적 보수주의를 옹호하기 위한 것이었다.[70)]

섬너는 역사정치학과 독일철학에 대한 연구를 통해 역사에 관심을 갖게 되었으며, 옥스퍼드 대학에서는 경험연구를 통해 역사법칙을 발견하려던 버클(Buckle)의 시도에 당혹해 하기도 했다. 역사과학이 가능함을 그에게 확신시켜 준 것은 스펜서의 방법론적 서론인 《사회학 연구》(*The Study of Sociology*, 1872)였다. 사회학은 역사의 표면적 사건들 밑에 깔려있는 법칙을 발견할 수 있지만, 그 방법은 역사적이고 통계적인 귀납이어야 했다. 그는 스펜서 자신도 충분히 귀납적이지 못하며 사변적이라고 생각했다. 그러나 섬너의 방법은 언제나 그의 결론과 충돌하곤 했다. 섬너는 독일의 역사주의 경제학을 높게 평가하면서도 그 상대주의적 결론은 비난하지 않으면 안 되었다. 그는 국가주의 경제학(*statist economics*)이 아마 독일의 조건에는 부합할 것이라고 과감히 말했으나, 곧 이어 국가주의 경제학은 결코 어디에서도 검증될 수 없다고 덧붙이기도 했다. 허버트 애덤스(Herbert Adams)도 아놀드 토인비(Arnold Toynbee)[71)]의 역사경제학을 접했을 때 그 상대주의적

70) 〔William Graham Sumner〕, "Sketch of William Graham Sumner," *Popular Science Monthly*, 35 (June 1889): 261~4; Bellomy, "The Molding of an Iconoclast," chaps. 2, 7.

71) 옮긴이 주: Arnold Toynbee(1852~1883) ― 영국의 역사경제학자로서 19세기 말경 빈민의 도덕적 감화와 교육을 위해 헌신적으로 활동하였다. 그가 사망한 이듬해인 1884년에 그를 기념하기 위해 저서 《18세기 영국산업혁명 강의》가 편찬되고, 세계 최초의 지역사회복지관인 토인비 홀(*Toynbee Hall*)

함의에 반대했던 바 있다. 이들에게 있어 역사적 사실은 보편적 원리나 법칙들을 제공해야만 했다.[72]

사회학에 대한 섬너의 전반적 구상은 특정한 형태를 갖추지 못했는데, 도금기의 위기로 인해 그는 자신이 물려받은 지적 유산들을 복구하려고 시도하게 되었다. 도날드 벨로미(Donald Bellomy)가 보여주었듯이, 섬너의 생각들을 종합하게 만든 것은 그가 격앙된 반응을 보였던 1877년의 폭력적 철도파업이었다. 파업 이전에 섬너는 고전경제학자들이 유럽의 "오래된" 국가들에 대해 예언했던 것과 같은 "그런 상태로부터" 미국은 아직 매우 "거리가 멀다"고 믿었었다. 그러나 파업 이후 그는 "이 독특한 조건이 급격하지는 않지만 지속적으로 사라지고 있고, 시간이 흐름에 따라 확실히 소멸될 것이며, 오래되고 발전된 국가들과 동일한 상태에서 동일한 문제들을 지니게 될 것"이라고 보았다. 이 뼈아픈 깨달음이 섬너가 그의 보수적 경제학과 정치학을 결합하여 새로운 사회학으로 만들게 한 촉매였다.[73]

섬너는 그가 인간-토지 비율(*man-land ratio*)이라고 불렀던 맬더스-리카르도 동태(*Malthusian-Ricardian dynamic*)를 사회·역사적 진화의 근본 법칙으로 규정했다. 이것이야말로 "진화의 경주가 계속되도록 한 철의 채찍이었다." 자본을 축적하고 안락한 영역을 확대하려는 투쟁의

이 설립되었다. 아놀드 토인비는 《역사 연구》(*A Study of History*, 1934~1961, 전 12권)를 쓴 저명한 영국 역사학자 아놀드 조셉 토인비(Arnold Joseph Toynbee, 1889~1975)와는 다른 인물이다.

72) 〔Sumner〕, "Sketch of William Graham Sumner," 263~6; Bellomy, "The Molding of an Iconoclast," 252~3, 284~8, 305~9; H. B. Adams, "Arnold Toynbee," 14~5.

73) Bellomy, "The Molding of an Iconoclast," 263, 396과 chap. 10. 첫 번째 인용은 *North American Review*에 게재된 섬너의 논문 "Politics in America, 1776~1876"(1876)에서, 그리고 두 번째 인용은 미발간 수필 "The Strikes"(1878)에서 가져왔다.

결과가 바로 적자생존이며, 힘과 지능과 덕성을 지닌 자들은 자연으로부터 보상을 획득했다. 이 경제적 동태(*dynamic*)에 결부된 것이 "산업적·정치적·사회적 조직들이며, 토지에 대한 인구의 비율이 상이한 단계들마다 이들 간의 차이가 나타난다." 인구가 부족한 상태에서는 인구의 대다수가 자유농이고, 부의 차이는 심각하지 않으며 사회적 이동이 어렵지 않았다. 그 결과 평등의 정신과 정치적 민주주의가 창출되었다. 그러나 인구과잉의 상태에서는 보상을 위한 경쟁이 격렬해졌고, 부의 분배와 사회계급이 요구되었으며, 보다 귀족정적인 정치적 성향이 생겨났다. 바로 여기에 미국의 역사가 있으며, 미국이 "오래된" 국가가 되고 있다는 위협이 있다.

그러나 섬너는 당분간 운송의 발전 덕분에 새로운 토지가 경작되어 가장 오래된 국가들과 가장 인구가 밀집된 중심부에서도 위협이 수그러들고 있으며, 따라서 전반적으로 평등이 증대되고 끝없는 생존경쟁에서 비교적 안락한 시기가 지속되고 있다고 믿었다. 그러나 이러한 전망은 즉각 공화정에 대한 영원한 예언을 환기시켰다. 곧, "통화나 무역규제, 군사비의 낭비 등을 일삼으면서 벌어질 수 있는 방탕한 재정과 공공부채의 남용, 조세의 낭비, 입법권 독점과 특권 등에 의해" 이 모든 것들을 잃게 될 수 있다는 것이었다. 또는 미국에 흔한 잘못된 평등의식에서 자라나는 공산주의와 허무주의의 등장이라는 가장 섬뜩한 가능성 속에서 모든 것을 잃게 될 수도 있었다. "오래 전의 고전적 문명은 외부로부터 야만인들이 침공함으로써 몰락했다. 그러나 우리의 새로운 문명은 내부로부터 폭발함으로써 소멸될 수 있다."[74]

듀(Dew)와 남부 리카르도주의자들 이래 미국의 진보에 대한 이처럼 애매한 관점이 제시된 적은 없었다. 섬너에게도, 공화주의자와 고

74) William Graham Sumner, "Sociology," *Princeton Review*, 57 (November 1881): 309~10, 315, 317, 319~21.

전경제학의 우려들이 결합되어 미국의 기약을 유럽의 고통스런 미래로 가는 여정 위에 있는 일시적이고 취약한 유예상태로 만들었다. 섬너는 정태적이건 아니건 간에 이 과정의 끝이 어떠하리라고 예측하지는 않았다. 리카르도적 미래에서는 문명의 보다 큰 보상이 예측되는 동시에, 투쟁이 더욱 격렬해지는 만큼 보다 "가혹한" 형벌도 예측될 뿐이었다. 섬너가 결국 자신의 세대에서 진보에 대해 의심한 몇 안 되는 사람들 중의 하나가 되었다는 것은 놀라운 일이 아니다.

그러나 "사회계급들의 상호 의무"(What Social Classes Owe to Each Other)라는 제목으로 섬너가 1883년에 한 대중연설에는 뚜렷한 모순이 있었다. 이 연설에서 한편으로 그는 "자본획득"을 위한 투쟁의 가혹함과 불균형을 피해가지 않았다. 실제 그는 이를 대단히 즐기고 있었다. 바닥으로 떨어진 사람들은 그럴 만하기 때문이라는 것이다. "사용자들이 임금을 삭감하기 위해 고용으로부터 자본을 회수한다면 이윤을 상실하게 될 것이며, 피고용자들이 임금인상을 위해 경쟁을 포기한다면 굶어 죽게 될 것이다." 그러나 다른 한편 그는 미국이 처하게 될 유럽적 미래를 무시하고 미국 예외주의로 회귀했다. 미국 노동자들의 이동성과 "그들이 노동시장에서 갖는 독립적이고 강력한 지위"는 미국에서는 노동조합과 파업으로 나타나는 계급전쟁(*class warfare*)이 필요하지 않다는 것을 의미했다. 그에 따르면, 하나의 계급으로서 미국의 사용자들은 노동자들보다 유리한 것이 없으며, "설사 노동자들을 억압하고 싶어도 그렇게 할 수 없다." 오히려 "유·불리를 모두 고려해 볼 때 노동자들이 유리하"며, 미국의 평균적 노동자는 일정한 자본을 획득할 수 있고, 훌륭한 자본가의 자격도 획득할 수 있다는 것이다. 부정직하게도 섬너는 자신의 독자들로 하여금 미국은 자유주의 경제의 진보가 완성된 땅이라는 옛 관점을 즐기도록 남겨두었다. 시간의 수레바퀴에 의해 어느 날 이 특수한 희망이 짓밟히리라는 것을 인정해야 했을 때, 그는 차라리 외면하기를 선택했다.75)

대신에 섬너는 고전적 자유주의의 교의를 경제적·정치적 원리에 적용하는 데 몰두했다. 그는 메인을 인용해 중세에 대해 다음과 같이 묘사했다.

> 사회는 세부적인 부분까지 철저히 신분에 의존하고 있었고, 그 결속과 유대는 감성적이었다. 현대사회나 특히 다른 어떤 곳에서보다 미국에서는 사회구조가 계약에 기초한다. … 그러나 계약은 합리적이고 … 현실적이고 냉정하며 사실에 입각해 있다. … 〔계약은〕 개인의 발전뿐 아니라 자유인의 모든 존엄성과 자아신뢰를 위한 최대한의 공간과 기회를 제공한다.

그러므로 자유인은 "덤을 바랄 수 없다." 자유인은 자신의 역사적 기본 권리에 대한 최소한의 보호만을 정부에 요구할 수 있을 뿐이다. 더 많이 요구하는 것은 "독립시민"으로서의 지위를 포기하는 것임과 동시에 공화정을 금권정치에 내던지는 것이다. 섬너의 논문은 자유지상주의적 개인주의(*libertarian individualism*)라는 새로운 개념을 중심으로 공화주의와 휘그 및 자유주의 역사를 통합한 역작이었다.[76]

1880년대에 사회학을 수립하려는 다른 시도는 레스터 프랭크 워드(Lester Frank Ward)에 의해 이루어졌는데, 그의 시도는 역사진보의 또 다른 법칙에 토대를 둔 것이었다. 실증주의로 전환한 지 얼마 되지 않은 워드는 프랑스 철학자들과 콩트에 의해 발전되고 밀과 헉슬리(T. H. Huxley) 및 존 틴달(John Tyndall) 같은 영국 자유주의자들에 의해 전파된 과학적 진보관을 수용했다. 이에 따르면, 역사의 주 동력은 지식의 발전이며, 과학적 합리성이야말로 가장 발전된 지식형태로서 미래진보의 열쇠였다. 제퍼슨과 그의 세대 이래 지식의 발전은 진보의

75) William Graham Sumner, *What Social Classes Owe to Each Other* (Caldwell, Idaho: Caxton Printers, 1978〔1883〕), 77, 84, 86, 110.

76) Ibid., 23~4.

핵심적 측면이었으나, 남북전쟁 이전에는 지식의 발전이 역사의 기반 구조를 형성하지는 않았다. 진보의 관념이 특정한 성격을 띠었다면, 이 당시 진보의 관념은 스코틀랜드 계몽주의의 성격을 띠고 있어서 경제적 동력을 진보의 토대에 놓고 정치와 사회와 문화가 경제와 어떻게 융합되는지를 보여주었다. 또는 미국 프로테스탄티즘과 독일 관념론을 따라, 진보를 특정한 종교적·도덕적 힘의 발전에 의존하는, 본질적으로 도덕적인 현상으로 보기도 했다. 워드 세대에서 화이트나 섬너와 같이 자연과학적 지식을 옹호한 사람들이 아마도 종교적 통제에 대항하는 싸움에서 과학적 진보관을 발전시킨 최초의 미국인들이었을 것이다. 워드와 관련해 중요한 점은 그가 과학적 진보관의 틀 위에 자신의 사회학 전체를 수립했다는 점이다.[77]

워드에게 이 이슈가 핵심적이 된 것은 자아개선(*self-improvement*)의 기질과 공명했기 때문이다. 섬너의 사회학과 마찬가지로 워드의 사회학은 강조하자면 자구(*self-help*)의 세련된 전략과 같은 것이었는데, 어떤 경우에는 "자본획득" 노력이었고 또 다른 경우에는 "교육획득" 노력이었다. 워드의 출신배경은 섬너보다도 나빴다. 그의 영웅들인 에이브러햄 링컨(Abraham Lincoln)과 호레이스 그릴리(Horace Greeley)처럼 그는 가장 균등주의적인 형태의 휘그 문화의 산물이었다.[78] "어릴

77) Dorothy Ross, "American Social Science and the Idea of Progress," in *The Authority of Experts*, ed. Thomas L. Haskell (Bloomington: Indiana University Press, 1984), 157~61. 워드가 이러한 진보관을 일찍 수용한 사실은 1870~1년 워싱턴 시에서 발간된 그의 잡지 *The Iconoclast*에 잘 나타나 있다.

78) 내 논문 "Socialism and American Liberalism: Academic Social Thought in the 1880's," *Perspectives in American History*, 11 (1977~8): 28에서 나는 Ward 생각의 근원을 휘그당의 균등주의 정파가 아니라 민주당 급진파(*the Democratic Loco-Foco*) 전통에서 찾는 실수를 했는데, 그 실수는 불행하게도 Raymand Seidelman과 Edward J. Harpham의 저서 *Disenchanted Realists, Political Science and the American Crisis, 1884~1984* (Albany:

때 경험이 내 기억 속에 남긴 가장 생생한 인상은 아마도 교육받은 사람들과 교육받지 못한 사람들 사이의 차이에 대한 것이었다." 그는 독학으로 5개 언어의 고전들과 기초수학을 공부했으며, 곧 십여 가지 다른 분야들로 공부를 확대해 갔다. 남북전쟁 이후에는 젊은 공무원으로 근무하면서 실증주의자가 되었고, 정통 기독교의 부활에 맞서 싸웠다. 1869년에 워드는, 역사에서 합리주의적 요소가 미신적인 것으로부터 자신을 지켜 내거나, 그렇지 않으면 이에 의해 정복되어 버리는 "역사의 분수령이 가까이 다가오고 있다"고 말했다. 어린 시절 복음주의 교육에서 습득했던 그리스도와 적그리스도 간의 종말론적 싸움이 이제 그의 합리주의적 역사관을 이루게 된 것이다. 그는 "위대한 만병통치약"(The Great Panacea)이라는 제목의 논문에 착수하여, 행복은 진보에 의해 창출되고, 진보는 지식에 의해 창출되며, 지식은 교육에 의해 창출된다는 것을 증명하려고 시도했다.[79]

1875년에 워드는 존 웨슬리 파웰(John Wesley Powell)과 그의 정부 소속 과학자 그룹의 영향을 받게 되었고, 자연과학 연구로 전환했다. 몇년 후 그는 고식물학자(*paleobotanist*)로 파월의 지질조사국에 들어갔다. 그가 콩트를 진지하게 읽고 지식의 위기가 사회 통치의 위기이기도 하다는 것을 알기 시작한 것은 파월의 주변에 있을 때였던 것으로 보인다. 그의 보편주의적 의식에 계급갈등이 침투하게 된 것은 일련의 사태들과 동생과의 접촉 때문이었다. 그의 동생 사이레너스 오스본 워드(Cyrenus Osborne Ward)는 급진적 노동운동가로, 1870년대 내내

State University of New York Pree, 1985), 28에 의거한 것이었다.

79) L. F. Ward, *Young Ward's Diary*, 57~8; idem, *Glimpses of the Cosmos*, 6 vols. (New York: Putnam, 1913~18), 3: 147~8; idem, "The Situation," *The Iconoclast*, March 1870. 그밖에 Gillis J. Harp, "Lester Ward: Comtean Whig," *Historical Reflections*, 15, no. 3 (1988), 523~42도 참조.

산업협동조합(*industrial cooperation*)을 주창했고, 그 후에는 민주주의와 공화주의로 가는 역사적 추세의 결실로 공산주의를 주창했다. 워드는 진보적 진화를 위한 자신의 계획만이 혁명에 대한 유일한 해독제라고 결론지었다.[80)]

워드는 자신의 논문들을 수정하는 작업을 시작했는데, 그 결과물이 물질과 유기체, 정신, 인간 및 사회의 진화에 대해 설명한《동태 사회학》(*Dynamic Sociology*)이었다. 지성은 생물학적 진화의 산물이며, 지성을 통해 인류는 자신의 목적에 맞게 자연을 변형하는 능력을 부여받았다고 그는 주장했다. 칸트와 콩트를 따라 워드는 인간의 행위는 합목적적이며 그렇기 때문에 인류는 자신의 발전경로를 조종할 수 있다고 믿었다. 사회진보에 대한 그의 관점은 콩트 관점의 자유주의 판이어서, 파편화되는 자유사회에 필요한 방향성과 질서를 과학이 제공할 수 있다고 보았다. 워드는 자유시장경제가 문명을 진보시키는 힘이라는 점을 인정했고, 이에 따라 노동계급이 궁극적으로 협력적 산업을 발전시키도록 해 주는 완만한 진보(*slow progress*)라는 신맬더스주의적 관점을 수용했다. 그러나 맬더스의 통찰력은 보다 높은 차원에서 들어맞았다. 지식에 대한 수요는 기하급수적으로 증가하는 반면, 지식을 획득하는 능력은 산술적으로 증가했던 것이다. "이 바글바글한 행성은 곧 인류진보의 조건이 다한 것을 보게 될 것이며, 자연의 선택보다 더 신속하고 확실한 어떤 것이 생겨나 영적 능력의 발전을 가져오지 않는다면, 반동과 퇴보의 암흑이 도래하여 결코 다시는 진보의 여명이 밝아오지 않을 것이다."《동태 사회학》제 2권은 "위대한 만병통치약"의

80) Scott, *Lester Frank Ward*, 84~6; Lacey, "The Mysteries of Earth-Making Dissolve," chap. 2; L. F. Ward, *Glimpses of the Cosmos*, 3: 150~5; Cyrenus Osborne Ward, *The New Idea* (New York: Cosmopolitan Publishing Co., 1870); idem, *A Labor Catechism of Political Economy* (New York: Trow Printing Co., 1878).

반복으로서 지성의 진보에 모두 할애되었다. 여기에서 진보는 "사회정"(社會政; *sociocracy*)에 대한 논의에서 정점에 달했는데, 사회정에 대한 연구란 사회법칙에 대한 연구이자 질서와 진보를 창출하기 위해 이를 적용하는 기술이었다. 이 사회정이 사회통치의 기제로서 정치를 대체할 것이었다.[81)]

이렇게 해서 섬너와 워드는 사회학에 대한 매우 다른 법칙을 제시했다. 섬너가 제안한 경제와 사회의 자연법칙들은 자연법의 전통적 개념들이 지니는 규범적 힘을 보유하고 있었다. 사회학의 목적은 "자연적으로 사회의 구성과 작동을 관장하는 법칙들과 사실들로부터 올바른 사회적 삶의 규칙들"을 도출해 내는 것이었다. 섬너는 이러한 법칙들이 본질적으로 어떤 "당연성"(*oughtness*)을 지니고 있음을 부인했지만, 이 법칙들이 허용하는 자유의지(*free will*)란 항상 기독교의 자연법 전통에서 규정되어 온 자유의지, 곧 죄악 또는 실수로 불복종하는 자유였다. 자연과 역사에 의해 입증되었듯이, "그 성장에 의해 문명을 진보시킨 제도들은 성장하고 수립되었다는 사실 자체로 존재가치가 보장된다. 그 이전의 존재들보다 인간의 목적을 잘 충족시킨다." 따라서 이 법칙들을 경멸할 수도 있겠지만, 이는 "퇴보"를 대가로 해야 한다는 것이다.[82)]

한편 워드는 스펜서보다는 콩트를 따라, 인간의 목적은 자연 선택의 맹목적 과정에 불과한 것이 아니라 자연 자체의 한 부분이기도 하다고 믿었다. 역사와 사회와 문화는 법칙에 의해 지배되며, 따라서 인간의 지휘하에 놓여 있다는 것이다. 워드는 과학적 법칙이 원인과 결과 사이의 필연적 관계를 표현하며, 콩트와 밀의 상반되는 주장에도 불구하

81) Lester Frank Ward, *Dynamic Sociology*, 2 vols. (New York: Johnson Reprint, 1968〔1883〕), 부분적으로 1: 16, 60, 704ff.; 2: 205~10.

82) Sumner, "Sociology," 303~4, 312, 322~3; idem, *What Social Classes Owe to Each Other*, 134~5.

고 이 법칙이 사물의 실재 성질에 내재해 있다는 믿음을 지녔다. 그러나 바로 인간의 개입이라는 문제와 관련해 워드는 1880년대를 거치는 동안 섬너의 주요 반대자가 되었다. 현대사회의 문제들에 지성의 개혁을 적용해야 한다는 그의 주장은, 고전적 자유주의를 수정하여 개인적 자유와 사회의식 및 공적 권력의 관념을 확장시킨 새로운 자유주의의 미국 사회과학을 표방한 최초의 진술이었다. 혁신주의 개혁가 프레데릭 하우(Frederic C. Howe)가 1912년 워드에게 쓴 편지에서 "오늘날의 모든 사회철학은 당신이 말해 온 진실들을 형식을 갖춰 표현한 것"이라고 말한 것은 과장이 아니었을 것이다. 《동태 사회학》은 자본주의 경제를 받아들였고 혁명적 변화보다는 진화론적 변화를 수용했다. 역사의 자유주의적 흐름은 대체로 만족스러운 것이었으며, 그 흐름이 정점에 달하는 지점인 사회정은 사회주의를 대신하는 것이었다. 워드에게 역사는 기성제도들과 사회법칙들에 의해 부분적으로 제약되고 있으며, 제한적이고 자유주의적인 변화에는 개방되어 있었다.[83]

사회정에 대한 논의는 또한 역사가 과학적 통제에 종속된다는 것을 미국 사회과학에서 최초로 개념화한 것이기도 하다. 역사의 변화 가능성을 인정하면서, 워드는 그 변화에 한계를 부여했을 뿐 아니라 곧 실증주의 과학의 지배하에 놓았다. 워드의 역사개념은 실증주의자들의 결정론에서 벗어나기는 했으나, 사회가 근본적으로 물리적 자연과 유사하며 그에 따라 기계적 조종을 받을 수 있다는 실증주의자들의 믿음은 지니고 있었다. 워드는 인간의 문제를 다루는 데 있어 지적 행동만을 주장한 것이 아니라, 위로부터의 냉정한 힘이 합리적으로 포진하도록 만드는 사회공학(*social engineering*)도 주창했다.

---

83) L. F. Ward, *Dynamic Sociology*, 1: 89, 159~60; idem, "Professor Sumner's Social Classes,"(1884) in *Glimpses of the Cosmos*, 3: 301~5; Scott, *Lester Frank Ward*, 91~5, 98, 129, 168.

> 국가의 작동은 다른 자연현상들처럼 일정한 법칙에 따라 발생하는 자연현상의 일부이다. 순수과학의 의미는 말하자면 이러한 법칙들의 발견에 있다. 중간단계 혹은 발명단계는 현상을 통제할 수 있는 방법을 고안하여 마치 물과 바람과 전기가 통제되듯이 현상들로 하여금 유리한 경로를 따르도록 유도하는 단계이다. 마지막 제 3단계는 바로 이렇게 고안된 방법들을 적용하는 단계가 된다.

"물과 바람과 전기가 통제되듯이" 정치가 사회법칙들을 조종할 수 있다는 워드의 생각은 정치이론이나 역사에 대한 특별한 연구의 결과가 아니라, 단지 과학적 통제의 욕구가 지닌 반정치적(*antipolitical*) 편견을 반영한 것이었다.[84)]

독학자였던 워드는 공식적으로 교육받은 동시대 학자들에게 영향을 미쳤던 독일과 영국 역사주의의 방법론을 완전히 간과한 것으로 보인다. 즉, 그는 섬너와는 달리 스펜서의 방법을 적용하는 데 아무 문제를 못 느꼈다. 워드는 콩트의 진보적 역사학 틀을 빌리기는 했지만, 과거에 대한 역사주의적 분석이나 역사법칙의 발견에 대한 강조를 전혀 받아들이지 않았다. 자연과학적 배경을 지녔던 워드는 사회학은 인

---

84) Lester Frank Ward, "The Claims of Political Science"(1884), in *Glimpses of the Cosmos*, 3: 334; 그리고 L. F. Ward, *Dynamic Sociology*, 2: 156, 249~52, 395도 참조. Bernard Crick, *The American Science of Politics* (Berkeley: University of California Press, 1960)는 이후 미국 정치과학의 반정치적 과학주의에서 더 소급하여 Lester Frank Ward로 올라가 그를 유일한 창설자라고는 할 수 없지만 분과학문의 한 창설자로 명명하며 연구하는 전통을 세웠다. 그 세대에서 Ward의 영향력은 확산되었으나, 그 영향력이 미국의 정치과학을 수립한 역사정치학도들에게 아주 특별한 것은 아니었다. Crick의 분석은 미국 정치과학의 과학주의에 대한 명석하고도 여전히 강력한 비판이지만, 과잉비판으로 비난받고 있다. Crick은 미국의 과학주의가 미국 내에서 이루어진, 정신이 결여된 자유주의적 동의를 단순히 반영한다고 주장하고 있다. 미국 사회과학에 관한 유사한 관점에 대해서는 아래에 인용된 Geoffrey Hawthorn, chap. 7, n. 43을 참조.

간성의 생물학적 토대에 근거를 두어야 한다고 믿었다. 욕구가 행위의 기초이며 개인들은 욕구충족에서 행복의 극대화를 추구하기 때문에, 욕구는 곧 "감각의 세계(*sentient world*)에서 진정한 힘"이다. 따라서 보존적·재생산적·미적·도덕적·지적 욕구와 같은 인간본성의 우선적인 동기들이 바로 "사회적 힘들"이며 이것이야말로 사회학의 연구분야이다. 사회 제도들은 이러한 힘들이 작동하는 집합적 단위로 여겨졌다. 질서는 합리적 조정의 문제였으며, 진보는 학습의 문제였다.

미국 예외주의의 자연 신봉자들이나 계몽주의적 자유주의자들처럼 워드에게 역사는 시행착오의 기록이며, 진보는 합리적 자연의 체제(*regime*)에 접근하는 것이었다. "거의 모든 고통은 자연법칙들을 존중하는 데 무지하거나 실패함으로써 발생한다"고 워드는 말했다. 과학적 합리성에 의해 조화될 수 없는 가치와 이익의 갈등이란 존재하지 않았다. 그의 동생을 공산주의로 이끌었던 계몽주의적 이상주의가 워드의 사회정(*sociocracy*)의 바로 밑에도 깔려 있었다.[85]

도금기 시대에 급진적 계몽주의가 받아들여지고 과학적 통제에 대한 급진적 계몽주의의 기계론적 개념이 활용된 것을 이해하기 위해서는, 위기를 맞은 미국의 초역사주의적(*prehistoricist*) 사조에 대한 급진적 계몽주의의 용도를 인식해야 한다.[86] 워드의 종말론적 은유와 일

---

85) L. F. Ward, *Dynamic Sociology*, 1: 464~8, 174~6; 2: 244.

86) 미국의 새로운 자유주의적 사회과학자들이 취하는 계몽주의적 합리주의를 해석하는 데에는 두 가지 주요한 시도가 있었다. Cushing Strout, "The Twentieth-Century Enlightenment," *APSR*, 49 (June 1955): 321~39는 Ward의 혁신주의 후예들을 다루면서, 326쪽에서 "역사적 감각은 그들 속에서 이상적·기술관료적 합리주의에 의해 무디어졌다"고 결론지었다. Strout의 함축적인 인과분석에 따르면 혁신주의 후예들이 현대 과학과 기계에 매료되었다는 것이다. 이와 관련해 나는 그 인과관계가 다른 방식으로 전개되었다고 보고, 그들이 자신들의 초역사주의적·예외주의적 속성 때문에 기술관료적 과학주의에 매료되었다고 주장한다. David W. Noble, *The Paradox of Progressive Thought* (Minneapolis: University of Minnesota Press,

생에 걸친 종교에 대한 관심, 그리고 사물의 실제 성질을 들여다보는 과학의 능력에 대한 믿음은 오히려 내적으로 그가 신성한 힘에 집착하고 있음을 드러낸다. 워드는 신으로부터 돌연히 떨어져 나온 자연세계에 질서를 보증할 존재를 과학적 법칙에서 찾았던 것이다. 만일 인간이 인간사를 스스로 통제해야 한다면, 그 과정은 우연과 실패로 귀결될 수 있다. 오직 역사를 과학적 통제에 종속시켜야만 진보가 보장될 수 있었던 것이다.

데이빗 홀린저(David Hollinger)의 말대로, 인간의 이성이 인간의 삶을 인도할 수 있다는 생각은 최소한 존 스튜어트 밀이 영미권에서 이를 처음 주창했던 때부터 강력한 문화적 이념이 되었다. 인간행위자와 인간지식의 한계에 대한 근대적 인식에 따라 형성된 이 "인식주의적" 이념은 과학적 지식의 능력과 인간사에 대한 그 적용가능성을 강조해 왔다. 홀린저는 인식주의적 이념을 이성과 학문적 과학에 대한 신념으로 광범위하게 정의했지만, 미국 사회과학자들은 종종 이를 실증주의적 용어로 규정했고, 사회공학에 한정시켰다. 후에 보다 발전된 기술주의적 전문성을 지니게 될 이 이념을 당시 워드는 18세기의 기계론적 장광설로 표현했던 것이다.[87)]

사회학의 실질적 모델을 제시한다는 면에서 워드와 섬너는 공과를 나누어 가지고 있었다. 1881년에 섬너는 자신이 일단 고전경제학과

1958), 106~13, 134~7, 246~8은 Ward를 혁신주의 세대의 창시자로 다루는데, 여기에서 제1차 세계대전이 "절대적 진보"의 이념을 파괴할 때까지 Ward는 이상주의적 사상의 18세기적 양태에 집착하고 실질적인 역사이해를 회피한다는 일반적 비난에 처한다. 비록 Noble이 거론한 문제가 진보의 이념이 아니라 역사적 변화의 정치적 함의와 역사주의의 기본적 역학에 초점을 둔 더욱 다양한 분석을 요구하고 있지만, 그의 연구는 지금까지 받은 것보다 더 많은 주목을 받을 만한 가치가 있다.

87) David A. Hollinger, "The Knower and the Artificer," *American Quarterly*, 39 (Spring 1987): 42~5.

입헌적 자유의 기본원리들을 제시하고 난 뒤에는 더 이상 어떻게 나아가야 할지 몰랐다는 점을 인정했다. 1889년에는 "막대한 노력을" 사회학에 "쏟았으나", "방향이 잘못 되었기 때문에" 그 모든 것은 "헛된 것이 되었다"고 고백했다. 다음 장에서 보게 될 것처럼, 이후 그는 자신의 비관적 전망에 대해 보다 적절한 분석틀을 수립하게 되었지만, 이 때까지는 혼합된 방법론과 진보에 대한 모호함으로 인해 확실히 어려움에 처해 있었다. 1883년 이후 워드는 새로운 시각들을 지속적으로 수용했으나, 사회학에 대한 주제는 더 이상 제시하지 않았다. 자신의 공리주의 심리학으로 인해 그는 인간심리와 사회의 명백히 사회적 측면에 대한 통찰력을 지닐 수 없었는데, 이 측면들이야말로 궁극적으로 사회학의 초점이 되었다.[88] 대학 사회학이 확고하게 정착한 이후인 1906년에 마침내 그는 브라운 대학에 주임교수로 임용되어 〈모든 지식의 탐구〉(A Survey of All Knowledge)라는 제목으로 사회학을 강의했다.

결 론

미국 예외주의의 위기는 도금기를 통해 확대되었으며, 1870년대와 80년대 초반에 나타난 그 첫 번째 결과는 역사정치학과 정치경제학이 오랜 도덕철학적 전통으로부터 독립된 분과학문으로 수립되고, 동일한 토대에서 사회학을 수립하려는 노력이 시도되었다는 점이다. 세계

88) Sumner, "Sociology," 322; 〔Sumner〕 "Sketch of William Graham Sumner," 266; L. F. Ward, *Glimpses of the Cosmos*, 5: 1. Ward의 이론에 관한 탁월한 논의에 대해서는 그 시기와 무관하게 Robert C. Bannister, *Sociology and Scientism* (Chapel Hill: University of North Carolina Press, 1987), chap. 1을 참조.

주의적 젠트리가 이러한 발전의 설계자들이었는데, 이들은 사회적 권위를 찾아 정부공직에 들어갔으며, 머그웜프 개혁활동과 대학개혁 및 사회과학 분과학문 수립을 실행했다. 이들은 공과가 엇갈리는 여러 가지 전략들을 모색하기 시작했는데, 이 전략들에 의해 자신들이 지니고 있었던 자연 지식에 대한 보다 실증적인 이해와 역사변화에 대한 새로운 자각이 효과를 발휘하고 전래의 미국 예외주의 비전이 살아남을 수 있도록 하려 했다.

역사정치학에서와 마찬가지로 정치경제학에서 젠트리들은 그 때까지 미국의 영원불멸한 자연적·역사적 질서를 근본적으로 수호해 주는 것으로 여겨졌던 신의 섭리에 대한 공공연한 의존을 단호히 거부했다. 이들은 자연과 역사에 존재하는 식별가능한 질서에 이전보다 더 의존하게 되었다. 미국이 보편적 법칙과 원리들의 작용으로부터 예외일 수 없음을 인식하게 되면서 이들은 미국의 특수한 자유-공화주의 질서를 보존하기 위한 토대를 역사와 자연의 동태(*dynamic*) 속에서 발견해야만 했다. 원래 미국에 적용된 그 예외성이 역사적 조건들과 제도들의 결과이고 그 조건과 제도들이 이제 변화하고 있다면, 지속성을 다시 주장하기 위한 새로운 방법들이 발견되어야 했던 것이다.

역사정치학도들은 미국 공화주의 제도들을 보장하는 것으로 튜튼의 시민적 자유의 원리를 즉각 제시했다. 허버트 애덤스와 존 버제스는 독일과 영국의 역사주의에 깊이 뿌리를 둔 역사연구 프로그램에 착수했지만, 불변의 "씨앗"과 규범적 이상의 원리들에 의거하여 미국의 입헌정부가 고정되고 변하지 않는 것이라는 관점을 지속시키려 했다. 버제스보다 애덤스가 대중민주주의에 관대하기는 했으나, 둘 모두에게 있어서 재산권과 제한된 다수주의 및 엘리트 통치라는 휘그당 원리들은 당시의 위기에 대처하기 위해 필수적이었을 뿐 아니라 민주주의의 확대와 "평등권"을 주장하는 새로운 요구들을 감당하기 위해서도 반드시 강화되어야 했다. 애덤스가 말하는 역사의 지속성과 통일성은 버제스가 말하는 이성의 진보적 발전처럼 이 과업에 필요한 규범적 힘을 역사에 부여한 것이었다.

사회학으로서의 정치경제학이라는 섬너식 사회학도 동일한 전략을 따르면서 고전정치경제학의 규범적 원리들과 튜튼의 시민적 자유라는 불변의 원리들을 접목시켰다. 이들 모두에 있어서, 역사는 원시에서 문명으로, 그리고 독재에서 입헌정부로의 변화를 실현시켜 왔으며, 미국 역사는 이러한 진보적 경험의 가장 고차원적 형태를 실현시켰고 영속화시켰다. 버제스가 미국 역사의 구조에서 진행중인 변화를 제대로 감지했고, 섬너가 미국의 조건이 결국 역사의 변화를 감당하지 못할 것을 예감했다고 한다면, 이와 같이 제한된 역사주의가 도입되었음에도 이들이 미국 예외주의에 집착했던 것은 매우 인상적이다.

경제학에서는 워커만이 그리고 사회학의 선구적 관점에서는 워드만이 실질적인 역사적 변화가 일어날 수 있는 여지를 열어 놓았다. 워커는 미국에서도 산업화가 일부 노동자들을 시장의 자연법칙의 유익한 작용 바깥으로 내몬다고 보았다. 역사의 현실적 상황에서 경쟁은 불완전하며 인간 행위자는 이를 교정할 수도 있고 안 할 수도 있다. 워드도 역사가 생물학적 진화의 자연법칙을 완전히 따르는 것이 아니며, 과학적 지식에 의해 현대인들은 역사적 진보를 자신들의 목적에 맞게 조정해 나갈 수 있음을 보여주었다. 그러나 워커에게서도 역사는 부차적 요인들의 영역이자 진보의 원천이 아닌 보조적 영역으로 남아 있었다. 더욱이 시장의 보편적 법칙은 미국에서 지속적으로 가장 훌륭하게 작용하고 있다고 보았으며, 미국의 특수한 조건들과 공화주의 제도들이 산업화의 병리적 효과들을 상쇄하고 노동조합과 계급갈등을 대부분의 경우 불필요한 것으로 만들어왔다고 보았다. 섬너와 마찬가지로 워커도 미국 노동자들을 유럽 노동자들을 압박하는 것과 동일한 자연적 힘에 의해 압박받고 있는 임금노동자로 보기 시작했으나, 남북전쟁 이전의 시대착오적 이상을 반복하면서 노동자들의 조건이 개선될 수 있는 기회를 강조했다.

워드는 동시대의 누구보다도 미국 역사를 변화에 열려 있는 것으로 보았으며, 따라서 실증주의 과학의 통제에 놓일 수 있음을 서둘러 보여 주었다. 역사는 변화의 과정이다. 자연처럼 법칙의 영역이며, 인간의 본성처럼 법칙에 대한 합리적 적응의 영역이기 때문이다. 역사가 변화를 야기하는 한, 역사는 과학적 합리성에 의해 통제되어야만 하며, 역사 속에서 일어나는 불확실한 갈등들은 사회적 조종(*manipulation*)에 의해 예측 가능한 결과로 축소되어야 한다. 대체로 워드는 자신의 이론을 역사에서 미국이 지닌 특수한 지위를 수호하려는 수단이 아니라 보편적 진보를 보장하려는 수단으로 제시했지만, 그럼에도 불구하고 그의 관점은 자연법칙에 대한 미국 예외주의적 믿음에서 나온 결과이자, 역사적 불확실성에 직면하여 그것을 절대적으로 보장하기 위한 필요에서 나온 결과로 보인다.

분과학문적 전통에 따라 전략이 다르긴 했지만, 젠트리 사회과학자들이 취한 새로운 방향들은 남북전쟁 이전 미국 예외주의의 주제들에 관해 뚜렷하고도 현저히 유사한 변화를 보여 주었다. 젠트리 사회과학자들 사이에 합의가 있었다고 한다면, 전전의 대학에서와 마찬가지로 정치 스펙트럼 상의 중도와 우파 주위에 형성되었다. 섬너와 버제스뿐만 아니라 워커와 워드도 미국이 더 이상 유럽에서 알려진 것과 같은 산업화를 피할 수는 없을지라도, 유럽의 끝없는 계급갈등과 급진적 변화의 필연성은 피해갈 수 있을 것으로 믿었다. 반면에 우리는 미국의 변화가능성에 대한 새로운 자유주의적 대응과 새로운 보수주의적 대응의 윤곽이 등장하는 것도 볼 수 있다. 천년왕국적 신앙과 노예제 폐지론의 성전(聖戰)으로 길러진 워드와 워커의 평등주의 정서는 버제스와 섬너로부터 이들을 확연히 구분시켰다. 워커가 예외주의 이상을 고수했다고 한다면, 워드가 유지하고자 했던 것은 확장적 예외주의의 이상이었다. 워드는 계급이나 인종과 성에 있어서도 그 세대 중 가장 철저히 평등주의적이었는데, 이는 그가 학계 바깥에서 활동했다는 사실과 무관하지 않을 것이다. 전문가 엘리트에 큰 신뢰를 두었지만, 워드는 동시에 지식에 대한 대중의 접근과 사회과학을 철저히 습득한 입법부도 원했다.[89)]

1870년대와 80년대 초반에는 세계주의적 젠트리들 사이의 이러한 차이점들이 드러나지 않았다. 공격적 보수주의자 버제스와 보다 신중한 애덤스가 지배했던 역사정치학에서는 심지어 1880년대 후반과 90년대에도 이데올로기적 갈등이 거의 드러나지 않았다. 그러나 경제학에서뿐만 아니라 대학에 도입되기가 무섭게 사회학에서도, 워커와 워드 및 섬너에 의해 논쟁이 시작되었고 이 논쟁은 세계주의적 젠트리들이 설정한 경계를 훨씬 넘어서게 되었다. 이 분과학문들의 경우, 미국 예외주의의 위기가 과학의 권위에 의해 억제될 수 있으리라는 젠트리들의 기대가, 미국에서 일어나는 변화가 사회주의를 향하고 있다고 주장하는 새로운 학문적 목소리에 의해 곧 도전받게 되었던 것이다.

---

89) L. F. Ward, *Dynamic Sociology*, 1: 23, 37; 2: 398~9.

제 4 장

경제학과 사회학에 대두된 사회주의의 위협

미국 예외주의의 정태적 원리들은 공격받자마자 곧 수정되어 다시 주장되었다. 1880년대와 90년대에 미국 예외주의의 위기가 확대되면서 도금기 사회과학자들의 첫 세대가 이루었던 합의는 파괴되었다. 자본가와 노동자, 농민 및 중간계급 집단들이 경제적 이득과 미래에 대한 결정권을 놓고 싸우게 되면서 사회정치적 지평의 전 영역에 걸쳐 공개적 갈등들이 전개되었다. 사회과학자들도 곧 이 투쟁에 합류하게 되었으므로 미국 예외주의 원리는 재고될 수밖에 없었고, 이에 따라 분과학문들의 성격과 사회과학자들의 적절한 역할도 재고되었다.

사회주의의 위협

1880년대와 90년대를 거치는 동안 노동자와 농민 및 중간계급들의 저항이 때로는 개별적으로 때로는 서로 합쳐서 지속적으로 일어났는데, 이들 모두는 산업자본과 금융자본으로부터 권력수단의 일부분이나마 빼앗으려 했다. 중상층 계급의 많은 관찰자들에게 아래로부터의 이러한 분출은 바로 위협적인 사회주의의 형태로 비쳐졌다. 미국에서는 사회주의가 지속적이고 실질적인 존재를 확보하지 못했다는 사실로 인해 이 도금기에는 아직 사회주의의 운명이 결정되지 않은 상태였다는 사실이 쉽게 잊혀지곤 한다. 당시의 사회주의는 칼 맑스의 이론과 전적으로 동일한 것이 아니라, 기독 사회주의자와 부르주아 사회주의자들의 협동조합 이념에도 최소한 대등한 무게를 두고 있었다. 사회주의자 그룹들이 점진주의나 공동체주의, 국가주의 또는 혁명 등 다양한 목표에 따라 형성되는 한편, 진취적 자유주의자들도 점차 집단주의적 수단과 목표들을 수용했다. 자유주의와 사회주의, 모두의 경계들이 요동하는 가운데, 사회적 행동에 대한 점증하는 요구가 어디에서 끝날지 불확실해졌던 것이다.[1]

노동자들 사이에서는 사회주의 노조들이 일부 토착 노동자와 외국인 노동자들을 끌어들이기도 했지만, 노동자 저항운동 자체의 토착적 전통은 원래의 방향대로 전개되었다. 경제적 자립과 충분한 시민권이라는 전통적 목표들을 실현해 줄 근대적인 집단적 수단들을 추구하면서, 노동계급 지도자들은 미국 예외주의의 낡은 언어들에 새로운 예리함을 불어넣었다. 산업주의를 노예제의 일종으로 보았던 급진적 노예폐지론자들의 산업주의 비판을 확장시켜서 이들은 임금체제와 자본가계급을 일거에 파괴하게 될 노동자 협동조합의 국가(*a commonwealth of workers' cooperatives*)를 구상했다. 이러한 구상을 내세운 노동기사단(the Knights of Labor)[2]이 1880년대 중반에 급성장했는데, 이는 급진

---

1) 1880년대 사회주의와 자유주의의 유동적 관계와 사회주의의 등장에 관해서는 Dorothy Ross, "Socialism and American Liberalism: Academic Social Thought in the 1880s," *Perspectives in American History*, 11 (1977~8): 5~79.

2) 옮긴이 주: 1869년 필라델피아의 피복공 회합에서 처음 결성된 후, 1879년에 중앙집권적인 산업별 조합으로 재편되면서 모든 노동자를 통합하는 노동조합연합체가 되었다. 이 기사단은 보편적인 8시간 노동, 소년노동 폐지,

적 변화의 징조로 여겨졌다. 프랜시스 워커(Francis Walker)에 따르면, 이 기사단의 성공은 피·아 어느 편에서 보더라도 가능성 있는 엄청난 사실로 받아들여졌다.[3] 계급갈등과 노동자조직, 산업폭력 등 자본주의적 불평등의 결과들은 당시의 지배적 "사회문제"가 되었으며, 그 사회주의적 해결 가능성이 미국에서 처음으로 현실적 가능성으로 등장했다.

노동기사단의 힘이 1887년에 이르러 급격히 소멸되기는 했지만, 그 공세에는 휴지기가 거의 없었다. 노동조합의 조직과 파업은 계속되었고, 1880년대 후반에는 평등권 전통에 기반한 농민들의 저항이 남부와 대초원 주들의 생산자 조합들과 선거정치를 중심으로 조직되기 시작했다. 한편 실제보다는 부풀려졌을 수 있지만, 중산층 반대자들(*dissenter*)도 유력 언론들에서 충분히 모습을 드러내고 있었다. 사회적 조화의 대변자로서 이들은 자신들의 기독교 전통과 정치적 전통에 내재되었던 협동조합주의적이고 균등주의적인 이념들을 발전시켰으며, 자발적 협동조합이나 노동중재에서부터 헨리 조지(Henry George)의 단일세와 기독사회주의 및 에드워드 벨라미(Edward Bellamy)가 주장한 사회주의의 국가주의판까지 다양한 기획들을 제안했다. 1892년에

동일노동 동일임금을 목표로 하였다. 한 때 회원수가 73만 명에 달하였고, 1886년에는 8시간 노동제 쟁취를 위해 시카고의 헤이마켓 시위를 주도하여 오늘날 노동절의 기원을 열기도 했다. 그러나 이 시위 이후에는 비현실적 전략과 조직구조상의 약점 및 내부분열로 인해 회원수가 감소하였고, 결국 많은 숙련공들이 실리주의적인 전미노동연맹(AFL)에 흡수됨으로써 1900년에 소멸되었다. Alan Brinkley, 《미국인의 역사 2》, 황혜성 역 (서울: 비봉출판사, 1998), 제 17장 3절 참조.

3) Francis A. Walker, "The Knights of Labor," in *Discussions in Economics and Statistics*, 2 vols., ed. Davis R. Dewey (New York: Augustus M. Kelley, 1971〔1899〕), 2: 321~37. 그리고 Richard T. Ely, "American Labor Organizations," *The Congregationalist*, January 6, 13, 20, 1887도 참조.

는 민중당(Populist party)[4]이 운송과 금융을 국유화하고 "이 땅에서 억압과 부정의와 빈곤을 궁극적으로 소멸시킨다는 목적"에 "정부의 권력, 다시 말해 인민의 권력"을 사용한다는 정강을 가지고 농민과 노동자 및 중간계급 급진주의자들을 규합했다.[5] 1896년에 민중당이 민주당의 윌리엄 제닝스 브라이언(William Jennings Bryan)을 대통령 후보로 지지했을 때는, 민중당의 급진성이 약화된 것인지 아니면 급진주의가 민주당에 침투하고 따라서 미국의 주류정치에 스며든 것인지 확실하지 않은 정도였다.

아래로부터의 이러한 위협에 대항해 자본가들은 더욱 조직적이고 세련된 캠페인을 벌였다. 숙련공 노조가 일정한 독점력을 행사하는 곳이 아니면 어디서나 자본가들은 노동자 조직을 공격했고, 사적 폭력조직을 고용하거나 주와 연방정부의 공권력을 불러들여 파업을 분쇄했으며, 정당의 지원을 체계적으로 동원하기 시작했다. 자본가들은 중간계급과 노동계급 내에도 세계관과 이해관계 혹은 지위로 인해 자본주의와 결탁한 동맹세력을 갖고 있었다. 새로운 산업세계에서는 소유권

---

4) 옮긴이 주: 남북전쟁 이후의 농업부진에 대한 불만을 농민운동을 통해 정치적으로 해소하려고 서부 및 남부의 농민을 중심으로 조직된 정치집단인 인민당(People's Party)을 말한다. 1892년에는 위버(James B. Weaver)를 대통령 후보로 지명하여, 은화 자유주조, 누진소득세, 철도 및 전신전화의 공영화, 상원 직선, 우편저금제도의 확립, 비밀투표제 및 소환제도의 채택 등 여러 개혁을 공약으로 내걸고 일반투표의 9%, 하원의원 10명, 주지사 3명을 당선시켰다. 1894년 중간선거에서도 득표율이 크게 신장되었으나, 1896년 대통령선거에서는 민주당이 민중당의 많은 공약사항을 흡수하였기 때문에 사실상 해체되었다. 그러나 공익을 위해 개인의 자유와 권한의 제한을 요구한 민중당의 주장들은 이후 대부분 실현되어 미국의 20세기 사회개혁운동의 선구가 되었다. Brinkley, op. cit., 제19장 3절 참조.

5) "Platform of the Populist Party, July 4, 1892," in *Documents of American History*, 7th ed., 2 vols., ed. Henry Steele Commager (East Norwalk, Conn.: Appleton-Century-Crofts, 1963〔1934〕), 1: 593~5.

이 광범위하게 확산될 수는 없을지라도 노동의 자유는 여전히 가능하며 고전경제학이 항상 주장했듯이 자유사회에서 자유의 토대를 이루는 것은 노동권의 개인적 소유라고 했다. 미국의 독특한 정치경제와 예외주의적 기약은 바로 부(富)를 위한 경쟁에서 개인적 기회가 확산되는데 기반하며, 이 기회가 열려있는 한 아무도 균등주의적이고 조화로운 결과에 신경 쓸 필요가 없다고 주장했다. 자본주의의 반대자들이 자유-공화주의의 예외주의 이상을 고수하고 이를 지키기 위해서 집단주의를 통해 자본주의를 변화시키려는 것이라면, 자본가들과 그 동맹세력들은 이 이상을 소유적 개인주의(*possessive individualism*)로 재정의하고 자본주의적 시장을 그대로 유지하려 했던 것이다. 양측 모두 자신만이 본래의 미국의 기약을 진정으로 계승했다고 주장했다.

양측 모두 위협을 느꼈으나, 보다 많은 자원을 활용할 수 있었던 측은 자본가들이었다. 자본가들은 직장과 언론, 교회, 대학, 그리고 마을 전체와 도시와 주들에 대한 권력을 가지고 당근과 채찍을 사용하며 상대방들을 무장해제시키고 폭넓은 지지를 획득했다. 이들의 힘 중 결코 작지 않은 것이 자신들의 프로그램을 미국적 전통을 수호하는 것으로 만드는 능력이었다. 집단주의자들과 소유적 개인주의자들은 모두 남북전쟁 이전의 예외주의 비전을 변형시켰지만, 급진주의자들만은 공개적으로 역사적 변화를 주창했고 계급투쟁을 정당한 것으로 받아들였다. 한편 보수주의자들은 변형 자체를 "비미국적"(*un-American*)인 것으로 거부하면서, 자본주의와 공화주의 제도 및 개인적 기회를 유지해야 한다고 주장했다.

저항과 이에 대한 보수주의의 대응 간의 상호작용은 1873년부터 77년까지의 불황과 파업 속에서 그 첫 번째 정점에 도달했다. 두 번째 정점은 1885년의 불황과 노동기사단의 급성장 및 1886년 5월에 벌어진 8시간 노동제를 위한 전국적 시위와 헤이마켓(Haymarket) 폭동 속에서 이루어졌다. 이 사건들은 여론의 신경질적 반응을 불러일으켰으며, 1888년까지 이어지는 반노동적, 반급진적 캠페인들을 촉발시켰다. 마지막 정점은 1890년대 중반이었는데, 1893~97년의 불황과 1892년 홈스테드(Homestead) 및 1894년 풀먼(Pullman) 파업과 같은 일련의 파업들, 같은 해 콕시(Coxey) 실업자 대열의 전국 행진,[6] 민중당의 성장, 그리고 1896년의 대통령 선거 캠페인 등 이 모든 사건들이 갈등과 우려 그리고 열광에 대한 반동을 불러왔다.[7]

양극적인 이데올로기적 갈등은 곧 사회과학 학계에도 나타났으며 저항과 대응의 정점들을 그대로 뒤따랐다. 경제학과 그 뒤 사회학이 사회문제(*the social question*)를 둘러싼 전투의 전선을 형성했으며, 보

---

6) 옮긴이 주: 오하이오 주 출신의 사업가이자 민중주의자인 제이콥 S. 콕시(Jascob S. Coxey)가 1894년 통화 인플레이션과 직업창출을 위해 대규모 공공사업 계획을 주장했었다. 그러나 의회가 이를 수용하지 않자 콕시는 정부에 압력을 행사하기 위해 워싱턴까지 실업자 행진을 조직하였는데, 이것이 이른바 '콕시 실업자 대열의 행진'이다. A. Brinkley, op. cit.

7) 도금기 계급갈등에 관한 이 분석은 다음 문헌들에 근거하고 있으나 전부는 아니다. Robert Wiebe, *The Search for Order, 1877~1920* (New York: Hill & Wang, 1967); David Montgomery, *Beyond Equality: Labor and the Radical Republicans, 1862~1872* (New York: Knopf, 1967); Alan Dawley, *Class and Community: The Industrial Revolution in Lynn* (Cambridge, Mass.: Harvard University Press, 1976); Melvin Dubofsky, *Industrialism and the American Worker, 1865~1920* (Arlington Heights, Ill.: AHM, 1975); Leon Fink, *Workingman's Democracy: The Knights of Labor and American Politics* (Urbana: University of Illinois Press, 1983); J. H. M. Laslett, *Labor and the Left: A Study of Socialist and Radical Influences in the American Labor Movement, 1881~1924* (New York: Basic, 1970); Howard Quint, *The Forging of American Socialism: Origins of the Modern Movement* (Indianapolis, Ind.: Bobbs-Merrill, 1964〔1953〕); Chester M. Destler, *American Radicalism, 1865~1901* (Chicago: Quadrangle Books, 1966〔1946〕); Lawrence Goodwyn, *Democratic Promise: The Populist Moment in America* (New York: Oxford University Press, 1976).

다 자유주의적이고 급진적인 성향의 젊은 사회과학자들을 끌어들였다. 그러나 전체적으로 볼 때, 급진주의가 경제학과 사회학에 진입한 것이 새로운 사회계급 출신들의 충원을 통한 것은 아니었다. 대략 1850년과 70년 사이에 태어난 젊은 사회과학자들은 대개 유복한 프로테스탄트 토착 중간계급이거나 프로테스탄트 빈곤층에서 중간계급으로 상승한 사람들의 자제들이었다. 이들은 문화적으로 휘그파와 공화당 성향이었으며, 많은 사람들이 목사의 아들이나 손자였다. 요컨대 이들은 19세기 초반 이래 중도적 사회과학을 지배했던 바로 그 계층들 출신이었던 것이다.

대학이 능력주의적인 학문적 기준을 수용하여 사회과학을 미국사회의 다른 집단들에게 개방하는 것은 대단히 완만히 진행되었고, 비공식적 통제기제들이 이들을 배제했다. 몇몇 새로운 인물들이 가까스로 진입하기도 했다. 예컨대 노르웨이 농업 이민자의 아들인 토스타인 베블렌(Thorstein Veblen)과 독일계 유대인 출신 에드윈 셀릭먼(Edwin R. A. Seligman)이 그들이다. 그러나 이러한 사람들이 도금기 동안에 대학에서 자리를 잡은 적은 거의 없었다. 유대인과 가톨릭에 대한 편견이 아프리카계 미국인(*African American*)에 대한 인종차별만큼이나 철저하게 대학의 고상한 환경에 만연되어 있었다. 뉴욕의 독일계 유대인 사회는 부유하고 이미 미국 사회에 동화되었는데, 바로 이곳 출신이기 때문에 셀릭먼은 빨리 예외가 될 수 있었다. 여성들은 이미 자선활동과 개혁활동에 깊이 관여했고 따라서 사회과학의 당연한 청중이 되었으나, 현실주의와 과학 및 전문적 지위를 획득하려던 사회과학자들의 남성적 이미지를 위협할 수 있는 존재이기도 했다. 1870년대와 80년대에는 여성들을 대학원 과정에 받아들이는 경우가 매우 드물었다. 그러나 1890년대에 상황은 극적으로 변하게 된다.[8)]

8) Marcia Synnott, *The Half-Opened Door: Discrimination and Admission at*

존 베이츠 클라크(John Bates Clark), 헨리 카터 애덤스(Henry Carter Adams), 리차드 엘리(Richard T. Ely), 에드먼드 제임스(Edmund J. James), 사이먼 패튼(Simon Patten), 에드윈 셀릭먼 등 새로운 정치경제학으로의 발전을 주도했던 젊은 경제학자 그룹 중 셀릭먼을 제외하고는 모두 미국의 토착 프로테스탄트 문화집단에 속했다. 이들은 사회적·정치적·개인적 삶에서 도덕의식을 존중하는 뉴잉글랜드의 전통적 복음주의 가문의 자제들이었다.[9] 19세기 내내 복음주의적·경건

Harvard, Yale and Princeton, 1900~1970 (Westport, Conn.: Greenwood, 1979); Harold S. Wechsler, *The Qualified Student: Selective College Admission in America* (New York: Wiley, 1977); Kenneth Manning, *Black Apollo of Science: The Life of Ernest Everett Just* (New York: Oxford University Press, 1983); Rosalind Rosenberg, *Beyond Separate Spheres: Intellectual Roots of Modern Feminism* (New Haven, Conn.: Yale University Press, 1982); Margaret Rossiter, *Women Scientists in America: Struggles and Strategies to 1940* (Baltimore: Johns Hopkins University Press, 1982).

9) 역사경제학자들의 사회적·문화적 배경에 대한 더 상세한 논의에 대해서는 Ross, "Socialism and American Liberalism," 15~22, 69~70과 Mary Furner, *Advocacy and Objectivity: A Crisis in the Professionalization of American Social Science, 1865~1905* (Lexington: University Press of Kentucky, 1975), 49~57을 참조. 특히 Adams와 Ely에 대해서는 다음 문헌들을 참조. Ephraim Adams, *The Iowa Band* (Boston: The Pilgrim Press, 1901〔1968〕); A. W. Coats, "Henry Carter Adams: A Case Study in the Emergence of the Social Sciences in the United States, 1850~1900," *Journal of American Studies*, 2 (October 1968): 179~85; Richard T. Ely, *Ground under Our Feet* (New York: Macmillan, 1938), chap. 1; Benjamin G. Rader, *The Academic Mind and Reform: The Influence of Richard T. Ely in American Life* (Lexington: University of Kentucky Press, 1966), 1~7. 그들 중 유일하게 사업가인, Clark의 아버지는 그의 목사 아버지의 회중파(*Congregational*) 신앙심을 유지했다. Clark의 외조부도 역시 목사였다. Clark에 대해서는 John R. Everett, *Religion in Economics: A Study of John Bates Clark, Richard T. Ely, and Simon N.*

주의적 프로테스탄트 전통은 행동가들을 배출했는데, 이들은 취약한 인간의식을 단련시켰고 공동체 전체의 구원을 추구했으며, 미국 공화국의 천년왕국적 토대들을 강조했다. 이 행동가들은 자기 자신과 국민들에게 도덕적 순수성과 사회적 쇄신을 요구했다. 이들은 남북전쟁 이전 북부에 노예제 폐지 운동의 열정을 불어넣었는데, 먼저 1830년대와 40년대에는 대학들을 이 열정 속에 빠뜨렸고, 다음에는 공화당으로, 그리고 남북전쟁이 벌어지자 연방을 구원하려는 십자군으로 옮겨갔다. 도금기의 위기시절에 이 문화적 전통의 계승자들은 다시 한번 깨어나서 프로테스탄트 기독교의 반대(*dissent*) 정신에 내재된 유기적이고 평등주의적인 가치들을 내세우게 되었다.[10]

Patten (Morningside Heights, N.Y.: King's Crown Press, 1946), 26~8; *John Bates Clark: A Memorial* (New York: privately printed, 1938), 5~10; "Rev. James Seegrave to Rev. A. H. Clark", June 23, 1910, 〈John Bates Clark Papers〉, Columbia University Library 참조. James에 대해서는 E. J. James, "Reverend Colin Dew James," *Journal of the Illinois State Historical Society*, 9 (January 1917): 450~69; Steven A. Sass, *The Pragmatic Imagination: A History of the Wharton School, 1881~1981* (Philadelphia: University of Pennsylvania Press, 1982), chap. 3을 참조. 그리고 Patten에 대해서는 Daniel M. Fox, *The Discovery of Abundance: Simon N. Patten and the Transformation of Social Theory* (Ithaca, N.Y.: Cornell University Press, 1967); Sass, *The Pragmatic Imagination*, chaps. 3, 4를 참조하고, Seligman에 대해서는 Joseph Dorfman, "Edwin Robert Anderson Seligman," *DAB*, Suppl. 2, 606~9.

10) Ross, "Socialism and American Liberalism," 17~22; Furner, *Advocacy and Objectivity*, 45, 49~50; Jean B. Quandt, "Religion and Social Thought: The Secularization of Postmillennialism," *American Quarterly*, 25 (October 1973): 390~409; James M. McPherson, *The Abolitionist Legacy: From Reconstruction to the NAACP* (Princeton, N.J.: Princeton University Press, 1975). 그밖에 George M. Frederickson, "Intellectuals and the Labor Question in Late Nineteenth Century America" (미발간 논문)는 이와 같은 "사회적 기독교" 학파의 창설에 남북전쟁기 국가주의

빅토리아 시대의 미국에서 자연주의의 전위적 수호자였던 세계주의적 젠트리와는 달리 이 복음주의 기독교도들은 과학과 종교 간의 갈등을 전혀 느끼지 않았다. 이들은 증대하고 있는 자연주의의 권위를 그대로 받아들였으며, 과학이 정통신앙으로부터 벗어나고 있음을 인정했다. 애덤스도 엘리도 부모들이 원했던 영적 각성의 경험을 얻지 못했으며, 애덤스는 교리를 지키지 못하게 되자 성직자 공부를 포기했다. 그러나 이들은 기독교리를 문자 그대로가 아니라 하나의 정신으로 파악했다. 기독교적 관념론은 도덕적·영적 진리에 대한 통찰력을 제공하는 것이고, 과학은 자연의 진리를 발견하게 하는 것이며, 이 양자는 윤리적 조화를 이루어야 한다고 보았던 것이다. 일찍이 이들과 똑같이 경건파·복음파 기독교 전통을 이어받은 프랜시스 워커와 레스터 워드는 기독교 전통의 도덕적 가치들을 지니고 있었으나 실증주의의 영향 때문에 이를 자신들의 사고에 반영할 수 없었다. 그러나 1880년대의 이 젊은 경제학자들은 대중들에게 이야기할 때는 당당하게 조물주나 신의 섭리에 대해 언급하면서 자신들의 전문적 활동에서는 갈수록 자연주의의 경계를 고수했다.

이 젊은 경제학자들이 지닌 기독교적 반대의식(*oppositional conscience*)의 중요성(아웃사이더인 셀릭먼의 경우에는 개혁 유대교의 도덕적 경향이 된다)은 1세대 젠트리의 보수주의 노선을 따르게 된 소장 경제학자들에게는 이 의식이 없었다는 사실에서도 잘 드러난다. 로렌스 로플린(J. Laurence Laughlin), 프랭크 토식(Frank W. Taussig), 아서 해들리(Arthur T. Hadley)와 헨리 파넘(Henry W. Farnum) 등 소장 경제학자들은 경제가 잘 되고 있다고 믿는 성공적 사업가나 전문가의 자제들이었다. 이들의 배경에는 어떠한 도덕적 열정도 없었다. 예컨대 파넘은 해외에서 젊은 신사로 교육받았으며, "이러한 사실이 그에게 부

(*nationalism*)가 중요했음을 강조한다.

여한 의무를 명확히 느꼈으나," 그 아버지와 마찬가지로 가부장적 자선가의 본능이 먼저 발휘되곤 했다.[11]

복음주의 경제학자들은 또한 독일 역사경제학으로부터도 많은 영향을 받았다. 역사경제학은 원래 독일 자유주의의 온건한 유기론적 전통의 산물이었으나, 독일식 "사회문제"가 표면화되었던 1860년대 후반과 1870년대에 급진적 색채를 띠게 되었다. 노동계급의 대량빈곤에 대한 영국 자유방임주의 경제학의 무능력이 이들의 프로그램을 낳은 촉매였다. 독일 역사경제학파는 사회주의를 근대 산업사회의 특징적 산물이자 당대의 경제정책에 있어서 핵심문제로 간주했다. 이들은 온건한 국가주의적 개혁을 기대했으며, 사회와 제국(*imperial state*)의 유기적 통일에 관심을 가지고 있었다. 그러나 이들은 사회주의 주장에도 동조적이었고, 자본주의적 이기심으로부터 공공복지를 보호하기 위해 국가의 행동이 필요하다고 믿었다. 경제학은 역사적 학문이자 윤리적 학문이었다. 어떤 이들은 처음에 자신들을 비꼬는 투로 붙여졌던 강단사회주의자(*Kathedersozialisten*)라는 명칭을 자발적으로 선호하기도 했다.[12]

젊고 급진적인 경제학자들은 모두 독일에서 대학원을 마쳤으며, 사회주의에 대한 역사경제학자들의 공감을 흡수했다. 휘그당의 유기체

---

11) Furner, *Advocacy and Objectivity*, 54~7; Ray B. Westerfield, "Henry W. Farnum," *DAB*, Suppl. 1, 293~5.

12) John Rae, "The Socialists of the Chair," *Contemporary Review*, 38 (February 1881): 19~25; Charles Gide and Charles Rist, *A History of Economic Doctrines*, 2nd ed. (Boston: Heath, 1948), 383~449; Fritz K. Ringer, *The Decline of the German Mandarins: The German Academic Community, 1890~1933* (Cambridge, Mass.: Harvard University Press, 1969), 128~51; Kenneth D. Barkin, *The Controversy over German Industrialization, 1890~1902* (Chicago: University of Chicago Press, 1970), 1~12, 138~47; Abraham Ascher, "Professors as Propagandists: The Politics of the Kathedersozialisten," *Journal of Central European Affairs*, 23 (October 1963): 282~302.

론과 공화당의 국가주의 및 대학의 도덕철학이라는 이들 본래의 미국적 유산은 독일 전통과 쉽게 조화되었다. 버제스와 섬너의 손에서 이 휘그-공화당의 전통이, 견고하고 보수적인 국민국가를 강화하여 개인 재산권의 수호자이자 유일한 중재자로 만들어 내었음을 우리는 이미 살펴본 바 있다. 그러나 휘그-공화당 정치문화의 보다 평등주의적 부분들 속에서는, 자본주의적 개인주의에 대항하여 개인의 권리를 넘어선 공동체의 존재가 주장될 수 있었고, 유기체적 이념이 새로운 자유주의와 그것을 넘어 사회주의로까지 연결될 수 있었다. 강단사회주의자들은 젊은 경제학자들의 보다 급진적인 성향에 초점을 맞추고 이를 강화시켰다.

반면 젊은 고전경제학자들은 그들의 스승들처럼 역사경제학을 단지 고전적 패러다임에 유용한 부차적 방법으로만 생각하곤 했다. 로플린과 토식, 해들리는 하바드와 예일대학의 찰스 던바와 윌리엄 섬너에게서 최종학위를 취득했으며, 토식과 해들리는 해외에 나갔을 때 역사경제학의 이단적 메시지를 무시하거나 반박하곤 했다. 파넘은 예일대학에서 석사과정을 마친 후 스트라스부르(Strasbourg)에서 박사학위를 받았는데, 자신의 모든 경력을 역사적 경제연구에 쏟았으나 섬너처럼 고전경제이론의 구조를 정교화하는데 역사학을 이용했을 뿐이었다.[13)]

이렇게 해서 보다 급진적인 젊은 경제학자들은 유럽과 마찬가지로 미국에서도 초래되는 산업자본주의의 불평등을 일찍부터 비난했으며 자신들을 노동계급과 동일시했다. 클라크가 산업사회의 빈곤을 처음 의식하게 된 때는 아마 프로비던스(Providence) 시에서 살던 소년시절이었거나 혹은 독일에서 공부하는 동안이었을 것이다. 1877년에 이미 그는 미국의 산업조건에 대해 괴로워했으며, 노동자에 대한 대우가 식

---

13) Furner, *Advocacy and Objectivity*, 55; Westerfield, "Henry W. Farnum."

인문화나 노예제와 다를 바 없다는 인류학적 은유를 쓰곤 했다. 애덤스도 1870년대 중반 볼티모어(Baltimore) 시에서 목격한 빈곤에 깊은 인상을 받았으며, 자신의 종교적 소명의식을 궁핍을 없애겠다는 사명감으로 바꾸었다. 엘리는 1880년 독일에서 귀국하여 취업을 위해 뉴욕의 거리를 방황하는 동안 "노동계급을 위해 글을 쓰기로 스스로 다짐했다"고 밝힌 바 있다.[14] 이와 같은 입장을 취하면서 이들은 미국의 주류 정치논쟁에 새로운 요소를 도입했다.

19세기 초반 이래 예외주의적 합의는 미국에서 자유-공화주의 제도들이 개인의 자유와 일정 수준의 평등 및 사회적 조화를 창출한다는 전제에 기반을 두고 있었다. 휘그당이건 잭슨주의자들이건 간에 미국적 관점에서 볼 때, 이 이상을 실현하는 데 실패하는 것은 곧 자본주의·공화주의 제도들을 진정한 궤도에 올려놓는 데 실패하는 것으로 이해될 수 있었다. 그러나 도금기의 엄청난 실패들을, 특히 동정적인 사람들로서는, 이런 식으로 이해하기가 쉽지 않았다. 노동계급과 중간계급 반대자들과 마찬가지로 복음주의 경제학자들에게, 자본주의에 대한 사회주의의 비판은 자본주의적 개인주의가 평등과 우애의 가치를 파괴한다는 것을 보여 주었다. 사회주의는 남북전쟁 직전 시기의 예외주의가 그렸던 조화라는 비전을 산산이 부수어 평등과 자유를 대립시키고 공동선과 개인적 사익추구를 대립시켰다.

다윈적 자연주의가 유행하고 고전경제학과 스펜서 사회학의 경쟁적 개인주의가 "선혈이 낭자한 자연"(*nature red in tooth and claw*)의 번쩍

14) John Bates Clark, "How to Deal with Communism," *New Englander*, 37 (July 1878) : 540; Henry Carter Adams가 어머니에게 쓴 편지 1876년 6월 12일자; 1877년 2월 11일자, 10월 22일자, 12월 23일자; 1878년 1월 27일자, 〈Henry Carter Adams Papers〉, University of Michigan; Ely가 Labadie에게 쓴 편지 1885년 8월 14일자, in "The Ely-Labadie Letters," ed. Sudney Fine, *Michigan History* 36 (March 1952) : 17.

이는 조명 아래 드러나자 사회주의의 고발이 진실을 일깨우는 것으로 여겨졌다. "개인적 동기에 따른 사람들의 행위와 사회적 이익에 적합한 사람들의 행위 간에는 필연적인 갈등이 존재한다"라고 헨리 카터 애덤스는 주장했다. 그러나 "진보한 유기체에게는 개인적 생존경쟁 법칙보다 더 높은 차원의 법칙이 있어야만 한다."[15] 따라서 젊은 경제학들은 자본주의적 개인주의에 의해 초래된 불평등과 이기심을 억제할 수 있는 더 높은 차원의 사회윤리를 추구했다. 이들이 이를 미국 전통에서는 민주적 집단주의와 자치적 유기체론에서 발견했다면, 사회주의의 평등주의적·우애적 이념에서도 이들은 영감을 얻었으며, 협동조합적 사회주의에서 자신들이 지녔던 원래의 자유-공화주의적 희망이 구현됨을 보았다고 할 수 있다.

새로운 사회윤리 의식이 예외주의의 정치적 합의와 젠트리 사회과학 프로그램의 울타리를 뚫고 나온 것처럼 역사적 변화에 대한 심화된 인식도 이 경계들을 뚫고 나왔다. 남북전쟁기와 급속한 산업화 시기에 태어나서 자랐으므로, 젊은 세대들은 미국의 새로운 실체를 이전 세대들보다 더욱 분명하게 볼 수 있었다. 자연주의의 권위가 증대되면서 이들은 유럽의 역사편찬과 사회이론이 주는 역사주의적 메시지를 더욱 확실히 받아들일 수 있게 되었으며, 다른 한편 독일인들이 그랬던 것처럼 기독교 관념론을 통해 역사와 그 변화된 형태 안에 신적 실체를 담을 수 있었다. 이들 중 많은 사람들이 독일에서 공부하기도 했다. 그러나 1880년대와 90년대의 담론에서 뚜렷이 드러나는 새로운 요소는 바로 진화였다. 섬너와 워커 및 존 버제스의 저서에서 다윈의 영향이 조금이라도 드러났다면 그것은 어디까지나 다윈 이전의 원천들에서 생겨난 역사적 변화에 대한 관념을 보충하는 것이었다. 그러나 젊은

---

15) Henry Carter Adams, "Relation of the State to Industrial Action" (1887), in *Two Essays by Henry Carter Adams*, ed. Joseph Dorfman (New York: Augustus M. Kelley, 1969), 72~3.

사람들에게서 다윈 진화론의 승리는 이제 곳곳에서 볼 수 있었으며, 이들이 지닌 세계관에 더욱 핵심적인 것이 되었다.[16] 생물학적 진화로 인해 모든 자연현상들에 대한 이해가 필연적으로 변화하고 있었기 때문에 미국의 정체성도 이를 피할 수는 없었던 것이다.

역사주의의 도전과 예외주의의 대응: 엘리에서 클라크까지

젊은 좌파 역사경제학자들은 선배들과 마찬가지로 정치경제학에 대해 언급하면서 미국 예외주의의 문제로 시작했다. 이들은 산업화가 미국 사회를 영원히 변화시켰다고 믿었다. 클라크는 "확산의 날은 얼마 남지 않았고 집중의 날들이 다가 왔다"고 했다. 일찍이 영국을 휩쓸었고 당시 유럽대륙을 변형시키고 있는 것과 동일한 미래를 산업주의가 미국에 가져다주었다. 천년왕국적 공화주의의 논리에서 이 징조는 천년왕국 종결기의 이미지들, 즉 묵시록적 대격변과 신의 왕국의 도래와 같은 이미지들을 불러 일으켰다. 이러한 이미지들은 도금기의 위기와 유토피아적 변화에 관한 당시 문헌들에 널려 있었다. 토착적 예외주의의 비전에 새로운 역사주의를 융화시키면서 젊은 복음주의 경제학자들은 19세기 초 유럽사상가들의 길을 따라 역사 속에다가 천년왕국의 희망을 불어넣었다. 신의 왕국이 지닌 변형의 힘(*transformative power*)이 미국의 기약에 새로운 역사적 형태를 부여하리라는 것이었다.[17]

---

16) 예를 들어 〔William Graham Sumner〕, "Sketch of William Graham Sumner," *Popular Science Monthly*, 35 (June 1889): 266과 Ely, "American Labor Organizations"를 비교하여 참조.

17) John Bates Clark, "The Nature and Process of True Socialism," *New Englander*, 38 (July 1879): 571; Kenneth M. Roemer, *The Obsolete*

"본질적으로 현 제도들은 기존 체제의 한계를 궁극적으로 극복할 진보의 씨앗을 잉태하고 있다"라고 클라크는 말했다. "진정한 사회주의의 방향으로 조용하고 마찰 없이 흐르는 저류"가 있으며, 그것은 "… 모든 역사를 관장하는 섭리에 의해 조종된다." 복음주의적 기대는 엘리의 저서에서 더욱 직접적으로 드러나며, 보다 학술적이고 신중했던 애덤스의 사적 대화에서도 명백하다. 엘리는 노동기사단의 급성장을 목도하고, "선로에서 떨어져 있으라! 진보의 기관차가 오고 있다! 길을 비켜라!" 라고 외쳤다. 그는 또 "불가피한 변화를 주도하는 것은 우리에게 달려 있었으므로, 우리는 모든 독실한 기독교인들이 기도하고 동경하는 정의의 왕국에 더 가까이 다가갈 수 있을 것이다"라고 했다.[18)]

클라크와 애덤스와 엘리는 명확하게 새로운 미래를 사회주의와 연결시켰다. 그들의 이상은 가족적 용어로 규정된 평등과 우애의 가치들을 지닌 협동조합적 국가(*cooperative commonwealth*)였다. 클라크는 1879년에 다음과 같이 선언했다:

> 사회주의 이념의 아름다움은 이를 잘 이해하는 지성을 사로잡기에 충분하다. 그것은 마치 알프스 정상에서 내려다 본 이탈리아의 풍경처럼 펼쳐져, 위험한 급경사 길을 마다하지 않도록 사람들을 유혹한다. 개인주의는 이렇게 말하는 듯하다. '여기에 세상이 있으니, 누구든 가져갈 수 있는 만큼 취하라. 지나치게 폭력적이거나 아주 부당

Necessity: America in Utopian Writings, 1888~1900 (Kent, Ohio: Kent State University Press, 1976), 3, 16~22, 54~5, 87~96; Dorothy Ross, "The Liberal Tradition Revisited and the Republican Tradition Adresses," in *New Directions in American Intellectual History*, ed. John Higham and Paul Conkin (Baltimore: Johns Hopkins University Press, 1979), 121~5.

18) Clark, "Nature and Progress of True Socialism," 570, 572, 579; Ely, "American Labor Organizations."

하지는 말아야 하지만, 이러한 제약 안에서는 이기적으로 취하라. … 강자들에게는 많은 것이 돌아가고, 그 아이들에게는 더 많은 것이 돌아가는 반면, 약자들에게는 적은 양이, 그리고 그들의 아이들에게는 더욱 적은 것만 돌아간다.' 반면, 진정한 사회주의는 이렇게 말한다. '여기에 세상이 있으니, 한 아버지 밑의 가족 공동의 것으로 여기라. 어린아이들처럼 이를 즐기되 각자 필요한 만큼 즐기라. 형제들처럼 각자 힘에 따라 일하라. 분배에서 정의가 힘을 대신케 하라. … 과학자들이 이타주의라고 부르지만 성서에서는 보다 나은 이름으로 불리는 이 아름다운 유대가 다른 어떤 결속보다도 더 인류 가족을 결합시키는 것이다.'

클라크의 사회주의적 이상은 "개인의 자립을 위한 투쟁이, 유기체적 삶의 보다 높은 차원으로 승화되는 것"을 구현할 것이었다.[19]

애덤스도 낡은 예외주의 이상을 새로운 역사적 형태로 변형하고 확대할 필요성을 깨닫고 있었다. 간행된 저술들에서는 독일 역사경제학과 근대 역사분석의 용어를 사용했으나, 집이나 학교에서 그가 사용한 언어는 공화주의의 것이었다. 그의 아버지는 노예제를 반대하는 회중파 목사들의 단체인 '아이오와 그룹'(Iowa Band)의 지도자로서, 서부 자유 주들을 구하기 위해 미국 국내선교협회(the American Home Mission Society)에 의해 아이오와로 파견되었다. 젊은 애덤스가 왜 이제 스스로를 사회주의자로 여기는지 설명하기 위해 독일에서 아버지에게 편지를 썼을 때, 그는 본능적으로 공화주의 역사의 언어에 빠져들었다. 미국과 프랑스의 혁명이 독재와 신분제도 및 특권들을 철폐했으며, 모든 사람들에게 투표권을 부여했다고 그는 시작했다. 그러나 그

19) Clark, "Nature and Progress of True Socialism," 567, 580. 그밖에 Richard T. Ely, *French and German Socialism in Modern Times* (Freeport, N.Y.: Books for Libraries Press, 1972〔1883〕, 186~8; H. C. Adams가 어머니에게 쓴 편지 1884년 4월 7일자, 〈Adams Papers〉도 참조.

혁명은 경제적 평등을 완성하지는 않았다. "기존 제도 아래서 노동하는 사람들은 아무 것도 가진 것이 없고 최소한의 생계수단을 얻는 데에도 어려움을 겪는데, 노동하지 않는 사람들은 풍요롭게 살며 토지를 소유하고 있습니다." 이러한 불평등은 반드시 제거되어야 한다고 그는 경고했다. "재산과 생산물의 보다 공정한 분배가 이루어지지 않으면, 민주주의는 전제정치와 퇴락의 치명적 종말을 맞을 것입니다."

> 그리스 민주주의와 로마 공화주의의 역사는 한때 번영했던 이 나라들이 생산물의 불평등한 분배라는 암초에 부딪혀 침몰하게 되었다는 것을 보여줍니다. … 우리는 커다란 사회적 문제의 한가운데 서 있습니다. 그대로 서 있는 것은 불가능하고, 오로지 하나의 길만이 있습니다. 그리고 이 길에는 두 가지 방향이 있습니다. 하나는 앞으로 계속 가는 것이고, 다른 하나는 돌아가는 것입니다. 앞으로 계속 가는 것은 우리들이 말하는 이론상의 평등을 실질적인 평등으로 확장하는 것입니다.

천년왕국적-공화주의적 우려가 애덤스로 하여금 사회주의적 미래로 나아가도록 만들었던 것이다. 이렇게 해서 시민권의 평등은 "경제적 공화주의"로 확대되어야 했다.[20]

협동조합적 국가는 남북전쟁 이전의 자유-공화주의 이념을 새로운 조건에 적합하도록 변형하려는 시도였다. 국가의 후원 아래 협동조합적으로 소유되고 운영되는 경제라는 것은, 생산자 민주주의(*producers' democracy*)의 개인주의에도 다시 귀를 기울이면서 동시에 민주사회주의의 집산주의를 지향하는 이념이었다. 애덤스와 엘리 그리고 특히 클라크는 자본주의 경제에서 경쟁적 노력이 만들어 내는 개인의 자립과 도덕적 힘을 높이 평가했다. 진정한 경쟁이 작동할 수 있는 곳이라면

---

20) H. C. Adams가 아버지에게 쓴 편지〔1879년 늦은 여름〕, 〈Adams Papers〉.

어디서든지 이들은 경쟁을 지키고자 했다. 이와 마찬가지로, 국가행동은 필요한 곳, 즉 경쟁수준을 향상시키거나 독점을 규제하거나 혹은 노동자들의 권리를 실행하는 데에만 사용될 것이었다. 엘리는 이들 중 가장 열정적인 국가주의자였는데, 어떤 글에서는 국가를 신성한 제도로 보는 엘리샤 멀포드(Elisha Mulford)의 개념을 인용하면서, 국가는 국가경제와 "인민의 복지"에 대해 무제한적 주권(*blanket sovereignty*)을 지녔다고 주장했다. 결국 이들은 자본주의가 변형될 것이며, 집산주의적 민주주의에 의해 노동자들이 생산자원에 대한 통제권을 획득할 것이라고 믿었다. 1870년대 후반과 80년대 초반의 시기에 젊은 역사경제학자들은 서구와 미국의 다른 사회사상가들과 마찬가지로 여전히 자유주의와 사회주의 사이에서 동요하고 있었다. 이들의 사고가 발전해 갈 방향은 원래 자신이 지니고 있었던 관점뿐 아니라 미국 학계가 어떻게 대응하느냐에도 달려 있었다.[21]

자본주의 미국에서 사회주의에 동조적인 자들에게 퍼부어질 비난을 잘 알고 있었지만, 이들은 우선 학계에서 발판을 마련해야 했다.[22] 정치경제학자로서 이들의 미래는, 중도·보수주의판 미국 예외주의와 고전경제학이 아직 지배하던 이 전문가 집단에 받아들여질 수 있는가에 달려 있었다. 자신들을 가르친 독일 교수들의 높은 신분과 공적 중요도

---

21) Ross, "Socialism and American Liberalism," 35-7, 52-3; Richard T. Ely, *An Introduction to Political Economy* (New York: Chautauqua Press, 1889), 30.

22) 애덤스는 여전히 독일에 있으면서 존스 홉킨스 대학교에 초빙되기를 희망했지만, 사회주의에 대한 최초의 논문을 썼을 때 다음과 같이 고백했다. "그 논문 속에는 조금이나마 사회주의적인 것이 한두 가지 있으며, 그 사상은 이미 도래한 것입니다. 내가 그것들을 도입할까요? 그렇게 하면 볼티모어(Baltimore)의 내 지위가 위협받지 않겠습니까? 그러나 그것은 일시적일 뿐입니다. 위협을 받건 받지 않건, 저는 제가 믿는 것을 쓸 것입니다." Adams가 어머니에게 쓴 편지 1879년 1월 18일자, 〈Adams Papers〉.

에 자극을 받아 이들은 커다란 직업적 야망을 갖고 있었다.[23] 독일 교수들이 개혁주의적 경제 프로그램을 발전시키기 위해 1872년에 결성한 '사회정책을 위한 모임'(Verein für Sozialpolitik)을 본받아, 젊은 역사경제학자들은 미국에서 대대적인 전문가 운동을 벌였다.

리차드 엘리(Richard T. Ely)는 존스 홉킨스 대학에서 허버트 백스터 애덤스(Herbert Baxter Adams)의 역사-정치학과에 개설된 정치경제학을 가르쳤는데, 가장 급진적인 대변자로 부상했다. 여전히 복음파 목자의 역할에 불편함이 없었던 그는 기독교 개혁가들과 접촉했으며, 대중적 언론들과 기독교계 언론들에 폭넓게 글을 쓰기 시작했다. 존스 홉킨스의 논쟁적인 학문적 분위기 속에서 그는 일을 벌이고 남을 훈계하려는 성향을 전문분야로도 돌렸다. 1884년에 쓴 한 논문에서 엘리는 역사주의를 경제이론의 전부로 만듦으로써 개전(開戰)의 포화를 터트렸다. "정치경제학의 과거와 현재"(The Past and the Present in Political Economy)라는 이 논문에서 그는 고전정치경제학을 18세기 후반과 19세기 초반의 것으로 끌어내리고, 미래는 역사학파에게 있다고 주장했다.[24] 이에 수학자이자 천문학자이고 존스 홉킨스의 시간강사 경제학자이기도 했던 사이먼 뉴컴(Simon Newcomb)과 섬너가 이끄는 구세대 경제학자들이 보수언론을 통해 반격을 가했다.

이 논쟁의 한복판에서 엘리는 "섬너 무리의 영향력과 싸울" 전문학

---

23) Furner, *Advocacy and Objectivity*, chap. 2는 보수적인 젊은 경제학자들을 개혁적 경제학자들의 윤리적 성향과 다른 "출세주의자"로 규정했으나, 나는 출세주의와 관련해 두 학파가 다르다는 것을 의심한다. Ross, "Socialism and American Liberalism," 16과 Dorothy Ross, "The Development of the Social Sciences," in *The Organization of Knowledge in Modern America, 1860~1920*, ed. Alexandra Oleson and John Voss (Baltimore: Johns Hopkins University Press, 1979), 118~21을 참조.

24) Richard T. Ely, "The Past and the Present in Political Economy," *JHUSHPS*, 2d ser., no. 3 (March 1884): 5~64.

회를 조직하자고 제안했다.[25] 고전경제학에 대한 비판들을 함께 모으는 데 최소한의 공통분모가 자유방임이라는 것을 깨닫고 엘리는, 10년 전에 수정주의 노력을 시작했던 프랜시스 워커(Francis A. Walker)와, 전문적으로 훈련된 자기 세대 경제학자들 중 역사경제학에 대해 공감하는 학자들, 워싱턴 글래든(Washington Gladden)과 같은 기독교 사회개혁가들, 그리고 앤드류 화이트(Andrew White)나 찰스 캔달 애덤스(Charles Kendall Adams)와 같이 독일학파에 호의적인 역사정치학도들을 결집시켰다. 1885년 9월에 이들은 미국경제학회(American Economic Association: AEA)를 결성하고 구속력 없는 원칙을 공표했는데, 이 원칙은 경제에 대한 국가의 행동을 인정했고, 경제학자들에게 "추상적인" 구 경제학 방법론을 버리고 역사적 방법론을 택하라고 요구했으며, "노동과 자본의 갈등"을 현대 경제학의 중심문제로 규정했다.[26] 이들은 새로운 경제학자들을 위해 학문적 주도권을 잡는다는 목적을 달성했다. 섬너는 의도적으로 초대되지 않았고, 던바와 같이 나이 든 전통적 경제학자들은 이 학회를 멀리했으며, 로플린과 토식, 해들리, 파넘 등, 하바드와 예일의 젊은 고전경제학자들도 밖에 머물렀다. 《과학》(*Science*)이 당시 경제학자들에게 논쟁적인 이슈들을 토론하게 하자 이 역사경제학자들은 가장 큰 목소리를 냈다.[27]

1884년에 공개적 논쟁이 시작된 이래 공세적인 입장에서 엘리는 역

---

25) Ely의 논문에 의해 시작된 논쟁과 그로부터 생겨난 미국경제학회(American Economic Association)의 형성은 Furner, *Advocacy and Objectivity*, chap. 3에 상세하게 거론되고 있다. 인용은 Ely가 Seligman에게 쓴 편지 1885년 6월 9일자, 〈E. R. A. Seligman Papers〉, Columbia University Press.

26) Richard T. Ely, "Report of the Organization of the American Economic Association," *AER*, 1 (March 1886): 5~46.

27) Henry Carter Adams et al., *Science Economic Discussion* (New York: The Science Co., 1886)에 재수록.

사경제학이 경제학 전체에 던진 다음과 같은 근본적 질문들을 제기했다. 역사주의에 의해 미국 예외주의의 원칙들이 변화해야 하는가? 고전경제학의 내용과 방법에 변화가 요구되는가? 경제적 지식이 윤리학과 어떤 관계에 있으며, 이 관계에 의해 경제학자들이 어떠한 사회적 역할을 해야 하는가? 이 모든 이슈들에 대해 역사경제학자들은 자신들과 고전경제학자들 사이에서뿐만 아니라 자신들 내부에서도 차이점들을 발견했다. 더욱이 이들은 1880년대 중반의 더욱 가열되는 상황에서 이 이슈들을 탐구해야 했다.

첫 저술에서부터 엘리는, "산업의 진보와 새로운 경제 구성체의 등장"과 같은 역사의 변화하는 성격으로 인해 고전경제학은 진부하게 되었다고 주장했다. 오직 역사경제학자만이 역사적 실체를 적절히 다룰 수 있다는 것이다. 그는 독일 학파를 모델로 하여, 역사경제학은 압도적으로 귀납적이 되어야 하며 사실관계에 대한 치밀한 연구로부터 일반화는 훨씬 적게 쌓아야 한다고 주장했다. 독일 경제학자들은 아직 리카르도나 맬더스의 법칙과 같이 강력한 법칙을 발견하지 못했지만, 조만간 그렇게 될 것이었다. 사실 이러한 역사법칙은 이미 아돌프 바그너(Adolph Wagner)에 의해 수립되었다. 즉, 현대 문명의 상호의존이 증가되자 경제에서 정부기능이 증가한다는 법칙이 그것이다. 엘리는 고전경제학의 이론구조가 여전히 유용한 분석도구를 제공한다고 믿었던 바그너의 방법론적 입장이나 경제제도들에 대한 역사적 연구만을 강조했던 구스타프 슈몰러(Gustav Schmoller)의 방법론적 입장에 완전히 동의하지는 않았다. 그렇기 때문에 고전경제학적 법칙구조의 운명은 확실하지 않았다. 그러나 그의 공격적 스타일 때문에, 자유방임에 관한 고전경제학의 편견이 전적으로 폐기되어야 하고 변화하는 역사적 조건에 따라 고전경제학의 법칙들이 상당히 수정되어야 한다는 인상을 남겼다.[28)]

엘리의 동료들은 역사경제학이 과거의 업적을 폐기하기보다 이를 기반으로 해야 한다고 주장하고 싶어했다. 그러나 이들 역시 역사주의가 경제과학의 근본적인 재정향을 요구한다는 소신을 분명히 했다. 뉴컴과 해들리는 고전경제학을 물리학처럼 확인된 전제로부터 연역하고 경험적 사실에 대해 가설을 검증함으로써 발전하는 보편적 자연법칙의 체계로 수호해야 한다고 고집했다. 그러나 헨리 카터 애덤스(Henry Carter Adams)는 경제학은 진화하는 사회적 실체를 다루기 때문에 물리학처럼 작동할 수는 없다고 응수했으며, 제임스는 "이웃한 여러 분야의 과학적 진보"가 보여주듯이, 경제학에 적합한 모델은 "법적이고 정치-철학적인 과학들"이라고 주장했다. 고전경제학은 존 스튜어트 밀에게서 얻은 과학의 증명서를 지니고 있었던 셈이지만, 역사학파는 독일 사회과학의 역사 모델을 불러올 수 있었으며 간접적으로는 도금기의 가장 강력한 과학적 흐름이었던 진화론적 생물학 모델도 불러올 수 있었다.[29]

그러나 경제학자들은 공개적인 논쟁이 자신들이 추구하는 경제학의 전문적 지위를 위협한다는 것을 깨닫고, 연역적 이론가들과 귀납적 역사가들이 서로 상대방의 업적을 인정해 줄 수 있는 근거를 발견하고자 서둘렀다. 타협의 기초에 대한 가장 명확한 진술은 옥스퍼드 대학의 역사경제학자로서 얼마 후 토론토 대학을 거쳐 하바드 대학으로 옮긴 애슐리(W. J. Ashley)에 의해 1887년 미국경제학회에서 발표되었다.

> 연역적 경제학자들과 역사주의 경제학자들 사이에 이슈가 되는 문제는 리카르도의 주요 학설들이 참이냐 거짓이냐에 관한 것이 아니다. … 추상적 경제학자 측에서는, 이 학설들이 단지 가설적으로만 참이며 일정한 조건들이 주어진 한에서만 참이라는 것이 이제는 자연스레 당연한 것으로 받아들여지고 있다. 다른 측에서도, … 특정한 조건들

28) Ely, "The Past and Present of Political Economy."

29) *Science Economic Discussion*, 특히 24~5, 92~7, 101~3.

이 이루어지면 이에 근거한 이 학설은 참이라고 고백하고 있다.[30)]

이러한 방식에 의해 역사경제학에 고전이론을 위한 공간이 생겼고 고전경제학에는 경제적 조건들을 경험적으로 연구할 여지가 마련되었다. 이렇게 되는 한 이 방식은 우측의 던바로부터 좌측의 애덤스에 이르기까지 모든 이들에게 수용될 수 있었다.

상대방이 앞으로 나아가도록 양 진영이 서로 허락함으로써 이 이슈는 직업적 차원에서는 해결될 수 있었으나, 본질적 수준에서는 해결되지 못했다. 애슐리가 지적한 대로, 앞으로 나아가는 데 가장 유망한 길이 무엇이냐는 질문이 남아 있었다. 추상적 경제학자들은 자신들의 학설이 "다른 어떤 것보다 더 뚜렷한 경향들"을 표현한 것이며 따라서 가능한 최대한의 연역을 통해 이론을 확장하고 나서 현실의 삶에 이 이론을 적용하기 위한 조건들에 대해서는 단지 부차적으로만 연구하는 것이 현명하다고 믿었다. 그러나 역사경제학자들은 다음과 같이 믿고 있었다.

> 모든 특정한 산업·직종·국가의 실제 상황과 그렇게 된 이유 〔및 발전방향〕는 역사적이고 통계적인 탐구에 의해 가장 잘 발견될 수 있다. 이 탐구방법에서는 구 학설들이 유용한 비교기준을 제공하고 어떤 경우에는 작동 중인 영향력들을 암시하기도 하지만, 궁극적으로 학설들은 아주 부차적인 역할을 수행할 뿐이다.[31)]

이 모든 논란의 기저에 있었던 문제는 연역적 이론과 역사적 탐구 중 어느 것이 근대 경제생활의 가장 강력한 동력들과 당시 성장중인

---

30) W. J. Ashley, "The Early History of the English Woolen Industry," *PAEA*, 2 (September 1887): 9; *Science Economic Discussion*, 105.

31) Ashley, "The Early History of the English Woolen Industry," 9~10.

산업세계를 이해하는 데 가장 중대한 동력들을 제대로 기술하느냐는 것이었다. 바로 이 문제에 대해서는 끊임없이 이견이 표출되었다. 예컨대 경제학자들이 미국경제학회에서 경제학을 어떻게 가르칠 것인가에 대해 논의할 때, 연역적 경제학을 가르치는 것과 역사경제학을 가르치는 것의 상대적 비중과 우선순위, 그리고 그 결과에 대한 논쟁이 바로 벌어지곤 했다.[32)]

그러나 1880년대와 90년대의 논쟁에서 쟁점이 된 것은 단순히 이론적 혹은 방법론적 이슈만이 아니었다. 방법론적 차이를 부각시키고 지속시켰던 것은 바로 양측이 지니고 있던 사회정치적 비전이었다. 미국경제학회 회합에서 가장 빈번하고 자주 반복된 논쟁은 정부규제나 산업의 소유 그리고 노동자의 권리 등에 대한 두 진영의 사회정치적 갈등이었다. 엘리는 역사경제학의 한 법칙은 경제에서 정부의 기능이 증가하는 것이라고 말하며, 정부기능의 정도에 한계를 두지 않았다. 엘리는 클라크나 애덤스보다 더 충동적이면서 덜 분석적이었으며, 사회주의라는 주제에 관해서는 더욱 긍정적이며 모호한 입장을 취했다. 그래서 그가 사회주의에 대해 제기한 모든 의문은 다시 이에 대한 찬양으로 상쇄되었고, 그의 목표가 사회주의에 대한 보수적 대안이라는 주장 역시 사회를 변혁하게 될 사회주의 결사체를 요청하는 것으로 무마되었다. 역사경제학자들 중에 "사회주의의 추종자로 불릴 수 있는 사

32) Simon N. Patten, "The Educational Value of Political Economy," *PAEA*, 5 (November 1890): 7~36과 "Discussion," *PAEA*, 6 (January-March 1891): 102~15; W. J. Ashley, "The Historical School, a Retrospect," *PAEA*, 10 (March 1895): 117~8과 "The Teaching of Economics in the Secondary Schools: A General Discussion," ibid., 119~38과 "Discussion - The Relation of the Teaching of Economic History to the Teaching of Political Economy"와 "Discussion - Methods of Teaching Economics," *PAEA*: *Economic Studies*, 3 (February 1898): 88~101, 105~11.

람은 단 한사람도 없으며, 그것은 말할 필요조차 없다"는 엘리의 보장은 그 의도대로 두려움을 진정시키지 못했다. 파넘이 정치성 짙은 비평에서 재치 있게 지적했듯이, "만일 누군가가 '나는 사회주의자가 아니다'라고 쓰인 붉은 깃발을 들고 사회주의 대열에서 행진했다면, 그는 자신을 사회주의자로 보도하는 신문들에게 이의를 제기할 수 없을 것이다."[33)]

그래서 역사경제학파의 온건한 회원들은, 셀릭먼이 말한 것처럼, "가상의 어떠한 강단사회주의 경향"으로부터도 멀리하고 싶어했다. 셀릭먼 역시 사회문제를 근대 경제학의 주요 이슈로 인식했고, 1880년대 중반에는 대규모 협동조합이 해결책이 될 수 있다고 보았으나, 사회주의에는 훨씬 못 미치는 중간지점을 추구했다.[34)] 협동조합적 사회주의의 목표를 계속 간직했던 애덤스는 《과학》 논쟁에서 자신의 프로그램을 앵글로-색슨적 자유개념의 확장으로 포장했다.

사회정치적 갈등은 경제학의 합당한 영역과 경제학자의 적절한 역할에 대한 논의에도 영향을 미쳤다. 밀의 고전적 관점에서 경제 "과학"은 특정한 공공문제에 적용되는 "기술(*art*)", 즉 정치적이고 윤리적인 고려를 포함해야 하는 기술과는 분리되었다. 고전경제학자들은 비록 이론적으로는 밀을 추종했지만, 이들이 경제법칙에 부여한 규범적이고 숙명론적인 성격 때문에 경제과학이 그 정책적 함의와 구분되는 것은 불가능했으며, 실제 고전경제학자들도 이런 시도를 거의 하지 않았다. 그러나 《과학》 논쟁에서 사회주의에 대한 두려움 때문에 고전경

33) Ely in *Science Economic Discussion*, 70; Henry W. Farnum, "Review of Richard T. Ely, The Labor Movement in America," *PSQ*, 1 (December 1886): 686~7. 정치적 논쟁의 예에 관해서는 *PAEA*, 3 (July 1888): 44~51; 6 (January-March 1891): 102~15; 8 (January 1893): 62~76, 82~7 참조.

34) Seligman에 대해서는 Ely, "Report of the Organization of the AEA," 28과 chap. 6 아래를 참조.

제학의 젊은 수호자들은 견지하기 힘든 자기부정의 입장으로 빠져들었다. 해들리는 경제학자들은 무엇이 이루어질 수 없는지를 의회에 말할 수 있으며 이는 과학의 영역에 속한다고 주장했다. 기술의 영역으로 배제되는 것은 오직 적극적인 국가행위만이라는 것이다. 심지어 토식은 국가 경제행위의 영역은 전적으로 사회학이나 정치학에 넘겨져야 한다고 주장했다.

이러한 구분이 인위적이라고 주장하는 데 역사경제학자들은 아무 어려움이 없었다. 애덤스가 말했듯이 정치경제학은 "산업사회의 형성과 통치에 대한 과학적이고 합리적인 토대를 발견하려는" 목적을 가진 분석적이면서도 "구성적인(*constructive*) 과학"이었다. 경제학은 사회 진보에 관심을 가진 여러 사회과학들 중의 하나일 뿐이지만, 역사학파에 동감하는 온건주의자인 리치먼드 메이요-스미스(Richmond Mayo-Smith)가 말했듯이, 당연히 경제학은 국가행동을 이끌어야 하고 "그 행동의 결과가 무엇이 될지, 그리고 그것이 선이 될지 악이 될지를 말해야" 했다.[35]

그러나 경제학자들의 정책처방 역할을 받아들이는 것은 또 다른 문제를 발생시켰다. 엘리는 가장 만족스런 경제적 유기체를 위한 규범을 권하고 정하는 것은 본래 윤리적 과제라고 주장했다. 경제적 판단기준은 단지 물질적인 것이 아니라 정신적(*Platonic*)이어야 한다는 것이었다. 곧, 경제학자들은 "시민들을 선하고 행복하게 해주도록 부의 생산과 분배와 소비를 위한 규칙과 규정"을 정해야 한다고 했다. 나아가 경제학은, 마치 변하지 않는 것인 양 현재의 경제질서만을 다루는 것이 아니라, 미래에 있어야 할 것, 즉 역사적 선택이 열려있는 문제를 다루어야 했다. 엘리는 이 두 가지 윤리적 과제가 전적으로 역사경제

35) *Science Economic Discussion*, Hadley, 92~7; Taussig, 34~8; Adams, 99~103; Mayo-Smith, 119~22.

학자들의 과제라고 주장했다. 이들만이 현 산업체계의 부당함을 인식하고, 인간 사회 진보의 경제적 조건들을 충분히 고려하기 위해 기존의 협소한 고전적 부의 법칙을 포기하고자 했기 때문이었다. 엘리가 볼 때, 이 정신적 과제는 기독교 이상주의의 이성이 접근할 수 있었으며, 그렇기 때문에 과학이 기독교 개혁가들과 연합하여 수행하기에 적합한 과제였다.[36]

구 학파는 이러한 구상을 전혀 받아들일 수 없었다. 영국에서와 마찬가지로 미국에서도 고전경제학은 언제나 암묵적으로 도덕적 포괄성(*moral universe*)을 지향해 왔다. 오직 역사경제학만이 도덕성과 정의의 드높은 이상을 지녔다는 생각은 쉽게 수긍될 수 없었다. 그러나 고전경제학자들의 도덕성은 그들이 서술하는 경제법칙 안에 과학적 사실로 기술되어 왔다. 경제학자로서의 정통성은 그들이 지닌 이념에 근거한 것이 아니라 그들이 종사하는 과학에 근거해 왔다. 대학을 지배했던 교회와 도덕철학으로부터 벗어나려고 노력했던 미국에서는 특히 윤리적인 것과의 직접적인 연관이 그토록 피하고 싶어했던 종교와의 도덕적·비실용적 연계를 다시 불러올 수 있었다. 나아가 도금기의 양극화된 이데올로기적 맥락에서는 경제학이 중립적 과학이라는 주장의 근거를 완전히 붕괴시킬 수도 있었다.

새로운 역사주의 프로그램이 지닌 이론적·정치적·직업적 함의에 대한 경제학자들의 논쟁은 미국 사회의 미래에 대한 사회전체에 만연된 갈등의 한 부분이었으며, 그 해결 역시 사회 전체갈등의 해결경로를 따랐다. 사회주의 이념과 노동계급에 대한 공감에도 불구하고 역사주의 경제학자들은 예외주의 유산과, 자본가 권력에 대해 중산층이 지녔던 일체감과 취약성도 공유했다. 이들 역시 사회주의로부터 물러나

36) *Science Economic Discussion*, 44~56; Ely, "Past and Present of Political Economy," 58, 48.

게 되었다. 이러한 물살은 1886년 5월에 헤이마켓 폭동이 중·상층 전체에 충격을 주면서 시작되었다. 가장 이중적 입장을 지녔던 존 베이츠 클라크가 가장 먼저 돌아섰다. 헤이마켓 폭동의 역풍이 몰아치면서 해들리로부터 "사회주의 오류들"을 확산시키고 있다고 공개적으로 비난받자 클라크는 자신의 입장을 재고하는 치열한 노력을 시작했고, 1887년에 이르러 입장을 변경하게 되었던 것이다.[37]

1886년의 정치적 격변은 처음에는 애덤스와 엘리로 하여금 노동자들을 지지하는 발언을 더욱 강하게 하도록 만들었다. 애덤스는《과학》의 논쟁에서 자신의 프로그램이 자유주의 신조의 확장이라고 서술한 바 있다. 공적 영향력을 행사하고 타인의 삶에 영향을 미치는 사유재산권은 공적 규제의 대상이며, 나아가 노동자들은 단체교섭에 대한 법적 인정을 통해 자신들의 일자리에서 소유권을 부여받아야 한다고 애덤스는 주장했다. 그러나 "구조적 사회주의"와는 멀어져야 한다고 애덤스는 결론지었는데, 그 이유는 "우리들의 법적 구조전체가 이에 반대되기 때문에, 그리고 산업을 포함해 우리 사회를 철저하게 재조직하는 것보다는 우리 산업을 우리 법의 정신과 조화를 이루도록 하는 것이 더 쉽다"는 것이었다. 한편으로는 바그너의 역사주의 전략을 사용하여 자본주의 경제를 그 국가의 역사문화 규범에 종속된 것으로 보고 다른 한편으로는 법적 규제전략을 선택함으로써, 애덤스는 미국의 자유주의 전통을 유지하는 동시에 변경시킬 수 있었다. "임금체계가 지속되는 한, 노동문제에는 영구적 해결이 있을 수 없다"고 그는 단언했다.[38]

1886년 남서부 철도파업이 한창이었던 시기에 애덤스는 이러한 생각을 대단히 열정적으로 피력했으며, 그 결과 코넬대학 후원자인 러셀

---

37) Ross, "Socialism and American Liberalism," 35~79.

38) *Science Economic Discussion*, 80~91; "A Symposium on Several Phases of the Labor Question," *The Age of Steel*, 59 (January 2, 1886): 20.

세이지(Russell Sage)의 분노를 샀다. 코넬대학에서 임용이 어려워지자 그는 미시간 대학으로 희망을 돌렸는데, 이 대학에서도 총장인 제임스 버렐 에인젤(James Burrell Angell)이 이미 그의 "성향"에 대해 의혹을 품고 있었다. 그래서 자신의 연구 프로그램에 대한 공개설명에서 애덤스는 노동의 "소유권"에 대해 한발 물러서게 되었다. "국가가 노동관계를 통제해야 한다고 인정하는 것은 사회주의의 요체를 인정하는 것이며," 반면 자신의 프로그램은 개인주의에 기반을 두고 있다는 것이었다. 애덤스는 미시간 대학에서 정년보장으로 임용되었다.[39]

엘리 역시 위기의 한복판에서 계속해서 노동을 위해 설교했다. 이에 대한 비판에도 불구하고 다니엘 코이트 길먼은 1887년에 그를 존스 홉킨스 대학에서 부교수로 승진시켰는데, 아마 종교계의 강력한 지지 때문이었을 것이다. 그러나 그의 시련은 이제부터 시작이었다. 엘리는 클라크와 애덤스같이 원래 그와 생각이 같은 동료들의 비판에 매우 민감했기 때문에 이들에게 자신의 초고를 보여주고 비평을 부탁하기 시작했다. 클라크는 "의미가 좀 모호하거나 급진적 관점으로 해석될 가능성이 있는 문장들"을 지적하고, 명확치 않고 불확실한 "언어"에 대해 상세하게 비판하는 호의를 베풀었다. 애덤스에게 털어놓은 것처럼 클라크는 엘리가 "사회주의로 기우는 지점에 명확한 선을 그을 것"을 바랐으며, "사실 대부분의 지점에서 엘리는 건전하며, 그가 준사회주의(*semi-socialism*)의 오명에 자신을 내던지는 것은 애석한 일이다"라고

---

39) Furner, *Advocacy and Objectivity*, 135~7; Henry Carter Adams, "The Labor Problem," *Scientific American Supplement*, 22 (August 21, 1886): 8861~3; Angell이 Adams에게 쓴 편지 1886년 3월 19일자, 1887년 3월 12일자; Adams가 어머니에게 쓴 편지 1886년 5월 3일자, 10월 14일자, 10월 28일자; 1887년 3월 8일자, 3월 13일자, 〈H. C. Adams Papers〉; Adams가 Angell에게 쓴 편지 1887년 3월 15일자, 〈James B. Angell Papers〉, University of Michigan; H. C. Adams, "Relation of the State to Industrial Action," 133.

지적했다. 한동안 엘리는 사회주의 주제를 삼가고 더욱 조심하는 것으로 보였다.[40]

그러나 엘리의 관심은 계속되지 않을 수가 없었다. 1891년에 그는 반동의 기운이 일시적으로 후퇴하고 있다고 생각했으며, "사회주의와 개인주의"의 결합을 통한 사회진보를 다시 촉구하기 시작했다.[41] 곧 그는 위스콘신 대학으로 옮겨갔으며, 새롭게 일어나는 급진적 불만과 이에 대한 우려의 물결 한가운데에서 저작활동을 계속했다. 1894년에 대학의 한 이사는 엘리가 노동자의 편에 서서 사회주의를 옹호하고 노조활동가들을 자문했으며, 유니온숍을 하지 않는다는 이유로 학교사

---

40) Ely, "American Labor Organization"; Richard T. Ely, "Conditions of Industrial Peace," *The Congregationalist*, 39 (August 1887), 638~44; Richard T. Ely, "Land, Labor and Taxation," *Independent*, 39 (Dec. 1, 8, 15, 22, 29, 1887) 과 40 (Jan. 5, 1888). "당신은 당신이 통상적으로 행하는 모든 것을 옹호할 수 있으며 많이 공격받지 않을 수 있다. 나는 이 논문들의 곤란한 점은 국가기능의 자연적 확대와, 그러한 확대를 목표로 강요하는 공론적 정책 사이의 구별이 부족한 것이라고 생각한다." Clark가 Ely에게 쓴 편지 1891년 3월 17일자, 〈Richard T. Ely Papers〉, State Historical Society of Wisconsin. 전문가들의 압력에 대한 더 많은 증거를 보려면 Clark가 Ely에게 쓴 편지 1887년 11월 14일자, 1888년 1월 24일자와 2월 7일자, 1891년 4월 23일자와 5월 28일자; H. C. Adams가 Ely에게 쓴 편지 1887년 11월 20일자, 〈Ely Papers〉; Clark가 H. C. Adams에게 쓴 편지 1888년 1월 24일자, 〈Clark Papers〉; Ely, *Introduction to Political Economy*, 6을 참조.

41) 역사·정치과학회 (Historical and Political Science Association) 와 역사학 정치학 세미나 (Seminary of History and Politics) 의 기록, 1891년 5월 1일, Johns Hopkins University; Richard T. Ely, "Socialism: Its Nature, Its Strength and Its Weakness," *Independent*, 43 (February 5~July 2, 1891); idem, *Introduction to Political Economy*, 236~9; idem, *Outlines of Economics* (N. Y.: Hunt and Eaton, 1893), 308; idem, *Socialism, an Examination of Its Nature, Its Strength and Its Weakness, with Suggestions for Social Reform* (N. Y.: Thomas Y. Crowell, 1894).

업을 하는 인쇄업자를 불매운동으로 위협했다고 공개적으로 비난했다. 이 비난으로 대학 이사회는 엘리에 대한 공개재판을 벌였다. 그 결과 엘리는 무죄판결을 받았고 대학 이사회는 학문적 자유의 수호를 단호하게 천명했다. 그러나 이러한 결과는 엘리 스스로 자신이 그러한 관점을 지녔거나 그러한 행동을 벌였다면 대학에서 강의할 자격이 없다고 선언함으로써 얻어졌다. 애덤스처럼 엘리도 국가 이데올로기를 변형시켜 일정 정도 사회주의적 성격을 포함하게 하려던 노력을 포기하게 되었다.42)

메리 퍼너(Mary Furner)가 보여준 것처럼, 전문화 과정 자체가 급진주의를 약화시키고 근본적 갈등을 완화시키는 작용을 했다. 전문성(*professionalism*)은 최소한의 객관성의 외양, 즉 일반적으로 편견의 부재와, 따라서 편견에 치우친 갈등 당사자들 사이에서의 중립이라는 모호한 속성을 요구했다. 전통적인 예외주의 규범들로부터 벗어나는 것이 고통스러울 정도로 확연히 드러나던 도금기의 격렬한 정치적 상황에서 역사경제학자들의 확연한 윤리적 입장과 노동자에 대한 동조 및 사회주의 경향성은 이들의 객관성을 의심스럽게 했으며, 전문적 연구를 위험에 빠뜨렸다. 이러한 압력 때문에 미국경제학회는 곧 애초의 원칙을 폐기했고 고전경제학자들을 불러들였는데, 섬너만은 끝까지 들어오지 않았다. 우리가 이미 살펴보았던 것처럼, 엘리에 대한 공개적 공격이 시작되기도 전에 그의 동료들은 엘리에게 자제를 촉구했는데, 이들은 결국 그를 버렸다. 1891년과 1892년에 엘리가 다시 예전처럼 대중적이고 종교적인 성향의 쇼토카(Chautauqua) 하계문화교육 프로그램과 공동으로 미국경제학회 회의를 개최하자, 회원들은 그의 학회 총무직위를 박탈했다. 1880년과 90년대에 사회과학자들에 대해

42) Rader, *The Academic Mind and Reform*, chap. 6과 167~79, 200~13; Furner, *Advocacy and Objectivity*, chap. 7; Ross, "Socialism and American Liberalism," 64~79.

대학의 압력이 되풀이될 때마다 보수적이고 온건한 학계 지도층들은 조심스럽게 학자들에 대한 지지를 줄였으며, 자신들이 수호할 의도가 있는 학문적 자유와 정치적 이견에는 한계가 있음을 명확히 했다. 학문적 자유의 정도는 그 범위를 좁힘으로써 얻어졌던 셈이다.[43]

역사학파의 도전이 가져온 역설적 결과이자 대단히 중요한 점은, 역사학파의 도전이 당대 가장 재능 있는 이론가였던 존 베이츠 클라크를 자극하여 초기의 역사경제학적 성향을 버리고 당시 유럽에서 연역학파를 부활시키던 한계주의(*marginalism*) 이론 경향에 합류시켰다는 점이다. 급진적 도전에 직면하여 자본주의 시장을 정당화하려는 것이 클라크 사고의 핵심요소였다.[44] 실제로 클라크는 처음부터 "인간성의 더 좋은 동기가 존재할 공간을 체계 속에서 발견"하고 "사회의 유기체적 구상을 모든 면에 적용"하기 위해 시장경제를 재개념화하려고 시도함으로써 사회주의의 도전에 대응했다. 시장 자체는 하나의 거대한 사회적 유기체로서, 각자의 용도에 맞게 된 것을 나누어주는 "아름다운 법칙"에 의해 작동되며, "유용한 물품들과 사회적 자양분들"을 사회체계를 통해 "실수 없이" 분배한다는 것이다.

클라크가 한계주의 경제학의 핵심적 사고를 독자적으로 발전시킨 것은 바로 이러한 유기체주의적 이상화의 노력을 통해서였다. 가치는 효용(*utility*)에 토대를 두며 "효용의 양적 평가"는 시장가격으로 표현

---

43) Furner, *Advocacy and Objectivity*, chaps. 4~5; Ross, "Socialism and American Liberalism," 45~64.

44) Clark의 정치적 동기는 한계주의 패러다임과 자유주의적 자본 이데올로기의 강력한 결합을 수용하는 사람들뿐만 아니라—Ronald L. Meek, "Marginalism and Marxism," in "Papers on the Marginal Revolution in Economics," *History of Political Economy*, 4 (Fall 1972): 503 참조—, 그러한 결합을 거부하는 사람들에 의해서도—Joseph Schumpeter, *History of Economic Analysis* (Oxford University Press, 1954), 870—인정되고 있다.

된다고 그는 보았다. 또 절대효용을 별개로 보면서, "실질효용"을 "실제상황 속에서 우리들의 주관적 조건을 변경할 수 있는 능력"으로 규정했다. 여기서 그는 가치가 수익체감의 한계에서 결정된다는 것을 인식하기 시작했다. 고전경제학에서 리카르도에 의해 지대이론으로 발전된 한계주의 개념은 모든 경제요인들에 적용될 수 있었다. 일단 가치가 효용에 입각하게 되면, 모든 가치들이 동일한 기제에 의해 결정된다고 보는 것이 가능하다. 왜냐하면, 어떤 양의 효용체감도 항상 그 가격이 행위자가 살 만하다고 느끼는 최후의 가격, 즉 한계가격에 의해 결정되도록 하기 때문이다. 효용에 대한 수많은 주관적 평가는 가격기제를 통해 사회적으로 조정된다.

> 시장가치는 사회에서 이루어진 효용의 평가이다. 사회는 고립된 하나의 거대한 존재이자 … 거대하고도 복잡한, 그렇지만 실제 통합되고 지적인 존재이다.[45]

그러나 경쟁시장의 정당화를 시도하면서도 클라크는 역사변화가 어떤 시점에서는 경쟁시장을 파괴했다는 것도 인식했다. 사용자와 근로자들 간의 이윤분배를 위한 중대한 경쟁에서는 결집된 거대기업들이 분열된 노동자들을 마주하게 되었으며, 이러한 "약탈적 경쟁"의 상황에서는 사용자들이 노동자의 희생을 대가로 치부하게 되었다는 것이다. 바로 이 시장파괴의 역사로 인해 클라크는 협동조합적 국가를 향한 사회의 역사적 진보를 설정하게 되었다.[46]

---

45) John Bates Clark, *The Philosophy of Wealth* (Boston: Ginn, 1886), iv. chaps. 4~5. 인용은 pp. iv, 74, 78, 82, 84, 85, 87에서 가져옴. Clark는 자신의 "실질 효용" 개념을 "The Philosophy of Value," *New Englander*, 40 (July 1881): 457~69에서 처음 사용했다.

46) Clark, *Philosophy of Wealth*, chap. 9.

그렇지만 1886년 말과 87년에 클라크는 미국의 사회주의적 미래라는 생각을 포기했다. 그는 지난 백 년 동안의 경제적 조건들과 리카르도적 전망이 단지 일시적인 것이라고 생각하기 시작했다. 미국이 도금기에 경험한 급속한 산업화는 영국의 산업화 초기처럼 이미 지나가고 있는 일탈시기라는 것이다. 역사는 역사경제학이 반드시 필요한 것이 아님을 보여주었다. 클라크에 따르면,

> 우리가 끝없이 지속될 것을 기약하는 노동조합의 시대가 도래하고 있다고 생각하는 반면, 당시 리카르도는 조만간 필연적으로 끝나게 될 투쟁의 휴지기를 보았다. … 역사가 우리에게 도움이 되는 것은 출발점을 제공하고 사회발전의 방향을 제시하는 데 있는 것이지, 역사가 제공하는 사실들로부터의 어떤 가능한 귀납이 우리가 추구하는 원칙을 발견할 수 있기 때문이 아니다. … 연구의 자료들은 현재와 당면한 미래에 놓여 있는 것이다.47)

역사는 백 년간의 계급갈등기를 지나, 노동조합과 중재에 의해 노동과 자본의 힘이 동등하게 된 공고화의 시기로 흘러가고 있었다. 이와 같이 공고화된 경제에서는 경쟁이 여전히 작동했고, 따라서 생산물의 가격과 분배가 합법적으로 통제되리라고 기대할 수 있었다.

이제 경쟁시장이 복구되었으므로, 클라크는 우선 이윤에 대해 한계분석을 적용했다. "경영노동(*directive labor*)의 임금"뿐 아니라, '순'(*pure*) 이윤이 존재하는데, 이 순이윤은 그토록 많은 사회투쟁을 야기하고 있는 "덤"(*bonus*)이라고 그는 말했다. 그러나 "이 순이윤의 양은 사라지고 있다." 비옥한 대륙의 개척이나 발명 혹은 경기순환과 같은 특수한 요소들 때문에 부자연스럽게 높은 이윤이 창출되면, 다른 경영

---

47) John Bates Clark, "The Limits of Competition," *PSQ*, 2 (March 1887): 47.

자나 자본가들이 이 분야로 몰려들게 되고, 경쟁으로 인해 머지않아 이 순이윤은 영으로까지 감소한다는 것이다. "이러한 결론이 제시하는 사회진화의 관점은 사람들 간의 공평성을 지향하는 진보이며, 이는 경쟁자체가 미치는 보다 심원하고 광범위한 영향에 의해 보장된다. 부당함은 사라지고 있으며, 이는 자연법칙에 의해서이다." 1890년대 내내 클라크는, 이윤과 임금이 모두 생산물에 대한 각각의 한계기여를 시장이 평가함으로써 결정된다는 것을 보여주는 완전히 정리된 한계분배이론을 만들기 위해 전력을 기울였다. 1899년에 발표한 분배에 관한 논문에서 그는 시장이 자유주의적 정의를 가져다준다는 것을 논증했다. 곧, 시장은 "생산의 모든 참여자들에게 그들이 창출한 부의 양을 준다"는 것이다.[48)]

클라크와 그의 한계주의파 동료들은 고전이론이 제공한 언어보다는 덜 논쟁적인 언어로 자본주의 경제를 정당화시키려고 노력했다. 고전경제학에서는 가치가 노동에 의해 정의되고, 경제가 자본축적에 의해 작동되며, 사욕(*self-interest*)은 "보이지 않는 손"(*invisible hand*)에 의해 공공선으로 변하고, 분배는 계급관계에 의해 지배되었다. 이 모든 명제들이 급진주의의 공격을 받고, 또 종종 급진적 목적에 이용되는 상황에서, 클라크와 한계주의 경제학자들은 시장경제를 이해하는 다른 방법을 발견했다. 가치의 토대를 효용에 두면서, 이들은 시장을 인간의 필요를 충족시키고 소비자의 욕구에 따라 움직이는 기제로 보았다. 가격조절을 통해 사회의 자원들은 소비자의 최대효용이 가능한 한 가장 효율적으로 창출되도록 분배된다. 소비에 있어서 상이한 재화들에 각각의 적절한 가치를 할당하는 가격체계와 동일한 가격체계가 상이한 생산 "요소들"과 계급들에게 그들의 서비스와 자산의 적절한 가치를

48) John Bates Clark and Franklin H. Giddings, *The Modern Distributive Process* (Boston: Ginn, 1888), iv, 35, 45~50; John Bates Clark, *The Distribution of Wealth* (New York: Macmillan, 1899), v.

분배한다는 것이다.[49)]

최대효용과 분배의 효율성 및 공정한 분배의 가설을 지니고 클라크는 자유주의 경제의 불평등한 결과와 정면으로 대결할 수 있었다. 산업화는 숙련도가 떨어지는 대규모의 노동계급을 창출하고 있으며, 노동자들이 교육과 부의 장애를 넘어 독립적 소유를 획득하는 것을 더욱 어렵게 만들고 있다고 그는 말했다. 이와 동시에 보다 높은 수준의 교육과 부가 전문가 계급과 자본가 계급을 결합시키고 있었다. 클라크가 자신의 새로운 개념들을 처음 발표한 학술지 〈계간 정치과학〉(*Political Science Quarterly*)의 같은 호에서, 컬럼비아 대학 법학교수이자 티모시 드와이트(Timothy Dwight)의 손자인 시어도어 드와이트(Theodore W. Dwight)는 "해링턴과 미국 정치제도와 정치사상에 대한 그의 영향력"(Harrington and His Influence upon American Political Institutions and Political Thought)을 동료들에게 다시 떠올리게 했다. 드와이트가 강조한 천부적 귀족정(*natural aristocracy*) 사상에 의거하면서, 클라크는 "도래할 산업국가의 윤곽은 전제정도, 민주정도 아니며, 진정한 공화정의 형태를 갖는다"라고 결론지었다. 해링턴이 인정하지 않았던 것과 달리 클라크는 장차 자본집중이 증대되어 "지속적으로 확대되는 심각한 불평등"을 야기하리라는 것을 기꺼이 인정하였다. 그러나 시장에 기반한 공화국은 풍요로운 상품생산에 의해 구원된다. 노동자들의 임금은 "한 세기나 두 세기 안에" 두 배 혹은 네 배로 성장할 것이며 이로 인해 상품과 개인 재산에 대한 접근이 더욱 용이해질 것이다. 일정한 혜택이 모두에게 돌아가는 곳에서는 정의감과 심지어 동포애까지도 보편화된다.[50)]

---

49) A. K. Dasgupta, *Epochs of Economic Theory* (Oxford: Blackwell Publisher, 1985), chap. 6. 한계주의 경제학의 이데올로기적 의미에 관해 지속된 논쟁에 대해서는 이 책 6장을 참조.

50) Clark and Giddings, *Modern Distributive Process*, 4~10, 41; John Bates

자신의 새로운 한계주의 경제학을 통해 클라크가 자본주의 시장의 도덕적 정당성을 회복시켰다고 한다면, 그는 또한 미국 예외주의의 무한한 영역을 재구축하기도 했다. 그는 "현실의 변화를 의도적이고도 과감하게" 무시함으로써 자신의 한계주의 경제학을 달성했다고 말했다. 그는 미국이 역사를 뒤로 하고, "영속을 기약하는" 자연법 하에서 영구히 진보하는 상태에 진입했음을 보여주었다. 절묘한 우연의 일치로, 드와이트도 동시에 "해링턴 기획의 핵심적인 면"에 주의를 환기시켰다. 그것은 "찬란한 광명처럼 공화국은 … 지속적이고도 아름다운 선율의 흐름같이 영원히 전진하리라" 였다.[51]

한계주의적 분석을 확장하면서, 클라크는 자신이 완전경쟁의 이상적·가설적 조건에서 작동하는 자본주의 시장의 "정태적" 이론을 발전시키고 있다는 것을 깨달았다. "가치의 자연적 수준과 임금·이자·이윤의 자연적 혹은 정상적 수준들은 사실상 정태적인 것이다. 이들은 사회가 완벽하게 조직되고, 진보가 초래하는 교란들(*disturbances*)로부터 자유로울 때, 현실화될 것이다." 클라크는 경제학이 후일 자신의 정태적 이론을 뒤따르는 동태적 이론을 필요로 할 것이라고 역설했다. 이 양자는 고전경제학에서는 융합되었는데, 이제 분리될 수 있었다. 그러나 클라크의 정태적 이론은 사실 규범적인 것이었다. 이 이론에서 역사변화는 단순한 "교란들"이었다. 또 하나의 절묘한 우연이지만, 클라크는 자신이 뜻하는 바를 설명하기 위해 대양의 은유를 선택했다.

Clark, *Social Justice without Socialism* (Boston: Houghton Mifflin, 1914), 51, 45~6; idem, "The Society of the Future," *Independent*, 53 (July 18, 1901): 1651; idem, "The Scholar's Political Opportunity," *PSQ*, 12 (December 1897): 598; Theodore W. Dwight, "Harrington and His Influence upon American Political Institutions and Political Thought," *PSQ*, 2 (March 1887): 1~44.

51) John Bates Clark, *Essentials of Economic Theory* (New York: Macmillan, 1907), vii; Dwight, "Harrington and His Influence," 39~41.

"폭풍우가 아무리 대양을 뒤덮고 있더라도, 파도를 헤치고 모습을 드러내는 이상적(*ideal*) 수면은 존재하며, 거친 물살의 실제(*actual*) 수면은 이 주위에서 요동칠 뿐이다." 모순되게도 이 표현에서 진보는 수면위의 요동쯤으로 비유될 수 있거나 혹은 바다 전체의 높이를 끌어올리는 "산더미 같은 새로운 바닷물"로도 비유될 수 있었다.52)

대양은 역사를 갖지 않으며 구조적 성격도 띠지 않는다. 고전경제학자들은 비록 역사의 복합성 전체로부터 자기들의 학설을 추상적으로 도출하기는 했으나, 토지·노동·자본이라는 생산의 물리적 요소들과 이들을 소유한 역사적 계급들을 주요 범주로 간직했다. 리카르도의 수익체감법칙은 전 지구에 걸친 경작의 역사적 과정을 반영하는 것으로 이해되었고, 자유주의적 진보의 행진은 극적인 계급갈등을 구현하며 언젠가는 정지상태로 종식될 것이었다.

한계주의적 신고전학파의 세계에서는 이러한 명백한 역사적 측면들이 사라졌다. 모든 가치는 자본주의 사회의 상호 연결된 시장에서 한계효용을 계산하는 개인들에 의해 결정되었다. 자유로이 자신들의 의지를 발휘하고, 시장선택을 통해 자신들의 목표를 최대화하며, 끝없는 수면의 요동을 통해 "자연적" 가치의 평형에 도달하는 경쟁적 개인이라는 비전은 바로 이상적 자유주의의 세계였다. 그것은 또한 두드러진 미국 예외주의의 세계이기도 했는데, 헨리 애덤스(Henry Adams)의 민주주의 대양을 자유주의 용어로 재창출하고 자연에서 끊임없이 재생되는 동력을 만족을 모르는 개인의 욕구로 대체한 것이었다. 요컨대 급진적 역사주의의 도전이 보수주의적, 몰역사적(*ahistorical*) 대응을 낳았던 것으로, 남북전쟁 이전에 미국 예외주의가 원래 지니고 있었던 평등주의적 함의는 벗겨낸 채 역사의 질적 변화를 회피하려는 미

---

52) John Bates Clark, "The Future of Economic Theory," *QJE*, 13 (October 1898) : 9; idem, *Distribution of Wealth*, vi, 76, 409, 418~9.

국 예외주의의 희망을 한계이론의 형태로 재진술하고 예외주의의 이상을 소유적 개인주의로 재규정했던 것이다.

사회학자들의 논쟁: 스몰 대 기딩스

경제학자들 논쟁의 반향효과 속에서 사회학자들도 유사한 갈등을 보이게 되었다. 사회과학에서 가장 늦게 발전한 사회학은 1880년대에 가서야 대학에 발을 붙이기 시작했다. 윌리엄 섬너와 레스터 워드는 자신들의 진화론적 이론이 가진 실증주의적 편향으로 인해 아직 종교적 통제로부터 완전히 벗어나지 못한 제도권으로 들어가지 못했다. 섬너 자신은 신경쇠약으로 인해 몇년 동안 조용히 지냈으며, 워드는 여전히 학계의 외부인이었다. 그러나 자선과 교정분야의 전문가들과 "사회문제"를 거론하는 사회복음전도사들 사이에서 개혁적 "사회과학"이 커가고 있었다. 1880년대를 거치면서 미국사회과학협회의 주도적 인물들이 의존적이고 범죄적이며 결함 있는 계급들에 대해 대학에서 강의했으며, 개혁적 성향의 성직자들이 "사회윤리"에 대해 가르치기 시작했다.[53] 1890년대에 대학들이 팽창하고 세속적 영향력이 증대하면서 사회학의 새로운 가능성이 열리자, 학계 전문가들은 이것저것 끌어모아 사회학의 주제를 설정해야 했고, 위험스런 정치적 장애들을 줄곧 헤쳐 나가야 했다.

1892년 시카고 대학이 문을 열었을 때, 미국이 낳은 가장 경영수완

---

53) Luther Lee Bernard and Jesse Bernard, *The Origins of American Sociology* (New York: Thomas Y. Crowell, 1943), pt. 9; Anthony Oberschall, "The Institutionalization of American Sociology," in *The Establishment Empitical Sociology*, ed. Anthony Oberschall (New York: Harper & Row, 1972), 187~251.

이 좋은 성서학자였던 윌리엄 레이니 하퍼(William Rainey Harper) 총장은 미국 최초의 사회학 주임교수직에 앨비언 우드베리 스몰(Albion Woodbury Small)을 임용했다. 2년 후 컬럼비아 대학은 세스 로우(Seth Low)의 주장에 따라 프랭클린 기딩스(Franklin H. Giddings)를 위해 유사한 교수직을 신설했다. 스몰은 역사정치학으로부터 사회학으로 전향한 침례파 목사였으며, 사회복음전도의 윤리적·개혁적 목표를 사회학에 도입했다.[54] 본래 저널리스트였던 기딩스는 경제학에서 사회학으로 전향했는데, 클라크와 공동으로 미국 자본주의의 한계주의적 정당화를 시도한 적도 있었다.[55] 이들이 사회학의 시작단계부터 매우 다른 모델을 제시했고 경제학자들의 다툼을 재연했다는 것은 별로 놀라운 일이 아니다.

스몰은 신학을 연구한 이후 독일에서 역사경제학과 국가학을 공부했다. 1882년 콜비대학(Colby College)에 돌아와서 역사학 교수로 부임한 뒤 학생들에게 "역사적 진화가 묘사하는 보다 명백하고 일반적인 법칙을 인식하는" 한편 증거자체를 수집하고 그로부터 "명확하고 정당

---

54) 비록 Small의 사상을 평생 변하지 않은 것으로 다루고, 그에 따라 그를 변치 않게 한 정세를 놓치고 있기는 하지만, Small에 관한 가장 훌륭한 저술은 Vernon K. Dibble, *The Legacy of Albion Small* (Chicago: University of Chicago Press, 1975)이다. 전기에 관한 정보의 기본 출전은 Small 자신의 "Fifty Years of Sociology in the United States (1865~1915)," *AJS*, 21 (March 1916): 721~864와 Edward Cary Haues, "Albion Woodbury Small," in *American Masters of Social Science*, ed. Henry W. Odum (New York: Holt, 1927), 149~87이다. 그밖에 Richard J. Storr, *Harper's University: The Beginnings, A History of the University of Chicago* (Chicago: University of Chicago Press, 1966)도 참조.

55) John L. Gillen, "Franklin Henry Giddings," in *American Masters of Social Science*, 191~228; R. Gordon Hoxie et al., *A History of the Faculty of Political Science*, Columbia University (New York: Columbia University Press, 1955), 284~303.

한 결론"을 추론하는 방법을 배우라고 가르쳤다. 이러한 훈련은 "사회를 변경시키는 힘들을 올바르게 평가"할 수 있는 대범한 실무자들을 배출할 수 있다고 보았다. 그러나 몇년 후 그는 역사학은 "설득력 없는 중대한 결론"이 아니면 "사실들의 잡동사니"만을 준다고 느끼기 시작했다. 이러한 생각은 1889년에 존스 홉킨스에 가서 허버트 백스터 애덤스와 리차드 엘리 아래에서 공부하면서 더욱 강화되었다.[56)]

스몰이 설득력이 없는 것으로 생각한 역사학으로부터의 "중대한 결론"은 미국 예외주의의 불변하는 보수적 원리들이었던 것 같다. 독일에서 교육받은 같은 세대의 복음주의 학자들처럼 스몰은 역사주의를 존중했고 새로운 사회윤리에 눈을 떴다. 존스 홉킨스 대학 박사학위논문에서 그는 미국의 국가성(*nationality*)이 독립선언에 의해 창출되었다는 견해에 반대했다. 미국의 국가성은 그 후 수십 년에 걸친, 전체 인민의 역사적 발전의 산물이었다는 것이다. 사실, 독립선언이 국가성을 수립했다는 것은 독립선언이 마치 "1776년에 절대적·보편적 평등을 인민의 의지(*will of people*)로 만들었다"는 것과도 같다. 자신의 〈유럽역사〉 강의 소개서에서 그는 "아무리 은총받은 나라라도 이상적 질서의 축소판을 수립하지는 못했다"는 점을 지적했다.[57)]

스몰의 난제는 무엇이 전통적인 예외주의 원리들을 대신할 것인가라

---

56) Dibble, *Albion Small*, 28~30, 232. Small, "Fifty Years of Sociology," 767, 729~34; idem, "Course of Study in Sociology" (연도 미상), 〈Herbert Baxter Adams Papers〉, Johns Hopkins University.

57) Albion W. Small, "The Beginnings of American Nationality: The Constitutional Relations between the Continental Congress and the Colonies and States," *JHUSHPS*, 8th ser., nos. 1~2 (January-February 1890): 1~77; idem, "Von Holst on American Politics," *The Civil Service Reformer*, 4 (December 1888): 141; idem, *Syllabus: Introduction to the History of European Civilization* (Colby, Maine: Colby University, 1889), 87.

는 문제였다. "사회적 필요(*social needs*)의 진보적 인식"에 대해 관심을 가지고 있었으므로, 스몰은 동시대 후배들이었던 프레데릭 잭슨 터너(Frederick Jackson Turner)나 찰스 비어드(Charles Beard)처럼 실천에 적합한 사회·경제사를 창출하려고 노력할 수도 있었다. 그 대신 스몰은 어거스틴(Augustine)에서 버클(Buckle)에 이르는 역사철학뿐 아니라 콩트, 스펜서, 워드의 "체계적 사회학"(*systematic sociology*), 그리고 독일 유기체 이론가인 알버트 셰플레(Albert E. F. Schäffle)를 읽기 시작했다. 그는 사회학이야말로 "가치 있지만 비효율적인 '역사철학'의 자연적 후계자이고 상속자이자 수탁자이며, 인간사회에 현재의 성격을 부여해온 힘들의 상관관계의 전모를 제시한다"고 결론지었다.[58]

성직자로서 스몰은 사회학이 자신의 복음주의적 희망의 상속자이자 수탁자라고도 생각했다. 콜비대학에서 첫 사회학 과목을 종강할 때, 그는 사회학이 기독교의 목표, 즉 "신의 정의라는 원리가 충만하여 사회·경제행위들을 통할하는 인간사회," 곧 현세의 신국(*Kingdom of God on earth*)을 달성하는 수단이라고 설교한 바 있다. 엘리나 클라크, 애덤스의 경우처럼 천년왕국에 대한 희망이 역사 속으로 투사되었던 것이다.[59]

스몰은 사회학의 과제를 세 가지로 파악했다. 첫째는 기술 사회학

---

58) Small, "Course of Study in Sociology," 〈H. B. Adams Papers〉; Dibble, *Albion Small*, 30~2; idem, "The Relations of Sociology to Economics," *JPE*, 3 (March 1895): 173.

59) Albion W. Small, "Sermon," *The Dawn*, 2 (November 1890): 302. Albion W. Small and George E. Vincent, *An Introduction to the Study of Society* (New York: American Book Co., 1894), bk. 2에는 진보와 쇠퇴가 촌락공동체에서 산업도시로 동시에 진행된다고 설명한 Vincent의 "The Natural History of a Society"가 실려 있다. Dibble, *Albion Small*, 21을 참조. 스몰 자신은 역사 발전의 진보성을 고수하는 경향을 띠면서 쇠퇴의 전통적 담론을 회피했다.

(*Descriptive Sociology*)으로 이는 귀납적인 "역사적·분석적" 방법을 사용해 사회의 "일시적" 성격과 "영구적" 성격을 구별한다. 역사학은 "가급적 사건들의 선후와 연결순서를 다루고 원인과 결과를 보여주는" 반면, 사회학은 "동일한 사실이 사회구조와 기능의 정상적 상태를 표출한 것인지, 비정상적 상태를 표출한 것인지, 또는 영구적 형태인지, 일시적 형태인지를 분석한다. 더욱이 경제학과 달리 사회학은 전체적 시각(*holistic perspective*)을 확보하기 위해 "인간과 사회에 대한 모든 실증적 지식"을 조직화해야 한다. 워드와 마찬가지로 스몰은 건강, 부, 사교성, 지식, 미, 정의와 같은 인간성의 주요 욕구와 "사회동력들"(*social forces*)을 모두 사회학이 다루기를 원했다.[60] "정상적"이고 "영구적"인 사회형태들에 대한 언급에서 드러나듯이 스몰의 역사사회학적 세계는 여전히 영원한 기독교 세계 안에 부분적으로 내재되었다.

두 번째 정태 사회학(*Statical Sociology*)의 과제는 "완벽한 사회균형"을 형성하는 것이었다. 사회는 "추측(*speculation*)이 … 아니라 조사(*inspection*)와 귀납(*induction*)"을 통해 발견될 수 있는 "본질적 이상"을 지니고 있다. 사회학적 방법은 "제시된 사회의 사실과 힘들을 설명하고, … 이러한 질료로부터, 경시된 생활경제에 관한 체계화된 지식을 추론하며, 그 결과 사회의 내재된 잠재력이 구현될 사회생활의 조화된 이상(*ideal*)을 추론한다." 이 이상은 신국을 향한 지속적인 진보과정에서 역사 속에 창출되며, 역사에 대한 사회학적 연구를 통해 식별될 수 있다. 그러나 역사 속에 이상적 질서가 잠재되어 있다 하더라도, 인간의 의지가 이를 창출해야만 한다.

---

60) Albion W. Small, *Introduction*, 66~70; Small, "The Relation of Sociology to Economics," 182; idem, "Review of John A. Hobson, *The Evolution of Modern Capitalism*; Ernst von Halle, *Trusts, or Industrial Combinations in the United States*; and Henry Dyer, 'The Evolution of Industry'," *AJS*, 1 (September 1895): 223, 227~8.

사회학의 세 번째 과제인 동태 사회학(*Dynamic Sociology*)은 "현실적인 것을 이상적인 것으로 변화시키기 위한" 수단과 방법을 탐구하는 것이다. 스몰의 사회학은 엘리의 역사경제학처럼 하나의 윤리학이었다. 그는 "비과학적이라고 평가받는 것을 무릅쓰고 미래와 이상적 사회질서에 대해 논의하거나 변화의 방향과 수단에 대해 결론내리는" 근대 자본주의의 역사발전에 대한 문헌들을 높이 평가했다.[61]

이와 같은 사회학의 구상을 제시했을 당시 스몰은 내세울 만한 실질적인 역사이론을 갖고 있지는 않았다. 그러나 이미 사회변화가 취할 방향은 알고 있었다. "사회학은 사회관계들의 균등화를 지향한다." 근대사회의 이상은 모든 구성원들의 상호성과 개인적 구현이며, 이 이상 때문에 사회학은 "일시적으로 다른 계급에 대해 불리한 처지에 있는 모든 계급의 동맹"이 되었다. 사실 사회학은 사회주의로 인해 존재하게 되었는데, 사회주의는 "사회악에 대해서는 가차없이 폭로했지만 … 처방을 제시하는 데에도 마찬가지로 적극적이지는 못했다. … 그럼에도 불구하고 사회주의는 사회가 무시할 수 없는 도전이다. … 사회주의가 19세기 사상에서 수행한 역할을 고려하면, 사회학은 선택이라기보다 필연에 의해 존재하게 된 것으로 보인다. 헤겔적 표현에 따르면, 관습이 정(正)의 명제이고, 사회주의는 반(反)명제이며, 사회학은 합(合)이다." 스몰은 사회학이 자신의 기독사회주의적 목표를 실현하기 위해 사회주의보다 덜 급진적이고 덜 "공상적인" 방법을 강구하기를 바랐다. 산업자본주의로 인해 발생하고 고전경제학에 투영된 물질주의와 불평등보다는 훨씬 확실한 진보의 길과 종합적인 역사철학이 사

61) Small and Vincent, *Introduction*, 66~70; Small, "The Relation of Sociology to Economics," 182; idem, "Review of John A. Hobson, *The Evolution of Modern Capitalism*; Ernst von Halle, *Trusts, or Industrial Combinations in the United States*; and Henry Dyer, 'The Evolution of Industry'," *AJS*, 1 (September 1895): 223, 227~8.

회학으로부터 창출되리라는 것이다.[62]

1894년에 스몰 자신이 잘 알고 있었듯이, 어떠한 종합화이든 사회주의를 포함하는 것은 미국 학계로서는 위험한 길이었다. 자신의 저술 전체를 통해 스몰은 미국 사회의 병리현상이 얼마나 심각한지, 구조적 제도들을 비판해야 할지 아니면 개인과 잘못된 사회화를 우선적으로 비난해야 할지를 두고 시종일관 망설였다.[63] 그 자신의 판단이 불확실했을 수도 있지만, 시카고대학에서 격렬한 집중포화를 받았기 때문이기도 했다. 시카고대학의 경제학과 과장인 로렌스 로플린은 보수적 인물이었는데, 사회학에 대한 경멸을 감추려들지 않았다. 스몰 역시 사회학과 과장이자 인문대학 학장이었으며, 학교가 의존하는 시카고 부유층들과 소원하게 되지 말라는 하퍼(Harper)의 바램을 잘 알고 있었다. 스몰 자신도 대학의 지위를 통해 얻게 된, 시카고의 주요 사업가들과의 접촉을 소중히 여겼으며, 공공목적을 위해 리더십을 육성한다는 취지로 설립된 시카고 시민연합(Chicago Civic Federation)의 창설자 중 한 사람이었다.

이와 동시에 스몰은 기독교 개혁가들과 밀접한 관계가 있었다. 그는 1894년 풀먼 파업을 조정하고 일리노이 주의 중재법 제정을 추진한 시카고 시민연합의 일원으로 활동하는 등, 스스로 개혁에 주의 깊게 손대기 시작한 것을 자랑스럽게 여겼다. 그러나 학문개혁의 지지자로서 그는 성직자 아마츄어들을 몰아내려 했으며, 사회학이 종교운동 급진파와 연루되어 있다는 낙인을 벗게 되기를 열망했다. 그는 엘리에게 급진적 사회복음파와 결별을 촉구하기도 했는데, 그가 1895년에 〈미국 사회학 저널〉(*American Journal of Sociology*) 창간을 작정한 것도 아마 기독교 사회학 저널의 창간계획을 막기 위해서였을 것이다.[64]

---

62) Small and Vincent, *Introduction*, 40~1, 78~9.

63) Ibid., 267~72, 298~301.

64) Small이 Harper에게 쓴 편지 1894년 7월 13일자, 〈President's Papers〉,

이러한 상반된 압력 속에서 스몰은 사회학자들이 따라갈 중도적 길의 이정표를 세워 나갔다. 비록 사회학의 윤리적 목적을 분명하게 선언했지만, 그는 적절한 사회적 지식을 갖추지 않은 채 사회적 처방을 내리려는 개혁가들의 미숙한 노력은 철저히 비판했다. 사회에 관한 종합적 과학은 아직 너무 멀리 있고, "열광적인 정의의 선지자들"은 이로움보다는 해를 끼치고 있다는 것이었다. "제도에 결함이 있다면, 그것은 잘못된 사회적 지식의 반영이며, … 기존의 사회적 결론을 대신할 안전한 대안들이 도출되기 전에 먼저 많은 사물들에 대한 수많은 정보가 수집되어야만 한다." 경제학이 제공하는 것보다 더 포괄적인 지식을 요구하는 스몰의 역사적 전체주의(*historical holism*)는 또한 사회개혁의 요원함과 의도치 않은 결과를 경고했던 스펜서를 반영하는 침묵주의적(*quietist*)[65] 용도도 있었던 것이다. 요컨대 스몰의 윤리적 사회학에서 학자들이 수행할 적합한 사회적 역할은 처방이나 행동주의가 아니라 연구였다.[66]

University of Chicago; Small, "Fifty Years of Sociology," 768~9; idem, "The Era of Sociology," 15; idem, "The Civic Federation of Chicago: A Study in Social Dynamics," *AJS*, 1 (July 1895): 79~103; Small이 Ward에게 쓴 편지 1895년 4월 10일자와 1895년 5월 25일자, in "The Letters of Albion W. Small to Lester F. Ward," ed. Bernhard J. Stern, *Social Forces*, 12 (December 1933): 170~2.

65) 옮긴이 주: 침묵주의(*quietism*) — 17세기에 크게 외형화하고 허세화한 교회주의에 항거하여 신앙의 내면화와 질적 향상을 지향한 가톨릭 신비주의 경향의 하나이다. 침묵주의는 기독교에서 인간의 자발적이고 능동적인 의지를 최대한 억제하고, 초인적인 신의 힘에 전적으로 의지하려는 수동적 사상으로서, 종교개혁시대 재세례파(再洗禮派)나 프로테스탄트 경건주의 등으로 이어졌다. Brinkley, op. cit.

66) Small and Vincent, *Introduction*, 19; Herbert Spencer, *The Study of Sociology* (New York: D. Appleton, 1874), 21~2. 스몰의 전체론이 띤 급진적 경향은 Ernest Becker, *The Lost Science of Man* (New York: Braziller, 1971)에서 논의된다.

컬럼비아 대학의 프랭클린 기딩스(Franklin Giddings)는 실제와 관념을 동일시하는 실증주의 역사철학을 수립했다. 기딩스는 복음주의 목사 아버지를 둔 반항적인 아이였는데, 엄격한 청교도적 교육을 거부하고 일찌감치 실증주의를 택했다. 고전경제학과 스펜서 사회학의 학도로서 그는 사회가 천천히 진보하며, 그것도 오직 개인적인 도덕적 규율 아래에서 진보한다고 믿었다. 1880년대 중반에 이르러 기딩스는 점차 사회문제에 몰두하게 되었다. 노동계급에게 제시할 수 있는 자발적 행동의 범위에 있어 섬너와 크게 다르지는 않았지만, 기딩스는 보다 적극적인 역할을 수행하고 싶었다. 그는 철저히 자발적 원리들에 입각해 운영되는 노동자 협동조합을 적극적으로 지지했으며, 심지어 "자본가 고용주들이 주도하고 통제하는 협력"하에 이루어지는 노자간 이윤분배(*profit sharing*)에 열광하기까지 했다. 헤이마켓 사건 이후 그는 월간지 《노동과 임금》(*Work and Wages*)을 창간하여, 노동자들에게 노동조직의 적절한 사용과 남용에 대해 훈계하고 실업자들은 "결함 있는" 근로자라고 경고하기도 했다.[67)]

1886년 존 베이츠 클라크와 접촉하면서 두 사람은 즉시 공감을 느꼈다. 기딩스는 클라크의 새로운 사고를 《노동과 임금》에 게재했고, 임금과 이윤에 대한 클라크의 한계주의적 재정리에 더하여 경쟁을 보

---

67) Gillin, "Franklin Henry Giddings," 196~9; Frank A. Ross, "Franklin Henry Giddings," *DAB*, Suppl. 1~2, 339; Franklin H. Giddings, *Railroads and Telegraphs: Who Shall Control Them?* (Springfield, Mass.: *The Manufacturer and Industrial Gazette*, 1881); idem, "Cooperation", in *The Labor Movement: The Problem of To-Day*, ed. George E. McNeill (Boston: A. M. Bridgman, 1887), 508~31, 특히 524. *Work and Wages*에서는 idem, "Work and Wages," 1 (November 1886): 8; idem, "Who and What Are the Unemployed?," 1 (December 1886): 6; idem, "Two Views of the Labor Movement," 1 (May 1887): 5~6; idem, "Education the Solution," 1 (September 1887): 6을 참조.

편적 진화과정으로 보는 자신의 확신을 덧붙였다. 그는 자본주의 시장의 도덕적 정당성을 결코 의심하지 않았고, 클라크의 세련된 새로운 증거들은 그의 확신을 강화해 줄 뿐이었다. 기딩스는 자신이 "정치경제의 과학을 철학적 형태로 만들고, 그 방법론을 확장하며, 노동문제의 실질적 해결을 위해 무언가 기여하고, 정부와 공공정책에 대해 지니고 있는 몇 가지 생각들을 던져 줄" 수 있다는 희망을 가지고 사회학으로 옮겨갔다.[68]

기딩스는 스펜서 식으로 사회학을 이해했다. 스몰이 자신의 규범적인 기독교 관념론을 가지고 사회학에 입문했다면, 기딩스는 물리적·사회적 "힘"과 그 규범적 자연법칙 사이의 동일성을 가정하는 스펜서의 진화론적 일원론을 가지고 입문했다. 이러한 진화관에는 과학의 특별한 윤리적 기능에 대한 요구는 없었다. 1888년 그가 엘리에게 대항해 주장한 바에 따르면,

> 현실에 대한 연구를 추구하는 경제학자가 만일 가장 선진적인 사람들의 경제적 성격과 행동을 충실히 묘사한다면, 그렇게 하는 동안 그는 이미 경제적 진리를 예측하는 것이다. … 도덕적 의무이든 아니든 경제 과학이 밝혀야 할 것이 스스로 나타나게 될 것이다. 교조주의나 훈계 따위는 필요하지 않은 것이다.

진화론적 실증주의자들은 도덕적 판단을 위해 단지 진보적 행동만을 묘사하면 되었다. 정부 행동은 "자유의 축적"이라는 노선을 따라 전개되는 자본주의의 진보를 지원할 때에만 유용할 수 있었다.[69]

---

68) Ross, "Socialism and American Liberalism," 45~6; Clark and Giddings, *Modern Distributive Process*; Giddings가 Lester F. Ward에게 쓴 편지 1887년 6월 23일자, in "Giddings, Ward, and Small: An Interchange of Letters," ed. Bernhard J. Stern, *Social Forces*, 10 (March 1932): 307.

69) Franklin H. Giddings, "The Province of Sociology," *AAAPSS*, 1 (July

기딩스가 발견한 진화의 법칙들은 자연 선택과 사회 선택, 성적(*sexual*) 선택의 법칙들이 혼합된 것이었다. 이 법칙들은 함께 작동하여 집단 안의 개인들이 지배적인 사회적 행동유형에 동화하도록 만들며 어느 집단 혹은 사회가 살아남을지를 결정한다. 인간의 의식적 목적이 사회형태들의 종류를 확대할 수 있지만, 결과를 통제하는 것은 바로 선택(*selection*)이다. 생존을 위한 경제적 투쟁은 결사화(*association*)와 집단화(*aggregation*) 및 분화(*differentiation*)의 사회학적 과정을 수반하며, 이에 의해 인종적 차이와 분업이 인종적 분할과 계급적 분할로 귀결된다. 인종에 따라 능력, 즉 진보를 위한 능력이 다르며, 그래서 영국과 그 식민지들이 가장 선두에 서게 되었다. 선택이 이루어지는 "선별"(*sifting*) 과정에서 사회 내에 상이한 계급들이 형성되고, "능력의 차이가 사회 기능의 차이와 밀접히 대응하며, 경제조건의 차이와도 대체로 조응한다." 그러나 기딩스는 현대사회의 상호의존성에 의해 이타주의적 인간성이 생겨났다는 사실도 강조했다. 그는 부지런하고 훌륭한 근로자들과 자애로운 엘리트들로 구성되는 "윤리적 사회"의 도래를 기대했던 것이다.[70)]

그러나 낙관적인 스펜서주의적 대작의 끝부분에서 기딩스는 진보 자체가 그 부단한 변화에 의해서, 그리고 야심을 자극함으로써 수난과 퇴보를 초래한다고 탄식했다. 극히 통상적인 방식대로 기딩스는 그림을 다듬었다. 산업사회는 "용병과 같은 배금주의 정신(*mercenary spirit*)"을 과도하게 발전시킬 수 있으며, 가난한 사람들과 부유한 사람들을 완전히 분리되도록 위협하여 "물질적 생존수단을 통제하는 사람들의

1890): 66~77, 특히 73; idem, "Sociology and Political Economy," *PAEA*, 3, no. 1 (March 1888): 39; idem, *Outline of Lectures on Sociology* (Philadelphia: Wm. J. Dornan, 1891), 17~8.

70) Giddings, *Outline of Lectures on Sociology*; idem, *The Principles of Sociology* (New York: Macmillan, 1896), 299~360, 특히 328~9, 341.

손에 정부를 완전히 던져버릴 수 있다. … 금권정치적 사고가 사회분열의 실제원인이라는 것은 합리적으로 의심할 여지가 없다. 금권정치는 로마제국의 몰락과 중세국가들의 붕괴에서 그 달갑지 않은 역할을 수행했다. 우리의 자유주의 제도들도 이에 심각한 위협을 받고 있다.” 그렇지만 다행히 산업사회는 완전히 금권정치적 유형은 아니었다.

> 식민지 아메리카와 앨리게이니 산맥 서쪽의 초기 이민지역에 있었던 단순한 민주주의에서는 다른 모든 이익들을 합리적으로 통제했던 건실한 도덕적 삶이란 것이 있었다. … 공장이나 시장이 아니라 교회와 공립학교와 자유로운 공론장이 사회활동의 실질적 중심이었다. … 국가 형성기에 이러한 공동체들의 생생한 도덕적 삶이 국민 전체의 삶에 깊은 인상을 남긴 것은 미국인들에게 보기 드문 행운이었다. 이 인상 자체는 지워지지 않았으나, 그 아름다운 윤곽은 흐려지고 끊어졌다.

진화론적 자연주의는 미국 예외주의가 직면했던 도금기의 위기 동안 뼈아픈 중단에 봉착했다. 섬너에게서, 아름다운 과거의 “명료한 윤곽”이 진보에 의해 지워질 것이라는 예외주의적 우려에 대항해 싸운 것은 자유주의적 낙관론이었다. 리카르도보다 클라크의 영향을 받은 기딩스는 진화법칙에 의해 창출된 이타주의가 과거의 “건실한 도덕적 삶”을 복원하고 공화국을 영원히 지속시키리라고 희망했던 것이다. 그러나 쇠퇴에 대한 염려를 완전히 떨쳐버릴 수는 없었다.[71]

이러한 스펜서주의적 진화론의 틀 속에서 기딩스는 무엇이 개인들을 사회적 존재로 만드는지 탐색했다. 생물학적 욕구나 경제적 이해만이 사회적 행동을 설명할 수 있다는 데 만족하지 않은 그는 결사(*association*)에서 사회의 비밀을 찾으려 했다. 1896년에 기딩스는 《사

71) Giddings, Principles, 347, 355~6.

회학 원리》(*Principles of Sociology*)라는 저서에서 모든 사회학이 근거하는 결사의 심리현상은 사회의식의 가장 기본적 형태인 "종 의식"(*consciousness of kind*), 즉 비슷한 것끼리 서로 끌어당기는 의식으로 환원될 수 있다고 주장했다. 그는 이 개념을 아담 스미스의《도덕감정론》(*The Theory of Moral Sentiments*)에 나오는 "공감"(*sympathy*) 혹은 "동료감"(*fellow feeling*)으로부터 발전시켰다. 스미스에 따르면, 공감이나 동료감이란, 우리가 자신을 다른 사람의 처지에 놓고, "그럼으로써 어느 정도 그 사람과 동일한 사람이 되어, 그 사람의 감정에 대해 좀 이해하게 되고, 심지어 더 약하기는 하지만 그 사람과 전혀 다르지는 않게 무언가 느끼는" 상상행위(*act of imagination*)이다. 기딩스는 이 공감의 감정을 유사성에 대한 의식적 인식으로 변형시켰다. 이 속에서 그는 개인을 사회적 결사체로 이끄는 유인뿐 아니라, 집단들을 서로 분열시키고 "인종적 증오와 계급적 편견"이라는 결과를 낳으면서 그 동안 인류가 형성해 온 가증스런 결사의 유형을 초래한 유인에 대해서도 실마리를 찾아냈다. 스미스의 "공감"으로 돌아가서 기딩스는 자유사회의 고전적 개념을 발견했고, 이로부터 근대 산업세계에 들어맞는 양날의 칼을 도출했다. 그의 진화론은 이 가증스런 갈등을 궁극적으로 소멸하는 것으로 만들었지만, 반면 이 갈등은 소멸될 때까지는 하나의 자연법칙이 되었다.[72]

스몰은 사회학이 포괄적이기 때문에 기초적 사회과학이라고 생각했지만, 기딩스는 종 의식이라는 심리적 기본원칙과 그 사회적 변형의 과학이기 때문에 사회학이 기초적인 것이라고 생각했다. 스몰은 역사에서 작동하는 사회적 동력들을 발견하기 위해 "역사적이고 분석적인 방법"이 필요하다고 인정한 반면, 기딩스는 역사를 고려하지 않은 채

---

72) Ibid.; idem, "Preface to the Third Edition," (New York: Macmillan, 1926), ix~xvii; Adam Smith, *The Theory of Moral Sentiments* (London: G. Bell, 1892〔1759〕), 3~10.

진화론적 과학을 구축하고자 했다. "사회학은 역사학의 반대편 끝에 위치한다." 그러나 그의 분석은 분명 역사로부터 도출된 시간에 따른 진화적 변화를 대상으로 하고 있었다. 때로 빌헬름 딜타이(Wilhelm Dilthey)에 대해 언급하고 때로는 밀과 콩트의 개념들을 논의하면서 이 문제와 씨름한 후 기딩스는 두 가지 모두를 시도했다. 사회학은 정치경제학처럼 사회적 경험으로부터 일차적 원리를 추론하고, 이 원리가 구현된 모든 현상들을 추적해 가지만, 이와 더불어 이 원리가 어떻게 다른 원리들과 결합하여 실제 세계의 구체적 현상을 창조하는지를 보여준다는 것이다.73)

기딩스와 스몰은 1890년대 초반에 자신들의 관점을 정립했지만, 사회학에 관심을 가진 대다수 학자들은 아직 분열되고 불확실한 상태에 있었다. 당시 시카고대학 학생이었던 이라 하워스(Ira Howerth)는 1894년에 이 새로운 주제와 조금이라도 관련이 있는 학자들에게 질의서를 보낸 적이 있는데, 그 결과 "사회사상의 혼돈상태"를 발견했다. 사회학이 무엇이고 인접학문이나 구성분야들과의 관계가 무엇인지에 대해 전혀 합의가 없었던 것이다. 기술 사회학, 정태 사회학, 동태 사회학이라는 스몰의 사회학 구분이 40명의 응답자들에게 제시되었을 때, 9명이 동의하고 14명이 반대했으며, 9명의 찬성자들 모두가 스몰의 방법대로 구분하지는 않았고, 반대자들도 모두가 기딩스의 입장을 수용한 것이 아니었다. 그러나 하워스의 조사 중에서 가장 의미 있는 발견은 아마도 본질적인 이견에도 불구하고 사회학이 "체계화된 지식체(*systematized body of knowledge*)"로 규정되는 과학이거나 과학이 되고 있다는 생각에 3/4이 찬성했으며, 사회학이 대학의 독립된 학과로

73) Franklin H. Giddings, "Sociology as a University Study," *PSQ*, 6 (December 1891) : 649, 653~5; idem, "The Province of Sociology," 68; idem, "The Relation of Sociology to Other Scientific Studies," *Journal of Social Science*, 32 (1894) : 144~50; idem, Principles, 39~40.

수립되어야 한다는 데 대다수가 동의했다는 점이다. 분명 전문직업적 야심이 지적 발전을 추월했던 셈이다.[74]

이 조사에 대한 미국경제학회에서의 논의와 그 표제논문이었던 스몰의 논문은 곧 사회학에 대한 스몰과 기딩스의 구상을 경쟁적인 것으로 만들었다. 부분적으로 양자간의 갈등은 사회학의 대상과 방법에 관련된 것이었다. 스몰은 포괄적인 역사사회학만이 "사회협력의 관리라는 과제에 적합"하다고 주장했다. 그러나 기딩스는 사회학이 전체의 과학(*science of the whole*)일 수는 없다고 되받았다. 《원리》에서 기딩스는 스몰의 "백화점식"(*inventory*) 방법이 "마치 인간 행동의 모든 동기들이 사회학에 동등하게 중요하다는 듯이 … 모든 동기들을 열거하려는 성가신 노력"이라고 조롱했다. "그 결과는 과학이라는 논리적 지식이 아니다"라는 것이다.

스몰은 기딩스의 《원리》에 대해 장문의 신랄한 논평으로 대응했다. 스몰은 기딩스가 사회의 진화에 관한 종합적 연구라는 사회학의 폭넓은 연구대상을 유지했지만, 이와 동시에 결사의 자극으로부터 생겨나는 현상의 연구로만 사회학의 대상을 좁혔다고 비난했다. 인간의 진화는 이러한 단일한 동기에만 기초해서는 설명될 수 없다는 것이었다. 기딩스의 방법론도 마찬가지로 혼란스럽다고 스몰은 공격했다. 사회와 진화에 관한 연구에 적절한 유일한 방법은 귀납적 방법이며, "백화점식" 방법이 아니라 논리적 분류의 방법으로서 이를 토대로 일반화가 가능할 것이었다. 미국의 베이컨적 경험론의 입장에서 스몰은 한계주

74) Ira W. Howerth, "Present Condition of Sociology in the United States," *AAAPSS*, 5 (September 1894): 260~9. 1901년까지 사회학에서 사용된 교재에 관한 한 조사에 따르면, 42개의 과목에서 Small과 Vincent의 저서가, 32개의 과목에서 Giddings의 저서가 사용되었다. 이 조사가 누적적인 것이었고 Small과 Vincent의 교재가 Giddings에 비해 2년 먼저 출판되었으므로, 세기 전환기 당시 양자는 대략 무승부였던 셈이다. J. Graham Morgan, "Courses and Texts in Sociology," *JHS*, 5 (Spring 1983): 55.

의적 방법과 자신의 귀납적 방법 간에 어떠한 상이성도 부정했다. 그가 볼 때, 이 둘은 단지 "이전보다 사실에 대해 훨씬 더 일반화"할 뿐이었다. 반면 기딩스의 방법은 전적으로 사변적(*speculative*)이며 기딩스의 "종 의식"이라는 것도 "플라톤 이전의 형이상학적 허구"에 불과할 뿐이라는 것이었다.[75]

경제학에서처럼 역사주의와 사회학적 방법에 대한 논쟁은 근본적인 정치적 이견에 의해 가열되었다. 미국경제학회 논쟁 이후 기딩스는 직접 쓰지는 않았을지 모르지만, 《월간 대중과학》(*Popular Science Monthly*)의 사설을 부추겨, 기독사회주의자들의 사회학은 괴짜들의 유행이라고 조롱했으며, 스몰의 시카고대학 교수직을 "사회과학" 교수직으로 부르고, 따라서 최초의 진정한 사회학 교수는 자신이라고 주장했다. 기딩스야말로,

> 사회학이 사회적 관계들을 있는 그대로 분석하고 분류하며, 진화과정에서 사회적 관계들이 어떻게 현재와 같이 구현되었는지를 발견하고, 왜 사회관계들이 모든 측면에서 우리가 바라는 바대로가 아니라 현재 상태로 되었는지를 설명할 때까지는, 사회윤리학은 결코 사회관계들이 어떻게 되어야 할지를 우리에게 가르쳐 줄 수 없다는 입장이다.

나아가 미국경제학회 논쟁은 기딩스의 편을 들어 사회학이 "사회윤리학으로부터 분명히 구분되는, 현재와 과거의 과학(*a science of what is and what has been*)"이라고 결론지었다고 주장했다.[76]

---

75) H. H. Powers, "Terminology and the Sociological Conference," *AAAPSS*, 5 (March 1895) : 705~17; Albion W. Small, "The Relation of Sociology to Economics," *PAEA*, 10 (March 1895) : 106~7과 "Discussion," 110~1; GIddings, *Principles*, 12; Albion W. Small, "Review of Franklin H. Giddings, The Principles of Sociology," *AJS*, 2 (September 1896) : 288~310, 특히 293~4, 297~300.

스몰은 기딩스의 종 의식이 지닌 윤리적 의미에 대해 자신이 생각하는 바를 명확히 밝혔다. "종 의식이란 것이 통합과 분화의 효과를 충분히 발현한다면, 우리에게 전쟁터와 고문실과 노예농장과 착취공장(*sweat-shop*)을 가져올 것이다!"[77] 그러나 1890년대 중반의 십자포화 속에서 스몰은 자신의 윤리적 입장이 갖는 실천적 함의에서 후퇴함으로써 갈등을 회피하려 했다. 사회학자들은 사회를 있는 그대로 서술해야 하며, 윤리적 처방은 확실히 시기상조라고 그는 말했다. 다만 기딩스의 공격과 점점 가까이 다가오고 있는 정치적 압력이 스몰로 하여금 한동안 보다 급진적인 입장을 취하도록 했다.

에드워드 베미스(Edward A. Bemis)는 시카고의 경제학자이자 엘리의 제자였는데, 하퍼와 로플린, 그리고 이 지역의 기업가들을 분노케 한 적이 있다. 하퍼가 베미스에게 교수직을 박탈하겠다고 위협하자, 베미스는 오랜 지기인 스몰에게 불만을 터뜨렸다. 베미스에 따르면 스몰의 대답은 다음과 같았다.

> 스몰은 내가 시민연합(*Civic Federation*)의 활동과 같은 공공문제의 많은 국면에 참여함으로써 학과와 대학에 피해를 주고 있다고 대답했다. 그는 '너는 왜 하퍼 총장 외에 여기 있는 다른 어떤 사람들보다 공중 앞에 더 많이 나서느냐'고 말했다〔그가 시민연합 서기인 이즐리(Easley)에게 한 말에 따르면, '심지어 나 자신보다도 더'〕. 스몰 교수는 '사회학이 개혁의 과학이라는 오해가 너무도 많아서, 비록 수년 후에는 개혁운동에 몸담고 싶지만, 현재는 개혁운동으로부터 가능한 한 떨어져서 내 학과의 과학적 성격을 수립하기 위해 강의에

76) Franklin H. Giddings, "Sociology and Political Economy," *PAEA*, 3 (March 1888) : 39; "Sociology in the Universities," *Popular Science Monthly*, 46 (March 1895) : 698~9; Small이 Ward에게 쓴 편지 1895년 4월 10일자, in Stern, "Letters of Small to Ward," 171~2.

77) Small, "Review of Giddings, *Principles*," 295.

> 서 선험철학을 시작하고 있다'고 … 말했다. 이 정도면 충분하지 않은가? 스몰 교수가 나를 질투하고 이사들과 로플린의 분노를 두려워하는 가운데, 이사들과 부자들과 로플린의 압력 아래서 하퍼는 자유로이 자신의 약속 모두를 저버렸다.

하퍼는 바로 그렇게 했으며, 정치적 행동을 이유로 자신이 해직되었다고 베미스가 공개적으로 비난하고 나서자 스몰은 이를 부인했다. 베미스 사건이야말로 록펠러(Rockefeller)의 대학에서는 어떠한 자유로운 탐구도 가능하지 않음을 밝히는 것이라고 비난하는 공개편지가 〈미국 사회학 저널〉에 실리자, 스몰은 분노해서, 베미스 사건은 학문의 자유와 아무런 관계가 없다고 대응했으며 사회학은 확실히 진리가 어디에 있는지 아직 모르고 있다는 주장을 반복했다.[78)]

그러나 스몰의 양심은 상처 입었음에 틀림없다. 베미스가 간파한 스몰의 "질투"는 바로 사회학의 윤리적 주장을 스스로 실현시키고 싶은 스몰의 실제 욕망의 표현이었다. 〈미국 사회학 저널〉의 그 다음 세 호에서 스몰은 극적으로 자기 학문의 경로를 변경했다. "사기업은 공공신탁이다"(Private Business is a Public Trust)라는 논문에서 그는 재산과 상속에 대한 기존체계를 통렬하게 비판했다. "세상의 자원은 재산을 가진 카스트 구성원들 사이에 분할되어 있고, 나머지 사람들은 노동에 의해 자연의 몫을 얻는 허가를 받기 위해 이 카스트 구성원들에게 의존하고 있다." 사실 스몰은 자본가 권력이 얼마나 가까이 다가왔는지 별로 의심하지 않았다. 높은 교육수준과 전문기술을 가지고 있음에도 불구하고, 수당이나 고객을 빼앗겨도 법적 권리를 지니지 못하는

78) Small이 Ely에게 쓴 편지 1894년 5월 24일자 "Saturday Morn"과 1894년 6월 15일자 및 7월 28일자; Bemis가 Ely에게 쓴 편지 1895년 1월 12일자, 〈Ely Papers〉; Furner, *Advocacy and Objectivity*, 163~98; 〔Albion W. Small〕, "Free Investigation," *AJS*, 1 (September 1895) : 210~4.

의사와 목사, 교사들의 고난을 알고 있었기 때문이다. 스몰은 존엄성과 인간성과 평등이 부인되는 데 대항하여 "모든 계급들의 불만에 찬 프롤레타리아"를 대변했다. 이제 그는 사회학자들이 변화가 보다 쉬워지리라는 희망을 가지고 정의로운 원칙들을 위해 목소리를 높여야 한다고 주장했다. "만일 변화의 가능성을 말하기 전에 현 상황이 합리적 상황으로 변해 가는 전 과정을 반드시 알아야 한다면, 희망은 영원히 침묵할 것이다."[79]

이어서 스몰은 헨리 카터 애덤스(Henry Carter Adams)가 제시했던 논지를 따라 기업의 공적 통제와 지역 사회주의(*municipal socialism*)를 찬성하는 진술을 했고, 그 후에는 "학문과 사회운동"(Scholarship and Social Agitation)이라는 논문에서 기딩스를 공격했다. "이 논문의 일차적 목적은 사실을 다룬다는 이유로 우월하다고 생각하는 학문적 태도에 도전하는 것이다." 이러한 학자들은 과학과 진화를 신의 영역으로 만들어 왔으며, 진화가 오늘날에도 계속 진행되고 있다는 것을 보지 못하고 있다. 근대 자본주의와 윤리의 문제와 관련해서는, "이 문제들과 씨름하지 않는다면 학자들은 직무유기자들이다. 바로 이 때문에 사회가 우리를 먹여 살려 주는 것이다"라고 주장했다.[80]

이 때 스몰은 레스터 워드에게 자신의 최근 저술에 대한 생각을 적어 보냈다. 그는 "진보적 행동 일반의 속성"을 규정함으로써 "명확한 진보관을 지닌, 사회적 실천에 대한 보다 효과적인 척도"를 발견하여, 만일 제안된 행동들이 비진보적 성격을 드러낼 경우 이 행동에 반대할 수 있게 하고자 했다. 진보적 행동이 구조적 변화를 요하는가, 아니면

79) Albion W. Small, "Private Business Is a Public Trust," *AJS*, 1 (November 1895) : 281~2, 285, 289.

80) Albion W. Small, "The State and Semi-Public Corporations," *AJS*, 1 (January 1896) : 398~410; idem, "Scholarship and Social Agitation," *AJS*, 1 (March 1896) : 564, 569.

"기존구조 속에서 행위를 강화"해도 되는가? 자본주의 경제와 일부일처제 가족제도 및 대의제 정부의 근본적 성격을 변화시키는 것이 필수적인가, 아니면 보다 낮은 수준의 개혁들이 성공적일 수 있는가?[81] 자본가들의 힘에 경악하고 자신의 수치스런 굴복을 괴로워하면서 스몰은 잠시 "선험철학"으로의 도피를 포기하고, 사회학자는 사회변화에서 적극적 역할을 수행해야 한다고 선언했으며, 사회진보가 이루어지기 위해 구조적 변화가 실제로 필연적인지를 결정하는 데 착수했다.

정확히 1년 후인 1897년 3월에 스몰은 다시 입장을 되돌렸다. "사회문제 해결의 능력에 도달하는 가장 빠른 지름길은 오랫동안 사회문제들을 해결하려고 노력하는 것이 결코 아니라, 그 사회문제들을 서술하는 방법을 배우는 것이다." 스몰은 이제 "감정과 견해의 개입 없이 사회적 사실을 있는 그대로 사실주의적으로 연구하는 것이 뒤따르는 결론의 권위를 보장하는 유일한 방법이라는 데 대해 … 과학적 기질을 가진 사람들과 사업적 수완을 가진 사람들"에게 동의했다. 물론 학자들도 한 사람의 시민으로서 불완전한 증거들에 근거해서 행동해야 하고, 통화, 조세, 독점과 같은 문제들에 대해 입장을 취해야 한다. 그러나 보다 근본적인 이슈인 "영속적 관계들"에 대해서는 더욱 심사숙고된 과학적 지식을 기다려야 한다. 한때 노예제폐지론으로부터 후퇴했다가 후일 "자신에 의해 위대하고 진실한 사람들로 성장한 1만 명의 제자들과 함께" 다시 이 운동에 돌아왔던 에머슨(Emerson)[82] 처럼 사회

81) Small이 Ward에게 쓴 편지 1896년 3월 10일자에 포함된 주석, in Stern, "Letters of Small to Ward," 327~3.

82) 옮긴이 주: Ralph Waldo Emerson(1803~1882) — 미국의 사상가이자 시인. 칸트 철학의 영향을 받아 선험철학주의자로 불렸으며 급진사상가로도 인정된다. 1836~47년에 걸쳐 초월주의운동을 추진하였는데, 이는 신플라톤주의, 독일 관념론, 동양 신비주의의 영향 아래 정신을 물질보다 중시하고 직관에 의해 진리를 알고, 자아의 소리와 진리를 깨달으며, 논리적인 모순을 관대히 보는 신비적 이상주의이다. 대표작으로는 《대표적 위인론》

학자들은 언젠가 미래를 "예견할 뿐 아니라 예정하기 위해" 돌아올 것이었다.[83)]

1896년과 97년 사이에 무슨 일이 일어났기에 스몰의 입장이 이토록 첨예하게 바뀌었는가? 부분적으로는, 구조적 변화가 필연적인지에 대해 명확한 결론에 도달하려던 시도 때문이었음이 틀림없다. 스몰의 종합적 관점이 가져다 준 문제들의 복잡성과 그의 근본적인 양면성을 감안할 때, 그의 입장전환은 결국 그 자신의 그리고 당시 사회학 자체의 능력부족에 대한 시인이었을 가능성이 크다. 그러나 애초에 정치적 압력이 스몰을 행동주의적 입장으로 밀어 넣었다면, 마찬가지로 이 압력이 그의 후퇴에도 일정한 역할을 했을 것으로 볼 수 있다. 1896년 말에 일어난 일은 바로 대통령 선거에서 브라이언이 낙선하고 맥킨리가 당선된 것이며 널리 우려되던 급진주의 위협이 이와 함께 갑자기 사라진 것이다.

미국의 중간계급에게 1896년 선거는 민주적 혁명의 위협을 표출한 것이었다. 저항과 반동의 응어리진 격정들이 선거에 넘쳐흘러서, 이 선거는 미국 역사상 가장 치열한 선거전이 되었다. 경제학자들과 사회학자들에게 이 선거는 미국이 사회주의적 미래로 향하고 있는가 라는 과거 20여 년 동안의 질문에 열광적으로 매달리게 했으며, 이 질문을 선거정치라는 현실적 용어로 제기했다. 같은 해 7월 컬럼비아 대학의 리치먼드 메이요-스미스는 셀릭먼에게 다음과 같은 편지를 보냈다.

> 이곳에서는 온통 정치 이야기뿐이다. 우리는 무정부주의와 대중주의의 가장 경이로운 창궐을 경험하고 있다. … 은화주의자들(*silver-*

(1850)과 《영국 국민성론》(1856) 및 《처세론》(1860)과 《사회와 고독》(1870) 등이 있다.

83) Albion W. Small, "The Sociologist's Point of View," *AJS*, 3 (September 1897): 152, 154~5.

> *ites*)[84]이 너무 아우성을 치고 있어서, 우리가 실제 사회혁명에 직면해 있는지 말하기가 불가능하다. 이것은 도대체 옛날 그린백주의(*Greenbackism*)의 악령인가, 아니면 새로 씌워진 악령인가? 관건은 은화주의자들이 중부 주들의 농민과 노동계급을 실제 장악했는가 여부이다. 11월까지는 알 수 있을 것 같지 않다.[85]

북동부 근로자들 중 결정적인 숫자가 공화당 지지로 선회하고 브라이언이 낙선한 것이 바로 이 질문에 대한 대답이 되었다. 산업 노동자와 주변화된 농민과 공포에 찬 중간계급은 생산자 민주주의의 강령 아래 뭉쳐질 수 없었다. 19세기를 관통했던 급진적 개혁의 전통에 있어서 이는 생기를 빼앗는 최후의 일격이었다. 협동조합적 국가라는 이상을 중심으로 결집했던 광범위한 미국적 운동은 1896년 이후 급격히 소멸되었다.

미국적 급진주의 전통의 쇠퇴를 유발한 사회구조적 이유들 외에, 이와 같은 급격한 소멸은 미국 예외주의의 논리에도 크게 기인했음이 틀림없다. 건국 이래 미국인들은 미국 역사의 실제과정이 천년왕국의 이상을 구현하고 있다고 믿었다. 도금기의 급진주의자들은 바로 이 이상이 지닌 변혁의 힘을 재가동시켜서 근본적인 역사적 변화의 맥락 속에서 새로운 세계가 도래할 것으로 기대했다. 그러나 1896년의 선거 결

---

84) 옮긴이 주: 1890년대 초반 농민들의 어려운 상황을 타개하고자 은화 자유주조 운동(*Free Silver Movement*)이 일어났다. 당시는 국내 물가수준이 금의 양에 따라 결정되는 금본위제도를 따르고 있었다. 따라서 은화 자유주조 운동은 은화를 제조하여 화폐의 양을 증가시키고 물가를 인상시켜 농민들의 부채 부담을 경감시켜야 한다고 주장했다. 이 운동은 1896년 민주당 대통령 후보인 윌리엄 제닝스 브라이언(William Jennings Bryan)에 의해 지도되었는데, 브라이언은 당시 선거에서 남부와 서부 지역에서만 승리하였다.

85) Mayo-Smith가 E. R. A. Seligman에게 쓴 편지 1896년 7월 21일자, 〈Seligman Papers〉. 1896년 선거의 중요성에 관해서는 Wiebe, *Search for Order*, 101~4 참조.

과, 변혁이 실제 임박하지는 않았다는 것이 분명해지고 미국 역사에서 유토피아적 변화의 가능성이 보다 요원하고 불확실해지자, 미국인들은 왕국에 대한 기대를 포기하고 현실의 미국에 매달리고자 하는 유혹에 빠져들었던 것이다.

스몰은 1896년 선거에 대한 자신의 반응에 대해 어떠한 기록도 남겨놓지 않았으며, 1896년 3월부터 97년 사이에 그답지 않게 아무 글도 발표하지 않았다. 그러나 이 선거는 중간계급과 상층계급뿐 아니라 개혁가들 스스로에게도 미국적 급진주의 전통의 결정적 패배로 널리 받아들여졌다. 선거 직후 디플레이션 기간에 쓴 스몰의 글들은 "사회적 사실들을 단지 사실 자체로만 연구하는 사실주의"를 주장하는 "과학적 기질을 가진 사람들과 사업적 수완을 가진 사람들"에게 의식적으로 동조하는 것이었다. 그 결과 스몰은 사회학자의 "본질적 이상"을 재규정하기 시작했다. 그는 언제나 이 이상이 역사와 미국의 상식적 현실주의 전통에 내재되어 있다고 보았고, 타당한 이상들은 "일반적 동의"를 획득할 것으로 기대했다. 이제 그는 이상은 사람들이 실제 원하는 것에만 기초해야 한다고 생각했다. "현재 살아있는 사람들이 스스로 원하는 것을 결정하는 판단이야말로 다른 모든 사회적 영향력들을 중지시키거나 발휘하도록 하는 힘이다. … 행동이 필연적일 때에는, 사람들에게 무엇이 좋을 지에 대한 다른 어떤 실험도 가능하지 않다." 스몰의 궁극적 목적은 여전히 사회학적 과학을 행동으로 전환하는 것이었지만, 효과적 행동은 이제 "살아있는 사람들이 그들 스스로 좋다고 생각하는" 것에 따라야 하게 되었다.[86)]

다음해에 스몰은, 적합한 사회문제 해결책의 발견이 과학의 과제이지만 그 발견이 진정한 것이 되려면 대부분의 사람들이 동의해야만 한

86) Small and Vincent, *Introduction*, 267~8; Small, "The Sociologist's Point of View," 169~70.

다는 입장으로까지 나아갔다. 노동자 문제는 공정한 분배에 의해 해결될 수 있지만, 그 공정한 분배란 무엇인가? 벨라미와 실제 몇 안 되는 사회주의자들은 동일한 보수를 주장하지만, 대부분의 사람들은 동의하지 않는다. 그러므로 이는 진정한 발견이 아니며, 때문에 이들이 이를 위해 선동하는 것은 "제정신이 아니"라는 것이었다. "확고한 사실은 세상의 어느 누구도 자신이 노동자 문제의 실행가능한 해결책을 갖고 있다고 국민 대다수를 설득시킬 정도로 현명하지 않다는 것이다."[87] 여전히 균등주의적이고 우애적인 공감(*sympathy*)을 간직했지만, 스몰은 이제 "일반적 동의의 획득을 기약하는 유일한 윤리의 원료인," "실천적 행위의 판단"을 통하지 않고는 이를 실현시킬 어떠한 방법도 없다고 생각했다. 이제부터 사회학의 윤리적 과제는 사회의 다양한 집단들이 실제로 지니고 있는 부분적 가치들을 종합적 총체로 결합시켜내는 것이 되었다.[88] 아마도 스몰이 자연주의 윤리로 옮겨가게 된 데는 동료였던 존 듀이(John Dewey)의 도움이 있었을 것이지만, 그 시점은 1896년의 급진주의 변혁이 붕괴된 때와 일치했다.[89]

엘리에게도 1890년대의 고된 경험은 "현재 존재하는 것"에 대한 승

87) Albion W. Small, "Sanity in Social Agitation," *AJS*, 4 (November 1898): 338~42.

88) Albion W. Small, "The Significance of Sociology for Ethics," *Decennial Publications of the University of Chicago*, 1st ser., no. 4 (1903): 115. Small이 1903년에 가졌던 이론적 관점에 입각하면, Dibble은 정치적 맥락을 간과했으며, 여기저기에 산재한 몇 가지 불연속성을 제외하고는 이것이 Small의 평생의 이론이라고 주장했다. Dibble, *Albion Small*, chap. 5.

89) Small은 자신의 입장을 철회하던 해에 새로운 교육학을 옹호하는 논문인 "Some Demands of Sociology upon Pedagogy," *AJS*, 2 (May 1897): 839~51을 발표했는데, 이 논문에서 그는 John Dewey의 개혁주의적 교육 구상과 용어들을 되풀이했다. 그러나 Small은 1903년에 "Significance of Sociology for Ethics"를 발표하기 전까지는 자신의 윤리학 이론에 대한 Dewey의 영향을 드러내지 않았다. Dewey에 대해서는 이 책 제 5장을 참조.

복과 역사적 현실의 강고한 힘에 대한 인정을 의미했다. 엘리는 원래 "사회는 호소할 수 있는 일정한 견해와 일정한 선택과 일정한 의식을 가지고 있다"고 설교했다. 그러나 세기의 전환기에 이르러 그는 "이러한 모든 추세들 속에 무언가 불가피한 것"이 존재하는 것 같다고 인정했다. "우리는 개인 의지의 힘에 대해 말할 수 있는 모든 것을 말해왔지만, 우리로 하여금 특정한 길을 따라 행동하게 만드는 거대한 사회적 동력이 존재한다는 것을 이제 알게 되었다." 사회주의 천년왕국이 퇴조함에 따라, 미국 역사의 급진적 변혁은 실제 역사 경로에 굴복하였고, 기독교 이상주의는 역사적으로 주어진 것에 대한 과학적 연구에 굴복하게 되었던 것이다.[90]

따라서 스몰이 윤리적 행동주의로부터 후퇴하면서 사회학자는 미래를 "예견할 뿐만 아니라 예정하기" 위해 언젠가 다시 돌아온다는 허장성세의 주장을 덧붙인 것은 그리 놀라운 일이 아니다. 처음부터 스몰은 동태 사회학의 범주에 사회학이 사회의 방향을 이끄는 적극적 행위자라는 워드의 구상을 포용했으며, 사회학의 과제를 유토피아적 사회질서의 수립과 연결시켰다. 그러나 이러한 과제의 실행이 점점 더 어려워짐에 따라, 이에 대한 스몰의 감정적·이론적 몰두는 더욱 팽창한 듯했다. 스몰은 콩도르세의 전략을 재현했는데, 콩도르세는 프랑스 혁명정부에 의해 투옥될 때 이성진보의 역사에 대한 자신의 설명에 사회과학의 승리라는 유토피아적 최종단계를 덧붙인 바 있다.[91] 스몰에게는 이 역사에 대한 과학의 통제라는 개념이 이중의 의미에서 보상적(*compensatory*) 비전으로 나타났다. 즉각적 변혁의 희망을 포기할 수밖에 없고 워드와 마찬가지로 역사적 불확실성을 받아들일 수 없었으

---

90) Ely, *Socialism and Social Reform*, 176~7; idem, *Studies in the Evolution of Industrial Society* (New York: Macmillan, 1903), 97~8.

91) Keith Baker, *Condorcet* (Chicago: University of Chicago Press, 1975), 346~50, 370.

므로, 스몰은 과학에 의지하여 미래에 대한 보장을 받으려 했던 것이다. 이에 더하여 과학의 통제는 현재의 실패에 대한 미래의 변명을 기약했다. 심지어 부분적 통제에서조차 성공하지 못하는 오늘날 사회학자들의 무능력은 미래에 완전한 통제를 할 수 있는 과학의 능력으로 보상받게 될 것이었다. 고난을 겪은 이상주의자의 허장성세가 실증주의자의 기술에 대한 확신과 더불어 미국 사회과학자들의 직업적 역할을 위한 기초를 놓았던 셈이다.

세기말에 이르러 도금기의 급진적 역사사회과학 운동의 지도자들은 물러나고 있었다. 재판 이후 엘리는 다시는 개혁에서 중요한 역할을 맡지 않았으며, 그의 저작은 점점 보수화되었다. 헨리 카터 애덤스는 주간통상위원회(Interstate Commerce Commission)의 수석 통계학자가 되어, 확대된 정부 규제력을 위해 무대 뒤에서 일하면서, 완화된 자신의 노동이론을 미시간 대학 강의에서만 표출했다. 스몰은 "선험철학"으로 돌아가서, "인간의 현실전체를 총체로서 사고하는 문제"를 분석했다. 빈약한 수강생 수에 대해 하퍼가 불평하자, 스몰은 "내가 아마 너무 심하게 방법론만을 다룬 것은 인정하지만, 개혁을 필요로 하는 모든 불만족스런 삶을 일거에 재조정할 수 있다는 생각을 학생들이 사회학의 이름 하에 가지도록 만들 수 있음을 두려워하고 있다"고 응수했다. 이 방침에 대해 생각하는 바가 무엇이냐고 물으면서 스몰은 "나도 학생들을 더 많이 끌어들일 과목을 개설할 수 있다"고 쏘아붙이면서 답변을 마무리했다. 스몰은 여전히 사회학계의 중요한 인물로 남았지만, 역사주의와 미국 사회과학의 확대된 사회적 가치들의 운명은 대부분 다른 사람의 수중으로 넘어가게 되었다.[92]

92) Ross, "Socialism and American Liberalism," 48, 52, 68~9, 76~8; Albion W. Small, "Methodology and the Social Problem," *AJS*, 4 (July-November 1898): 114, 392~4; Small이 Harper에게 쓴 편지 1898년 12월 21일자, 〈President's Papers〉.

결론

1870년대 젠트리 사회과학자들은 산업화가 미국을 변화시키고 있다는 사실에 직면한 최초의 세대였지만, 자연법칙과 공화주의 제도들이 유익하게 작동하도록 만드는 불변의 역사적·자연적 토대들을 신속히 발견했고, 시간의 파괴적 효과를 물리쳤던 미국의 특수한 조건들이 지속적인 힘을 발휘하고 있음을 다시 한번 입증해 낼 수 있었다. 1880년대와 90년대에는 산업사회의 변화 가능성에 대한 인식이 그렇게 쉽게 통제될 수 없었다. 복음주의 정신에 의해 급진주의로 기울어간 젊은 역사경제학자들은 천년왕국적-공화주의적 운명이라는 새로운 비전을 제시했는데, 이는 협동조합적 국가를 향한 미국 제도들의 역사적 변혁에 토대를 둔 것이었다. 클라크가 자본과 노동 간의 파괴적 갈등에 대해 고민하고 기딩스가 사회적 삶의 "파괴되고 혼란스런" 길에 대해 논의했던 것처럼, 현실 역사 변화의 소용돌이는 급진주의 위협에 보수적으로 대응했던 사람들까지도 빨아들였다. 그러나 급진주의자들은 곧 좌절했으며, 보수주의자들은 자연법칙의 힘과 예외주의 유산에 대한 믿음을 부활시켜 다시 한번 미국을 변함없는 진보의 길 위에 올려놓았다. 미국 역사의 실제과정은 복음주의적 변혁의 힘이 제거된 채 규범적인 것으로 남게 되었다.

급진적인 역사적 변혁을 위한 윤리적 사회과학자들의 노력은 처음부터 개인주의적 가치와 사회주의적 가치, 양자에 대한 추종으로 나뉘어 있었는데, 이는 같은 시기에 영국에서 형성되었던 페이비언(*Fabian*) 사회주의자들도 마찬가지였다. 미국 대학의 사회과학자들은 또한 고귀한 의견(*respectable opinion*)의 힘과 그 뒤에 존재하면서 자신의 의지를 관철시키는 자본가 계급의 힘과도 싸워야 했다. 휘그계 목사 집안의 자제들이 문화권력을 추구하다가 이러한 압력에 굴복해야만 했다는 것은 그다지 놀라운 일이 아니다. 미국 예외주의의 제약도 분명히 이러한 결과에 한몫 했다. 원래부터 완벽했다고 믿는 사람들에게 질적 변화를 촉구해야 하는 부담을 급진주의자들이 지고 있었다. 반면, 보수주의자들과 온건파들은 1896년의 캠페인 당시 말 그대로 성조기 아래에서 퍼레이드를 벌이면서, 자본주의의 궁극적 기약뿐 아니라 여전히 지속되는 미국 제도들의 기약에 대해서도 말할 수 있었다. 윤리적 사회과학자들도 마찬가지로 미국 역사의 완성 속에 자기들 이상의 근거를 두었다. 그러나 상대편과 마찬가지로 이들의 경우에도 생산자 민주주의의 이상은 예외주의 역사의 규범적 주장보다 한결 포기하기 쉬운 것으로 판명되었다.

1896년 이후 계급투쟁은 일시적으로만 중단되었고, 급진적 운동들이 다시 등장하여 정치적 합의를 위협하기 시작했다. 합의와 갈등의 변증법이 계속되었던 것이다. 그러나 학계에서 사회주의는 사회에서보다 대체로 더 보잘 것 없는 존재로 남아야만 했다. 토스타인 베블렌의 경우처럼 사회주의가 가끔 살아남기도 했지만, 대개의 경우 자본주의와 고귀한 의견에 대한 학계의 밀착으로 인해 허용될 만한 사회과학 학설의 경계는 사회주의의 오른쪽에 설정되었다. 섬너도 압력을 받았던 적이 있기는 하지만, 도금기에 대부분의 억압은 좌파에게 행사되었다. 섬너보다 더 미소를 띠고 있는 한, 보수적 사회과학자들은 계속해서 뿌리를 내릴 수 있었다. 사회주의가 학계에 무시할 수 없는 토대를 구축하지 못함으로 인해 미국 사회과학에서는 균등주의적 가치와 역사주의적 통찰의 지속적 원천이 제거되었다. 영국과 유럽 대륙에서는 페이비언 사회주의와 수정주의적 사회주의 영역 안에서 발전한 사회민주주의와 같은 것이 미국에서는 자유주의 영역으로 들어갈 수밖에 없었고 그 속에서 지속적으로 침식당하게 되었다.

그렇지만 도금기의 갈등은 새로운 자유주의와 새로운 보수주의를 위한 토대를 놓기는 했다. 급진적 사회과학자들은 미국 자본주의에 대한 날카로운 비판을 통해 남북전쟁 이전 예외주의의 평화로운 조화를 깨고, 산업자본주의에 의해 초래된 불평등과 갈등을 폭로했다. 역설적이게도 이들의 통찰은 갈등하는 이해관계와 불가피한 불평등을 인정함으로써 고전적 자유주의의 수용을 더 수월하게 만들었다. 새로운 보수주의와 새로운 자유주의는 모두 고전적 자유주의의 원리 위에 세워졌다. 클라크와 기딩스는 시장사회를 이상화하고, 그 거친 선 위에서도 과거 미국의 조화로운 비전이 다시 그려질 수 있다고 주장했다. 새로운 자유주의자들은 사회적 윤리를 포괄하도록 자유주의의 범주를 확대하면서 시장의 불평등을 완화하고 보정하는 길을 찾게 되었다. 재산과 권력의 폭넓은 분배라는 남북전쟁 이전 예외주의의 이상은 강력한 유산으로 남아 있었으며, 곧 새로운 자유주의 스펙트럼의 좌측에 사회민주주의자들이 재결집하여 산업자본주의 사회 안에서 민주적 가치를 실현하려고 시도하게 되었다. 더욱이 역사주의가 완전히 단념될 필요는 없었다. 자유주의적 역사주의자들에게는, 온건한 변화를 정당화하고 자유주의의 범위 안에 역사의 불확실성을 가두며 과학적 통제를 통해 미국의 기약을 보장하는 길이 여전히 열려 있었다.

사회주의를 둘러싼 도금기의 갈등은 미국 예외주의의 사회정치적·역사적 토대들을 변형시켰으며, 다가올 수십 년 동안 미국 예외주의의 성격에 대한 갈등이 전개될 조건들을 엿보게 했다. 도금기 갈등은 또한 사회과학자들로 하여금 자기 분과학문의 본질에 대해 오랫동안 계속된 논쟁을 시작하도록 만들었다. 독일과 오스트리아에서와 같은 시기에 미국 경제학자들도 방법론 논쟁(*Methodenstreit*)을 시작했는데, 이 논쟁은 덜 격렬하기는 했지만 오랫동안 지속되었다. 직업상의 압력으로 경제학자들은 연역적 작업과 역사적 작업, 모두의 정당성을 인정할 수 있었는데, 이와 마찬가지로 사회학자들도 직업상의 포부로 인해 근본적 이견 속에서도 생산적 초점을 계속 추구할 수 있었다. 그러나 이로 인해 저절로 합의가 이루어진 것은 아니었다. 사회역사적 세계의 과학을 어떻게 창출할 것인가 하는 문제는 계속해서 상충하는 대답들을 낳았다.

제 3 부

혁신주의 사회과학 : 1896~1914

제 5 장

미국 예외주의의 자유주의적 수정

도금기 동안 미국인들은 처음으로 역사변화의 가능성에 직면했으며, 미국이 사회주의로 나아갈 수도 있다는 가능성은 역사변화라는 이슈를 가장 민감한 형태로 제기했다. 존 베이츠 클라크와 셀릭먼, 스몰, 기딩스 등 혁신기(*the Progressive Era*)[1]에까지 강력한 존재로 남았던 도금기의 주요 인물들뿐만 아니라, 경제학계의 어빙 피셔(Irving Fisher), 프랭크 페터(Frank Fetter), 사이먼 패튼(Simon Patten), 토스타인 베블렌(Thorstein Veblen)과 사회학계의 에드워드 로스(Edward A. Ross), 찰스 호튼 쿨리(Charles Horton Cooley), 그리고 철학계의 존 듀이(John Dewey)와 같은 세기말의 새로운 목소리들까지도 도금기 위기에 의해 심대한 영향을 받았다. 이들 대부분은 사회주의와 씨름했으며, 이데올로기적 양극화를 피하려고 노력했다. 이들은 예외주의 이상을 수정하여 자유주의 원리들과 자유주의적 역사관을 토대로 자신들의 분과학문들을 재구축했다. 신고전경제학, 자유주의 경제학적 역사

1) 옮긴이 주: 1890년대의 비약적인 경제발전 이후 예술과 교육 및 각종 사회운동 영역에서 새로운 진보적 사고와 운동들이 생겨난 시기를 말한다. 구체적으로 1900년에서 1917년까지의 기간이다.

해석, 사회통제의 사회학과 이데올로기, 실용주의 등 이들이 구축한 패러다임이 20세기 미국 사회과학의 기초를 놓았다. 토스타인 베블렌만이 이러한 자유주의적 수정주의의 대표적인 예외로, 베블렌은 도금기 사회주의를 고수했으며 사회주의에 대해 윤리적 근거가 아닌 실증주의 과학적 근거를 주장했다. 역사정치학으로 눈을 돌리면, 이곳에서도 미국 예외주의의 자유주의적 비전이 프랭크 굿나우(Frank Goodnow)나 우드로 윌슨(Woodrow Wilson), 프레데릭 잭슨 터너(Frederick Jackson Turner) 등과 같은 새로운 지도자들 가운데서 지배적으로 나타났음을 알 수 있다.

자유주의적 예외주의의 역사적 맥락

산업화의 도전과 이로 인해 초래된 "사회문제"(*the social question*)는 새로운 세기에도 미국 사회과학의 중대한 역사적 맥락으로 남았다. 1896년 맥킨리의 당선과 1897년의 불황 이후에는 가격이 지속적으로 상승하고 농업과 산업이 모두 번창함에 따라, 산업화에 의해 초래된 긴장이 잠시나마 완화되는 것으로 보였다. 그러나 공업부문 임금과 중간계급 봉급은 물가 이하로 떨어졌으며, 대기업의 경제력 집중은 가속화되었다. 1897~1902년간의 합병 움직임 속에서 기업가들과 금융자본가들은 주요 산업부문들을 소수의 거대기업으로 통합하여 과점을 통해 가격경쟁을 피해가려 했다. 높은 고정비용과 복잡한 조정과정 때문에 몇몇 대기업들은 안정적 노동력의 가치를 인식하기 시작했고 이에 따라 노조를 받아들이기도 했다. 그러나 대부분의 대기업들은 심각한 경쟁압력에 처한 소규모 기업들과 마찬가지로 노조를 탄압했고 노동자들의 충성심을 확보할 최소한의 행동도 취하지 않았다.

노동기사단이 붕괴된 뒤, 업종별 노조들의 연합체인 전미노동연맹

(American Federation of Labor: AFL)이 조직노동의 대표적 존재로 부상했다. 그러나 1897년 경기침체로 약화되면서 전미노동연맹의 조합원은 노동계급의 5퍼센트에 불과하게 되었다. 새로운 거대기업들에 대항해 전미노동연맹은 어떠한 실질적 성과도 이루어내지 못했다. 미국에서 태어나거나 오래된 이민층 출신 노동자들로 이루어졌던 전미노동연맹은 곧 남유럽과 동유럽으로부터 쏟아져 들어오는 새로운 이민들에 압도당했다. 새 이민들과 그 2세들은 북부 공업도시와 산업인력으로 대거 유입되었다. 그럼에도 불구하고 전미노동연맹은 혁신기 동안 서서히 성장했으며, 보다 넓은 기반을 가진 노조들은 이민들의 지지를 얻기도 했다. 비록 노동자의 승리가 임박했다는 노동기사단 시절의 우려는 사라졌지만 계급갈등의 두려움은 지속되었다. 자본가들의 비타협적 태도는 폭력적 대립을 초래했으며, 새로운 노동인구의 일부는 극단적인 전투성을 보였다. 세계산업노동자동맹(Industrial Workers of the World: IWW)[2]이 무정부주의 생디칼리즘의 이름으로 계급전쟁을 선포했으며, 새로운 미국사회당(Socialist Party of America)이 전통적 급진파들을 흡수하면서 선거에서 유권자들의 표를 모으기 시작해 1912년 유진 뎁스(Eugene Debs)[3]가 거의 백만 표를 획득하였다. 이

---

2) 옮긴이 주: 1905년 미국 시카고에서 창설된 급진적인 노동운동조직으로 와블리스(*Wobblies*)라고도 함. 전미노동연맹(AFL)이 자본주의를 수용하고 미숙련 노동자들의 가입을 거부하자, 서부광산노동자연합의 윌리엄 D. 헤이우드(William D. Haywood), 사회주의노동당의 다니엘 드 레온(Daniel De Leon), 사회당의 유진 뎁스(Eugene V. Debs) 등이 전미노동연맹에 반대하여 IWW를 창설했다. 그러나 1908년 IWW는 정치행동파와 총파업파로 분열되었고, 헤이우드가 이끄는 후자의 입장이 우세해져 노동자의 생산수단 통제력 획득을 목표로 하게 되었다. 이후 IWW는 태평양 연안 미국 북서부 지방에서 벌어진 광산업 및 제조업 부문의 투쟁에서 큰 승리를 거두기도 했으나, 1925년경에는 조합원이 크게 줄어들어 영향력이 거의 없어졌다. http://www.britannica.co.kr.

3) 옮긴이 주: Eugene Victor Debs(1855~1926) — 미국의 노동운동가로서,

렇게 해서 부와 권력의 집중, 계급갈등 및 사회주의 위협과 같은 도금기의 사회경제적 문제들은 새로운 세기로 넘어 오게 되었다.

변한 것은 이 문제들이 다루어진 정치적 맥락이었다. 개혁지향적인 정치적 중도파 그룹들이 낡은 정당조직들을 개혁하라고 압력을 가하기 시작했으며, 이로 인해 혁신기가 도래하였다. 정치개혁은 정당조직을 약화시키고 대중적 참여를 저하시키기도 했지만, 반면 대중매체에 반영된 '여론'과, 조직화할 수 있었던 성공적 기업가들과 농민들, 노동자들 및 개혁가들에게 새로운 정치적 힘을 실어 주었다. 비록 기업 편으로 기울기는 했으나 이 다원주의 정치는 경제적 규제의 확대와 은행체계의 현대화, 소득세의 도입, 연방정부 수준의 사회복지 이슈에 주의를 기울인 최초의 조치 등 일련의 입법개혁으로 귀결되었다. 사회과학자 자신들도 이 활성화된 다원주의 정체를 구성했던 조직된 전문가 그룹들 중 하나였다. 대학내 사회과학 학과들의 증가와 개혁에 대한 지지의 확대로 인해 많은 사회과학자들이 혁신주의 운동의 대표적 인물이 되어, 정부 및 공익적 개혁 집단의 전문가로, 논객이나 지도자로, 또는 특히 우드로 윌슨(Woodrow Wilson)과 같은 경우 현실정치 참여

1900년부터 20년 동안 미국사회당 후보로 5차례에 걸쳐 대통령선거에 출마했다. 그는 1894년 전국철도노동조합의 위원장을 지내며 노동운동을 성공적으로 이끌었다. 1898년에는 사회주의로 전향하여 이듬해 사회당 창당에 앞장섰고, 1901년부터 공식적으로 사회당이라는 명칭을 채택하였다. 1905년에는 세계산업노동자동맹(IWW)의 결성을 돕기도 했으나, 다수파와의 의견차이로 곧 탈퇴했다. 정치활동을 중요시했던 그는 1920년에 다섯 번째로 대통령 선거에 출마하여 이전에 비해 가장 많은 표(약 91만 5천 표)를 얻었는데, 당시 그는 연방정부가 방첩법(1917)에 따라 노동자들을 폭동교사죄로 기소한 것을 비난했다는 이유로 복역중인 상태였다. 1921년 대통령령으로 석방되었으나 끝내 시민권은 회복되지 않았다. 그의 전기로는 최초로 레이 진저(Ray Ginger)의 《구부러진 십자가: 유진 빅터 뎁스의 삶》(*The Bending Cross: A Biography of Eugene Victor Debs*, 1949)이 있으며, 이후 그에 관한 연구도 꽤 이루어졌다.

자로 활동했다.

진보운동은 자유주의 진영으로부터 폭넓은 지지를 얻었다. 우파에서는 심지어 클라크와 기딩스까지도 정부의 개선과 독점산업에 대한 필요한 최소한의 정부규제를 환영했다. 정치적 스펙트럼의 왼쪽에 있던 혁신주의자들은 과점기업들의 규제와 반트러스트법의 집행, 노동조합의 조직화 및 사회보장을 선호했다. 혁신주의 프로그램들 중 가장 초보적인 것들이 입법화되면서, 기업통제를 더 강화하고 노동자와 사회복지에 대한 지원을 더 확대하려는 좌파 혁신주의의 목소리가 더욱 커지게 되었다. 보다 좌파적인 혁신주의자들은 1900년 이래 제조업의 실질임금 하락과 심각한 부의 불평등을 입증하는 통계 보고서가 발표되면서 더욱 힘을 얻었다. 그러나 혁신주의자들의 요구가 거세지면서 이에 대한 온건파들의 지지가 약화되었고, 이 운동을 중단시키기 위해 보수주의자들이 동원되었다. 1911년과 13년 사이에 일련의 폭력적 노사대결이 일어나고 1912년 선거에서 사회당이 상당한 득표를 함에 따라 여론은 더욱 양극화되었으며, 결국 1880년대 중반과 90년대에 그랬던 것처럼 1914년이 혁신주의의 정점이 되고 말았다.[4]

4) 혁신기에 대한 이와 같은 서술은 부분적으로 다음 문헌들을 참고했다. Robert Wiebe, *The Search for Order, 1877~1920* (New York: Hill & Wang, 1967); David Brody, *Steelworkers in America: The Nonunion Era* (New York: Russell and Russell, 1970〔1960〕); James Weinstein, *The Corporate Ideal in the Liberal State, 1900~1918* (Boston: Beacon, 1968); Alfred Chandler, *The Visible Hand: The Managerial Revolution in American Business* (Cambridge, Mass.: Harvard University Press, 1977); Richard L. McCormick, *From Realignment to Reform* (Ithaca, N.Y.: Cornell University Press, 1981); Rhodri Jeffreys-Jones, "Violence in American History: Plug Uglies in the Progressive Era," *Perspectives in American History*, 8 (1974): 465~583. 불균등에 관한 당대의 토론에 대해서는 다음 문헌들을 참조. G. P. Watkins, "The Growth of Large Fortunes," *PAEA*, 3d ser., 8 (November 1907): 735~904; I.

사회경제적 변화구조와 혁신주의 개혁의 성격, 그리고 급진주의에 대한 반대세력의 지속적 존재로 인하여 도금기에서처럼 혁신기에서도 사회주의를 추방하는 것이 여전히 사회과학자들의 뚜렷한 과제였다. 클라크의 경우를 보면, 1878년의 논문 "공산주의에 어떻게 대처할 것인가"(How to Deal with Communism)로부터 1914년의 저서 《사회주의 없는 사회정의》(*Social Justice without Socialism*)에 이르기까지 이 목적은 결코 흔들리지 않았다. 새로운 자유주의자들에게도, 자신들의 온건한 제안들과 사회주의 사이에 선을 긋는 것이 필수적이었다. 기업규제를 주장하는 데 선도적 위치에 있었던 제레미아 젱크스(Jeremiah Jenks)는 1906년과 1907년 두 차례의 미국경제학회 회장 취임연설을 바로 이 적절한 한계를 밝히는 데 할애했다. 개혁에 대한 지지를 불러일으키면서 경제학자들이 자본주의의 해악을 과장하거나 자본주의의 이득을 과소평가해서는 안 된다고 그는 경고했다. 경제학자들은 "사회의 재조직이라는 포괄적 기획이 아니라 완만한 변화에 만족해야 하며," 미국인들이 선호하는 "자주성"(*self-direction*)은 존중되어야 한다는 것이다. 그러나 젱크스는 마무리에서는 용감하게도, 경제학자들이 기업에 대한 공적 규제를 주장할 때 "사회주의자나 강단 무정부주의자로 불리는 것을 두려워해서는 안 된다"라고 말하기도 했다. 자유주의적 개혁의 축적이 사회주의를 창출할 것이라는 좌파 혁신주의자들의 믿음으로 인해 문제는 더욱 복잡해졌다.[5] 미국 예외주의의 이데올로기적

M. Rubinow, "The Recent Trend of Real Wages," *AER*, 4 (December 1914): 793~817; Frank H. Streightoff, "Review of Scott Nearing, Financing the Wage-Earner's Family," *AER*, 4 (June 1914): 438~41; Henry Pratt Fairchild, "The Standard of Living - Up or Down?," *AER*, 6 (March 1916): 9~25.

5) Kenneth McNaught, "American Progressives and the Great," *JAH*, 53 (December 1966): 504~20; Arthur Mann, "Socialism: Lost Cause in American History," *Criterion*, 19 (Autumn 1980): 11~6; Jeremiah W.

한계로 인해 사회과학자들은 심지어 변화를 주장할 때조차 수세적 입장에 처해 있었다. 후일 자유주의 역사가들은 당시 개혁가들이 보수주의자들에 대해 이중적인 전쟁을 수행한 것으로 보게 되었으나, 당시 정치적 상황은 상당한 억압을 요구하고 있었다. 이들은 오히려 더 광범위한 정치적 스펙트럼의 중앙에 위치해 있었으며, 두 가지 전선(戰線)의 전쟁을 수행했던 것이다.

계급갈등 속에서 새로운 자유주의자들은 이 시기 동안 점점 넓어지는 사회적·문화적 분열에 직면하고 있었다. 혁신기의 다원주의 정치를 창출한 이익의 결합과 기능적 결집은 사회의 조직화뿐만 아니라 파편화도 심화시켰다. 민주주의 연합을 위한 시도들을 물리치기 위해 자본가와 정치엘리트들은 이러한 분열을 악화시켰다. 서로간에 보다 강력한 연대감이 없었기 때문에, 각 개인과 그룹들은 자신들만을 지키는 수밖에 없었고 좌절과 두려움을 바로 아래의 경쟁자들에게 돌렸다. 이와 동시에 진화론적 생물학과 인종인류학(*race anthropology*)이 등장하여 인종주의적 사고에 정당성을 보태주었다. 아프리카계 미국인들에 대한 폭력과 남부 전역에서 제정된 인종차별 및 공민권 박탈 법규들에서 인종주의는 그 가장 극악한 형태를 드러냈다. 북부에서도 새로운 이민들로 인해 토착주의(*nativism*)와 인종주의가 가열되었다.[6]

미국 예외주의를 입증하는 유서 깊은 증거를 프랜시스 워커가 뒤집은 것이야말로 이 새로운 두려움을 잘 드러내는 지표였다. 원래 그의

Jenks, "The Modern Standard of Business Honor," *PAEA*, 3d ser., 8 (February 1907): 22; idem, "The Principles of Government Control of Business," *PAEA*, 3d. ser., 9 (April 1908): 9, 20; John Martin, "An Attempt to Define Socialism," *Bulletin of the AEA*, 4th ser., 1 (April 1911): 347~54와 "Discussion," 355~67.

6) John Higham, *Strangers in the Land* (New Brunswick, N.J.: Rutgers University Press, 1955); J. Morgan Kousser, *The Shaping of Southern Politics* (New Haven, Conn.: Yale University Press, 1974) 참조.

아버지가 쓴 교재와 자신이 1884년에 쓴 교재에서는, 새로운 이민 노동자들의 출생률이 상승하고 토착 미국인 노동자들의 출생률이 하락하는 통계수치들이 미국의 고임금이 지니는 사회개선 효과로 사용되었으며, 따라서 미국에서 맬더스의 법칙이 작동하지 않거나 반대로 작동한다는 증거였다. 그러나 이와 유사한 인구구성을 보인 1890년의 새로운 인구조사 자료에서 워커는 이방인들의 이민이 "가공할 만하게" 증가하고 토착민의 출생률이 훨씬 더 급격히 감소함을 보았고, 토착민의 쇠퇴를 우려하면서 이민의 제한을 주장했다.[7]

혁신기에는 쇠퇴에 대한 미국인들의 전통적인 두려움이 종종 새로운 이민들, 특히 열등하고 동화되기 힘들다고 여겨지는 이민들에게 집중되었다. 미국에 대한 확신과 세계주의적 동정심을 가지고 새로운 이민들을 비교적 균형 있게 다룬 사회과학자들도 있었지만, 많은 사회과학자들이 새로운 이민들을 경멸하고 "인종적 자멸"(*race suicide*)에 대해 염려했으며 이민의 제한을 주장했다. 인종적 우려는 실증주의와 역사주의의 구분이나 좌파와 우파의 구분을 가로질러 확산되었다. 클라크는 인종적 이슈들을 무시했지만, 그의 한계주의파 동료들인 어빙 피셔(Irving Fisher)와 프랭크 페터(Frank Fetter), 그리고 역사주의파 반대자인 사이먼 패튼(Simon Patten)과 존 커먼스(John R. Commons)는 이에 굴복했다. 마찬가지로, 스몰은 이 소동을 넘어서 있었지만, 그의 친구인 에드워드 로스(Edward A. Ross)와 반대파인 기딩스는 인종주의적 공격의 선봉에 섰다.

사회불화의 확산은 빅토리아적 성(*gender*) 역할의 붕괴에 의해 악화

7) Amasa Walker, *The Science of Wealth* (Boston: Little, Brown, 1866), 462~4; Francis A. Walker, *Political Economy* (New York: Holt, 1884), 282~3; idem, "Immigration and Degradation," in *Discussions in Economics and Statistics*, 2 vols., ed. Davis R. Dewey (New York: Augustus M. Kelley, 1971[1889]), 2: 424~5.

되었다. 여성들은 전례 없는 숫자로 고등교육과 노동인구로 유입되었고, 점점 더 공격적인 참정권 운동을 펼쳐 나갔다. 새로운 공장과 도시들에서 전통적인 행위패턴들이 느슨해졌고 이혼율이 증가했다. 우리는 이미 스몰이 일부일처 가족제의 근거가 의문시된다고 선언한 것을 보았다. 사회학자들은 산업주의의 사회적 효과에 특히 민감했는데, 스몰은 산업화로 초래되는 가치의식의 위기를 설득력 있게 묘사한 바 있다. 그의 지적에 따르면, 문제는 오랜 프로테스탄트적 가치기준의 파괴와 다양한 인종집단과 기능적 역할에 따른 사회의 파편화이며, 이에 따라 세계를 이해하는 상이한 가치체계와 관점이 생겨난다. 뿐만 아니라 이 갈등적 가치들은 일련의 근본적 문제들을 둘러싸고 대립한다.

> 현대사회에서 우리는 특정한 근원적 질문들을 다루고 있다. 예컨대, 육체적 쾌락을 목표로 할 것인가, 감각적 욕구의 억제를 목표로 할 것인가? 정부의 이상을 설정할 것인가, 무정부를 바랄 것인가? 사적 소유를 계획할 것인가 아니면 공산주의를 계획할 것인가? 독점인가 경쟁인가? 사상의 자유인가, 아니면 정신과 의식에 대한 지속적인 사회적 보호인가? 이는 생물학이나 국민윤리나 경제학, 신학의 질문들이 아니다. 수단과 방법의 문제도 아니며, 어떻게 하느냐의 문제도 아니다. 이 질문들은 무엇이 실천할 만한 것인가의 문제이다.[8)]

가치의 문제는 혁신주의적 낙관론의 표면 아래에서 작동하면서 사회 혼란의 우려를 더욱 깊게 만들었던 것이다.

미국의 도시화가 진전되어 갈등적인 사회집단들과 인종집단들 간에 접촉이 많아지면서, 개인과 집단의 지위를 나타내는 표식이 더욱 중요해졌고 사회적 긴장은 악화되었다. 이 시기에는 베블렌이 말한 "과시

---

8) Albion W. Small, "The Significance of Sociology for Ethics," *Decennial Publications of the University of Chicago*, 1st ser., no. 4 (1903): 5~6, 23~4.

적 소비"(*conspicious consumption*)와 배타적인 조직과 결사체들, 그리고 도시와 마을과 농촌 사이뿐 아니라 인종과 민족집단간의 갈등들이 팽배했다.

> 각 계급이나 집단들은 자기들의 기준과 자신보다 열등한 계급의 행동과 성향 사이에 존재하는 대립을 점점 더 예민하게 의식하고 있다. 남부에는 니그로가, 도시에는 빈민굴이, 조직노동에는 '배신자'(*scab*: 파업대체 노동자)가, 금주운동에는 술꾼과 술집 주인이 있다. 미국 제도들을 옹호하는 사람들은 무지한 이민자들을 두려워하고 있고, 노동자들은 중국인들을 싫어한다. 모든 사람들은 시민권에 걸맞는 자격을 가진 사람들과 사회로부터 억류하거나 배제해야 할 계급 혹은 계급들을 구별하기 시작하고 있다.[9)]

이는 1896년 사이먼 패튼이 한 관찰로, 꼭 그가 의도한 바는 아니었지만 당시 사회의 분열적 경향을 폭로하고 있었다. 여기에 바로 미국 다원주의의 파괴적 측면이 있었으며, 이로 인해 사회윤리에 대한 새로운 자유주의적 탐구가 가열되었다.

세기의 전환기에 이르러 사회적·산업적 격변은 역사변화에 대한 확실한 인식을 낳고 있었다. 미국이 도달한 새로운 산업국가는 명확히 모습을 드러내고 있었으며, 변화의 속도는 어디에서나 현저했다. 1899년에 듀이는 "어느 역사에서든 이토록 급속하고 이토록 광범위하며 이토록 완벽한 혁명이 있었다고는 믿기 어렵다"면서 놀라워했다. 과거와의 단절감이 모든 수준의 문화에 표현되었으며, 전국적으로 혁신주의 개혁가들이 개최했던 사극 페스티발(*historical pageants*) 속에서 생생하게 표현되었다. 데이빗 글래스벅(David Glassberg)이 보여 주었

9) Simon N. Patten, "The Theory of Social Forces," *AAAPSS*, 7, Suppl. (January 1896): 143.

듯이, “사극 페스티발은 관중들로 하여금 사회계급간, 제도간, 이익간의 기존 관계가 변혁되는 새로운 시대의 초입에 들어서 있음을 상정하도록 만들면서, 이 새로운 사회가 과거 사회의 불가피한 결과물에 불과할 것이라고 약속하곤 했다. 그러나 지속성을 재확인시키려는 노력에도 불구하고 사극 페스티발은 과거가 얼마나 멀어지고 있고 미래가 얼마나 불확실한지를 무의식적으로 드러내곤 했다. 유럽이나 미국의 고대사, 중세사, 근대사로부터 선택적으로 추출한 상징적 틀 속에 미국 역사를 끼워 넣었던 자의적 구성이 개혁가들이 지녔던 과거와의 단절의식을 드러냈던 것이다.[10]

혁신주의 사회과학자들은 이 새로운 세계를 이해하고 관리할 수 있는 보다 일관된 방식을 바로 자유주의 역사이론에서 발견했다. 근대성(*modernity*)은 사실 과거와는 다른 것이지만, 어쨌든 역사가 지닌 진보적 힘의 산물이었다. 미국의 이상적 미래는 근대의 진보를 추동하는 거대한 동력들, 곧 자본주의적 시장과 사회적 분화, 민주주의 및 과학적 지식에 연결될 수 있었다. 미국의 완성을 위협하는 상업적·산업적 타락을 강조했던 초기 입장으로부터 벗어나, 혁신주의 사회과학자들은 근대적 발전을 지향하는 유럽의 대세에 합류했다. 이들은 새로운 산업세계에서 누리는 삶의 필연성과 기약을 받아들이면서, 변화의 혼돈 아래에서 작동하는 세속적 동력에 새로이 신뢰를 표명했고, 미래를 이해하고 구성하는 자신들의 능력에 새로운 확신을 보였다. 도금기의 종말론적 위기감의 쇠퇴와 산업화의 문제를 다룰 수 있다는 혁신주의적 확신이 역사의식의 변화와 결합되었다.

---

10) John Dewey, *The School and Society* (1899), in *MW*, 1: 6; David Glassberg, “History and the Public: Legacies of the Progressive Era,” *JAH*, 73 (March 1987): 957~80; Timothy Dalton, “The Ever-Receding Past: Americans Review ‘The Wonderful Century’,” Seminar paper, University of Virginia.

많은 사회과학자들이 이러한 변화를 인식했지만, 새로운 자유주의적 역사주의를 직접적으로 논하고 낡은 예외주의를 강력히 거부하는 데 있어서 이 새로운 관점의 창안자 중 한 사람이었던 셀릭먼 같은 사람은 아무도 없었다. 1902년 미국경제학회 회장 취임연설에서 그는 다음과 같은 견해를 비판했다.

> 완수해야 할 특유한 사명을 이 나라가 지니고 있으며, 우리가 우리 자신만의 고유한 원리들에 의해 전 세계의 다른 나라들로부터 구분되고, 이 원리들이 미국에만 독특하다는 의미에서 상대적인 것이지만 우리 자신들에게는 영원불변이라는 견해를 사려 깊은 많은 동료 시민들이 직·간접적으로 공유하고 있다.

"우리는 바보들의 낙원(*fool's paradise*)에서 살고 있는 셈이다"라고 셀릭먼은 말했다. 미국의 민주주의나 청교도적 성격, 혹은 자유에 대한 사랑 속에는 아무런 "고유한"(*inherent*) 것도 없다. 이 특성들 모두는 "시간과 장소에 따라 변하는 조건들"에 달린 것이다. 미국 남부에서처럼 경제적 조건이 노예제에 적합했을 때, 자유를 사랑하는 우리들도 노예제를 택했었다. "이른바 앵글로-색슨적 자유의 사랑"(*Anglo-Saxon love of liberty*)이라는 것은 얼마나 "소름 끼치는 조롱"인가! 사실 오스트레일리아와 뉴질랜드처럼 조건이 맞는 곳에서는, "자랑스러운 앵글로-색슨적 개인주의"가 급속히 사회주의나 이와 유사한 것이 되고 있었다. 계속해서 셀릭먼은 과거의 역사성이 미래를 역사 속에 투영한다고 말했다. 많은 사람들이 우리들의 미래는 단지 새로운 봉건제일 것이라고 말하거나, 로마를 지적하며 번영은 쇠퇴와 몰락이 뒤따른다고 말했다. 그러나 미국은 이제 근대사회로 이해되어야 하며, "근대 산업사회에는 이전의 어떤 사회들과도 차별화되는" 본질적 조건들이 존재한다고 했다. 이전의 어느 누구보다도 분명하게 이 유대계 미국인 세

계주의자는 “미래의 미국인들은 과거의 미국인들을 거의 닮지 않을 것이다”라고 단언했다.11)

자유주의적 역사주의의 영향 아래서 미국 자체에 대한 관념이 결정적으로 변화하기 시작했다. 자유주의 역사는 미국의 이상을 과거보다는 미래에 두었고, 미래의 완성을 곧 미국의 과제로 만들었다. 미국의 경험은 더 이상 예외적인 것으로 인식되지 않았으며, 서구 자유주의 역사의 흐름에 합류되었다. 그러나 예외주의 이념에 대한 오랜 몰두를 감안할 때, 미국을 근대사의 주류에 결합시키려는 이러한 노력이 일사불란하게 수행되고 완수되기 어렵다는 것은 전혀 놀라운 일이 아니다. 미국의 완성이라는 이상이 존속하는 한, 그리고 미국인들이 이 이상을 역사에 맡겨두는 것을 계속 두려워하는 한, 미국 예외주의의 논리는 여전히 유효했다. 자유주의 역사 자체도 대부분의 국가들이 진보에 실패했다는 인식에 전제를 두고 있었고 자유주의적 진보와 자연법칙을 연결시키곤 했는데, 자유주의 담론의 이러한 특성이 예외주의적 논의들을 강화했다. 이렇게 해서 예외주의는 미국 사회에 현존하고 잠재된 유토피아적 이상 속에서 살아남았다. 미국을 자유주의적 변화의 최첨단 혹은 핵심적 중심에 위치지우고 보편적 진보를 바로 미국적인 형태로 만듦으로써 미국이 세계사의 전형적이고 전위적인 역할을 유지하도록 하려는 의지 속에서 살아남았던 것이다. 또한 계급갈등의 존재를 부정할 지속적인 필요성 속에서 살아남았고, 쇠퇴에 대한 끝없는 두려움 속에 살아남았으며, 역사를 탈피해 과학이 통제를 약속한 자연으로 도피하는 과정 속에서 살아남았다.

역설적으로 자유주의적 역사주의는 역사의 불확실성을 관리하도록 고안되었지만, 자유주의적 미래와 미국의 과거 사이에 존재하는 간극

---

11) E. R. A. Seligman, “Economics and Social Progress,” *PAEA*, 3d ser., 4 (February 1903): 52~70, 특히 55~7, 59~60.

을 심화시켰다. 셀릭먼은 근대적 미래가 완전히 도래하지는 않았으며, 예외주의적 과거도 사라지지 않았음을 곧 인식했다. 미국은 "경제사회들 중 가장 어리면서 동시에 가장 성숙했다"고 1905년에 그는 말했다. 아직 여러 가지 면에서 개척사회이지만, 산업조직에서 "미국은 세계를 앞서고 있으며, 다른 나라들에게 그들이 여전히 건너야 할 단계들을 보여주고 있다." 이와 같이 "지속되는 원형(原形)사회의 대목(臺木)"에 "근대 산업체계"가 접지(接枝)되었기 때문에 현재가 "혼란스러운" 것이다.

> 옛 것과 새 것 사이의 이러한 경쟁으로 인해 우리는 여러 가지 면에서 아직 어둠 속을 더듬고 있고, 진보적 진영에서는 옛 조건들이 잔존하는 것에 불만을 품고 있으며, 곧 보편화될 보다 새로운 조건들의 궁극적 발현을 미래의 여명 속에서 구별해내고자 노력하고 있다.[12]

셀릭먼 언어의 불확실한 표현이 혼동을 드러내는데, 이전의 예외주의 패러다임에서는 원형적이고 농업적인 단계가 "새 것"이었고, 선진적 산업단계가 "옛 것"이었기 때문이다. 그러나 이제는 원형적이고 농업적인 과거가 옛 것이 되었고, 산업세계가 새 것이 되었다. 미국인들은 이제 자연을 향해 뒤돌아보는 것이 아니라 역사를 향해 앞으로 돌아서고 있었던 것이다.

자유주의적 역사주의는 점점 더 미국인들로 하여금 미래를 지향하게 했고, 과거를 진부한 것으로 만들어 갔다. 경제변화가 건국세대들에게는 알려지지 않았던 세계를 창출했으며 새로운 산업조건들이 새로운 실천을 요구하고 있다는 말 이상으로 혁신기를 더 특징적으로 표현하는 구절은 없었다. 혁신주의 개혁이 진척되었다가 다시 주춤해짐에

---

12) E. R. A. Seligman, *Principles of Economics* (New York: Longmans Green, 1905), 108.

따라, 자유주의적 미래를 위해 진부한 과거를 포기하려는 욕구가 점차 다급하게 표출되었다. 이것이 바로 허버트 크롤리(Herbert Croly)가 《미국 생활의 기약》(*The Promise of American Life*)에서 전하는 메시지였다. 곧, 미국의 기약이 달성되려면 미국의 실천이 바뀌어야 한다는 것이었다.

혁신주의 운동의 대표적 저작으로 오랫동안 인정되어온 크롤리의 1909년 저서는 미국 예외주의의 변화를 보여주는 대표적 저작이기도 한데, 새로운 역사의식과 예외주의의 새로운 과제에 의해 탄생했다. 이 책은 근대사의 자유주의적 이해에 중점을 두면서 미국사 전체를 자유주의적 시각에서 독해하기 시작했으며, 예외주의 이념을 근대적 언어로 표현했다. 지금까지 우리가 고찰해 온 사회과학자들에게서 예외주의 사고는 그들이 청소년기와 대학시절에 받은 교육과 공적 토론들에 생생하게 남았던 천년왕국적·공화주의적 언어에 뿌리를 두고 있었다. 혁신기에 이르면 크롤리처럼 이 언어들을 알고 있지만 일정한 거리를 두고 바라본 젊은 사회사상가들을 발견할 수 있다. 국가주의적 관념이 이들을 고무한 것은 여전했지만, 이 관념의 원천을 제공했던 옛 자유주의-공화주의 언어는 약화되기 시작했다. 1890년대 새로운 사회과학 프로그램의 학도로서 이들은 자기 대학 교수들의 패러다임 안에서 연구하면서, 예외주의적 희망이나 쇠퇴에 대한 끈질긴 두려움을 사회과학의 새로운 언어들로 표현하거나 그 저널리즘적 변형으로 표현했다.[13]

---

13) Paul Bourke는 Croly와 그의 언론계 동료들이 "독립적 사회비평"이라는 자신들의 새로운 사회적 역할을 수립하기 위해 "익숙한 명제들의 표현을 위한 새로운 언어"를 개발했다고 주장한다. Paul F. Bourke, "The Social Crisis and the End of American Innocence: 1907-1921," *Journal of American Studies*, 3 (1969): 57~73. Daniel Walker Howe는 전통적인 자유주의-공화주의적 담론의 쇠퇴는 19세기 말의 고전 교육의 쇠퇴와 관련된다-라틴어가 공화주의 담론의 주요 담지자임-고 주장했다. 또한 대학에서 도덕철학

서두에서부터 크롤리는 미국 예외주의 국가 이데올로기가 여전히 생생하게 살아 있음을 보여주는 용어들로 미국의 기약을 정의했다. "자기 나라에 대한 미국인들의 믿음은 종교적이다"라고 크롤리는 시작하며, "이 믿음은 우리가 숨쉬는 대기에 충만해 있다"고 했다. 우선 이 믿음은 "끊임없이 증가하는 대다수의 훌륭한 미국인들에 대한 안락과 번영의 기약"에 기인하며, 둘째로는 자유(*liberty*), 즉 "자유로운 정치 제도들"에 기인하고, 마지막으로 이 조건들로 인해 "보다 가치 있는 사람들의 집합"이 생겨나기 때문에 이 믿음이 존재한다는 것이다. 그에게 미국의 이 실험은 "우리나라에게만 중요한 것이 아니며," "미국 체제는 지금까지 인류가 경험하지 못한, 현세의 훌륭한 삶에 대한 가장 큰 희망을 표상한다." 크롤리는 미국인들이 전통적으로 이 보편적 이상을 과거에 결부시켜 왔음을 강조했다. "근본적으로 우리의 국가적 책임은 전통적 행태와 규범 및 이상을 진실하게 유지함으로써 … 정해진 길을 따라 결연하고 즐겁게 나아가는 것에 있다." 미국인들은 이 길을 따라가면 "익숙한 혜택들이 자동적으로 계속 축적될 것"이라고 믿었으며, "낙관적 숙명론"을 고수했다는 것이다.[14]

크롤리의 저서에서 인상적인 것은 미국에 대한 관념을 근대적 언어

이 소멸된 것도 유사한 영향을 미쳤다고 했다. Daniel Walker Howe, "Classical Education and Political Culture in Nineteenth Century America," *Intellectual History Group Newsletter*, no. 5 (Spring 1983): 9~14. John Patrick Diggins, *The Lost Soul of American Politics* (New York: Basic, 1984)는 1789년에서 제1차 세계대전 사이 미국에서 오래 지속된 공화주의 종말, 즉 오랜 소멸 과정을 연대순으로 기록하고 있다. 나는 혁신기 미국 사회 담론의 실용주의적이고 다원적인 언어에 대한 Diggins의 통찰뿐만 아니라 옛 이슈들의 존속에 대한 그의 증명이 미국 예외주의 국가 이데올로기가 자유주의적 토대에서 재구성된 결과로서 가장 잘 이해될 수 있다고 생각한다.

14) Herbert Croly, *The Promise of American Life* (New York: Macmillan, 1909), chap. 1, 특히 pp. 1, 5, 10, 12, 13, 17, 18.

로 표현했고, 그 근거를 자유주의 경제사적 해석에 두었다는 점이다. 크롤리는 왜 미국인들의 시민적 믿음이 "종교적"인지, 왜 그들이 과거에 결부된 "숙명적인" 보편적 이념을 구축했는지 물을 생각이 전혀 없었다. 크롤리에게는 경제적 기회와 번영의 기약이 미국이라는 관념의 토대였다. 자유로운 정치제도들은 "어떤 의미에서 번영을 지속시키고 접근이 용이하도록 보장하는 기제가 되었다." 경제적 소유권이 경제적 자유와 정치적 자유, 모두의 토대라는 핵심관념은 흐려져서 "안락과 번영"이라는 일반화된 이상으로 대체되었다. 크롤리는 도금기 이래 등장한 자유주의 경제사 관점에서 미국사의 시작으로 되돌아가 독해했던 듯이 보인다. 그는 "특화된(*specialized*) 조직들"을 "당시 상황"의 핵심 문제로 보았지만, 과잉특화된 공장노동자의 이슈는 회피했고, 특수한 이익들(*special interests*)로 구성된 사회 내에서 결속을 달성해야 하는 자유주의적 문제에 초점을 두었다. 국가주의(*nationalism*)가 이 자유주의적 병폐에 대한 공화주의적 치유법이었지만, 크롤리는 19세기의 자유주의-공화주의 담론으로부터 이미 분리된 역사적·언어적 맥락 안에서 말하면서, 자유주의 이미지로 미국 역사를 재구성하기 시작했다.

그러나 이 새로운 자유주의적 실체 아래서 우리는 여전히 옛 상상력이 작동하고 있음을 감지할 수 있다. 미국에 대한 관념은 크롤리의 모든 역사와 정치가 향해 가는 최종 목적지로 남아 있었다. 공화국 초기에 그랬던 것처럼, 크롤리의 자유민주주의 역시 그 사회적 연대의 불가결한 원천으로는 국가주의가 여전히 남아 있었다. 그리고 마지막 부분에서 크롤리가 종말론적 예측을 하면서 일종의 "민주적 복음주의자, 즉 사람들이 개인적·사회적 성취를 영적으로 누릴 수 있게 하는 길로 인도하는 일종의 예수와 같은 존재"의 출현을 희망하는 것을 보면, 아메리카 공화국과 천년왕국을 동일시하는 것이 심지어 20세기 자유주의적 개인주의의 언어에도 영향을 미치고 있음을 알 수 있다.[15)]

혁신기 사회과학자들은 예외주의의 유산을 수정하기 위해 의도적으로 고전적 자유주의를 지향했다. 고전경제학과 그 한계주의적 수정은 자유롭게 행동하는 개인의지가 창출되는 것으로 자본주의 시장 모델을 제시했다. 생산자원의 소유가 아니라 노동을 파는 능력이 자율성의 토대를 제공하고 있었다. 또한 자유주의 이론은 정치적 민주주의를 주권자로서의 개인들이 자발적인 연합을 통해 이룬 작품으로 보았으며, 마찬가지로 과학적 기획은 개인들의 합리적 역량을 전제하고 있었다. 사회과학자들은 이와 같은 개인주의적 기초로 돌아가서 미국 사회의 근본적 성격을 규정하고 사회적으로 조화로운 질서의 토대를 제공하려 했던 것이다.

사회화된(*socialized*) 새로운 자유주의를 구축하기 위해 사용된 전략들 중 일부는 세기말까지 이미 제기된 바 있었다. 예컨대, "보이지 않는 손"이었던 시장을 근대적 개념으로 재규정한 클라크라든가, 개인적 책임의 원칙을 확장시켜 노동자들의 권리와 기업의 사회적 행동에까지 적용했던 헨리 카터 애덤스, 그리고 아담 스미스의 공감개념을 이용하여 사회화된 개인을 창출했던 기딩스(Giddings) 등이 그러했다. 혁신기에 확실히 개발되었던 이 전략들이나 이와 유사한 전략들, 그리고 공화주의적 통치제도를 합리화함으로써 공적 권위를 더욱 효과적으로 만들려던 노력들에 대해 우리는 앞으로 논의할 것이다. 역사적 형태에 있어 자유주의 이론은 다양성과 개인성 및 사회적 조화를 향해 나아가는 스펜서의 진화개념을 따랐다. 시장의 기능적 상호의존성이 커지고 사회적 의사소통과 교환 및 이동성의 기회가 증가하면서, 개인의 자율성과 갈등의 완화를 모두 뒷받침하는 근대사회가 창출되고 있었다는 것이다.

미국 예외주의의 위기에 대한 자유주의적 대응은 이론과 신조에 있어 광범위한 스펙트럼을 만들어냈다. 우측의 이론가들은 자본주의 시

15) Ibid., 11, 126, 138~9, 453~4와 chap. 5.

장이 경쟁동기와 사적 목표 및 불균등한 보상을 통해 개인 자율성의 성격을 결정하고 사회조화를 위한 조건들을 규정한다고 주장했다. 좌측의 사회민주주의자들은 사적 소유하의 자본주의 시장을 여전히 인정하면서도, 자유사회와 민주적 정체가 경쟁구조를 변화시키고 사적 목표에 공적 목적을 불어넣으며 소득을 더욱 평등하게 재분배할 것을 희망했다. 사회민주주의자들은 구 예외주의의 정치경제는 포기하면서 확장된 이상은 유지했던 셈이다. "자기소유"(*self-possession*)가 사회적 산물이 되고, 사회성(*sociality*)이 개인성을 시험하는 기준이 되었던 것이다. 소유적 개인주의를 사회적 조화로 변형시키려던 바로 이 시도에서 이 이론가들은 가장 큰 이상을 표출했고, 가장 큰 어려움에 직면했으며, 스스로 이데올로기적 신비화에 노출되었다. 좌파와 우파 모두에게, 미국 예외주의의 압력은 이 변형의 어려움을 인식하지 못하게 했던 것이다.

자유주의 역사에 대한 혁신주의 관점을 지지했던 것 중의 하나는 19세기 후반을 주름잡았던 진화인류학(*evolutionary anthropology*)이었다. 이 시기 동안 사회과학자들은 의도적으로 진화인류학의 자원들을 이용하여 자신들의 역사이론을 강화하는 동시에 비판적 방법론을 발전시키려 했다. 역사기록을 자연 속의 원천으로 회귀하여 확장시킴으로써, 인류학은 진화론적 경향을 가진 사회과학자들에게 과학적 토대처럼 보이는 것을 제공했다. 인종인류학(*racial anthropology*)이 인종에 대한 생물학적 이론들을 지원하기 위해 수립되었고, 이 밖에 다양한 민족들의 관습과 민속, 곧 머지않아 "문화"로 불리게 된 것이 사회과학의 주목을 끌었다. 곧 보게 되겠지만, 베블렌은 사회과학자들 중에서는 독특하게도 인류학으로부터 진화론뿐만 아니라 외부 관찰자(*alien observer*)의 자세까지 빌어 왔다.[16)]

16) 인류학에 대해서는 George W. Stocking, Jr., *Victorian Anthropology*

자유주의를 지원한 새로운 구성요소로서 혁신주의 사회과학에 처음 등장한 것 중의 하나가 기능주의 심리학(*functional psychology*)이었다. 심리학은 처음부터 사회과학에서 중심적 역할을 수행했는데, 예컨대, 흄은 인간본성의 보편적 항구성과 유동성을 찾으려 했고, 밀은 도덕과학의 이러한 토대를 재확인했다. 역사정치학도 어느 정도 거리는 있으나 인간본성의 원리에 기초하고 있다고 여겨졌다. 고전경제학은 선택된 일련의 심리학적 속성들에 기반을 두고 있다고 이해되었으며, 그 한계주의적 변형은 공리주의적 심리학을 자신의 원천으로 주장했다. 마찬가지로 고전경제학에 대한 역사학과 사회학의 비판 역시 광범위한 심리적 동기들을 통해 사회과학을 재구성하려 했다. 따라서 미국 심리학자들이 1890년대에 새로운 기능주의 심리학을 발전시키기 시작했을 때, 사회과학자들은 자기 분과에 대한 함의를 탐색하기 위해 예리한 주의를 기울였다.

기능주의 심리학은 윌리엄 제임스(William James) 및 존 듀이(John Dewey)의 저서와 제임스 마크 볼드윈(James Mark Baldwin)의 아동발달에 관한 기념비적 연구, 그리고 새로운 심리학 실험실에서 산출된 인지와 주의(*attention*)에 관한 연구들로부터 발전했지만, 근본적 영감은 찰스 다윈에게서 얻었다. 새로운 기능주의자들에 따르면, 심리는 생물학적 진화의 차원으로 이해되어야만 했다. 정신은 적응기관인데, 이것이 의미하는 바는 첫째, 정신은 환경과 상호작용하는 적극적이고 합목적적인 기관이라는 것이며, 둘째, 변화하는 사회환경에 언제나 적응하려 한다는 것이었다. 첫째 명제로부터 심리학자들과 사회과학자들은 합리적 설계에 따라 주위환경을 변화시키는 능력을 갖추고 독창적 의지를 가진 적극적 개인을 구성할 수 있었고, 둘째 명제로부터

(New York: Free Press, 1987)와 *Race, Culture and Evolution* (New York: Free Press, 1968) 참조.

는 사회환경에 익숙하고 적응을 통해 강화된 합리적 합의를 수용하는 사회화된 개인을 구성할 수 있었다. 따라서 자주적으로 행동하는 (*self-acting*) 구성요소를 상정하는 이 모델은, 행위자의 창의적 합리성을 강조하거나 환경에 의해 부과된 합리성을 강조함에 따라, 또 체계의 지속적인 표준에 대한 합리적 적응에 주목하거나 체계의 변화하는 성격을 지적함으로써, 자유주의 이론과 기능주의 이론 양 지주(*poles*)의 어디에나 접근할 수 있었다.[17)]

이 양 지주들은 역사변화에 대한 자유주의 이론에서 모두 활용되었는데, 여기에 기능주의 심리학이 자주 동원되었다. 이미 논의했듯이, 스미스와 스펜서가 제시했던 자유주의적 진보의 모델은 경제발전과 자연에 대한 지배의 증가에 핵심적 역할을 부여했다. 프랑스에서 발전된 진보이론은 이성을 역사의 역동적인 힘으로 규정했으며, 존 스튜어트 밀의 《자유론》(*On Liberty*, 1859)은 이성에 사회적 환경을 부여했다. 진보는 주위 사회를 지배하는 통상적이고 인습적인 관념에 도전하는 창조적 개인에 의해 창출되는 것이었다. 스펜서 이후, 특히 다윈 이후에 이 자유주의 역사이론들은 적응과 자연선택이라는 다윈 진화론의 관점에 따라 재구성되었는데, 이러한 변화를 대표하는 것이 월터 배지핫(Walter Bagehot)의 《물리학과 정치학》(*Physics and Politics*, 1872)이었다.

경제영역은 쉽게 자연선택의 역사적 현장으로 간주될 수 있었다.

---

17) Edna Heidbreder, *Seven Psychologies* (Englewood Cliffs, N. J. : Prentice-Hall, 1961〔1933〕) ; Robert J. Richards, *Darwin and the Emergence of Evolutionary Theories of Mind and Behavior* (Chicago: University of Chicago Press, 1987), chaps. 9, 10과 p. 6. 기능주의 심리학에서 사회결정론을 강조하는 미국 사회과학의 경향은 Talcott Parsons에게로 소급되지만, 실제로는 1890년대에 시작되었다. Dennis H. Wrong, "The Oversocialized Conception of Man in Modern Sociology," *ASR*, 26 (April 1961) : 183~92.

"맬더스가 다윈에게 제시한 역사적 사실은 중대한 것이었으며, 이제는 생물학이 자신의 개념들을 경제학에 전달하게 되었다"[18] 라고 듀이가 학생들에게 말했던 바 있다. 기딩스와 같은 사회학자들의 손을 거쳐 이 경제학은 사회로 확장되어, 선택의 기제는 경제적 생존투쟁뿐만 아니라 연합과 분화의 사회적 공간이 되었다. 이와 동시에 밀의 창조적 합리성은 점차 다윈식 적응으로 이해되었다. 경제적 · 사회적 · 과학적 발명이 변화의 주도자이자 변동하는 환경에 대한 합리적 대응이 되었다. 선택을 강조하든 합리적 적응을 강조하든 대부분의 혁신주의 사회과학자들은 역사적 진화에서 진보의 규범을 발견했다. 버크의 규범적 역사와 같이 진화는 역사적 경험에서 유용하거나 유용하게 적응한 것으로 판명된 형태들을 담지하고 나아가는 것으로 생각되었다. 이와 동시에 변화하는 역사적 환경으로 인해 이에 대한 재적응을 가능하게 하는 창조적 합리성이 높게 평가되었다. 이렇게 해서 역사진화의 다윈식 모델은 미국 역사의 규범적 경로와 자유주의적 변화를 가능하게 했다.

혁신기 사회과학자들은 이전 사회과학자들처럼 역사변화의 문제가 지식의 권위와 연결된 것으로 보았다. 미국 사회과학자들은 근대 세계에 대한 권위 있는 지식을 제공하는 데 있어 현실주의와 과학 및 전문주의(*professionalism*)를 신봉했다. '계승을 거부한 단절'(*disinheritance*)의 의식이 도금기 사회과학자들로 하여금 인습적인 지식을 벗어나 눈앞의 사실로부터 현실을 탐구하게 했다고 한다면, 이 현실주의는 혁신주의 사회과학자들이 낯선 산업세계를 들여다 볼 때 훨씬 더 강한 영향력을 발휘했을 것이라고 할 수 있다. 경제력의 새로운 집중, 여러 가지 언어가 말해지는 복잡한 도시들, 그리고 시 · 주 · 연방 정부 통치의 확대는 상세한 지식을 요하는 새로운 세계를 창출했다. 당시 사회

18) "John Dewey, Political Philosophy Lectures, 1893," Charles Horton Cooley가 옮겨 적음, 〈Charles Horton Cooley Papers〉, University of Michigan.

과학자들의 저작들 중 압도적인 다수는 기업과 정부 및 사회생활의 구체적 작동에 관한 경험연구들이었다.

사회적 파편화와 이질적 도덕기준들 속에서 과학은 여전히 동의를 기약해주는 것으로 보였다. 당시 과학적 방법의 구상들 중 가장 뛰어나고 가장 영향력이 컸던 것은 칼 피어슨(Karl Pearson)의 저서 《과학의 문법》(*Grammar of Science*, 1892)이었다. 어떤 수준에서 보면 피어슨의 과학구상은 미국 독자들이 쉽게 흡수할 수 있는 것이었다. 그는 사회과학이 어느 모로나 자연과학만큼 "과학적"일 수 있다는 확신을 제공했다. "과학의 영역은 무제한적이다 … 자연현상의 모든 군상과 사회생활의 모든 국면, 과거나 현재 발전의 모든 단계가 과학의 질료이다." 그에 따르면, "모든 과학의 공통성은 질료가 아니라 단지 그 방법에 있기" 때문에 이것은 진실이었다.

피어슨이 제시한 방법은 다윈과 뉴턴에게서 구현되었던 것으로 여겨졌던 베이컨 경험론의 최신판이었다. 곧, 과학은 사실들의 수집과 분류의 문제이자, 그 사실들로부터 논리적 추론을 거쳐 법칙을 수립하는 것이며, 이를 비판적으로 조사하는 것이었다. "아무리 작은 사실들이라도 적절히 분류되고 논리적으로 처리된다면, 지식이라는 거대한 구조물에 적합한 위치를 차지하는 하나의 벽돌이 될 것"이라고 피어슨은 약속했다. 이러한 절차 이외에, 과학적 방법은 오직 단호한 객관성의 입장만을 요구하는 듯했다. 과학은 모든 "형이상학"과 모든 "개인적 감정 혹은 계급적 편견," 그리고 어떠한 미적 취향도 버려야 했다. 과학을 규정하는 특성이자 과학의 효용성을 측정하는 기준은 "우리를 개인적 생각으로부터 독립적인 분류와 체계로 이끌고, 개인적 선호의 여지를 허용하지 않는 결론과 법칙으로 인도하는 것"이었다. 이러한 방법론의 근본적 효과는 혁신주의 사회과학자들로 하여금 그들이 출발했던 원래의 경로를 유지하도록 했고 이론에서 '형이상학'과 편견을 제거하려는 희망을 강화하도록 해 주었다.[19]

주요 혁신주의 사상가들은 인간본성과 역사진화가 구현하고 있는 규범들을 과학이 발견하거나 구성할 수 있다고 계속해서 믿었다. 앨비언 스몰 같은 사람들은 이 규범적 과제가 갖는 윤리적 성격을 여전히 믿었고, 따라서 사회과학자의 윤리적 역할도 의식했다. 한편 어빙 피셔와 같은 혁신주의 사회과학자들은 이론적 혹은 전문가적 역할에 있어서 과학의 이름 하에서 처방을 말할 수 있다고 믿었다. 형이상학과 편견에 대한 실증주의의 경고를 받아들이면서 이들은 윤리적인 사회적 역할은 물론 연구주제에 대한 공개적인 윤리적 해석까지도 거부했다. 이들이 시장과 사회진화와 역사에서 발견한 규범들이 이들에게는 윤리의 발견이 아니라 과학의 발견으로 보였다. 이러한 관점의 해결책 중 하나는 피어슨이 자신의 저서에서 경험적 실증주의 프로그램 이외에 전개했던 비판적 실증주의(*critical positivism*)였다. 그러나 철학자 듀이와, 피어슨의 통계방법에 매력을 느꼈던 기딩스를 제외하면, 피어슨의 보다 앞선 이 개념을 최초로 이해한 미국 사회과학자들은 이 책 제4부에서 언급할 혁신주의의 비판자들이었다. 1920년대가 되어서야 사회과학자들은 정치에 대한 환멸과 역사에 대한 우려, 그리고 비판적 실증주의로 인해, 과학을 가치로부터 완전히 분리시켰고 이 이른바 중립적인 과학 전문가 피어슨을 다른 사람들의 가치에 좌우되도록 만들려 했다.

과학과 마찬가지로 전문주의는 혁신주의 사회과학자들에게 지적 권위와 사회적 권위를 기약해 주었으나 역시 대가를 필요로 했다. 한편으로는 전문직업적 지위에 대한 우려의 결과로서, 다른 한편으로는 여전히 학계에 팽배했던 편견의 반영으로서, 고귀한 백인 남성 프로테스탄트 외의 사람들은 이 전문경력에 대한 접근이 거부되었다. 숫자상으

19) Karl Pearson, *The Grammar of Science* (London: Walter Scott, 1892), ix, 9, 12, 15, 16, 39~41.

로 가장 피해를 본 것은 여성들이었다. 1890년과 1900년 사이에 모든 분야를 통틀어 대학원 과정을 밟는 여성들의 수는 배가 되어 거의 30%에 이르렀고, 이전보다 더 큰 비율로 정규 학위과정을 밟고 있었다. 사회학의 경우는 전체 평균과 일치했고, 경제학과 정치학보다 여성의 비율이 높았다. 여성들은 대체로 남성들이 과학적 · 학문적 주류 밖의 영역으로 규정했던 사회사업이나 개혁활동 또는 여자대학으로 가게 되었다. 과학과 전문주의로 치장하라는 압력에도 불구하고 이곳에서 여성 사회과학자들은 사회민주주의적 행동주의로의 길을 열기도 했고 비주류적 관념들을 탐구하기도 했다.[20]

세기의 전환기 즈음에 형성되었던 도시사회에서 전문적 사회과학자들의 권위는 전보다 더 공고해졌는데, 이는 권위 있는 계급이나 문화에 연결되었기 때문이 아니라, 전문지식을 공급하는 능력과 기능에 기반한 것이었다. 공적 영향력이 빨리 커진 것은 아니었지만, 이들은 팽창해 가는 대학에 재빨리 뿌리를 내렸고, 전문가 협회들을 형성했으며, 전문가적 신뢰를 쌓아갔다. 공식적 정치권력과 분리된 지식인 계급으로서 이들은 자신들의 유용성을 증명해야만 했다. 그러나 세기의 전환기에 이르러 보수주의 경제학자들과 자유주의 경제학자들은 각종 조사위원회와 규제위원회들에 전문가로서 초빙되기 시작했고, 미국이 제국주의 단계로 진입하면서 전문가들의 활동영역이 넓어지는 듯 보였다. 나아가 혁신주의 개혁은 사회과학적 전문지식에 문을 더욱 넓게 개방했다.

혁신주의 사회과학자들은 학술 전문가로서는 점차 특화된 저널과

20) J. Graham Morgan, "Women in American Sociology in the 19th Century," *JHS*, 2 (Spring 1980): 7; Mary Jo Deegan, "Sociology at Wellesley College: 1900~1919," *JHS*, 5 (Spring 1983): 91~117; Ellen F. Fitzpatrick, *Endless Crusade: Women Social Scientists and Progressive Reform* (New York: Oxford University Press, 1990); 이 책 제4장 5절.

학회를 통해 서로 의사소통했으며, 전문 실천가로서는 대중 전체에 조언하기보다 정책입안자들과 관료들에게 조언했다. 그러나 1920년대가 되기까지는 전문주의가 사회과학 담론들을 지배하지는 못했다. 도금기와 마찬가지로 많은 사회과학자들은 대중잡지와 개혁조직 및 교육적 집회들을 통해 고귀한 중·상층계급들과 대화했다. 미국경제학회는 더 이상 쇼토카에서 모이지 않았지만, 회원들 중 일부는 그곳에서 계속 가르쳤다. 사회과학자들의 가장 큰 중·상층계급 청중은 학생들이었고, 이로 인해 교과서 집필이 학문적 업적에서 큰 비중을 차지했다. 개혁조직 내의 전문가, 또는 의회 위원회와 규제 위원회에 출석한 전문가일 경우에 혁신주의 사회과학자들은 정치과정에 직접 참가하는 수많은 새로운 중간계급들보다도 덜 자율적이었다. 따라서 자신들 말의 도덕적·정치적 함의들이 대단히 중요하게 생각되었고, 그 결과 객관성의 주장은 계속 취약한 상태로 남게 되었다.[21)]

객관성 문제에 대한 주된 해결책은 여전했다. 즉, 각 분과학문들 내에서 허용되는 구성원들의 이데올로기적 스펙트럼을 좁혔던 것이다. 그러나 혁신주의 중도파 자체가 이 시기에 확대되면서, 사회과학 영역에 상당한 범위의 이데올로기적 이슈들이 도입되었다. 보수주의에 더

---

21) A. W. Coats, "The First Two Decades of the American Economic Association," *AER*, 50 (September 1960): 571~2; Mary Furner, *Advocacy and Objectivity* (Lexington: University Press of Kentucky, 1975), 265~72; Robert L. Church, "Economists as Experts: The Rise of an Academic Profession in the United States, 1870~1920," in *The University in Society*, vol. 2: *Europe, Scotland, and the United States from the 16th to the 20th Century*, ed. Lawrence Stone (Princeton, N.J.: Princeton University Press, 1974), 571~609. 이 시기 직업의 성격 변화에 대해서는 Terence J. Johnson, *Professions and Power* (London: Macmillan, 1972); Magali Sarfatti Larson, *The Rise of Professionalism: A Social Analysis* (Berkeley: University of California Press, 1977), chaps. 1, 2.

공감했던 정치학자들은 이 이슈들을 다루는 데 어려움을 적게 겪지만, 이들조차도 혁신주의가 확산됨에 따라 종종 갈등에 빠져들었다.

전문주의 자체는 이데올로기적 대립에 대한 수많은 전술적 방어책들을 제공했다. 그중 가장 단순한 것이 전문성과 과학적 기준의 이름 하에 후퇴하는 것이었다. 예컨대 미국경제학회에서 도발적인 논문 한 편이 자유주의적 개혁이 사회주의로 귀결될 수 있는 가능성을 제기했을 때, 일부 토론자들은 단순히 "학문적 겸손"을 이유로 이에 대한 논평을 거절했다. 경제학자들 스스로는 사회주의에 대한 정의를 내릴 수도 강요할 수도 없다는 것이었다. 또는 학회에서 논쟁적인 문제가 제기되었을 때, 개혁을 대변하는 입장은 프레데릭 하우(Frederick C. Howe)나 크리스탈 이스트먼(Crystal Eastman) 같은 대중적 개혁가들에게 맡김으로써, 학계 전문가들은 단지 학술적 어려움을 지적하는 자유를 누리기도 했다. 그러나 점차 사회과학자들은 균형을 통해 논쟁적인 이슈들을 다루는 데 익숙해졌다. 앨비언 스몰은 자신의 〈미국 사회학 저널〉에 좌파 자유주의적 입장이 나타날 때마다 곧 반대입장의 보수주의적 논박이 뒤따르도록 했는데, 학회들의 토론도 이와 마찬가지로 짜여지곤 했다. 좌파나 우파의 대변인이 그 분야에 없을 때는 외부 인사가 영입되었다. 논쟁 중인 주제에 대해 편견이 제거될 수는 없다 하더라도, 최소한 이 주제가 편파성 없이 다루어질 수는 있었던 것이다. 따라서 전문가들은 이 주제에 대해 "견해"는 있지만 아직 과학적 결론에는 도달하지 못했다고 주장할 수 있었다.[22]

---

22) Martin, "An Atempt to Define Socialism - Discussion," 355~6, 365; Frederick C. Howe, "The Case for Municipal Ownership," *PAEA*, 3d ser., 7 (February 1906): 113~32와 "Discussion," 133~59; Crystal Eastman, "The American Way of Distributing Industrial Accident Losses," *PAEA*, 3d ser., 10 (April 1909): 119~34와 "Discussion," 10 5~18, 135~57. Lindley M. Keasbey에게 논쟁 세션에 참가해 달라고 보낸 다음 초대장도 참조: "착실한 사회주의자가 없을 경우에는 그를 토론에

사회과학자들은 또한 학술적 담론의 중립성에 대해 굳게 믿고 있었다. 앨버트 쇼우(Albert Shaw)는 1906년 미국정치학회 회장 취임연설에서 "아무도 더 이상 우리 학회 같은 학회의 구성원이 공화당원인지 민주당원인지 … 사회주의자인지 개인주의자인지, 혹은 공동체 공유주의자인지 공유반대론자인지 신경 쓰지 않습니다"라고 좀 과장되게 말한 바 있는데, 전문화의 효과에 관해서는 옳은 말이었다. 그는 계속해서, "과학의 학도들은 진지함과 지성이라는 커다란 공통의 자산을 가지고 있으며, 논쟁적 태도와 변덕스런 열정을 조절하는 정신적 습관"을 갖추고 있음을 사회과학자들이 잘 알고 있다고 덧붙였다.[23] 급진적 견해가 남아 있는 영역에서도, 행동주의를 삼간다면 전문적 영역 내에 어떻게든 받아들여질 수 있었다. 보수주의자 로렌스 로플린이 베블렌의 시카고대학 임용을 용납했을 때나 프랭크 토식이 베블렌에게 〈계간경제학〉(*Quarterly Journal of Economics*)에 게재할 기회를 주었을 때, 이들은 지적 기준에 대한 전문가적 존중을 보여주었을 뿐 아니라, 지성적 담론의 전문가적 기준이 잠재적으로 폭발적인 이데올로기적 충동을 억제하도록 도와줄 수 있음을 인식했던 것이다. 실제 우리는 제4부에서 경제학자들이 이 전략 때문에 베블렌의 제도주의 제자들과 20년간 논쟁을 벌이는 비용을 치러야 했음을 보게 될 것이지만, 결국에는 전문가적 신중성에 대한 이들의 신뢰가 잘못된 것은 아니었다.

미국 사회과학의 전문화는 과학이 권위를 추구하기 위해 필요한 우군이었을 뿐 아니라 미국 사회구조의 산물로도 이해되어야 한다. 미국 대학의 분과학문들로서 사회과학이 급격하게 성장하고 전문화한 것

초대하고자 합니다," *PPASS*, 2 (1907) : 33. 그리고 Frank Goodnow와 Frank W. Taussig이 교환한 편지 1905년 6월 3, 12, 13일자와 1905년 10월 19일자, 〈Frank J. Goodnow Papers〉, Johns Hopkins University도 참조,

23) Albert Shaw, "Presidential Address," *APSR*, 1 (February 1907) : 185~6.

은, 팽창적이고 탈집중화된 미국 대학체계와 이에 대한 자본가와 중간계급의 지지에 힘입은 바 크다. 영국에서 귀족계급은 대학의 혁신과 팽창을 반대했으며, 프랑스와 독일에서는 집중화된 국가당국이 대학의 성장을 통제하면서 전통적 영역에 인접한 새로운 분과학문들에 교수를 임용했다. 이와는 대조적으로 미국의 자본가들과 근대화론자들 및 정치가들은 근대적 지식의 경제·사회적 이득을 바로 인정했으며, 고등교육의 급속한 팽창을 지원했다. 1890년과 1940년 사이에 단과대학이나 종합대학을 다니는 대학생의 비율은 2%에서 15%로 상승했다. 탈집중화된 대학들은 학생 유치와 명성을 위해 경쟁하면서 새로운 분과학문들을 신속히 증설했고 독립성을 획득하도록 허용했다.[24]

분산적인 제도적 구조자체가 미국 사회과학의 학문적 성향을 결정했는지는 논란의 여지가 있다. 유럽에서 사회과학 분과학문들은 교수임용권과 시험체계의 통제를 통해서 철학 및 역사학에 밀접히 종속된 관계를 유지했다. 반면 미국 대학에서 사회과학은 이들과의 전통적 연계를 벗어나 근대적 지식, 즉 자연과학 쪽으로 다가갔다. 그러나 대학이 속한 문화를 고려하지 않은 채 탈집중화된 대학구조 자체만으로 이러한 움직임을 설명할 수는 없다. 유럽의 사회과학은 제도적 연계뿐만 아니라 지성적 힘에 의해서도 보다 발달된 학문으로 이끌려갔다. 독일과 프랑스에서 철학과 역사학은 이미 신학으로부터 독립되고 강력한 근대적 학문전통을 수립했으며, 국가적 차원에서 문화적으로 특권적 지위를 누릴 수 있었다. 영국에서는 귀족문화에 체화된 폭넓은 지성이라는 이상 때문에 새로운 주제들이 전통적 지식분류의 범주 안에 갇혀졌다. 그러나 미국에서는 프로테스탄트 종교성과 예외주의 역사의식

24) Bernard Berelson, *Graduate Education in the United States* (New York: McGraw-Hill, 1960), chaps. 1, 2; Joseph Ben-David and Awraham Zloczower, "Universities and Academic Systems in Modern Societies," *European Journal of Sociology*, 3 (1962): 45~84.

의 영향이 지속되는 가운데 철학과 역사학이 모두 19세기까지 완전히 근대화하지 못했으며, 이 때문에 이들의 지성적 힘과 제도적 힘 중 어느 것도 후속학문들을 끌어들일 만큼 발전하지는 못했다.

마지막으로, 우리는 전문주의와 탈집중화된 제도들이 사회과학 분과학문들의 분파주의를 증가시켰다는 사실에 주목해야 한다. 물론 대상과 방법의 다양성이 모든 분과학문들 내에도 지속되고, 분과학문의 경계를 넘나드는 지성적 관심을 유지할 수도 있었다. 그러나 전문주의는 이미 상당히 오래되고 독립적인 역사를 지닌 각각의 학문전통 위에서 작동했다. 전문주의는 각각의 학문전통들을 분리하는 데 도움이 되었지만, 서로의 지적 분리선이 이미 나타났다. 전문화가 진행된 문화적 맥락은, 미국, 영국, 프랑스, 독일의 사회과학에서 생겨난 서로 다른 발전유형들을 언급할 때 특히 중요할 것이다.

듀이의 실용주의

존 듀이(John Dewey)는 여러 가지 의미에서 혁신기 사회과학 발전의 가장 훌륭한 예이다. 그는 이 시기 사회과학 분과학문들이 서로 침투성이 강했음을 여실히 보여준다. 심리학 훈련을 받은 철학자로서 그는 당시 많은 사람들이 그렇게 한 것처럼 분과학문의 경계를 넘나들며 가르치고 사고했다. 철학을 일종의 사회과학으로 전환시키려 했던 관심은 물론, 듀이의 기능적 심리학과 유기적 사회 모델 및 실용주의 철학이 지닌 폭넓은 함의로 인해 그의 작업은 모든 인간과학에 대해 큰 영향을 미쳤다. 가장 중요한 것은, 혁신주의 사회과학의 특징적 신조들처럼 듀이의 실용주의도 도금기 미국 예외주의의 위기로부터 직접 생겨났으며, 예외주의의 유산을 수정하여 변화에 대한 새로운 자유주의적·역사주의적 인식을 구현했다는 점이다. 실제로 듀이가 대부분의 다른 사회과학자들과 다른 점은 바로 역사주의에 대한 대응의 속도와 깊이이다. 듀이의 영향은 혁신기에 나타났지만, 많은 사회과학자들은 그의 실용주의적 해법을 인정하거나 완전히 수용할 준비가 되어 있지 않았다. 미국의 주류 사회과학자들과 듀이 사이에 존재할 간극은 미국의 사회과학 분과학문들이 역사주의를 온전히 이해하는 것을 얼마나 꺼렸었는지 보여주는 중요한 척도이다. 그러나 듀이 자신은 바로 이 점을 입증해주는 예외였다. 역사주의에 대한 그의 대응이 중대한 방식으로 예외주의 유산 및 사회과학의 주요 발전경로와 연결되어 있었기 때문이었다.

듀이는 윤리적 성향의 1880년대 세대에 속하는 자유주의적 인물이었으며, 이 세대와 마찬가지로 도금기의 지적·정치적 위기 속에서 그의 정신세계가 형성되었다. 신앙심 깊은 어머니에 의해 여린 양심의 소유자로 성장했고 대학원 과정에서 진화론적 과학에 이끌렸으며, 이후 전통적인 기독교적 버팀목에 대한 신뢰가 사라지면서 도덕적 의식이 점점 커지게 되었다. 기독교에서 자연주의로 전환하는 데는 헤겔 관념론의 영향이 컸는데, 헤겔은 또한 그의 철학적 관심과 정치적 관심들을 연결시켜 주었다.[25] 듀이의 실용주의가 형성되는 데 있어 도금기의 정치적·경제적 갈등들은 대부분의 연구자들이 인식한 것보다 훨씬 더 중요한 맥락이었다. 그는 자신이 지닌 "계승의 단절"(*disinheritance*), 즉 물려받은 신조들과 자신을 둘러싼 세계 사이의 이질성을 자신과 타인, 그리고 이념과 현실의 철저한 괴리로 여겼는데, 이로 인해

25) Dewey의 발전에 대해서는 Neil Coughlin, *Young John Dewey: An Essay in American Intellectual History* (Chicago: University of Chicago Press, 1975); Bruce Kuklick, *Churchmen and Philosophers: From Jonathan Edwards to John Dewey* (New Haven, Conn.: Yale University Press, 1985), pt. 3. George Dykhuizen, *The Life and Mind of John Dewey* (Carbondale: Southern Illinois University Press, 1973)는 믿을 만한 자서전으로서, 듀이에 관한 풍부한 문헌을 섭렵할 기회도 제공한다.

듀이는 일생 동안 이 이원론을 파기하려는 노력을 하게 되었다. 도금기의 미국 정치전통에 대한 위협이야말로 듀이가 지녔던 불안감의 한 원천이자 그의 재구성 노력의 중대한 차원이었다는 것을 듀이의 초기 저작들은 분명히 보여준다.

"교육받은 사람들의 신념과 정치적 유기체의 현실적 경향 사이에 존재하는 단절"을 감지하고 듀이는 1880년대 중반에 보수주의적 비판에 대항하는 민주주의 옹호자로 등장했다. 그는 민주주의를 옹호하기 위해 헤겔의 역사개념을 도입하면서, 역사가 미국의 천년왕국적 이상을 실현하고 있다고 주장했다. 민주주의는 "인류의 유일하고도 궁극적이며 윤리적인 이상"이라고 듀이는 말했다. 역사 속에서 진보적으로 실현되는 이 민주주의는 현재의 잠재적 가능성이자 모든 역사가 목표삼아 나아가는 미실현의 이상이다. 민주주의는 "개인과 사회가 상호 유기적으로 결합될 수 있다는 모든 사회조직의 이상에 가장 근접한다." 이러한 유기적 사회는 권위주의 사회도 아니며 생물학적 유기체도 아니다. 이 "유기체의 유형"은 인간사회이며, 이 안에서 부분들은 완전히 개인화되어 있으면서 조절과 협력의 행동을 통해 작자의 의지를 자발적으로 전체와 결합시킨다. 이것이 바로 "모든 시민은 주권자라는 이론이자 미국적 이론이며, 모든 인간은 신의 사도라는 이론만이 그 숭고함에 있어 이 이론과 필적할 만하다." 실제로 듀이는 아메리카 공화국과 프로테스탄트 종교개혁을 넘어 그리스의 시민적 휴머니즘(*civic humanism*)에서 이 이상을 찾았다.

> 공화국은 … 개인적인 것과 보편적인 것의 관계라는 윤리문제의 핵심을 포착하고 그 해결책을 개진한다. … 각 개인이 국가 안에서 다른 모든 사람들과 조화를 이루는, 다시 말해 공동체의 통일된 의지를 자신의 의지로 소유하게 되는 그러한 개인들의 발전, 이것이 바로 정치와 윤리, 모두의 끝이다 … 이것은 자아나 개성의 상실이 아니라

> 구현이다. 개인은 희생되는 것이 아니라 국가 안에서 실체화하는 것이다.

만일 여기에서 듀이가 부지중에 아리스토텔레스적인 것, 혹은 아메리카 공화국적인 것에서 "통일된 의지"라는 플라톤의 공화국적인 것으로 미끄러져 갔다고 한다면, 이는 아마 시민적 휴머니즘의 부활 뒤에 신국(*Kingdom of God*)이 있었기 때문일 것이다. 그는 열정적인 논조로 다음과 같이 끝을 맺었다.

> 민주주의의 개념은 영적인 것과 세속적인 것의 구별이 중지되고, 그리스의 이론이나 신국에 관한 기독교 이론에서처럼 교회와 국가, 신적 사회조직과 인간 사회조직이 하나가 되는 사회이다.[26]

미시간 대학의 젊은 강사로서 듀이는 자신의 민주주의 옹호론을 더욱 확장시켰다. 파업 노동자의 예가 곧 그의 윤리적 글들에서 두드러지게 되었다. "시민적·정치적 민주주의뿐 아니라 산업 민주주의까지 이루어져야 민주주의가 명분적이 아니라 실재적이 된다고 말하는 데 주저할 필요는 없다"라고 그는 말했다. 곧, "부의 민주주의(*democracy of wealth*)는 필수적인 것이다." 이 수 년 간 그는 정치학을 가르쳤는데, "정치과학으로서의 윤리학, 그리고 윤리과학으로서의 정치학에 대한 강조"가 커지고 있음을 환영했다. "개인의 통찰과 선호"가 도덕적 행위에 핵심적이라면, "개인의 통찰과 선택을 단순히 명목적으로가 아니라 실제적으로 개인 자신의 힘 안으로 가져오는" 행동조건들을 확보하는 데 똑같이 역점을 두어야 한다는 것이었다.[27]

---

26) John Dewey, "The Ethics of Democracy" (1888), in *EW*, 1: 227, 237~49.

27) Ibid., 246; idem, "Moral Theory and Practice" (1891), *EW*, 3: 105~

듀이는 동료인 헨리 카터 애덤스로부터도 격려를 받았지만, 방황하는 개혁가였던 프랭클린 포드(Franklin Ford)와 코리던 포드(Corydon Ford)에 의해 보다 크게 고무되었다. 두 사람은 1888년과 1892년 사이에 앤 아버(Ann Arbor)시에 정착했고 듀이와 함께 〈사상 뉴스〉(*Thought News*)라는, 그들 생각에는 혁명적인 신문을 기획했다. 불만에 찬 언론인이었던 이들은 사회적 "사실들"을 객관적으로 보급하는 신문이 근대사회가 유기적 상호의존과 어느 정도 생디칼리스트 조직으로 나아가는 것을 촉진할 수 있다고 믿었다. 이러한 기획에서 듀이는 자신의 민주주의 철학을 실천적 행동으로 옮기는 방법을 발견했다.[28]

널 커플란(Neil Coughlan)은 듀이가 실용주의로 접근하게 되는 도약이 〈사상 뉴스〉 시기였던 1891년의 철학 강의계획서에서 이루어졌다고 추적한 바 있다. 여기에서 듀이는 철학은 과학처럼 경험에 대한 탐구라고 주장했으며, 경험에서 제시된 맥락을 따라 철학을 재구성할 것을 제안했다.

> 두 가지 방향에서 전체(*whole*)는 이제 이전보다 더욱 뚜렷하게 실현되었다. … 한편으로는 과학이 개인적 유기체의 전형적 행동과 행동의 전 과정을 드러내 주었다. 다른 한편으로는 사회활동이 자유로워짐에 따라 사회적 행동의 원리가 드러났다. 달리 말하자면, 심리-육체적 존재와 정치적 존재의 행동이 우리에게 … 전체에 대한 인식을 제공하고 있는 것이다.[29]

여기에서 듀이는 경험은 행동의 검토를 통해 이해되어야 하며 가장

9; idem, "Ethics and Politics" (1894), *EW*, 4: 372~3. 그리고 John Dewey, "Two Phases of Renan's Life" (1892), *EW*, 3: 174~9.

28) Coughlan, *Young John Dewey*, chap. 6.

29) John Dewey, "Introduction to Philosophy: Syllabus of Course 5" (1892), *EW*, 3: 212.

뛰어난 행동 모델은 심리-육체적 사고행위에 대한 과학 모델과 진보에 대한 유기적 사회역사 모델이라고 제안하고 있다. 이와 같은 이중적 초점은 그가 사용하고 있는 언어와 마찬가지로 헤겔에게서 가져온 것이다. 개인심리와 역사운동, 양자에서 드러나는 "전형적 행동"이 있다는 것은 정신과 영혼의 현상학에서 제시된 헤겔의 관점이다. 자아(*ego*)에서 비자아(*non-ego*)를 거쳐 구성된 경험으로 가는 개인의식의 운동과, 명제에서 반명제를 거쳐 합명제로 가는 역사이성의 운동은 상호작용적이고 호혜적이며 역동적인 패턴을 따라 주관성과 객관성, 개인과 사회 및 과거와 미래를 함께 엮는다는 것이다. 듀이의 실용주의적 이성도 이와 동일한 경로를 따르고 동일한 기능을 수행했다.[30]

듀이는 다윈에 의해 드러난 진화론적 자연세계에 이러한 헤겔철학을 접목하여 재구성했다. 정신은 적응기관이고, 이익과 목적에 따라 움직이며, "어딘가에서 실천상의 마찰이나 긴장이 생겨날 때만" 작동한다. 사고는 "행동에 있어 진보의 핵심지점이며, 옛 관습이 재구성되는 과정이나 새로운 조건에 적응하는 과정에 처할 때마다 작동한다. 제임스의 실용주의 철학과 기능주의 심리학을 인용하면서, 듀이는 진리라는 것은 바로 마찰과 긴장을 가장 철저히 해소하는 해결책일 뿐이라고 주장했다.

진리와 가치에 대한 판단 사이에 범주적 차이가 존재하는 것도 아니었다. 모든 가치는 변화하는 경험에 관련되어 있다. 도덕적 행동은 단지 구체적 상황의 필요를 가장 잘 충족시키며 도덕적 행위자를 가장 잘 표현하는 행동일 뿐이다. "당위"(*oughtness*)의 요소는 완성(*completeness*)의 필요에서 나오는 것이다. "나쁜 행동은 부분적이며, 좋은 행동은 유기적"이다. 개인들이 항상 성장하고 있고, 자아(*self*)가 언제

---

30) Dewey가 Hegel을 정치적·역사적으로 적용한 것은 영국 철학자 T. H. Green에게서 영향받은 것이다. John Dewey, "The Philosophy of Thomas Hill Green" (1889), *EW*, 3:14~35를 참조.

나 보다 큰 유기적 공동체에서 구현되며, 역사가 항상 지식과 사회적 상호작용을 증대시키는 상황에는 모든 조건들과 행위자의 전자아(*whole self*)가 관련된다. 지식과 마찬가지로 윤리에서도 행동의 유일한 검증은 그것이 작동하느냐에 있다. "우리는 우리의 경험에 질서를 요구한다. 질서가 존재한다는 유일한 증거는 이 요구를 함으로써 도달한 결과에 있다. 〔윤리적 명령은〕 행동이 취해짐으로써 입증된다. 이 증거는 실험적인 것이다." 듀이는 개인을 전적으로 경험의 지속적 흐름 속에 위치시켰고, 행동과정 자체를 제외하고는 어떤 고정된 기준도 이 흐름으로부터 도출될 수 있는 가능성을 부정했다. 개인들이 모든 절대적인 것으로부터 자유로울 때에만 역사의 불확실성 속에서 개인들이 책임 있게 행동할 것이라고 듀이는 보았던 듯하다.[31]

그러나 듀이 자신은 이 유동적 세계 속에서 평온한 삶을 누렸다. 조화롭지 않은 가치들이 모든 성실한 행동 속에서 진정으로, 그리고 시간이 흐름에 따라 점진적으로 조화를 이룰 것으로 믿었기 때문이다. 비록 시민적 휴머니즘과 기독교 및 관념론의 언어를 버리기는 했지만, 듀이에게 민주주의는 역사의 운동이 지향하는 이상으로 남아 있었다. 제임스 클로펜벅(James Kloppenberg)이 지적했듯이, 당시 철학자들로부터 호평받은 것은 상대주의적인 듀이 철학 속에 숨겨진 목적론이었다.[32] 물려받은 이상을 자연주의적이고 역사주의적인 토대 위에 재구성한 듀이의 노력 속에는 미국 역사의 천년왕국적 비전이 근저에 깔린 신념으로 자리잡고 있었다.

---

31) John Dewey, "Review of Lester Ward, *The Psychic Factors of Civilization*" (1894), *EW*, 4: 210; idem, "The Study of Ethics" (1894), *EW*, 4: 234, 244~5; idem, "The Psychology of Effort" (1897), *EW*, 5: 158~9, 162.

32) James T. Kloppenberg, *Uncertain Victory: Social Democracy and Progressivism in European and American Thought, 1870~1920* (New York: Oxford University Press, 1986), 43~4, 110~1, 131~2, 140.

구체적인 정치적 기원을 따지자면 듀이의 실용주의는 새로운 자유주의의 철학이었다. 도금기의 온건한 기독사회주의자들처럼 듀이는 민주주의의 이상을 개인의 능력과 지위의 차이가 공동의 목적과 이익에 의해 조화되는 가족공동체로 구상했다. 그러나 그는 이것이 임박한 것으로 보지는 않았다. "민주주의는 미래의 이상이지, 출발점이 아니다"라고 그는 1888년에 말했다. "이러한 측면에서 사회는 여전히 확고한 귀족제라고 할 수 있다. … 부의 민주주의(*democracy of wealth*)가 구체적으로 무엇을 의미하는지는 이것이 현재보다 더 현실화될 때까지는 알 수 없다." 그러나 그가 도금기 급진주의와 어울린 것은 길지 않았다. 1892년 〈사상 뉴스〉 첫 호가 발표되어 디트로이트 신문들로부터 조롱을 받자, 듀이는 이 기획을 바로 포기했다. 포드 형제는 계급적 반대에 직면해 두려워한다고 그를 비난했지만, 그의 성격이 갖는 순수한 "단순성"으로 미시간 대학에서 존경받던 듀이는 아마도 반대에 부딪혀 주의를 기울이기 전까지는 자신이 무엇을 하고 있었는지 충분히 알고 있지 못했을 가능성이 크다.[33]

다음 두 해 동안 듀이는 주의 깊게 자신의 이론을 자유방임적 보수주의와 사회주의적 급진주의의 중간지점에 위치시켰다. 〈사상 뉴스〉를 여전히 염두에 두던 그는 진정한 개혁가는 과거의 형태들을 변화시킬 뿐만 아니라 "삶의 기존 사실들"(*established facts of life*)을 수용해야 한다고 주장했다. "그가 개혁하고자 하는 기존 세상이 무엇인지 배우기도 전에 전체적이든 특정한 것이든 세상의 개혁에 착수하는 것은 어리석은 일일 뿐만 아니라 나쁜 일이기도 하며, 개인적 자만에 지나지 않는다."[34] 시카고 대학을 향해 떠나기 전날에 듀이는 앨비언 스몰처럼 규범적인 미국 역사의 교훈적 길을 따라 "삶의 기존 사실들"의 중요

---

33) Dewey, "Ethics of Democracy," 246; Coughlan, *Young John Dewey*, 88, 101~8.

34) John Dewey, "Reconstruction" (1894), *EW*, 4: 103~4.

성을 더욱 깊이 인식하게 되었다. 조지 헤론(George Herron) 같은 급진적 기독사회주의자는 "정치적·국내적·산업적 제도들이 사실상 지구상에 수립된 신의 왕국이 되어 개인의 복지와 전체의 통합을 이루어가고 있음"을 인정하지 않는다고 듀이는 말했다. 진보는 자동적인 것이 아니라 실용적 지성에 의해 창조된다. "행동만이 옛 것과 일반적인 것과 영속적인 것들을 변화하는 것, 개인적인 것, 그리고 과거의 부를 변화시켜 보다 확대되고 보다 자유로운 기업활동에 쓰이는 자본으로 만듦으로써 진보와 발전이 되는 새로운 행동에 조화시킬 수 있다."[35] 실용적 상대주의가 근거한 역사적 맥락은 변화의 창조적 과정이나 해석학적 역사 구성만큼이나 개방적이었다. 듀이는 역사와 실용주의의 관계를 자유주의적 예외주의 식으로 설정했던 것이다.[36]

이 시기 동안 듀이는 자유주의 사회의 고전적 지주(支柱)들을 자신이 얼마나 신봉하는지 토로하곤 했다. 과학과 민주주의와 산업자본주의가 그가 언급한 근대적 진보의 동력들이었다. 다윈적 자연주의로 전환하기 이전에도 듀이는 대학시절 영국의 자유주의적 실증주의자들을 열심히 읽는 독자였다. 우선, 과학은 "우리가 발견할 수 있는 한 어떠한 한계도 없는 진리의 수단"이라고 듀이는 믿었다. 다음으로, "시민들 각자가 주권자"라는 이상, 곧 민주주의를 통해 근대적 개인은 "그

---

35) Ibid., 101; idem, "The Significance of the Problem of Knowledge" (1897), *EW*, 5: 21.

36) Kloppenberg, *Uncertain Victory*는 듀이와, 좌파자유주의 정치학을 지식에 대한 철학적 비판과 연결시키는, 그의 유럽과 미국 사회민주주의자 세대들의 강력한 표현을 인용했다. 나는 그들의 정치학과 인식론, 양자가 함께 19세기 후반의 역사적 불확실성과 정치적 갈등의 맥락에서 발전했음을 강조하고 싶다. Kloppenberg는 듀이와 같은 좌파자유주의자들과 에드워드 베른슈타인(Edward Bernstein) 및 웹 부부(the Webbs)와 같은 수정사회주의자들을 동일하게 분류함으로써 그들의 유사성을 드러냈으나, 듀이의 정치학과 인식론을 둘러싼 국가적·정치적 맥락을 드러내지는 못했다.

자체로 목적이 되는 자결적(自決的) 존재"가 되었다. 자본주의가 자유주의적 근대사회의 세 번째 토대인데, 산업생활에서의 진보가 "오직 경쟁과 투쟁을 통해서만 이루어질" 수 있기 때문이었다. 갈등은 "낭비를 줄이고 최대의 이득을 보장하도록 관리될 수 있지만," 완전히 사라질 수는 없다고 듀이는 주장했다. 듀이의 심리적 주의주의(*psychological voluntarism*), 즉 사고를 "생존투쟁"에 의해 동기지어지는 문제해결 행위로 보는 다원적 관점은 그의 경제적 자유주의와도 밀접히 연결되어 있었다. 그는 자본주의적 경쟁이 필연적으로 "생존투쟁 상의 불공평한 이점"(*preferential advantage*)과 "불공평한 선택"(*preferential selection*)을 수반한다는 점을 기꺼이 수용하려 했는데, "지성의 규제 아래 형성된 관습"에 의해 투쟁의 영역이 크게 축소될 수 있기 때문이었다.[37)]

듀이의 고전적 자유주의의 뿌리는 이를 유기적으로 변형시키려는 노력에 의해 종종 가려지곤 했다. 그는 산업과 민주주의 및 과학이 함께 자유주의 사회를 보다 조화로운 상태로 엮고 있다고 믿었으며, 이 조화가 어떻게 이루어지는지를 자신의 미시간 대학 정치학 강좌에서 밝혀내기 시작했다. 찰스 쿨리(Charles Horton Cooley)의 강의노트를 보면, 듀이가 어떻게 개인주의적 전통과 유기체적 전통의 자원들을 끌

37) Dewey, "Reconstruction," 99, 101, 103; idem, "Review of Ward, The Psychic Factors of Civilization," 210, 212; Dykhuizen, *Life and Mind of John Dewey*, 11. Dewey는 "Evolution and Ethics" (1898), *EW*, 5: 34~53에서 자본주의를 보전하면서도 극복하려는 의도를 분명히 보여주었으며, 자신의 이론이 사회주의에 반대하는 자유주의적 개혁의 함의를 담고 있음을 명확히 제시했다. 생존 경쟁은 사회에서 과도하게 전개되지는 않았지만, 더 큰 사회적 논리에 종속되는 것이었다. 이와 같은 지적은 경쟁과 최소한의 개혁을 방어하기 위해 Westal W. Willoughby, *Social Justice* (New York: Macmillan, 1900), 287~90에서 언급되었다. 당시 듀이의 조심스런 중도주의에 대한 다른 예로는 "Academic Freedom" (1902), *MW*, 2 (53~66)을 참조.

어 모아 자유주의를 사회화하려 했는지 드러난다. 당시 모든 사회과학 텍스트가 그랬던 것처럼 듀이도 자신의 견해를 사회주의와의 대화방식으로 기술했다.

스펜서와 마찬가지로 듀이는 사회의 기초가 경제적 생존투쟁이며, 경쟁과 분업이 기능적 상호의존의 원칙에 따라 근대사회를 조직하고 있다고 믿었다. 그러나 스펜서를 넘어서 듀이는 상호의존으로부터 지성과 교육 및 정부행동의 사회적 과정을 끌어냈고 이것들이 사회행동을 매개하고 완성한다고 보았다. 쿨리의 노트에 따르면, "경제과정은 … 전체적으로 사회적 유기체를 조직하는 기제를 구성한다." "정부와 교육의 〔이〕 지성적 기능은 결국 경제적인 것에서 도출되어야 하며, 정부와 경제과정에 반대하는 데에 사회주의의 또 다른 오류가 있다."

이 자유주의 프로그램에 대한 듀이의 독창적 기여는 개인들의 의식적 상호작용과 언어에 의해 구성되는 매개 영역인 "사회적 감각기관"(*social sensorium*)에 대한 논의에 있었다. 이러한 매개를 통해 개인의 의식은 사회적이 되는데, 그것은 이 속에서 개인들이 자신의 행동을 타인의 행동에 따라 규정하고 조정해야 하기 때문이다. 사회적 의식은 "타인의 행동에 의해 이루어진 주장들을 고려할 수 있을 만큼 개인행위를 확장하는 인식이다." 그러나 조화로운 사회는 개인들이 완전히 사회화될 때까지 달성할 수 없는 것이었다.

> 무정부주의의 오류는 개인들이 전체에 대한 인식을 하고 자신의 이익을 전체와 동일시하도록 만드는 것이 얼마나 복잡하고 지속적인 상호작용을 필요로 하는지를 인정하지 않는 데 있다. … 이것은 개인들이 자신의 행동을 강화하는 동시에 그 방향을 변화시키면서 사회적 기율(*social discipline*)에 복종하는 것을 포함한다. 사회주의의 진실성은 이러한 사회적 매개의 필요성을 인정하는 데 있다. 반면 그 오류는 이와 같은 사회적 행동의 목적이 개인들을 통제하는 것이라고 간주하는 데 있다. 그 진정한 목적은 개인들로 하여금 스스로 통

제할 수 있도록 개인들에게 맡겨두는 것이다.

한 차원에서 보면, 듀이는 여기에서 개인주의를 재정의하면서, 개인의 자아실현과 사회적 진보는 오직 개인들로 하여금 타인의 주장을 존중하도록 만드는 지속적인 민주주의적 경험에 달려 있다고 주장한다. 이 주장은 열려 있는 듀이라고 할 수 있다. 그러나 다른 차원에서 듀이는 여전히 헤겔적이고 예외주의적이어서, 개인의 사익을 사회 전체의 이익으로 전환시키는 능력을 민주주의적 경험에 부여하게 되었다. "개인적 측면과 사회적 측면의 모든 대립은 명백히 존재하고 역사적일 뿐 아니라 진보의 한 단계이기도 하다." 이상적인 것을 지향하는 성향은 이제 현실적인 것이 되었다. 듀이는 미국 예외주의의 이상에서 영감을 받아 자유주의적 개인주의에 사회윤리를 부여했으나, 일종의 새로운 자유주의적 연금술로써 소유적 개인주의를 사회의 유기적 조화로 변형시키기도 했던 것이다.[38]

실용주의 방법과 미국의 예외주의 이념 및 자유주의적 현실을 동일시하려는 듀이의 성향은 세기의 전환기에 조지 허버트 미드(George Herbert Mead)를 통해 주목할 만한 성과를 거두었다. 자연주의에 도달하기까지 더 어려움을 겪은 것을 제외하면, 미드의 발전유형은 듀이의 발전유형과 매우 유사했다. 듀이처럼 그는 자신 속에 있는 "목사의 영혼"을 여전히 느끼고 있었으며, "세상 속의 악과 용감하게 직접 맞붙어 싸우기"를 원했다. 《회고》(*Looking Backward*)를 읽고 유럽 사회주의의 현실들을 관찰하면서 그는 사회주의에 구현된 이념인 "조합적(*corporate*) 삶의 원리"가 바로 미래진보의 방향이라고 생각하게 되었다. 1891년 미시간 대학에 부임했을 때 그는 철학적·정치적 영감에 둘러싸인 듀이를 발견했고, 듀이의 실용주의적 구원의 비전에 설득되

38) "John Dewey, Lectures," 〈Cooley Papers〉. 원고에 페이지는 매겨지지 않았음.

었다.[39] 미드의 기독교적인 사회적 공감(*sympathy*)은 듀이처럼 자유주의 경제에 결부되어 있었다. 1892년에 그는 장인에게 다음과 같은 편지를 썼다.

> 전신과 기차는 사람들을 더욱 가깝게 연결하여 나날이 개인의 이해관계가 보다 완전하게 모두의 이해관계가 되도록 해주고 있는, 사회의 위대한 영적 매개자들입니다. 그리고 자연의 이와 같은 영성화를 추진하는 미국은, 모든 사람들이 나의 이웃이 되고 모든 삶이 신성한 삶으로 발전해 가고… 우리들의 기능과 행위들이 단순히 우리의 것이 아니며 바로 우주에 계시된 신 자체로서 위대한 정치체의 과정들이 되는 날을 앞당기고 있습니다.

미드는 이 노인에게 자신의 연구에 대해 그 요체를 전하려 했지만, 천년왕국적 언어가 더 쉽게 다가왔던 것이다. 미드와 듀이, 두 사람은 자유주의적 제도 속에 이미 현존하는 천년왕국적 이상을 미국 역사가 점점 실현하고 있다고 이해했다.[40]

1899년 시카고 대학에서 스몰의 〈미국 사회학 저널〉에 글을 쓰면서, 미드는 듀이의 실용주의에서 사회적 실천이 의미하는 바를 소개했다. 그는 유토피아적 "강령주의자들"(*programists*)을 계승한 새로운 "기회주의자들"의 개혁조치들 뒤에는 사회주의가 있다는 예리한 관찰로 시작했다. 이 기회주의자들은 "보다 큰 사회적 평등을 이끌어 낼 급진적 변화를 입법에 의해 이룩하는 것이 가능하다"고 믿지만, 이러한 기대는 잘못되었다는 것이다. 정부는 전기와 같은 지역 공공시설과 같은

---

39) Coughlan, *Young John Dewey*, chaps. 7~9는 Mead의 발전에 대한 탁월한 저술이다. 인용은 Mead가 Henry Castle에게 쓴 편지 1884년 3월 16일자와 1890년 10월 21일자, 〈George Herbert Mead Papers〉, The University of Chicago.

40) "Father Castle"에 대한 Mead의 답장, 1892년 6월 18일자, 〈Mead Papers〉.

사업들을 인수하였으나, 그렇게 했을 때 "정부는 하나의 영업체가 되어, 영업체의 논리대로 결정되는 토대 위에서 기업세계로 들어가게 된다." 더욱이 정부의 기능은 "정부가 통제하기로 되어 있는 기업세계에 빠르게 흡수된다." 사회주의적 경향을 가진 이 개혁가들이 이와 같은 오산에서 도출한 결론은 다음과 같다고 미드는 말했다.

> 사회의 진화에 따라 나타나는 미래의 조건을 예측해서 이 예측을 통해 우리들의 행동을 통제하는 것은 불가능하다. 언제나 기대하지 않은 일들이 일어난다. 곧 발생할 변화를 인식해야 할 뿐만 아니라 이 변화가 발생하는 전체 세계가 이 변화에 어떻게 반작용하는지도 인식해야 하는데, 어떠한 인간의 예측도 이를 감당할 수 없기 때문이다. 자연과학에서와 마찬가지로 사회세계에서 우리는 모든 이론들이 작업가설(*working hypothesis*)의 형태를 취해야 함을 인식해야 한다.

우리는 "추구해야 할 이상을 가지고 있는 것이 아니라 … 복잡한 동력들 안에서 가정이 작동하도록 하는" 적용방법과 기준을 가지고 있는 것이라고 미드는 주장했다.

그러나 만일 추구하는 이상을 가지고 있지 않다면, 우리는 어떻게 우리 행동의 방향성까지 결정할 수 있는가? 진화는 단지 영속을 요구한 것이 아니라 발전을 요구했다. 미드는 듀이의 실용주의 방법을 채택하고 현실세계에 적용했다. "다른 세상에 대한 관념은 항상 완전한 우주라는 이상의 구체적 측면들을 충족시키는 것이 아니라, 있는 그대로의 세계를 재조정하는 구체적 문제들의 결과로서 우리에게 다가온다. … 그리고 이 노력들에 대한 검증은 이러한 재조정이 있는 그대로의 세계와 조화를 이룰 수 있는가 하는 가능성에 있다." 사회주의를 선전하려는 노동조합보다는 임금인상과 근로조건의 개선을 지향하는 노조활동이 이러한 과학적 개혁의 기준에 맞는다고 미드는 말했다.[41]

미드의 분석은 흥미로운 내적 모순을 가지고 있다. 표면적으로 그는 사회개혁을 요구하고 있으며, 이 사회개혁은 변화가 항상 우리들의 불완전한 예측을 빗나가며 기대하지 않은 새로운 것들을 유발한다는 인식에 토대를 두어야 한다고 주장했다. 그러나 그가 들고 있는 예들의 내용을 보면, 미국은 변화하지 않고 있었다. 이상주의적 정부개혁은 사업가적 고려에 좌우되고 있으며 사적 자본주의의 구조 안으로 흡수되고 있었다. 노조활동은 오로지 "있는 그대로의 세계"와 조화를 이루는 경우만이 효과적이었다. 미국의 자유주의적 자본주의의 틀이 사실상 계속 유지되고 있는 것이다. 미드의 텍스트 상에서 미국은 부단한 변화가 일어나는 역사적 세계에 살고 있으며, 실용주의가 새로운 것들에 대한 방법이다. 그러나 그 이면의 행간에서는, 미국은 어쨌든 자유주의 세계로 남을 것이며, 실용주의는 이에 적응하는 방법이다. 미드는 1890년대의 사회주의 금지에 실용주의의 축복을 내려 주었으며, 미국 역사의 규범적 과정으로 복귀했다. 미드는 물론 듀이가 아니었으며, 듀이는 주지하다시피 자신의 저작에 대한 매우 다양한 해석이 있었음에도 평생 침묵을 지켰다. 그러나 미드의 구상은 듀이가 혁신기 실용주의에 부여했고 그 뒤 많은 추종자들이 실용주의에 부과하게 된 정치적 구상과 공명하는 것이었다.

41) George H. Mead, "The Working Hypothesis in Social Reform," *AJS*, 5 (Novemebr 1899) : 367~71.

제 6 장

경제학의 한계주의와 역사주의

세기말에 이르러 세 가지 상이한 경제학 모델들이 도금기 미국 예외주의의 위기에서 생겨나 경쟁하게 되었다. 한계주의, 자유주의 경제사 해석, 그리고 토스타인 베블렌의 사회주의 역사-진화론적 경제학이 그것이다. 이 중 신고전파 경제학으로서 한계주의가 곧 주도권을 장악했다. 베블렌의 이론은 동시대 경제학자들 대부분이 가능성 있는 대안으로 인정하지 않았지만, 후에 그 제자들의 저술을 통해 커다란 영향력을 행사하게 되었다. 그러나 역사주의에 대한 논쟁은 광범위한 전선에 걸쳐 지속되었다.

한계주의의 부상

혁신기에 경제학 담론을 진전시킨 경제학자들 중 일부분은 1850년대와 60년대에 태어난 사람들로 이미 도금기의 논쟁에서 대표적 학자들로 등장했다.[1] 컬럼비아 대학의 존 베이츠 클라크는 계속 한계주의 이론의 함의를 탐구했다. 셀릭먼과 프랭크 토식은 대중적 교과서의 저자이자 컬럼비아 대학과 하바드 대학이라는 주요 대학 대학원 과정의 지위를 통해, 그리고 공공정책 부문의 전문지식을 통해 이론과 실천 양면에서 길을 열었다. 펜실베니아 대학교의 워튼 대학(Wharten School) 학장이었던 사이먼 패튼(Simon Patten)도 특이하지만 뜻 깊은 목소리를 냈다. 보다 보수화된 리차드 엘리는 개혁주의적 동기를 계속 추구했던 젊은 동료들 및 학생들과 자신의 1893년 수정판 경제학 교재를 통해 여전히 중요한 인물로 남아 있었다. 이 동료들 중 한 사람이 존 커먼스(John R. Commons)인데, 오벌린 대학(Oberlin College)의 복음주의적 노예폐지론 전통을 물려받은 그는 존스 홉킨스 대학에서 엘리와 함께 공부했으며, 1904년에 위스콘신 대학에서 그와 다시 합류했다.[2]

---

1) 이 시기의 경제학자들과 그 외 다른 사회과학자들의 배경 변화에 대해 내가 발견한 유일한 통계는 Edward T. Silva and Sheila A. Slaughter, *Serving Power: The Making of the Academic Social Science Expert* (Westport, Conn.: Greenwood, 1984)에 실린, 1865년부터 1920년까지 있었던 주요 분과학문 학회의 171명의 지도자들에 관한 연구에서 볼 수 있다. 그 수치에 따르면, 1904년에서 1920년까지의 미국경제학회(AEA) 지도자들은 1885년부터 1903년까지의 지도자들보다 조금 덜 엘리트 출신이며 매우 적은 성직자 배경을 가지고 있었다. 그러나 이 표본들은 미국경제학회의 근무 여부에 따른 것이므로, 미국경제학회에게 공적 정당성을 부여하기 위해 특별히 채용된 사람들에 대한 더 공개적인 수치를 꽤 포함하고 있다. 이 지도자들이 대학교에서 경력을 쌓은 비율은 1903년 이전에는 85%에 달했던 것과 달리, 1904~20년 동안에는 57%에 불과했으며 그 밖의 사람들은 사업가나 법률가 혹은 저널리스트 출신이었다. 대학교 외부 출신들은 종교적이고 오래된 뉴잉글랜드적 배경을 덜 가지고 있었기 때문에 Silvia와 Slaughter의 발견이 왜곡되는 것은 당연했다. A. W. Coats, "The First Two Decades of the American Economic Association," *AER*, 50 (September 1960): 571~4.

2) John R. Commons, *Myself* (New York: Macmillan, 1934); Lafayette G. Harter, Jr., *John R. Commons: His Assault on Laissez-faire* (Corvallis: Oregon State University Press, 1962).

도금기 세대들 중 다른 경제학자들은 1890년대에 처음으로 진출했다. 뉴잉글랜드 청교도 출신 회중파 목사의 아들이었던 어빙 피셔(Irving Fisher)는 예일대학에서 윌리엄 섬너의 학생이었으며, 한계주의 학파의 선두주자로 급부상했다. 다른 두 사람은 늦게야 경제학에서의 활동을 시작했다. 프랭크 페터(Frank Fetter)는 기업활동에 종사하다가 경제학에 입문하여 할레(Halle)대학에서 학위를 취득했고, 1900년 이후 저명한 한계주의 이론가로 알려지게 되었다. 베블렌은 수 년 동안 재야에서 방황한 후, 1892년 시카고 대학이 개교하면서 학문활동을 시작했으며, 스탠포드 대학으로 옮겼다가 다시 미주리 대학으로 옮겼다. 저술과 제자양성을 통해 베블렌은 대안적 경제학을 제시했고 미국의 대안적 역사경로를 규정했다.[3)]

대략 1890년부터 1910년까지의 기간에 한계주의 경제학은 미국 경제학의 지배적 패러다임이 되었다. 한계주의의 신속한 승리는 한계주의가 미국 경제학의 역사적·정치적 목적에 부응했다는 점에 크게 힘입은 것이었다. 가치계산을 위한 수학적 도구로서 한계주의는 정치적으로 다양하게 이용될 수 있기도 했지만, 한계주의 자체도 단순한 분석적 도구가 아니라 자유주의적 세계관으로서 기원을 가지고 있었고 여기서 힘을 얻었다. 그렇지만 한계주의 이론은 한편으로는 현실에 대해 보다 큰 적실성을 요구하는 사람들의 의혹을 극복해야 했으며, 다른 한편으로는 경제학이 역사변화에 민감해야 하고 자유주의 개혁을

---

3) Irving Norton Fisher, *My Father, Irving Fisher* (New York: Comet Press, 1956); Joseph Dorfman, *The Economic Mind in American Civilization*, 5 vols. (New York: Viking, 1946~59), 3: 360~75; Jesse W. Markham, "Frank Albert Fetter," *DAB*, Suppl. 4, 267~8. Joseph Dorfman, *Thorstein Veblen and His America* (New York: Viking, 1934)는 베블렌 전기 연구 중 가장 훌륭한 저작이며, 베블렌 세대에 관한 내 정보의 출전이다. David Riesman, *Thorstein Veblen* (New York: Scribner, 1953)은 베블렌의 모든 성격에 관해 상당한 통찰을 제공해준다.

지원해야 한다고 요구하는 새로운 자유주의 역사학파로부터의 의심을 극복해야만 했다. 한계주의는 또한 새로운 자유주의 경제학자들을 포용하고 자기 스타일의 현실주의를 투사할 수 있었기 때문에 성공했다.

이렇게 할 수 있었던 한 가지 이유는 한계주의 경제학이 고전정치경제학의 모델을 파기한 것이 아니라 그것을 완성하고 완결시킨 신고전 경제학으로서 1890년 이후 미국 경제학자들에게 제시되었다는 데 있다. 신고전학파의 종합은 알프레드 마샬(Alfred Marshall)의 저서 《경제학 원리》(*Principles of Economics*, 1890)에서 대부분 이루어졌는데, 이 저서는 개별 행위자들의 경제적 상호작용이 어떻게 장·단기적으로 균형가격을 형성하는지 보여주었다. 마샬은 장기적 측면을 분석함으로써 수요와 공급의 변화를 시장 작동과정에 복귀시켰고, 이를 통해 한계주의적 분석을 수요·공급의 고전적 법칙에 연결시켰다. 마샬은 또한 고전경제학에 대한 그간의 비판들이 지적했던 수요·공급에 영향을 미치는 일정한 현실적 조건들로 자신의 분석을 확대했다. 예를 들어 그는 교환 당사자들이 지닌 협상력의 차이가 균형가격으로 가는 과정에서 생기는 협상결과에 영향을 미칠 수 있으며, 따라서 노동자들은 더 궁핍하기 때문에 노동시장에서 시작부터 불리하고 이러한 열세는 누적된다는 점을 인정했다. 그는 또한 어떤 상황에서는 교환 당사자들이 균형가격이 아닌 다른 지점에서 최대효용을 달성할 수 있다고 보았다. 실제 경제행위와 이상적 시장법칙성 사이의 이러한 모순으로 인해 한계주의자들은 일정한 자유주의적 개혁을 수용하게 되었다.[4)]

클라크는 마샬의 신고전적 종합과 여기에 스며든 복음주의적 이상

4) Akfred Marshall, *Principles of Economics* (London: Macmillan, 1890). Marshall의 신고전파적 분석은 특히 A. K. Dasgupta, *Epochs of Economic Theory* (Oxford: Blackwell Publisher, 1985), chap. 7에서 잘 드러난다. Phyllis Deane, *The Evolution of Economic Ideas* (Cambridge University Press, 1978), 107, 111~3도 참조.

주의에 크게 감탄했다. 실제행위의 세계와 그것이 목표로 삼아 움직이는 이상적 균형 간의 간극은 클라크로 하여금 당연히 온건한 혁신주의자가 되게 했다. 큰 규모로 인해 시장에서 결정적 이점을 누리는 기업과 독점기업 사이에는 아무런 실질적 차이가 없다고 보았던 보다 진보적인 혁신주의자들과 달리, 클라크는 실제적 독점은 매우 드물며 특수한 상황의 산물이거나 사기행위의 산물이라고 생각했다. 대부분의 기업합병은 실질적이건 잠재적이건 여전히 경쟁에 의해 통제되고 있다는 것이었다. 그러므로 지속되는 규제도 광범위한 트러스트 해체도 필요하지 않으며, 오직 불공정한 경쟁행위를 금지하는 규정의 수립만이 필요할 뿐이었다. 노동과 관련해서도 클라크는 우파 혁신주의의 입장을 취했다. 자본처럼 노동도 통합해야 한다고 생각했지만, 시장에 따른 공정한 몫을 넘어서는 이득을 얻기 위해 압력을 행사하고 파업을 감행하는 성향 때문에 클라크는 단체교섭을 불신했고 공적인 강제중재 체계를 주장했다. 이와 대조적으로 진보적 혁신주의자들은 대체로 노동의 강점보다는 약점에 대해 우려하여 노동조합을 강화하는 법적 행동은 물론 정부의 사회보장 제공을 주장하는 경향이 더 강했다. 어쨌든 새로운 자유주의 개혁에 보다 개방적이 되었기 때문에 한계주의는 혁신기의 유력한 경쟁자가 될 수 있었다.[5)]

현실주의에 대한 적응도 마찬가지였다. 한계주의는 그 이론적 추상성 때문에 현실주의 맥락에서는 일정한 열세에 처해 있었다. "이른바 이론가들은 감당하기 힘든 무거운 짐을 지고 있다"고 셀릭먼은 1902년에 지적한 바 있다. "용어는 겸손한 듯 보이지만, 멸시를 풍기고 있다"는 것이었다. 이에 대해 한계주의 이론가들은 사실의 탐구가 중요하다는 것을 인정하면서도 변화를 이해하는 데 있어서는 과학적 법칙의 중

5) John Bates Clark, "The Theory of Economic Progress," *PAEA: Economic Studies*, 1 (April 1896) : 5~22.

요성이 더욱 강조되어야 한다고 대응했다. 예컨대 1904년에 급속한 기업합병에 대해 언급하면서 클라크는 "기업세계에서 일어나고 있는 최근의 놀라운 움직임들"을 이해하기 위해 경험연구가 필요하다는 것을 인정했으나, "그 격변들 가운데서 경제법칙의 정상적 작동을 탐지할 수 있다면, 이를 발견하는 것보다 더 중요하고 실천적인 것은 있을 수 없다"고 한 바 있다. 또 예측은 과학적 법칙과 그것이 작동하는 특수한 상황에 대한 지식, 둘 다를 요구한다고 피셔는 말했다. "그러나 경제학적 예측의 실패는 대개 역사적 지식의 결여라기보다 과학적 지식의 결여에 기인한다." 현실에 이르는 길은 사실 구체적인 것을 통하는 것이지만, 이보다 중요한 것은 추상을 통하는 것이라고 한계주의자들은 주장했던 것이다.[6] 이와 동시에, 기업가가 한계주의 원리에 입각해 시장가격을 계산한다는 마샬의 관점은 또 다른 종류의 현실주의적 길을 열어주었다. 그의 분석은 기업적 사고와 기업적 언어 및 기업적 기대를 신고전경제학의 중심에 두었다. 한계주의 이론과 기업행태간의 연결을 신속히 발전시킴으로써, 한계주의는 곧 자신의 고유한 현실주의를 제시할 수 있게 되었다.

어느 패러다임의 전환이나 마찬가지로, 젊은 경제학자들보다는 나이든 경제학자들이 더 느리게 한계주의로 옮겨갔다. 1880년대에 성년이 된 경제학자들 사이에서는 보수주의자들이 새로운 자유주의자들보다 고전주의의 틀에 머무는 경향이 더 강했다. 정치적으로 전통적 패러다임에 만족하고 있었기 때문이었다. 로플린과 해들리는 자본주의를 새

---

6) E. R. A. Seligman, "Economics and Social Progress," *PAEA*, 3d ser., 4 (February 1903): 53; John Bates Clark, "Economic Theory in a New Character and Relation," in *Congress of Arts and Sciences*, Universal Exposition, St. Louis, 1904, ed. Howard J. Rogers, 8 vols. (Boston: Houghton Mifflin, 1906), 7: 48~9; Irving Fisher, "Economic as a Science," *Science*, n. s. 24 (August 31, 1906): 260.

롭게 정당화할 필요성을 결코 느끼지 못했으며, 보다 추상적인 언어에 의해 실천적 사안들과의 괴리가 생기는 것도 결코 달가워하지 않았다. 1899년에 해들리는 이러한 "형이상학적" 이론이 "정치인들과 유력한 사람들에 대한 경제학자들의 영향력을 약화시키는 가장 중요한 요인이다"라고 비난했다. 토식도 "주관적 가치이론은… 현실세계의 현상을 설명하는 데 있어 그 지지자들이 상상한 것만큼 기여하지 못한다"고 믿었다. 그러나 1911년이 되자 그는 비록 고전학파라는 옛 술을 담더라도 한계주의라는 새 잔을 받아들여야 한다고 느끼게 되었다.[7]

한계주의는 1890년대와 그 이후에 성인이 된 경제학자들 안에 급속하게 퍼져 나갔다. 1892년에 이르러 에드워드 로스(Edward A. Ross)는 경제학이 이 방향으로 나아가고 있다고 보았으며, 1900년에 프랭크 페터는 한계주의가 이미 젊은 세대들의 추종을 확보했고 많은 노장 경제학자들의 성향도 바꾸었다고 믿었다.[8] 경제학설사가들이 가장 선호하는 설명에 따르면, 한계주의가 보다 "과학적"이었기 때문에, 즉 분석적으로 보다 일반적이고 논리적으로 보다 엄격하며, 철학적·정치적 가정들로부터 보다 멀리 있었기 때문에 고전경제학에 승리를 거두었다고 한다. 그러나 1850년대 이래 한계주의적 개념은 여러 곳에서 외로운 목소리로 제시되었으며, 1870년대에 가서야 영국의 스탠리 제번스(Stanley Jevons), 오스트리아의 칼 멩거(Carl Menger) 및 프랑스의 레옹 왈라(Léon Walras)에 의해 독자적으로 '발견'되었다. 그 다

7) Alfred Bornemann, *J. Laurence Laughlin* (Washington, D.C.: American Council on Public Affairs, 1940), 14, 89; Arthur T. Hadley, "The Relation between Economics and Politics," *PAEA: Economic Studies*, 4 (February 1899): 14~5; Frank W. Taussig, *Principles of Economics*, 2 vols. (New York: Macmillan, 1911), 1: viii, chap. 8; 2: 112~23.

8) Frank A. Fetter, "The Next Decade of Economic Theory," *PAEA*, 3d ser., 2 (February 1901): 236~46과 "Discussion," 247~53; E. A. Ross, "Review", *AAAPSS*, II (March 1892), 695~7.

음에도 1880년대와 90년대까지는 광범위하게 수용되지 못했다. 과학성에 기반을 둔 설명을 옹호하는 사람들은 실질적 맥락으로는 전문화를 지적한다. 조지 스티글러(George J. Stigler)에 따르면, 전문화한 경제학자들은 이전의 자연과학자들처럼 동시대의 현실에서부터 일정하게 벗어나기를 원했고, 엄격함과 우아함, 그리고 특수한 기술을 지닌 "천박하지 않은 수단들"을 선호하게 되었다는 것이다.[9]

전문적·과학적 설명은 어느 정도 진리를 담고 있다. 에드워드 로스는 1891년에 한계주의 분석을 처음 대했을 때의 흥분을 이렇게 묘사했다. "나는 수리경제학의 조망이 열린 것에 대해 대단히 열광했으며, 기하학적 증명이 갖는 환원의 매력을 떨쳐버릴 수 없었다." 그는 엘리와의 공동연구로부터 그것이 단지 "환원의 매력"이라는 것을 알게 되었지만, 그럼에도 불구하고 그것에 이끌렸던 것이다.[10] 어쨌든 로스의 순간적 통찰은 대단한 것이었다. 과학과 전문성에 대한 측정이 자연과학의 엄격함과 우아한 단순성 또는 역사적 특수성과의 거리에 의해 이루어진다는 것이 어디에서나 받아들여졌던 것은 아니다. 과학과 전문성에 대한 이러한 판단의 배경에는 이를 형성한 국가적·문화적 맥락이 있다. 독일과 프랑스 경제학자들은 20세기에 들어서까지도 한계주의에 반대했으며, 영국과 미국에서만큼 한계주의가 완전히 학계를 장악하지는 못했다. 역사주의의 문화적·전문적 전통에서 성장한 구스타프 슈몰러(Gustav Schmoller)에게 멩거의 원자론적 한계주의 접

9) "Papers on the Marginal Revolution in Economics", *History of Political Economy*, 4 (Fall 1972): Craufurd D. W. Goodwin, "Marginalism Moves to the New World," 551~70; George J. Stigler, "The Adoption of the Marginal Utility Theory," 577, 571~86. 그리고 Joseph Schumpeter, *History of Economic Analysis* (Oxford University Press, 1954), 869~70도 참조.

10) E. A. Ross가 Beach 부인에게 쓴 편지 1891년 2월 1일자, 〈Edward A. Ross Papers〉, Wisconsin State Historical Society.

근은 역사 세계의 "불가분적 총체성"을 부정하는 것으로 보였다.[11] 더욱이 전문화는 시대적 현실로부터의 "일정한 이탈" 만큼이나 시대상황과 연관된 목적을 요구한다. 전문성과 과학은 단일한 의미만을 가진 용어가 아니며, 오히려 역사에 구현된 인식적·심미적 판단과 가치판단에 의해 형성되는 것이다.

한계주의가 영국과 미국에서 성공을 거둔 것은 세련된 경제이론을 구현했기 때문이 아니라 이 문화들에서 작동하는 세련됨의 기준을 충족시켰기 때문이었다. 한계주의는 리카르도에 의해 시작된 과정의 연장이자, 실증주의 과학모델에 기반하여 자유주의적 자본주의 세계의 추상화와 정교화를 확장한 것으로 이해될 수 있다. 한계주의는 고전정치경제학의 재정립으로 대두되었으며, 따라서 고전경제학의 실증과학적 가정들과 자유주의 전제들이 가장 강력한 전문적·문화적 지지를 얻었던 곳에서 가장 매력적이었다.

한계주의는 또한 고전경제학이 자유방임적 편견을 지니고 노동자들에게 신맬더스주의적 절제와 도덕적 개선 이외에 어떠한 희망도 제시하지 못한다는 이유로 점점 정치적 공격을 받는 상황에서 등장했다. 이러한 정치적 불만으로 인해, 1870년대와 1880년대 영국과 미국의 역사주의적 경제학 비판으로부터 시작해 리카르도 이론에 대한 칼 맑스(Karl Marx)와 헨리 조지(Henry George)의 급진적 전복에 이르기까지 방대한 이견들이 촉발되었다. 클라크는 자신이 처음 한계주의의 길로 들어선 것이 헨리 조지의 이론 때문이었다고 회상했는데, 우리는 그의 사고가 얼마나 철저하게 정치적 갈등으로부터 형성되었는지 앞에서 살펴본 바 있다. 프랭크 페터 역시 "가치론의 정치적 영향"이 한계주의의 기원에 있어 주 요인이라고 믿었다. 정통 경제학은 혼돈에 빠져 있었으

11) Karl Pribram, *A History of Economic Reasoning* (Baltimore: Johns Hopkins University Press, 1983), 219~24.

며 "급진적 선동의 압력"에 처했다고 페터는 회상했다. "그러니까 1890년대에 베를린에서 샌프란시스코에 이르기까지 사회주의의 대변자들이 확신에 차서 환호하면서 맑스주의가 진리라고 입증하는 것을 들을 수 있었다." 노동가치론에 근거한 급진적 이론들의 위협은 한계주의의 선구자들로 하여금 가치론을 수정하게 했다고 페터는 믿었으며, 이 위협이 지속됨에 따라 페터 자신도 새로운 개념에 이끌리게 되었다. 마크 블록(Mark Blaug)이 지적한 것처럼, 한계주의의 사회적·정치적 적실성이야말로 한계주의가 지닌 커다란 매력이었던 것이다.[12)]

한계주의는 특히 미국에서 적실성이 있었는데, 새로운 산업세계에서 노동의 운명을 중심으로 예외주의의 위기가 발생하고 있었기 때문이다. 미국에서 계급갈등은 계급이익과 국가 정체성, 양자 모두를 위

---

12) John Bates Clark, *The Distribution of Wealth* (New York: Macmillan, 1899), viii; Frank A. Fetter, "Value and the Larger Economics," *JPE*, 31 (October 1923): 587~605, 특히 600~2. Mark Blaug, "Was There a Marginal Revolution?," in "Papers on the marginal Revolution," 278~9. 또한 Ronald L. Meek, "Marginalism and Marxism," ibid., 502~3과 Dasgupta, *Epochs of Economic Theory*, chap. 6도 참조. Dasgupta는 비록 한계주의 이론과 고전 이론 사이에 역사적·이데올로기적으로 드러나는 불연속성을 강조하지만, 한계주의 이론이 사회철학을 통해 고전경제학과 여전히 연결되어 있으며 신고전파적 종합 속으로 신속히 통합되어 간 것도 인정한다. John Maloney, *Marshall, Orthodoxy and the Professionalization of Economics* (Cambridge University Press, 1985)는 영국에서는 Alfred Marshall의 노력이 한계주의 패러다임 주위에서 경제학을 전문화하는 데 중심적이었다고 주장한다. Maloney는 고전 패러다임에 대한 전문적 기획과 내부 문제들이 한계주의의 등장과 주도를 설명하며, 정치적·이데올로기적 요인들이 확실히 부차적 역할을 수행했다고 강조했다. 그러나 그는 이 요인들을 검증하지도 않고, 내부적·전문적 고려와의 상호작용도 증명하지 않는다. 그럼에도 불구하고, 한계주의 패러다임은 자유주의적인 이데올로기적 함의를 담고 있다는 그의 결론은 철학적 방법론적 전제로 인해 역사적 편견 없이 남아 있다. 특히 pp. 205~22 참조.

협했으며, 국가 이데올로기와 고귀한 문화, 양자의 기초가 되었던 기독교 정신은 정당한 해결책을 요구했다. 바로 이러한 도덕적·정치적 맥락에서 경제학의 전문화가 대두되어 계급갈등 문제를 해결하고 예외주의 유산을 근대화할 수 있다고 주장했다. 클라크 자신도 시장이 유익한 사회 유기체라는 것을 보여주려는 노력 속에서 공리주의적 가치론을 발전시켰다. 헤이마켓 사건 이후 그는 초과이윤에 대한 논의에서 정치성을 제거하기 위해 한계효용 개념을 사용했으며, 당시의 핵심적 문제였던 분배에 대한 본격적인 이론구축에 착수했다. 1894년에 이르러 컬럼비아 대학의 경제학자 리치먼드 메이요-스미스는 "경제 이론가 전체가 한계효용에 기초한 분배론을 두고 신음하며 산고를 겪고 있는 것"을 관찰했다. "경제학자들은 지대의 원칙을 분배의 다른 형태들에 적용하는 경주에서 서로 엎치락뒤치락하며 일등을 다투고 있었다." 바로 이 경주에 과학적 목표와 이데올로기적 목표 간의 완전한 일치가 있었으며, 클라크가 곧 그 영예를 차지했다.[13)]

학계 내외의 클라크의 독자들 중 많은 사람들이 이에 반응을 보였다. 역사학자 프리저브드 스미스(Preserved Smith)는 클라크에게 보낸 편지에서, 《분배론》(*The Distribution of Wealth*)을 읽은 이래, "노동과 자본이 각각의 한계단위가 수확한 것을 획득한다는 것을 보여준 당신의 논증은 나의 지적 생활에 그야말로 활기를 주는 요소였으며, 비록 여러 점에서 내가 사회주의자들과 공감하고 있지만, 내가 철저한 사회주의자가 되는 것을 막아 주었다"고 썼다.[14)] 자본주의가 최대의 효용과 배분의 효율성 및 공정한 분배를 창출한다고 주장하면서, 한계주의는 도금기 미국에서 생겨난 사회주의와 균등주의적 요구들에 대한 거

---

13) Richmond Mayo-Smith, "Review of John R. Commons, *The Distribution of Wealth*," *PSQ*, 9 (September 1894): 570.

14) Preserved Smith가 J. B. Clark에게 쓴 편지 1912년 10월 21일자, 〈John Bates Clark Papers〉, Columbia University.

부를 지원했다. 또한 새로운 산업세계가 예전처럼 지속될 것이고, 경쟁에 의해 대규모 기업결합이 현실화하는 것과 부의 집중이 증가하는 것이 여전히 통제될 수 있다고 미국인들을 안심시켜 주었다. 변화를 수용하는 데 대한 뿌리 깊은 거부감이 전통적 예외주의의 색채를 띠고 있었던 클라크의 정태적 모델에 강력한 설득력을 부여했던 것이다.

명백히 이데올로기적인 클라크의 메시지는 한계주의의 사회정치적 근원을 드러내 주는 것이기는 하지만, 오해를 불러일으킬 수도 있다. 클라크를 따랐던 한계주의 경제학자들 상당수는 클라크의 공공연한 도덕적 수사에 당혹해 했다. 경제학 법칙들을 규범적 자연법칙으로 읽는 그의 성향은 토식에서 베블렌에 이르는 이데올로기 스펙트럼 전체로부터 비판을 초래했다.[15] 특히 1890년대와 그 이후 한계주의로 몰려든 젊은 사람들에게 한계주의가 매력적이었던 이유는 한계주의가 보다 높은 차원의 추상을 통해 도금기의 이데올로기적 논쟁을 피하고 도덕주의가 아니라 과학의 토대 위에서 자본주의를 정당화하는 듯했기 때문이었다. 한계주의의 성공이 정치에 대한 "일정한 비개입"을 가능하게 했기 때문이라는 것을 간파했다는 점에서 과학적-전문적 해석은 옳다. 그러나 강조되어야 할 점은, 한계주의가 제공한 비개입이란 것은 정치적 의미와 이데올로기적 편향을 지닌 비개입이었다는 점이다.

여기서 다시 한번 로스에 대해 살펴 볼 필요가 있다. 처음 한계주의라는 새로운 학문적 도구에 대해 열광한 후 로스는 1900년경 한계주의에 대해 보다 포괄적인 평가를 하면서 페터의 예측에 동의했다.

> 나는 우리가 경제학을 진정한 과학으로 만드는 변화가 일어나기 직

---

15) Frank W. Taussig, "Outlines of a Theory of Wages," *PAEA*, 3d ser., 11 (April 1910): 136~56과 "Discussion," 157~70; Thorstein Veblen, "The Limitations of Marginal Utility," *JPE*, 17 (November 1909): 620~36.

> 전에 있다고 믿는다. 과거 경제학의 결함은 바로 물리학에서 벗어나지 못했다는 데 있었다. 서비스와 재화의 구분이나 토지와 자본의 구분은 경제적이라기보다 물리적인 것이었다. 클라크 교수의 훌륭한 저서는 물리학으로부터 가장 멀리 벗어난 것이었으며, 우리 모두는 이 저서를 기념비적 공헌으로 존중한다 … 우리 과학의 발전을 방해하는 또 하나는 윤리 문제에 대한 성급한 논의였다 … 나는 우리 경제체계의 윤리적 측면은 있는 그대로에 대한 합리적이고 냉정한 설명 이후에 와야 한다고 생각한다.[16]

로스가 이러한 입장을 개진했을 때는 학교 창립자를 공격하는 정치적 주장을 했다는 이유로 스탠포드 대학에서 막 해직당해 새로운 직업을 찾을 때였다. 로스는 경제학계를 분열시켰을 뿐 아니라 자기 자신의 경력까지 곤란하게 만든 이데올로기적 양극화를 피하기 위해 "있는 그대로"와 "윤리적인" 것을 구분하고자 했다. 클라크는 상품과 재화 사이, 그리고 토지와 자본 사이의 "물리적" 구분을 없애버림으로써 이데올로기적 갈등을 초래하는 도덕적·역사적 구분들을 제거하는 데 도움이 될 수 있었다. 그러나 로스는 이데올로기로부터 피하려 했던 것이 아니라 이데올로기적 갈등으로부터 피하려 했던 것이다. 왜냐하면 한계주의 자체가 고전적 자유주의의 개인주의적 전제들을 기호화한 것이었기 때문이다. 곧 보게 되겠지만, 로스 자신은 자유주의적 전제들로 돌아가는 작업을 하고 있었으며, 이 전제들을 근대사회의 사회적 틀 속으로 확장하고 있었다. 이 자유주의적 관점에서 볼 때, 한계주의는 "있는 그대로에 대한 냉정한 설명"으로 보일 수 있었다.

클라크 이후의 주도적 한계주의 이론가들 역시 미국의 자유주의적 자본주의를 정당화하기 위해 이 새로운 과학을 이용했다. 연구주제에

---

16) Edward A. Ross in Fetter, "The next Decade of Economic Theory - Discussion," 252~3.

있어서 이들의 연구는 시장기능에 대한 이 새로운 패러다임으로부터 발생하는 지적 문제들만을 대상으로 한 것이 아니라, 이 패러다임이 갖는 자유주의적 자본주의의 토대를 과학법칙 안에 공고히 하는 데도 집중되었다. 실제로 어빙 피셔는 도금기의 급진적 역사주의 사조가 클라크에게 미친 영향을 전적으로 무시한 것처럼 보인다. 대신 그는 윌리엄 섬너의 보수적 실증주의 성향을 그대로 한계주의에 도입했다.

1880년에 피셔가 예일대학에 들어갈 즈음, 집안은 아버지의 건강악화로 극도로 궁핍했다. 섬너와 마찬가지로 그는 예일대학에 입학함으로써 접근이 가능해진 부유한 기업가 계급과 자신을 동일시했으며, 종교적 신념으로부터 세속화된 자연법칙의 관점으로 쉽게 옮겨갔다. 사회주의자들과 노동계 지도자들은 "자신들이 위반하고 있는 위대한 법칙들에 눈을 열어야만 한다"고 그는 말했으며, "인간의 비교연구를 통해 제시되는 보수주의"(*Conservatism as Presented by the Comparative Study of Man*)를 옹호했다. 수학을 전공했던 피셔는 윌라드 깁스(Willard Gibbs)와 섬너 아래에서 대학원 과정을 수학했으며, 섬너의 권고로 자신의 수학적 재능을 이용하여 이 법칙들을 해명하게 되었다. 1892년에 출판된 그의 박사학위논문은 공학적 평형에 관한 수학을 경제적 평형에 대한 한계이론에 적용했는데, 이 논문의 목적은 "위대한 도시 안에서 발생하는 '교환'을 통해 드러나지만 그 원인과 결과는 멀리 외부에 존재하는 이 우아하고 복잡한 평형을 기계적 상호작용을 통해 체계적으로 제시하는 것"이었다. 전적으로 수학에 기초한 피셔의 이 "우아한" 평형은, 심지어 클라크와 섬너에게까지 영향을 미쳤던 그렇게 우아하지 않은 역사 자체는 완전히 무시해 버렸다.[17)]

피셔는 이후 발명가이자 사업가 및 투자가로서 상당한 시간을 소비

---

17) I. N. Fisher, *My Father*, chaps. 1~3; Irving Fisher, "Mathematical Investigations in the Theory of Value and Price," *Transactions of the Connecticut Academy*, 9 (1892): 24.

했으며, 그의 이론적 노력의 주요 업적은 한계주의 이론이 근대 기업 활동 범주에 어떻게 연결되는가를 보여주는 것이었다. 그는 자본과 이익을 복식부기의 회계이론에 맞추어 재개념화했으며, 이를 통해 "실제 기업 거래에 존재하는 개념 및 용법과 추상적 경제이론에 깔려 있는 개념 및 용법 사이에 존재하는, 오랫동안 잃어버렸던 연결고리"를 제공했다. 존 커먼스는 피셔가 단순히 "기업가의 경제학"을 수립했을 뿐이라고 불평한 바 있다.[18]

한계주의를 정당화하는 또 하나의 방법은 프랭크 페터에 의해 이루어졌는데, 한계주의의 '미국'학파 혹은 '심리'학파로 알려진 것이 그것이다. 클라크가 처음 인식했던 대로, 효용에 기초한 가치론의 주된 이점은 생산자와 소비자의 시장선택을 인간의 욕구에 연결시키는 것이었다. 페터는 이론의 과제가 한계주의의 심리적 기초를 상세히 파악하는 것에 있고, 따라서 시장경제가 모든 차원에서 인간의 필요 충족욕구에 의해 어떻게 움직이는지를 보여주는 것이라고 믿었다. 한계주의자들의 가치론은 단지 시장가격에 관한 이론인 것이 아니라 '복지'에 관한 이론이었다. 1904년판 교과서에서 페터는 인간본성의 욕구와, 이 욕구를 구성하고 규제하는 욕망과 만족의 감정, 그리고 이 감정들에 따라 작동하는 생산·교환·소비의 과정들로부터 시장경제의 범주들을 설정했다. 실제 피셔가 이미 1892년에 경제적 효용을 심리적 범주로 환원시키려는 시도들에 대해 경고한 바도 있듯이, 페터는 시대에 뒤처진 쾌락주의 심리학이라는 이유로 점점 공격받게 되어, 1915년 수정판에서는 쾌락주의적 전제들을 삭제했다. "가치의 토대는 단순한 선택 행위이지, 효용의 계산으로 규정되지 않는다"라고 썼던 것이다. 그러

18) I. N. Fisher, *My Father*, chap. 10; Irving Fisher, *The Nature of Capital and Income* (New York: Macmillan, 1906), vii; John R. Commons, "Political Economy and Business Economics: Comments on Fisher's Capital and Income," *QJE*, 22 (November 1907): 120~5.

나 이러한 재정의에도 불구하고 그는 계속해서 감정과 욕구충족을 선택행위에 고유한 것으로 간주하고 복지와 연결시켰다. 피셔조차도 《자본과 이익》(*Capital and Income*)에서 페터의 범주인 심리적 이익(*psychic income*)을 빌어 와서, 물리적 계정들이 균형을 이룬 뒤에는 이 경제과정에서 파생되는 심리적 이익이라는 "순이익"이 있다는 것을 보여주려 했다.[19]

그러나 클라크와 달리 이들은 이론적 근거를 더 이상 자연법칙과 정의에 둘 수 없었고, 규범적 범주들을 과학적 범주들로 구성하려 했다. 건강이나 총복지 등의 기치아래 이들은 자본주의 시장이 유익하다는 것은 도덕적 기준이 아니라 과학적 기준에 의해 판단된다고 주장했다. 이들의 교재는 도금기에 쓰여진 여느 교재들과 마찬가지로 명백히 사회주의를 상대로 한 대화였지만, 이들의 논조는 이제 균형을 이룬 현실주의였다. 현상유지(*status quo*)의 옹호자가 아니라 자본주의의 강점과 결함에 대한 객관적 분석가로 자신들을 규정하면서, 이들은 사회주의에 대항해 독자들을 무장시켰으며, 일정하게는 자유주의적 개혁의 가능성을 열어두는 데 도움이 되었다.

커먼스의 우려처럼 피셔가 구 정치경제학이나 그 공적인 가치와의 관련을 모두 버린 것은 아니었다. 1907년에 그는 "우리는 항상 이념적이거나 규범적인 것과 현실적이고 평균적인 것을 구별해야 한다"고 말했다. 자본주의에 대한 급진적 비판은 많은 한계주의자들로 하여금 바람직한 것으로서의 효용(*utility as what is desired*)과 "본질적 가치"로서의 효용(*utility as intrinsic value*)을 구분하는 문제에 직면하도록 만들었다. 빌프레도 파레토(Vilfredo Pareto)[20]가 이 구분을 만들었을 때,

---

19) Frank A. Fetter, *The Principles of Economics* (New York: Century, 1904), pts. 1, 2; Fisher, "Mathematical Investigations," chap. 1; Fetter, *Principles of Economics* (1915), chap. 4; Fisher, *Capital and Income*, chap. 10.

피셔는 이를 다른 탈을 쓴 존 러스킨(John Ruskin)[21]의 윤리적 관점이라고 인식하면서도 인정했다. 그러나 그는 "우리 자신의 이상적 기준으로 실제 경우에 대해 윤리적 판단을 하는 것은 과학적 지식의 토대 위에서나 할 수 있는 것이라고 생각했던 듯하다. 이상적인 것에 대한 사람들의 견해는 균등하지 않았다. "세계는 두 계급으로 이루어져 있다. 교육받은 계급과 무지한 계급이 그것이다. 후자에 대한 전자의 지배는 진보에 필수적이다."[22]

피셔가 이러한 판단들을 과학적이라고 생각할 수 있었던 것은, 정상적인 것이 곧 본질적으로 바람직한 것이자 '건강'상태에 대한 정의라고 생각했기 때문이다. 그의 규범적 논의들은 대부분 건강과 질병의 은유로 이루어져 있다. 피셔가 어렸던 시절에는 결핵으로 많은 사람들이 사망했다. 피셔의 형제들도 두 명이 어린 나이에 죽었으며, 그의 아버지도 피셔가 17살이었을 때 결국 이 병으로 사망했다. 1898년 예일대학에 교수로 임용된 직후에는 그도 결핵을 앓게 되었고, 치료차 3년 동안 예일을 떠나 서부로 갔다. 죽음과의 이 마지막 조우는 그에게

---

20) 옮긴이 주: Vilfredo Pareto(1848~1923) — 파리 출생의 사회학자이자 경제학자. 로잔(Lausanne) 학파의 대표자로서 일반균형이론을 재구성했으며, 타인의 불만을 사는 일 없이는 자기만족을 더 이상 증가시킬 수 없는 상태를 말하는 '파레토 최적'을 도입하여 신후생경제학의 길을 열었고, 소득분포 불평등도를 나타내는 경제법칙인 '파레토의 법칙'을 도출하였다. 대표 저서로는 《경제학 개요》(1906), 《일반사회학개론》(1916) 등이 있다.

21) 옮긴이 주: John Ruskin(1819~1900) — 영국의 비평가이자 사회사상가. 초기에 예술비평가로 활동하다 후기에는 사회사상가로서 전통 경제학을 공격하고 인도주의적 경제학을 주장하였다. 인간개조를 통한 사회개혁을 실현하기 위하여 '성 조지조합'(Guild of St. George)을 설립하고 부친의 유산을 희사하기도 했다. 대표작으로는 《예술의 경제학》(1857), 《무네라 풀베리스》(1862~1863), 《지나간 일마저》(자서전, 1885~1889) 등이 있다.

22) Irving Fisher, "Why Has the Doctrine of Laissez Faire Been Abandoned?," *Science*, n. s. 5 (January 4, 1907): 20.

"전도사적 충동"을 남겨 주었다. 예일로 돌아온 뒤 피셔는 점차 더 많은 시간을 개혁문제에 할애했다. 현재 문제들이 있다는 것은 "사회의 현 경제질서에 무언가 잘못된 것이 있음을 의미한다"고 그는 주장했다. "경제적 질병들"이 존재하며, 이 질병들은 "사회에 대한 경제적 해부학과 생리학"의 지식을 통해 다루어질 수 있다는 것이다.[23]

섬너에게 대항하여 "사회의 현재상태는 정상적이고 바람직한데, 그 이유는 모든 사람이 당연히 '최선의 자기이익'을 추구하고 이 이익은 항상 사회에 가장 크게 기여하기 때문"이라는 낡은 고전주의적 평가에 반대하면서, 피셔는 자신이 자연법칙을 거부하는 것이라고 믿었다. 자유방임적 가정은 포기되어야 했다. 경제법칙들은 때때로 사회악을 위해 작동하기도 하며, 때문에 사회행동과 정부행동이 이 악을 해소하기 위해 동원되어야만 했다. 클라크와 달리 피셔는 경제적 불평등으로 인한 폐해에 대해서도 언급했다. 그러나 자유방임에 대한 거부에도 불구하고 피셔는 혁신주의 개혁의 주요 경제이슈들에 대해 클라크와 매우 가까운 입장에 있었는데, 기본적으로 경제법칙이 사회적으로 유익하게 작동하며 정부는 종종 그렇지 않다고 보았기 때문이다. 정부가 철도요금을 규제할 수는 있었지만, 그는 이 처방의 효력에 대해 의심했다. 그가 인정한 정부행동들은 소년노동에 대한 규제나 국토보존법 등과 같이 주로 공중보건과 안전 및 복지에 대한 경찰력의 확대정도였다. 1907년에 그는 미국이 이미 너무나 많은 사회주의적 실험의 위험에 처해 있다고 보았다.[24]

건강과 질병에 대한 피셔의 구별은 사실상 공화주의 경제학의 자연법칙이 제시했던 단층선을 그대로 따른 것이다. 그의 주요 정책적 관

23) I. N. Fisher, *My Father*, chaps. 1, 5; Irving Fisher, *Introduction to Economic Science* (New York: Macmillan, 1910), 1.

24) Fisher, *Introduction to Economic Science*, chap. 26; idem, "Why Has the Doctrine of Laissez Faire," 20~1.

심은 화폐였다. 화폐의 양적 이론을 재구성한 영향력 있는 저술 이외에도 그는 화폐가치의 변동을 막기 위해 "보완적 달러"(*compensated dollar*)를 추진했는데, 그것은 일반적으로 실현가능성이 없는 것으로 간주되었다. "전쟁, 질병, 타락, 통화불안의 해소"와 같은 개혁에 대한 피셔의 모든 관심들은 동일한 도덕적 가치를 띠고 있었다. 비록 자유주의적 역사주의의 용어를 때때로 사용하면서 "정부의 규제와 사회적 통제라는 근대적 신조"를 선호하기도 했지만, 피셔가 실제로 관심을 가진 것은 개인적 자제에 대한 사회적 지원, 곧 자연의 합리성을 유지해주는 개인적·공적 도덕성의 연결망이었다. 건강하지 못한 비도덕적 생활, 매춘, 사치, "사회적 경쟁"(*social racing*)과 낭비적 군비, 화폐가치 변동을 초래하는 불건전한 재정정책, 통제되지 않는 이민, 우생학적으로 방종한 재생산 행위들이 바로 그가 규정하는 주요 악이었는데, 이는 아매사 워커의 "올바른 소비"가 금지한 악들과 쉽게 일치한다. 이론적으로 자연법칙과 자유방임을 포기했으나, 피셔는 대체로 미국의 전통적인 경제적 신조의 규범적 힘과 도덕적 형상을 재구성했던 것이다.[25)]

페터는 규범적 경제학을 건강과 연관시켜 규정하지는 않았으나, 피셔처럼 경제학자들이 도달한 가장 큰 결론은 공공복지에 대한 객관적 판단이라고 믿었다. 개인적 가치와 사회적 선을 주의 깊게 구별하면서 페터는 자본주의 시장은 총체적 사회복지에 대한 기여, 즉 '편의'(*expediency*)의 토대 위에서 판단되어야 한다고 주장했다. 그의 주장에

---

25) I. N. Fisher, My Father, 222; idem, "Why Has the Doctrine of Laissez Faire," 18, 25; idem, *Introduction to Economic Science*, chaps. 25~6. Fisher는 베스트셀러가 된 지침서 *How to Live: Rules for Healthful Living Based on Modern Science* (New York: Funk & Wagnalls, 1915)에서 자신의 도덕규범을 대중화했다. 1910년대와 20년대에 그는 점차 자신의 에너지와 개인적 운명을 통화개혁과 '생명 연장기구'(*Life Extension Institute*) 및 '평화 십자단'(*pacifist crusade*)을 위한 계획에 바쳤다.

따르면, 시장은 전반적으로도 이 기준에 따라서도 잘 작동하며, 개인들은 자신들의 공헌에 상당하는 것을 취하고 있었다. 따라서 체제 내에서 이루어지는 점진적이고 작은 변화만이 정당화되었다. 개혁에 대한 페터의 주요 관심인 이민 제한은 피셔의 관심을 그대로 반영한 것이었다. 최근 노동자들의 실질임금 하락이 "자원에 대한 인구의 비율에 있어 우리가 수확체감점을 지났음"을 증명한다고 그는 말했다. 섬너의 인간-토지 비율에서처럼, 유럽을 미국과 캐나다 및 오스트레일리아와 구별하는 것은 인구밀도였다. 그가 보기에는 이민을 제한함으로써만 "미국적 삶의 가장 독특한 특성인 커다란 기회와 가능성을 유지할 수 있다."[26]

근대 자본주의를 과학적으로 옹호하는 것 외에도 한계주의자들은 변화의 인식이 확산되는 와중에 지속성에 대한 확신을 제시해야 했다. 한계주의자들이 클라크가 말한 것처럼 "현재의 격변들 속에서 … 경제법칙의 질서 있는 작동"을 보여줄 수 있으려면, 일정한 수준에서 현재와 미래를 연결하는 역사적 발전의 전망도 투사해야만 했다. 클라크 스스로는 정태이론을 뒤따른 동태이론을 제시함으로써 이 필요성을 다루었으며, 이렇게 함으로써 그는 자신이 철저하게 역사주의를 포기했음을 보여주었다. 경제학에서 동태적 요소들은 "정태적 평형을 방해하는" 요소들이며, 이들은 정태이론의 기본 구성요소들인 인구, 자본, 기술, 생산조직 및 소비자 욕구에 한정된다. 시간이 지남에 따라 이 요소들은 양적으로 성장하고 다양해져서 생산의 증가로 귀결된다고 클라크는 주장했다. 따라서 비록 이 경제체제 하에서 사회가 원시상태로부터 문명상태로 발전했지만, 동태이론은 정태이론과 마찬가지로 "모든 시간과 장소에서 똑같이 타당하다." 사회가 보다 문명화될수록, 더

26) Fetter, Principles of Economics, 229~35, 365~6, 554; idem, "Population or Prosperity," *AER*, 3, Suppl. (March 1913): 9, 19.

욱 동태적이 됨과 동시에 더욱 정태적 모델에 가깝게 된다. 따라서 오늘날 미국은 "보다 보수적인 유럽사회보다 더욱 정상에 가까우며, 아시아의 지체된 사회들보다도 훨씬 더 정상에 가깝다." 클라크의 역사 이론은 자유주의적 예외주의였으며, 그의 동태 경제학은 자유주의 경제학의 몇 가지 고정된 범주들로부터의 외삽적 추정(*extrapolation*)이었다.[27]

자기 이론의 반향(反響)에 특히 예민했던 클라크는 혁신주의자들의 "개혁투쟁"도 부단한 경제적 진보의 기약에 포용하려 했다. 비록 그가 용납할 수 있는 수준의 인간의 개입이라는 것은 시장법칙 자체에 의해 크게 제약받았지만, 1914년에 클라크는 온건한 자유주의 개혁이 항상 가능하고 또 필요하다고 인정했다. "보다 나은 개선의 능력은 현재 눈앞에 있는 이 최선의 조건이 지닌 핵심적 특성이다. 첩첩산중에서 개혁가들은 자신의 목표를 지적하고 여기에 도달하는 끝없는 길을 찾아낼 수 있다." 끝없이 개선되는 세계는 "진보의 연옥"이 아니라 "진보의 파라다이스"라고 그는 말했다.[28]

어빙 피셔는 역사를 모두 무시했다. 클라크는 이전에 지녔던 믿음에 따라 역사변화의 이슈를 진지하게 받아들여야 했지만, 피셔는 역사변화를 "신비"(*mystery*)로 간주했다. 목사의 아들로서 신에 대한 진정한 믿음을 위해 신앙생활의 자질구레한 것들을 무시했으며, 평생 끊임없이 생의 고난에 시달렸던 사람으로서, 피셔는 사물의 원인이 역사 속의 인간적 성격들을 훨씬 넘어서 있다고 믿었다. 1903년 결핵을 치료한 후 어린 시절 살던 집을 방문하면서 그는 자신의 심정을 다음과 같이 털어놓았다.

---

27) John Bates Clark, *Essentials of Economic Theory* (New York: Macmillan, 1907), 197, 203~7, 555.

28) John Bates Clark, *Social Justice without Socialism* (Boston: Houghton Mifflin, 1914), 14~5, 48~9.

> 모든 위대한 신비들 중에서도 나에게 가장 위대한 것은 역사의 신비이다. 과학은 조건명제, 즉 상이한 환경들 속에서 무엇이 일어날지를 설명하지만, 현실적인 것, 즉 실제 일어났고 또 일어나는 것을 설명하지는 않는다. 우리가 우주라고 부르는 거대한 기계는 언제 그리고 어떻게 작동하며, 왜 특정한 방식으로 그렇게 미리 설치되어 있어서 미세한 부분에 이르기까지 그로부터 산출되고 또 산출될 모든 것들이 이와 같이 산출되었어야 하는지 … 그 의미가 무엇이든 내가 확신하는 것은 한 가지이다. 우리로서는 부정하지 않고 받아들인다는 것이다 … 우리가 실수라고 부르는 것들은 우리가 준비한 프로그램으로부터의 일탈이다 … 그리고 내 운명의 잔에 채워진 모든 질병과 실망들이여, 있으라! 또 와야 할 것들은 올 테면 오라!

숙명론은 시간과 장소를 불문하고 피셔와 같은 환경을 겪는 사람들에게 있을 수 있는 것이지만, 그의 경우처럼 세속화된 프로테스탄티즘과 보수적인 미국 예외주의의 배경에서 교육받은 사람에게는 특히 잘 어울리는 것으로 보인다.[29)]

더욱이 피셔는 고정법칙에 따라 역사를 꿰뚫어 보려는 그의 욕구가 상당히 환영받는 전문가 문화에 진입했다. 1906년 미국고등과학협회(the American Association for the Advancement of Science)의 경제학 분과 위원장으로서 그는 사이먼 뉴컴(Simon Newcomb)과 고전적 전

29) I. N. Fisher, My Father, 83~6. 역설적으로 피셔의 숙명론적 믿음은 William James의 *Varieties of Religious Experience* (1902)의 건전한 의지(*healthy-mindedness*)의 종교로부터 영감을 받았다. John Bates Clark가 대학에 있는 동안 그의 아버지는 오랜 투병 끝에 결핵으로 사망했으며, 곧 그의 형제도 사고로 아버지의 뒤를 따랐다는 사실은 언급할 만한 가치가 있다. Clark의 근본적인 경제학 이념이 종교학교에 들어가는 것을 심사숙고하던 시기에 형성되었다는 것을 믿어야 한다면, Clark와 Fisher의 관점이 갖는 일신론적 토대도 유사한 개인적 원인을 가질 수 있을 것이다. *John Bates Clark: A Memorial* (비공식 발간, 1938), 6~8.

통주의자들이 1880년대에 역사경제학자들에 대항해 수립했던 것과 유사한 경제학 개념을 제시했다. 경제학의 목표는 물리학이나 다른 자연과학과 마찬가지로 일반 법칙의 산출이라는 것이다. 역사학은 단지 사실에 대한 규칙이나 일반화만을 산출하는 분류작업(*classificatory enterprise*)일 뿐이었다. 진정한 법칙은, 베이컨(Bacon)의 방법에 의해 경험적으로 검증되어서, "자연에 대해 절대적으로 옳으며," 다만 특정한 환경에 따라 조건지어질 뿐이다. 경제현상이 시간에 따라 변하기 때문에 경제법칙은 보편적일 수 없다고 불평하는 역사경제학자들은 모든 과학법칙들이 특정한 환경에 조건지어진다는 것을 이해하지 못하고 있다. 경제학자들은 어떤 조건들이 근대문명과 고대문명 간에, 혹은 동양문명과 서양문명 간에 현상들의 차이를 낳는지를 발견하는 데 이 법칙들을 적용하면 되는 것이었다.[30)]

물론 본질적으로 피셔는 경제학에 있어 역사의 필요성을 전혀 느끼지 못했다. 역사란 단지 "우리가 우주라고 부르는 거대한 기계"의 부수현상일 뿐이며, 이 거대한 기계는 18세기 이래 신의 손에 의해 정해진 진보의 궤도에 놓여있기 때문이었다. 그가 이상적 조건과 현실적 조건을 구분하기 위해 규범적 경제학의 필요성을 느꼈던 것은 미국 탄가(歎歌)(*American jeremiad*)를 상기시킨다. 미국을 위협하는 악은 예외주의적 경로로부터의 도덕적 일탈, 즉 "우리가 준비한 프로그램으로부터의 일탈"에서 비롯되었던 것이다.

피셔의 전통적 결정론과 클라크의 동태적 예외주의 사이에서 미국의 한계주의 이론가들은 역사를 무시할 수 있는 커다란 근거를 지닐

---

30) Fisher, "Economics as a Science," 258. Fisher는 "자연의 기반은 우리들에게 항상 사고의 장막으로 덮여 있다"(I. N. Fisher, *My Father*, 38)는 비유클리드적 기하학의 발견으로부터 일찍 배웠다고 주장했지만, 이러한 관점은 과학적 법칙들이 "자연에 있어 절대적으로 진리"라는 믿음과 모순되지 않는다. 다음 제 9장에 서술된 Karl Pearson의 토론을 참조.

수 있었다. 미국이 자유주의적 진보의 정해진 경로를 밟아가고 있고 또 항상 밟아왔다면, 한계주의자들은 질적 변화에 대해 아무런 주의를 기울이지 않은 채 현재 조건들을 몰역사적으로 투사할 수 있었던 것이다. 1912년에 역사주의의 비판에 직면한 일부 젊은 한계주의자들은 자신들이 진화론적 관점을 당연히 수용한다거나(클라크는 어쨌든 원시적 사회에서 문명화된 사회로의 진화를 가정했다), 정태적 경제모델은 당연히 적절한 시기에 동태적 요소들의 양적 측정을 통해 보완될 것이라고 반박한 바 있다.[31]

한계주의와 결합한 역사경제학

한계주의자들이 클라크의 동태이론만을 이용할 수 있었던 것은 아니다. 셀릭먼은 역사에 대한 하나의 경제적 해석을 수립했는데, 이는 자유주의 역사학자들과 한계주의자들 사이의 중요한 교량이 되었다. 셀릭먼은 역사경제학자들의 윤리적 이상주의와 정치적 동기를 지닌 채 도금기에 경력을 쌓기 시작했다. 그는 1882년 헨리 카터 애덤스에게 편지를 쓰면서 경제학이 “사실의 역사적 순서 및 관찰된 실제와 조화를 이루는 이론을 생산하고, 특히 대단히 필요한 많은 개혁들의 가능성과 수단들에 대해 토론하기”를 원한다고 말했다. 그는 곧 중세의 길드와 기독사회주의자들에 관한 연구를 출판했으며, “모든 노동자들이 장인이거나 때가 되면 장인이 될 수 있는” 조합의 원리가 “언젠가 현존관계를 혁명적으로 바꿀” 수 있기를 희망했다. 1890년에도 셀릭먼은 미국인들이 노동문제의 중요성을 충분히 인식하지 않고 있다고 애석해

31) B. M. Anderson, Jr.와 W. M. Adriance가 “Theories of Distribution - Round Table Discussion,” *AER*, 3, Suppl. (March 1913): 90~4에서 Simon N. Patten에게 쓴 답변을 참조.

했다. "언제쯤에나 사람들은 자유무역이나 보호무역이 사회문제 같은 중대한 문제와 비교해 볼 때 그다지 중요치 않은 문제임을 깨달을 것인가?"[32)]

그러나 셀릭먼 역시 경제학자들이 사회주의까지 가지는 말아야 하며 사회적 행동에 의해 완화된 경쟁의 원칙이 경제의 핵심이어야 한다는 입장이었다. 헨리 카터 애덤스가 자신의 공적 규제이론의 축약판을 출판하자 셀릭먼은 대단한 찬사를 보냈다. "이 글은 자유방임의 포기가 곧 사회주의나 이와 유사한 어떤 것을 의미하지 않는다는 사실을 입증하는 최선의 증거이다."[33)] 그러나 셀릭먼은 애덤스의 추론에 만족할 수 없었다. 애덤스가 따른 아돌프 바그너(Adolf Wagner)[34)] 와 독일 역사경제학자들의 역사주의 전략은 경제학을 국가의 역사에 종속시켰기 때문이다. 독일인들에게 있어 이 전략은 국가주의적 경로에 경제발전을 열어 주는 것이었으나, 애덤스에게 있어 미국의 역사는 사회발전을 심각하게 제한한 것이었다. 1893년에 셀릭먼은 "법과 정치 및 도

32) Seligman이 Adams에게 쓴 편지 1882년 11월 30일자, 〈Henry Carter Adams Papers〉; E. R. A. Seligman, in "A Symposium on Several Phases of the Labor Question," *Age of Steel*, 59 (January 2, 1886) : 15~6; idem, "Owen and the Christian Socialists," *PSQ*, 1 (June 1886) : 206~49; idem, "Two Chapters on the Medieval Guilds of England," *PAEA*, 2 (November 1887) : 100~1; idem, "Review of nouveau dictionnaire d'économie politique," *PSQ*, 5 (June 1890) : 336.

33) E. R. A. Seligman, "Review of H. C. Adams, *The Relation of the State to Industrial Action*," *PSQ*, 2 (June 1887), 353.

34) 옮긴이 주: Adolf Heinrich Gotthilt Wagner(1835~1917) — 독일의 정치가 겸 경제학자. 국가사회주의의 입장에서 사회개혁 실현의 계기를 국가의 대자본 억제에서 찾았고, 조세에 의한 분배 정의를 실현하고자 사유제한제의 제한을 제창하였다. 비스마르크 체제의 이론적 지주 역할을 하였으며, 강단사회주의 우파의 대표적 인물이다. 저서로는 《정치경제학의 기초》(2권, 1876), 《재정학》(4권, 1877~1901) 등이 있다.

덕의 성장은 우선적으로 경제관계에 토대를 두고 있다"는 아킬레 로리아(Achille Loria)[35]의 "대단한" 이론적 설명을 읽고, 미국의 사회변화를 설명하기 위한 보다 강력한 도움을 얻게 되었다. 특수한 국가전통을 강조하는 독일 역사학파와 달리 로리아는 "경제조건들이 유사하게 주어져 있다면 우리는 틀림없이 유사한 법체계를 가질 것"임을 보여주었는데,[36] 여기서 셀릭먼은 미국의 예외주의적 과거의 구속을 깰 수 있는 역사이론을 발견했던 것이다.

셀릭먼은 또한 클라크와 기딩스의 공격에 대항하여 역사주의 경제학의 영역을 확보할 필요가 있었다. 셀릭먼의 논조는 가장 타협적인 것이기는 했지만, 그는 지속적으로 논쟁을 벌였으며, "윤리적 사실과 사회적 사실이 역사의 산물이기 때문에," 경제학은 "윤리과학이자 또 그러므로 역사과학이라는 것"을 클라크나 기딩스 등이 인식해야 한다고 주장했다.[37] 셀릭먼은 경제적 역사해석에서 역사경제학을 정당화

35) 옮긴이 주: Achille Loria (1857~1943) — 이탈리아의 사회학자. 유물사관에 입각하여 자신의 사회주의적 입장을 경제사회학이라고 지칭하였으며, 19세기 중엽에 제출된 스펜서의 생물학적 인구이론을 한층 발전시켰다. 대표 저서로는 《사회구성의 경제적 기초》(1902~1903) 가 있다.

36) Seligman에 대한 Loria의 영향은 실질적 측면보다는 이론적 측면에서 약했다. 대부분의 경제학자들(Edward A. Ross는 예외였다)과 마찬가지로 그는 자본주의 발전이 자유로운 대지의 억압에 기인한다는 Loria의 이론을 부정했다. 그가 "독창적이고 흥미롭다"고 생각한 것은 "그토록 많은 잘 알려진 사회적·법적·종교적 사실들에 대한 〔경제적〕 설명을 확장하는" Loria의 능력이었다. E. R. A. Seligman, "Review of Achille Loria, *Les Bases economiques de la constitution sociale*," *PSQ*, 8 (December 1893) : 751~3; idem, "Review of Achille Loria, *La Proprietà fondiaria a la questione sociale*," *PSQ*, 12 (September 1898) : 531~2.

37) E. R. A. Seligman, "Review of *The Quarterly Journal of Economics*," *PSQ*, 1 (December 1886) : 702~4; idem, "Review of Gustav Schmoller, *Zur Litteraturgeschichte der Staats- und Sozialwissenschaften*," *PSQ*, 4 (September 1889) : 544; Franklin H. Giddings, "Review of Friedrich

하는 방법을 발견했다. 그에 따르면, 자신의 경제학 명제의 중요성은 근대 경제학을 이전과 극도로(*toto caelo*) 차별화시킨 근대 경제학의 위대한 업적, 곧 "사회 제도들이 진화의 산물이고 그렇기 때문에 절대적 범주가 아니라 역사적·상대적 범주라는 인식"을 강화한 데 있다는 것이었다.[38]

셀릭먼은 자신의 경제사 해석을 맑스의 사적 유물론에서 직접 도출했지만, 시장 자본주의와 자유주의적 변화를 정당화하는 자유주의 역사관으로 이를 변형시켰다. 맑스를 진화론적으로 해석한 엥겔스와 수정주의자들을 따라서 셀릭먼은 역사를 자유주의적 다원주의의 경로 위에 올려놓았다. 현재에 이르는 모든 역사는 "자연선택을 통한 생존투쟁으로 구성되는 냉혹한 자연법칙"의 지배를 받으며, "… 개인간 경쟁, 계급간 경쟁, 인종간 경쟁 등 모든 경쟁은 자연의 인색함과 인간 재능의 불균등 및 사회적 기회의 차이에 기인한다." 사적 소유체제와 경쟁적 자본주의는 문명이 이 투쟁의 과실을 획득하는 방식이었다. 이 주제에 대해 더 천착하지는 않았으나 셀릭먼은 자본주의 발전에 계급 갈등과 국가간 경쟁이 필연적으로 뒤따른다는 점을 분명히 했다.

그렇지만 경제적 진보의 동력으로서 자본주의는 인민 대중들과 국가들 사이에 보다 많은 부와 보다 폭넓은 평등을 가져오고 있었다. 바로 이 경제적·사회적 토대 위에서 사회는 투쟁을 완화할 윤리적 구조를 구축할 수 있다는 것이었다. 경제적 관계들은 정치와 문화를 엄격히 결정하지는 않지만 상당히 조건지우며, 이런 면에서 볼 때 전례 없는 풍요와 사회적 공고화로 특징되는 근대 경제는 집합적인 윤리적 행

---

von Wisser, *Der Natürliche Werth*," *PSQ*, 4 (December 1889) : 684 ; E. R. A. Seligman, "Review of Maurice Block, *Les Progrés de la science économique depuis Adam Smith*," *PSQ*, 5 (September 1890) : 534~5.

38) E. R. A. Seligman, *The Economic Interpretation of History* (New York : Macmillan, 1902) : 161.

동을 촉진할 것이었다. 개혁가는 일종의 "윤리교사이자 … 사회의 척후병이며 전위"이지만, 그러나 "조건들이 성숙된 다음에라야 비로소 개혁이 효과를 발휘할 것"이므로 천천히 움직여야만 한다고 셀릭먼은 주장했다.[39]

진보에 의해 언젠가는 결핍과 불평등이 해소되고 그럼으로써 역사가 경제적 투쟁으로 점철되는 것이 끝나리라는 희망을 셀릭먼은 간직했다.

> 과학이 우리들에게 생산수단에 대한 완전한 지배를 가능하게 할 때, 인구증가가 사회집단의 목적의식적 활동에 의해 통제될 때, 각 개인과 각 인종의 진보가 이기적이지 않은 목적을 제외하고는 어떠한 갈등도 없이 가능하게 될 때, 그리고 대중들이 오늘날 귀족들이 사는 것처럼 살게 될 때, 이 때야말로 경제적 조건들은 뒤로 물러나서 다른 사회진보 요인들에 의해 완전히 가려질 것이다.[40]

밀의 정지상태처럼 셀릭먼은 자유주의 역사의 마지막에 도래할 조화로운 사회질서의 모습을 이처럼 도덕적 동기가 경제적 동기를 압도하는 것으로 그렸다. 그러나 밀이 그린 미래는 셀릭먼의 것에 비하면 온건한 편이었다. 이 차이는 아마 19세기 후반 산업 발전 때문에 보다 큰 풍요에 대한 기대가 투사되었다는 데에 어느 정도 기인했을 것이다. 또한 셀릭먼조차 자기 자신이나 독자들에게 부정하지 못했던 천년왕국적 기대에도 어느 정도 기인했을 것이다. 그의 이상향은 안전한 먼 미래에 놓여 있었지만, 온건한 개혁 노력들을 고무하고 촉진하도록 빛을 발해 주지 못할 정도로 그렇게 먼 미래는 아니었다.

셀릭먼의 경제사 해석은 자유주의적 예외주의 경계 안에 있기를 원

---

39) Ibid., 131, 154~5.

40) Ibid., 155~6.

했던 역사경제학자들에게 중요한 모델을 제공했다. 이 길을 따라 역사주의자와 한계주의자가 결합할 수 있는 편한 길이 개척되었다는 점 역시 마찬가지로 중요하다. 자유주의적 역사주의자들과 한계주의자들은 모두 자본주의 경제를 근대사회의 주요 동력으로 보았다. 만일 시장이 한계주의 법칙에 따라 작동한다고 가정한다면, 역사는 보조역할을 수행할 수 있다. 역으로 기본 시장법칙이 작용하는 경제환경이 변화함에 따라 법칙 자체가 수정된다는 관점 역시 신고전파 경제학에 잘 적용된다. 또한 자본주의 시장의 유익한 성격은 역사가 지니고 있는 모든 행동의 가능성에 대해 진정한 제약을 가하는 한편, 시장의 역사적 성격은 시장의 자유주의적 개혁의 가능성을 열어주는 것이었다.

예를 들어 페터의 한계주의 저술은 "경제과정"을 경제사적 해석을 통해 이해되는 진화의 과정으로 정의했다. 가치가 일차적으로 시장요인에 의해 창출된다면, 그것은 다시 "입법과 집단행동 및 사회제도들의 영향"을 받게된다. 최종 조정자는 "여론"이며, 이 여론은 다시 변화하는 경제조건들과 윤리의식에 의해 형성된다. 그러나 시장이 대부분 공공복지를 위해 작동하기 때문에 "생존"이나 "역사적 우연"의 산물인 부정의(*injustice*)는 궁극적으로 여론에 의해 제거될 것으로 페터는 생각했다.[41)]

한계주의를 수용한 자유주의적 역사주의자들은 한계주의자들보다 역사에 더 많은 힘을 부여했으며, 이를 노동의 편에서 보다 강력하게 사용했다. 핵심적 차이는 평등에 대한 관심이었다. 기본적으로 한계주의에 충실했던 사람들은 빈곤과 도덕적 결함 사이의 연관성을 강조하고 사회보장에 의해 개인의 도덕성이 약화되는 효과와 강력한 노동조합의 경제적 왜곡효과를 우려하는 경향이 있었던 반면, 역사주의에

---

41) Frank A. Fetter, "The Fundamental Conceptions and Methods of Economics," in *Congress of Arts and Sciences*, 7: 18: idem, *Principles of Economics*, 249, 366, 555.

뿌리를 둔 사람들은 빈곤의 환경적 결정요인을 강조했고 사회보장과 강력한 노조의 분배적 효과를 강조했다.[42] 이들에게 평등은 시장의 규범보다는 역사가 생성하는 규범에 의해 보다 강하게 결정되는 것이었다.

새로운 자유주의적 역사주의자들이 한계주의를 포용한 것은 이들이 미국 경제학에서 성공을 거둔 주요 요인으로 고려되어야 한다. 한계주의 이론과 자유주의 역사학의 절묘한 결합을 통해 역사주의자들도 근대 자본주의를 정당화할 수 있었고 개혁을 시도할 수 있게 되었던 것이다. 이러한 적응의 맥락에서 볼 때, 역사주의의 궁극적인 생존능력은 역사가 자유시장으로부터 독립적으로 중요한 존재로 남을 수 있는 능력에 달려 있었다. 역사주의는 어느 정도까지 경제이론의 규범과 방법을 수정하거나 재구성할 수 있는가? 어느 정도까지 역사구조에 대한 의식이 시장이 작동하는 환경으로서 살아남을 수 있는가? 역사주의 가정들이 미국 예외주의 신념과 한계주의의 탈역사화 경향을 얼마나 피할 수 있는가?

셀릭먼은 이러한 질문들에 대해 나름대로 답변을 제시했다. 1890년에 그는 "진정한 경제적 법칙이 존재하며, 이 법칙은 넓은 토대 위에 기초하고 있어서 시간과 장소 및 조건의 변화하는 요건에 맞출 수 있다"는 기딩스와 클라크의 주장을 인정했다. 그러나 셀릭먼이 한계주의자로서 저술을 시작한 것은 경제사 해석을 완성한 1901년 이후였다. 한계주의의 측면 중 셀릭먼이 매우 의미 있다고 생각한 것은 한계효용에 대한 클라크의 "사회적" 개념이었다. "사회적"이라는 용어를 통해 클

42) 다음 문헌들을 비교. Fetter, *Principles of Economics*, 248~53, 509~13, 554; Fisher, *Introduction to Economic Science*, chaps. 25~6; E. R. A. Seligman, *Principles of Economics* (New York: Longmans, Green, 1916), chaps. 37~8; Richard T. Ely et al., *Outlines of Economics* (New York: Macmillan, 1916), chaps. 22~3.

라크와 셀릭먼은 가치는 개인의 효용이 아니라 시장의 집합적 가치판단과 교환가치에 의해 측정된다는 것을 의미했다. 셀릭먼은 바로 이 시장의 집합적 기능에서 사회의 유기적 개념에 대한 확증을 발견했다. "사회가치론이 최종결론까지 이르면, 오직 사회를 통해서만 개인들이 자신의 가장 높은 욕구를 달성할 수 있다는 것을 보여줄 것이다."[43]

학문적 업적뿐 아니라 1905년 처음 출판된 대중적 교과서에서도 셀릭먼은 시장의 작동과 자유주의 역사를 융합하기 위해 "사회적 효용"의 개념을 사용했다. 윤리적 규범들은 원래 그 기원이 사회적이며, 따라서 장기적으로 사회의 이익이 되는 것을 나타낸다고 셀릭먼은 말했다. "대체적으로 말하자면, 그리고 사회 전체의 관점에서 보면, 경제적으로 이득이 되는 것은 장기적으로 옳아야 하며, 윤리적으로 올바른 것은 결국 기업의 세계에서도 이익이 되어야 한다."

실제 셀릭먼은 "대체적으로 말하고" 있는 것이 아니었다. 사적 소유가 하나의 제도로서 역사상 성장한 것은 소유가 "사회복지" 혹은 그가 줄곧 칭한 바에 따르면 "사회적 효용"에 기여한다는 사회 전체의 어렴풋한 의식적 판단을 반영한다. 기업합병을 시장경쟁에 대한 제한이 아니라 보다 높은 수준의 경쟁형태로 본 클라크의 낙관적 판단을 수용하면서, 셀릭먼은 "기업합병이란 것이 감당할 수 없는 정도의 실질적 이득을 가져다주는 것이 아니라면, 기업합병이 지속되고 있고 번창하고 있다는 사실 자체가 곧 그 존재를 정당화한다"고 주장했다. 심지어 조세에 대해 논하는 중에 셀릭먼은 가장 공평한 세제의 원칙이 지불능력이라는 자신의 이론에서 미국의 부동산 세제가 벗어났음을 발견하고는, 자신의 이론이 무언가 잘못되었다고 결론지었다. 우리가 부당한 방향으로 흘러갈 수 있는가? 그는 아니라고 대답하면서, "만일 이것이

---

43) Seligman, "Review of Block, *Les Progrés de la science économique*," 535; idem, "Social Elements in the Theory of Value," *QJE*, 15 (May 1901): 347.

사실이라면, 우리는 근본적으로 경제법칙과 도덕법칙 사이에 필수적인 상관관계가 존재한다는 관념을 포기하는 것이 낫다"고 했다. 셀릭먼의 규범적 종합에서는 역사가 시장을 통제하지만, 이 역사는 시장 자체로부터 헤어날 수 없는 역사였던 셈이다.[44]

셀릭먼은 역사적 결정론 안에 인간의 주도권(*initiative*)을 위한 여지를 만들어 놓았다. 시장이 윤리적·정치적 삶을 결정하는 주 요인이라면, 정치적 행동과 윤리적 행동은 여전히 그것을 실현하는 데 필요하다. 정부는 공정한 경쟁을 촉진할 수 있고, 노동조합들은 시장 기여도에 따른 임금을 사용자로부터 쟁취할 수 있으며, "명백히 미국은 아직 성숙하지 않았지만," 때가 되면 광범위한 사회보장체계와 최저임금체계를 수용할 것이다. 셀릭먼은 그 자신을 역사가 진보해 가는 최첨단에 위치시켰다. 현재 존재하는 모든 것은 옳은 것이 아니며, 앞으로 오고 있는 것들 모두가 옳은 것이다. "윤리적 개혁가가 영향을 발휘할 수 있는 것은 바로 사회적 필요(*necessity*)라는 낡은 것에서 사회적 편리(*convenience*)라는 새로운 것으로 옮겨가는 경계선에서이다"라고 그는 지적했다. 기질과 철학, 모두가 셀릭먼으로 하여금 혁신주의 경제학자들이 지닌 견해의 전략적 핵심에 자리 잡도록 했다. 조셉 도프먼(Joseph Dorfman)에 따르면, 그는 "지배적 신조들을 조금만 앞질러 나가서 진보적 기업계와 같은 입장을 취했으며 … 그의 관점은 여론의 조류에 적응하려면 얼마만큼만 나가야 하는지를 나타내는 좋은 지표로 간주되었다."[45]

1908년과 1916년에 엘리의 교재를 수정한 젊은 경제학자들인 앨린

---

44) E. R. A. Seligman, *Principles of Economics* (1905), 34, 134, 341; idem, "Social Aspects of Economic Law," *PAEA*, 3d ser., 5 (1904): 62.

45) Seligman, *Principles of Economics* (1905), 434; idem, *Economic Interpretation of History*, 131; Dorfman, *Economic Mind*, 4: 267.

영(Allyn A. Young)과 토마스 애덤스(Thomas S. Adams)는 셀릭먼보다 더 자유주의 역사를 독립적 존재로 인정했다. 셀릭먼의 교과서에서는 한계주의가 주요 설명요소의 역할을 했고 페터의 교재에서는 거의 지배적 역할을 한 데 비해, 엘리의 이 수정판 교재에서는 한계주의의 존재가 크지 않았다. 이 교재에서는 당대 미국의 경제거래의 실제상황에 대한 논의가 이론만큼이나, 혹은 이론보다 더 경제과정과 경제이슈에 대한 논의를 차지했다. 사실에 관한 정보들을 명쾌히 제공함으로써 초보적인 경제학 교육에 도움이 되었고 현실주의의 분명한 근거가 되었기 때문에, 의심할 여지없이 이 교재는 큰 인기를 누렸다. 실제 제 2차 세계대전까지 이 교과서는 가장 많이 팔린 경제학 교재였다.

이 교과서는 논지 전개에 있어 먼저 한계주의 학설의 요지를 설명하고 이에 대해 역사의 편에서 전략적 수정을 가했다. 예컨대 "자유경쟁하에서 화폐이윤의 추구는 소비욕구 충족에 대해 생산적 노력이 최선으로 적응하도록 만든다"는 한계주의 주장은 사회주의에 대항하여 자유기업을 옹호하기 위한 주요 논거로 받아들여졌다. 그러나 곧 이 논거는, 소득분배의 실제적 불평등이나 "사회의 보다 영구적인 이익을 거스르는" 기업활동, 그리고 소비욕구의 충족이 양적 측면뿐만 아니라 질적 측면도 고려해야 하며 따라서 윤리적 고려를 포함한다는 사실들에 의해 재고되었다. 사회의 상호의존성이 증가하고 이에 따라 집합행동의 필요성이 증가한다는 엘리의 오랜 역사법칙은 비록 완곡하지만 여전히 신념에 찬 교훈으로 남아 있었다. "사적인 화폐이윤 추구가 부적절하다고 판명되는 바로 그 지점에서는 조직된 사회적 행동을 매우 큰 폭으로 확장해야 함을 모든 사실들이 지적한다." 역사와 경제와 윤리적 판단 사이에 미리 이루어진 조화란 전혀 없었다.[46] 그러나 엘리의 급진주의를 계승한 사람에 어울리게도 이 메시지가 전적으로 명확

46) Ely et al., *Outlines of Economics* (1916), 538~40.

하지는 않았다. 예컨대, 노동조합들은 평등을 위해 기업에 대한 통제를 확대해야 하지만, "장기적으로 생산적 효율에 장애가 되는 제도들은 몰락할 것이므로"[47] 기업의 성공을 위한 사용자의 노력에 노동조합이 협력해야만 한다는 식이었다. 그렇다면, 결국 윤리적 이념이 아니라 시장이 역사 행위를 통제해야 하는가?

미국 역사를 묘사하는 데 있어 이 수정된 교재는 여전히 과거의 상실이라든가 "새로운 산업체제의 사악한 가능성"과의 대치라는 도금기 엘리의 관점을 담고 있었다. 그러나 〈미국 경제평론〉(*American Economic Review*)의 서평은, 이 1916년 판이 엘리의 원판을 수놓았던 경제변화에 대한 "혁명적 관념들"을 삭제하는 방향으로 나아갔다고 반가워했다. 그렇지만 여전히 엘리의 옛 태도가 너무나 많이 남아 있어서 평자들이 결코 만족할 수는 없었다. "변화를 야기하는 것은 사회관계의 혁명적 변화도 아니고 정의에 대한 수정된 기준도 아니다"라고 이 서평은 비웃었다. "그것은 오히려 산업조직과 사회조직에서 일어나는 광범위한 변화에 대해 민감하고 필요에 맞춰 법을 적응해 가는 것이다."[48] 모든 독자들이 그런 것은 아니었지만, 이 교과서는 자유주의적 진화의 원활한 작동 속에서 일정 정도 역사적 변혁을 구제했다. 당분간 역사주의는 한계이론과 자유주의적 예외주의의 규범적 힘에 저항하여 위태로우면서 학계 일부에서 어느 정도는 모호한 존재로나마 남아 있게 되었던 것이다.

자유주의적 역사주의의 정치적·이론적 한계를 보여주는 마지막 지표는 경제학자의 역할에 대한 논쟁이었는데, 이 논쟁은 예일대학의 보수적 경제학자인 아서 해들리(Arthur T. Hadley)가 1898년 미국경제학회장 취임사에서 무심코 촉발시켰다. 과거의 젠트리 출신 경제학자

47) Ibid., 468~9.

48) Charles Persons, "Review of Richard T. Ely, *Outlines of Economics*," *AER*, 7 (March 1917): 102.

의 길을 따르던 해들리는 천부 귀족제의 관점에서 말하면서 젊은 세대들에게 학문에만 매달리지 말고 공적 역할을 수행하라고 촉구했다. 사회주의의 위협이 있었던 이전에 해들리는 경제학자의 공적 역할을 최소화하려 시도했는데, 이제 원래의 성향으로 돌아갈 수 있게 된 것이다. 더욱이 그는 경제학자들의 조언이 행정부에 집중되어야 한다고 주장함으로써 근대 보수주의자의 영악함을 보이기도 했다.[49]

이어진 논쟁에서 셀릭먼은 문자 그대로 새로운 자유주의로 대응했는데, 해들리의 변형된 보수주의를 폄하하기 위한 수단으로 그가 사용한 것이 역사주의였다. 민주주의 사회에서 경제학자들의 일차적 기능은 여론에 영향을 미치는 것이며, 해들리가 생각하는 전문가 부류는 군주정이나 귀족정에서만 번창했다. 더욱이 경제학 학설의 인기는 그것이 촉진하는 계급적 이익과 계급권력의 실제 분배상태에 달려 있었다. 영국의 고전이론은 이로부터 이득을 본 상업적-산업적 계급들과 함께 성장했으며, 대다수 노동대중들이 자신들도 이로부터 이득을 얻는다고 믿었던 한에서 폭넓은 인기를 누렸다. "한 계급만의 이해관계가 아니라 모든 이해관계를 대변할 정도로 폭넓게 될 때" 경제이론은 다시 대중적이 될 수 있을 것이다. 이와 같이 셀릭먼은 경제사적 해석을 이용하여 고전이론을 지배계급의 이데올로기로 특징짓고, 이론을 고수하는 경제학자들이 당대의 계급적 이익에 봉사하고 있다고 암시했다. 그러나 그는 경제학자들이 이제 "모든 이해관계들을 대변하는" 이론을 선택할 수 있다고 전제하고 있었다.[50]

존 커먼스는 해들리의 주장뿐 아니라 셀릭먼의 주장도 허세라고 비난했다. 자신의 급진적 관점 때문에 이미 두 번이나 대학에서 쫓겨났던

49) Arthur T. Hadley, "The Relation between Economics and Politics," 7~28.

50) "Discussion - The President's Address," *PAEA: Economic Studies*, 4 (April 1899): 108~11.

커먼스는 과거의 경제이론들에 대한 셀럭먼의 계급적 분석에는 동의했다. "그러나 어떤 사람도 사회 전체를 대변할 수는 없다. 누가 그렇게 주장한다면, 그는 실제로는 현상유지를 원하는 것이다." 곧, 어떠한 경제학적 입장에도 계급적 이익이 항상 내재되어 있으며, 경제학자들의 기능은 "한 계급의 관점이 최선의 관점"임을 보여주는 것이었다.[51]

커먼스의 토론은 격렬한 논쟁을 불러 일으켰으며, 이듬해 해들리는 답변해야 할 의무를 느꼈다. 경제학자들은 "주관적" 오류를 완전히 혹은 거의 극복할 수 있으며, 다른 어떤 사람들보다도 "공동체 전체의 영구적 이익의 옹호자"에 가깝게 될 수 있다고 해들리는 말했다.[52] 이에 커먼스는 충분히 전개된 역사분석을 준비하고 대응했다. 먼저 추상적 차원의 논의에서 커먼스는 모든 경제학자들이 가지고 있던 편파성의 역사를 인정하라고 주장하며 다음과 같이 말했다.

> 우리 스스로도 서로 다르며, 우리들의 근본적인 차이점들이 대체로 사회의 계급적 적대감에 부합하고 있다는 사실을 우리는 인정해야 한다. 우리는 사회적 상황의 한 부분이다. 역사만이 우리들 사이의 승부를 결정할 것이다. 현재 우리들의 전망은 제한되어 있다 … 개별 경제학자들이 아니라 경제학자들 전체의 집단이 국민 전체의 영구적 이익을 대표하는 것이다.

이것이 현실적으로 의미하는 바는 특정 계급과 결합함으로써만 경제학자들이 영향력을 행사할 수 있다는 것이라고 커먼스는 말했다. 만일 우리가 각 지역이 아닌, 진정한 이익과 계급을 대변하는 정부를 가지고 있다면, 투쟁의 구도는 명확해져서, 토식이나 해들리가 한 편의

51) Ibid., 111~3.

52) Arthur T. Hadley, "Economic Theory and Political Morality," *PAEA*, 3d ser., 1 (February 1900): 45~61, 특히 49.

이익을, 그리고 엘리는 다른 한 편의 이익을 대변하기 위해 선출되었을 것이다. 사실상 해들리의 입장이 귀결되는 실제 결과는 경제학자들이 "정치적 보스들과 무책임한 대학 이사들에게 설교하는 궁정 전도사"가 되는 것이다.[53)]

셀릭먼은 당황했다. 그 자신의 경제사적 해석으로부터 도출된 커먼스의 역사분석이라든가, 당대의 경제학자들을 계급이익의 대변자로 비난하는 것 등은 새로운 자유주의자들이 가고자 한 지점을 훨씬 넘어선 것이었다. 새로운 자유주의자들 모두는 과거를 공격하고 사회주의를 이상향이라고 배척하는 데 필요한 편리한 수단으로 역사주의를 생각했으나, 역사주의적 비판을 그 자신들에게 돌리지는 않았었다. 셀릭먼은 다시 답변을 시도했다. 계급적 이익이 역사에 기본적인 것은 사실이지만, "민주주의가 의미하는 바는 … 공동의 발전과 사회진보의 차원 높은 결합 속에서 모두의 이익이 점차 대변될 수 있다는 것이다." 그리고 경제학자는 바로 이 결합을 추구해야 하며, "사회 공통의 이해관계"를 대변하려 시도해야 한다. 해들리의 주장과는 달리 경제학자는 역사적 시점상 자신의 위치가 갖는 주관성을 피할 수는 없지만, "그러나 이 방정식은 어느 특정한 계급만의 방정식이 아니라, 다른 시간과 장소의 것과는 구별되는, 사회 전체의 방정식이다."[54)]

셀릭먼의 역사적 관점이 일리가 있으려면, 현재의 계급갈등적 자유주의 사회가 현실의 더 깊은 수준에서는 이미 앞으로 도래할 무계급적

---

53) "Discussion - The President's Address," 79~80, 73, 74. 고전경제학의 계급적 편견에 대해 더 일찍 나온 주의 깊은 비난의 예로는 Francis A. Walker, "Recent Progress of Political Economy in the United States" (1888), in *Discussions in Economics and Statistics*, 2 vols., ed. Davis R. Dewey (New York: Augustus M. Kelley, 1971〔1899〕), 1: 321~9와 Richard T. Ely, "Political Economy in America," *North American Review*, 144 (February 1887): 113~9를 참조.

54) "Discussion - The President's Address," 82~3.

민주주의가 되었다고 상정하거나, 경제학자들이 경제적 주장에 앞서 도덕적 주장을 할 능력을 이미 갖추고 있다고 가정해야만 한다. 그는 결국 경제학자들을 미국의 현재에 언제나 가능한 것으로 되어 있는 이상적 민주주의라는 미래의 첨병으로 만들어 놓은 것이다. 커먼스처럼 자신을 완전히 역사 속에 놓고 자기 자신과 진리를 특정한 계급적 입장과 동일시하는 것은 혁신기에는 흔치 않았다. 1899년의 논쟁은, 역사주의자이건 고전학파이건 혹은 신고전파 경향이건, 경제학자는 사회 전체를 대변한다는 데 대다수가 동의한다는 해들리의 말로 끝나게 되었다.[55)]

자유주의적 역사주의의 변형들

순수한 형태로든 자유주의 경제사 해석과 결합된 형태이든, 미국의 모든 경제학자들이 한계주의를 받아들인 것은 아니었다. 예컨대 사이먼 패튼(Simon Patten)은 평생 다른 길을 추구한 구 세대 지도자들 중 한 사람이었다. 그는 공리주의적 가치론을 수용했지만, 한계주의를 결코 부수적인 분석기법 이상으로 생각하지 않았다. 대신 그는 고전적·공리주의적 이론과 역사적 진화론의 요소들을 이용하여 경제적 진화에 대해 동태적 설명을 수립하려 했다. 논리전개 방식부터가 대단히 난해하고 특유했지만, 그의 저술은 깊은 의미가 있었다. 클라크가 인정했듯이, 패튼의 관점은 "우리 모두가 가진 낙관적 신념"을 반영하고 있었지만, 그러나 예민함과 갈등적 심리로 인해 그는 미국 예외주의를 재구성하려는 새로운 자유주의에 내재된 모순을 깨닫게 되었다. 야심찬 일리노이 주 농부의 아들로 태어나 장로파의 정의와 복음파의 희

---

55) Ibid., 87~8. 커먼스에 찬성하는 한 토론자가 pp. 287~8에 기록되어 있다.

망, 그리고 자본주의에 대한 신뢰와 민주주의적 반대, 이 모두를 받아들이면서 자랐던 패튼의 고민은 자연히 자기 세대의 핵심이슈로부터 생겨나게 되었다.[56]

실제로 패튼의 저작은 위기의 전 과정을 다루었다. 그의 첫 논저는 미국 예외주의의 확장을 정당화하기 위해 리카르도 경제학의 기본 전제들을 재평가했던 프란시스 워커의 저술과 지성사적으로는 동시대에 나왔다. 리카르도를 논박했던 기존의 시도들은 비과학적이었다고 시작하면서 패튼은 과학적 토대 위에서 리카르도에 대한 비판을 시도했다. 리카르도의 토지 수확체감 이론은 분명한 물리적 사실들에 기초했다는 점에서 옳았지만, 이 효과를 저지하는 중요한 사회적 요소들, 즉 노동계급의 상대적인 지적 능력이나, 무지한 노동자와 지적 노동자 간의 비율과 같은 것을 고려하지 않았다는 것이다. 지적 노동자들은 노동을 통해 직접 토지의 생산성을 향상시킬 뿐 아니라 다양한 생산물에 대한 요구를 통해 최고의 생산성을 촉진함으로써, 꾸준히 증가하는 인구를 토지가 부양할 수 있게 했다. 이와 같이 적절히 다양한, "자연적"

---

56) David M. Fox, *The Discovery of Abundance: Simon N. Patten and the Transformation of Social Theory* (Ithaca: Cornell University Press, 1967)는 통찰력 있는 전기적·지성적 판단이다. 그러나 불행하게도 그것은 Patten을 "풍요"(*abundance*)의 발견자라고 선언함으로써 상당한 혼동을 초래한다. Fox는 그를 유럽의 고전경제학자들과 비교하고 그의 저서가 도출된 미국 내 토론을 놓침으로써 이와 같은 결론에 도달한다. Fox는 풍요를 결핍의 종말로 정의하는데, 환언하면, "모든 사람들에게 건강하고 생산적인 삶을 제공하는 생활규준을 보장하기 위해 충분한 재화와 서비스를 생산하지 못하는 사회의 무능력이나 대량 빈곤의 존재"(pp. 2~3)로 정의하는 것이다. 그러한 정의를 통해 미국 경제학자들은 19세기 초반 이래 미국에서의 결핍을 부정하고 풍요를 확신했었다. 그의 최초의 저서가 분명히 한 것처럼 Patten의 관심은 미국을 예외주의의 과정에서 벗어나지 않게 하는 방법이었다. 이것이 Patten의 동시대인들이 그의 "발견"을 인정하는 것으로 보이지 않는 이유이다.

소비는 얼마 되지 않는 빈약한 식량으로 살아가려는 노동자들의 열악한 소비와 대조되며, 조야하고 비싼 사치품을 추구하는 근로자들의 무지한 소비와도 대조되었다. 패튼이 당시 제번스를 읽었든 안 읽었든, 일정한 종류의 쾌락에 대한 수요를 경제의 추동력으로 내세운 것은 프랜시스 웨일랜드에서 시작하여 아매사 워커를 거쳐 프랜시스 워커에 이르는 미국 경제학자들에 의해 주장되었던 "올바른 소비"(*right consumption*)의 도덕적 세계를 반영한 것이었다.[57]

패튼이 이러한 분석으로 이끌린 것은 미국에서 무엇이 잘못되었는지를 발견해야 할 필요성 때문이었다. 리카르도의 수확체감의 법칙이 기술과 자본의 용도가 적었던 문명 초기단계에 적용된 것이었다면, 미국 예외주의자들이 오랫동안 숙고했던 진보의 중간단계에서는 개인적 노력들로 인해 지적 노동자들과 올바른 소비가 생겨났고 혜택이 폭넓게 분배되게 되었다. 그렇다면 "현재 이와 같이 불평등한 부의 분배가 존재하며, 임금이 낮은 것"을 어떻게 설명할 것인가? 요컨대 왜 그렇게 많은 "사회적 고통"이 존재하는가? 저질의 노동자들과 독점 및 타락을 동반한, 당시 영국이 겪던 선진 문명단계에 미국도 진입하고 있기 때문이라는 것이 패튼의 답이었다. 진보의 동력에는 퇴보의 동력들이 내장되어 있다는 것이다. "육체노동을 단순화시키고 경감시키는 개선들은 모두, 생존투쟁 과정에서 극복되지 않은 채 노동계급이 계속 지니게 되는 취약점, 곧 무지한 노동자들의 생존으로 인해 사회에 유발되는 취약점을 증가시킨다"고 패튼은 말했다. 섬너와 같이 엄격한 의미에서 자본주의적 진보는 "생존투쟁에서" 무지한 노동자들이 소멸하고 지적 노동자들이 생존하는 것에 달려 있었다. 그러나 섬너와 달리 패튼은 경제에서 작동하는 사회적 동력들에 대해 인간의 규제가 가능

57) Simon N. Patten, *The Premises of Political Economy* (New York: Augustus M. Kelley, 1968〔1885〕). Patten은 그 1879년과 1882년 사이에 그 저서를 구상했다. Fox, *Discovery of Abundance*, 24~31을 참조.

하다는 것을 인식하고 있었다. 따라서 이 첫 번째 책에서 패튼은 자유주의적-공화주의적 생산자 논리에 속하는 해결책을 제시했다. 곧, 노동자들에게 부채의 압박을 경감하고, 투기와 과잉 대부를 일소하며, 생산자 조합을 지원하고, 무엇보다도 분업에 의해 초래되는 특화의 무지를 모든 능력의 계발을 통해 보완하라는 것이었다.[58]

1880년대 중반에 독일에서 교육받은 동료들과 사귀게 되고 1889년에 펜실베니아 대학교의 워튼 대학에 부임하면서 패튼은 자신의 이론을 자유주의적 역사주의의 토대 위에서 재구성했다. 여기서 미국이 직면한 어려움은 더 이상 선진사회의 쇠락을 예고하는 것이 아니라, 보다 높은 새로운 단계의 문명으로 가는 전환기의 징표였다. 진보를 지연시키는 무지한 소비습관은 이제 문명의 원시적 단계, 곧 부단한 위협의 고통에 억눌린 강력한 욕구의 경제에 속하게 되었다. 그러나 외부의 위협이 물러가고 상품이 증가하게 되면서 사람들은 이제 고통보다는 쾌락에 반응하기 시작했고 경제적 진보를 추동하는 "약한" 욕구와 보다 다양한 요구들을 가지기 시작했다는 것이다. 이와 같이 패튼의 독창성은 소비와 소비심리가 새로운 산업경제에서 수행하는 중심적 역할을 인식한 데 있었다.[59]

그러나 이러한 자유주의적 역사관의 그늘에는 여전히 쇠퇴에 대한

58) Patten, *Premises of Political Economy*, 14, 19, 120, 216, 220, 222~44.

59) Simon N. Patten, "The Effect of the Consumption of Wealth on the Economic Welfare of Society," in *Science Economic Discussion*, Henry Carter Adams et al. (New York: Science, 1886), 123~35; Simon N. Patten, "The Theory of Social Forces," *AAAPSS*, 7, Suppl. (January 1896); Fox, *Discovery of Abundance*, chaps. 3~4. 현실적 소비 유형의 맥락에서 이루어진, 소비 관련 사고에 대한 통찰력 있는 연구로는 Daniel Horowitz, *The Morality of Spending: Attitudes toward the Consumer Society in America, 1875~1940* (Baltimore: Johns Hopkins University Press, 1985).

공화주의적 우려가 도사리고 있었다. 쾌락경제(*pleasure economy*)에 진입하면서 "많은 국가들이 차례로 몰락하게 되었고," 자신의 성격을 수호하지 못한 채 악덕과 무기력에 빠지게 되었다는 것이다. 근대 국가들은 장기간 전환기를 겪고 있어서, 조건이 변했음에도 불구하고 낡은 관습과 욕망이 지속되었다. 더욱이 이민으로 인해 원시적 관습을 가진 사람들이 대량으로 유입되었다. 역사의 불확실성을 수용하고 싶지 않았기 때문에, 패튼은 쾌락경제의 실현으로 귀결되는 "정상적인" 진로가 당연히 존재한다고 선언했다. 곧, 개인들은 자신의 쾌락을 선택할 수 있지만, "그들의 선택은 반드시 사회복지의 조건에 일치해야 한다. 그렇지 않으면 그 종족은 살아남을 수 없다." 이렇게 해서 오랜 시간에 걸쳐 종족에 유익한 "사회적" 동기들만을 유지되게 만드는 자연선택이 작동한다. 당시 생겨나던 순수한 쾌락경제는 궁극적으로 "사회적 공동체"(*social commonwealth*)가 될 것이라고 그는 보았다.[60]

패튼이 자기 이론을 근본적인 지점까지 전개할수록 점점 명백해지는 것은, 궁극적인 조화에 대한 신념에도 불구하고 자본주의 경제의 자연선택 법칙과 "사회적" 동기를 발전시키는 사회의 자연선택 법칙 사이에 갈등이 존재한다는 사실이었다. 자본주의적 경쟁은 인간주의적 감정이 비록 그 과정을 완화시킨다고 할지라도 종속계급들이 "근절" 되었을 때에만 자율적이고 지적인 노동자들을 창출한다고 그는 1889년에 말했다. 1896년에는 자신의 논문 "사회동력 이론"(Theory of the Social Forces)에서 한편으로 포괄적 의미의 사회적 책임을 촉진하는 보다 높은 민주주의적 이상과 사회적 유대의 발전을 강조했다. 그러나 그와 동시에 그는 무지한 노동자들을 배제하는 차별적 결합을 창출함으로써만 사회는 전진할 수 있다고 주장했다. 제5장에서 인용했던 패튼의 관찰, 즉 미국에서 사회집단들이 흑인들이나 "파업불참자"(*scab*),

---

60) Patten, "Theory of Social Forces," 77, 84.

이민자 집단들과 같은 하류집단들로부터 자신들을 차별화하는 방식을 패튼은 결국 인정하게 되었다. 구분의 기준선이 "아직 분명하고 적절하게 그려진 것은 아니지만, 지금 그려진 선은 성장하고 있는 시민적 본성이 작동하는 방식을 의미한다." 기딩스와 마찬가지로 패튼도 미국이 사회적 공동체라는 포용적 결합체로 발전하는 방법은 선택적이고 차별적인 경쟁에 의할 것으로 믿었던 것이다.[61]

기딩스와는 달리 패튼은 이와 같은 상충적 관점에 점점 더 불만족하게 되었다. 1899년에 그는 "진보는 평등보다 더 높은 법칙이며, 국가는 어떠한 경우에도 진보를 선택해야만 한다"고 선언했다. 진보로 가는 유일하고 확실한 길은 "악덕과 비효율의 근절"이었다. 1902년에 이르러서는, 경제적 이유로 가난해진 사람들과 적응에 실패한 사람들을 구별하게 되었으며, 후자만이 우생학적 치료를 요하는 진화의 실패자라고 주장했다. 또한 패튼은 차별적(*invidious*) 개혁보다는 개선(*amelioration*)에 노력을 집중했지만, 결코 전자를 포기한 것은 아니었다. 과연 그가 펜실베니아 대학에서 훈련시킨 열성적인 사회사업가들과 개혁행동가들이 패튼이 지녔던 이 양면성을 간과하고 있었는지 혹은 공유하고 있었는지는 대단히 흥미로운 사실이다.[62] 오늘날 명백한 것은, 패튼이 차별적 경쟁과 포용적 민주주의의 이상, 양자 모두에 집착했던 것이 단순히 19세기의 후유증이 아니라 경쟁적 자본주의에 사회적 윤리를 결합시키려던 새로운 자유주의적 시도에 내재된 모순을 치열하게 인식한 결과였다는 점이다.

---

61) Simon N. Patten, *The Consumption of Wealth* (Philadelphia: T. and J. W. Johnson, 1889), 65; idem, "Theory of Social Forces," 133~43.

62) Simon N. Patten, *The Development of English Thought* (New York: Garland, 1974[1899]), 302~3; Fox, *Discovery of Abundance*, 89, 93, 210~1; Steven A. Sass, *The Pragmatic Imagination: A History of the Wharton School, 1881~1981* (Philadelphia: University of Pennsylvania Press, 1982), 98~9, 102~9.

경제적 진보에 대한 이러한 시각을 일관된 역사적 진화 이론으로 만드는 데 패튼은 대단히 주의를 기울였지만 그다지 성공적이지는 못했다. 패튼은 "사회적 동력"들이 어떻게 형성되는지를 설명하기 위해 윌리엄 제임스(William James)와 제임스 볼드윈(James Mark Baldwin)의 새로운 기능주의 심리학(*functional psychology*)을 최초로 도입한 사람들 중 하나였다. 그는 "정신기제의 구성적 활동"이 어떻게 이상과 "사고형태"를 창출하고 이상과 사고형태가 다시 모든 인식을 채색하여 인류가 살고 있는 "주관적" 환경을 만들어내는지 보여주었다. 그는 애초에 이론으로부터 연역한 생물학적 · 심리학적 · 사회적 진화의 일반원리들을 토대로 영국 사상사, 곧 자신의 "역사의 경제적 해석"을 저술하려 했다. 그러나 그도 인정했듯이, 역사의 복잡하고 변화하는 조건들 속에서는 이러한 일반법칙들이 귀납적 역사분석으로 검증될 수 없었다. 일반적 법칙과 역사적 특수성을 연결해야 할 필요성 때문에 그는 결국, 기후가 인종 심리에 미친 영향이나, 운동신경이나 지각기관의 심리적 정향이 다양한 문화적 시기에 미친 영향 등에 크게 의존하게 되었다. 그 결과는 심지어 패튼에게조차 황당한 혼합물이었다.[63]

거듭 시도했지만, 패튼은 결코 한계주의 경제학에 대해 경쟁력 있는 역사주의적 대안을 만들어내지 못했다. 이러한 실패는 그에게 국한된 것이 아니었다. 역사변화를 중시하는 것은 금지되었거나, 혹은 역사주의적 가능성이 축소된 자유주의 모델들에 흡수되어 갔다. 그러나 역사주의는 당시까지 확실한 용도를 지니고 있었고, 패튼보다는 역사의 모순에 덜 절망적이었던 경제학자들에 의해 사용될 수 있었다. 문제는 어떻게 사용하느냐였다. 일부 역사주의 경제학자들은 역사탐구가 고

63) Patten, "Theory of Social Forces," 37, 45, 54, 70, 80~5, 126~33; Patten, *Development of English Thought*, v, vii. Patten은 지구상 인류의 진화에 적용되는 일반 법칙과 오직 우주의 다른 생명체에 관한 지식으로부터 생겨날 수 있는 진정한 보편 법칙을 구별했다.

전경제학에 필적하는 경제법칙을 창출할 것이라고 믿기도 했지만, 이러한 기대는 세기의 전환기에 이르러 대체로 사라졌다. 미국에서 역사주의 경제학은 아무 형식이 없이 세세한 경험적 사실들만을 산출했다고 널리 비판되었기 때문이다. 그러나 이러한 비판은 전적으로 사실은 아니었다. 예컨대 슈몰러(Gustav Schmoller)의 연구나 시드니 웹(Sydney Webb)과 베아트리체 웹(Beatrice Webb) 부부의 영국 노동조직사, 좀바르트(Werner Sombart)와 홉슨(J. A. Hobson)의 종합적 연구들, 그리고 일단의 사회주의자와 준사회주의자 저술가들에 의해 역사분석의 유용한 종합적 범주들과 모델들이 개발되었던 것이다. 그러나 이에 공감하는 미국 경제학자들조차 이 모델과 통찰들을 어떻게 발전시킬지 거의 알지 못했다. 예를 들어 제이콥 홀랜더(Jacob H. Hollander)는 1898년에 웹 부부의 노동조합 연구가 경제학의 모델이라고 환영했지만, 역사-경험적 분석에 대한 일관된 시각을 형성하지는 못했다. 결과적으로 홀랜더가 지녔던 경제학의 경험적 토대에 대한 관심은 곧 역사주의적 기원으로부터 멀어져서 입증된 이론에 대한 과학적 요구로 돌려지게 되었다.[64]

역사주의 경제학자들이 직면했던 어려움 중의 일부는 미국 역사학 분과학문의 상태에도 기인했다. 이 시기 동안 경제학자들은 역사를 하나의 부수적 분야로만 연구했으며, 대학원에서도 부분적인 역사적 사실을 포함한 경험적 주제들을 선택하는 정도였다. 이러한 경험이 경제

---

64) Broadus Mitchell, "Jacob Harry Hollander," *DAB*, Suppl. 2, 310~2; J. H. Hollander, "A Study of Trade Unionism," *PSQ*, 13 (December 1898): 694~704; idem, "The Scope and Method of Political Economy," *Congress of Arts and Sciences*, 7: 64~5; idem, "The Present State of the Theory of Distribution," *PAEA*, 3d ser., 7 (February 1906): 40~3; idem, "Economic Theorizing and Scientific Progress," *AER*, 6, Suppl. (March 1916): 124~39와 "Tendencies in Economic Theory - Discussion," 162~9.

학자들에게 역사를 토대로 경제학을 재구성하도록 장려할 수는 없었던 것이다. 앞으로 논의하겠지만, 당시 역사학자들은 역사분석을 위한 기초 사료들과 세밀한 기초연구들을 제공하느라 분주했다. 이 외에는, 학계의 분열과 승진구조 때문에 역사학자와 경제학자가 모두 상호 연결되지 않는 단편적 연구들에만 전념하는 식이었다. 보다 기본적인 문제점은 역사학자들을 사실주의로 내몰게 된 경험주의 인식론과 현실주의적인 문화적 충동이었다. 모든 지식이 지니는 개념적 본질과, 역사적 지식에서 이론이 가져다주는 발견적(*heuristic*) 가치를 인식하지 못한 채, 이들은 역사 속에서 경제학에 유용할 수 있는 분석적 일반화를 발견할 방도가 없었다.

세기말에 등장한 다양한 경제적 역사해석에 대한 역사학자들의 반응은 시사하는 바가 크다. 역사학자들은 람프레흐트(Karl Lamprecht)[65] 나 패튼의 독특한 이론들을 단일한 경제적 요인과 경제 결정론이라고 기각했을 뿐 아니라, 한계주의 경제학과 결합하기 이전의 셀릭먼의 이론에도 부정적이었다. 셀릭먼은 원래 자신의 이론이 경제학보다 "역사학에 훨씬 더 적합"할 것으로 기대했었다. 역사학자들이 "사회제도들"에 대해 보다 광범위하게 연구해갈 것으로 생각했기 때문이다. 그러나 심지어 "새로운 역사학"에 대해 공감했던 역사학자들까지도 분류와 조

65) 옮긴이 주: Karl Gottfried Lamprecht(1856~1915) — 독일의 경제사가로, 본 대학과 마르부르크 대학의 교수를 거쳐 라이프치히 대학 총장을 역임했다. 중세 경제사를 전공했으며, 경제사 연구에서 더 나아가 인간생활의 기본요인을 심리 속에서 파악하는 한편, 역사의 대상을 정치·경제·사회·문화의 광범위한 분야로 확대하여 통일적이고 법칙적으로 파악하려고 하였다. 또한 법칙과학으로서의 역사학의 수립을 주창하여 종래의 랑케적 역사학을 비과학적이라고 비난함으로써 기성 사가들로부터 공격 받았으며 독일 사학계에 유명한 '문화사논쟁'을 유발시켰다. 주요 저서로는 《독일역사》 전 19권(1891~1909), 《역사학에서의 구경향과 신경향》(1896), 《문화사의 방법》(1900), 《근대역사학》(1905), 《역사적 사고입문》(1912) 등이 있다.

직화라는 셀릭먼의 결정론적 원칙들에 대해 강력히 반대했다. 이렇게 해서 역사연구에 경제이론이 도입되기 시작하는 것은 혁신기에 이르러 보다 급진적인 젊은 역사학자들이 경제이론에 매력을 느끼고 이를 경험연구를 통해 검증하게 되면서였다.[66)]

역사경제학자들이 역사주의적 관점과 역사학의 특수성을 흡수할수록 이들은 역사경제학에서 멀어져서 경제사로 다가가고, 세기의 전환기 이후에는 경영사(*business history*)에 초점을 좁힌 영역으로 옮겨가게 되었다. 이러한 결합이 돌이킬 수 없도록 단단하다고 느낀 많은 재능 있는 역사경제학자들이 이 분야로 넘어갔다. 예컨대 원래 옥스퍼드 대학에서 역사주의의 반발에 가담했던 애슐리(William J. Ashley)는 하바드 대학에서 세밀한 중세 경제사 연구에 점차 몰두하게 되었다. 정밀 연구의 실제 부담 때문에, 또한 "나태와 과학적 조심성"으로 인해 "전문 역사학자들은 어느 정도 협소한 관심영역 안에 갇히게 된다"고 그는 불평하곤 했다. 보다 현실적이고 강한 영향력을 위해 애슐리는 이후 이 연구도 포기하고 하바드를 떠나 영국으로 건너가서 상업학교를 설립했다. 슈몰러를 사사한 유능한 역사경제학자 에드윈 게이(Edwin F. Gay)도 엘리엇의 격려 속에 하바드에서 같은 일을 했다. 하바드 경영대학원을 설립했던 것이다.[67)]

---

66) Seligman, *Economic Interpretation of History*, 163~4; Edward P. Cheyney in "Discussion," to E. R. A. Seligman, "The Economic Interpretation of History," *PAEA*, 3d ser., 3 (February 1902): 393~7; C. W. Alvord, "Review of E. R. A. Seligman, *Economic Interpretation of History*," *AHR*, 8 (April 1903): 517~9.

67) W. J. Ashley, "The Study of Economic History: After Seven Years" (1899), in *Surveys Historic and Economic* (London: Longmans Green, 1900), 29~30; Herbert Heaton, *A Scholar in Action, Edwin F. Gay* (Cambridge, Mass.: Harvard University Press, 1952). 역사학 속에서 발전한 진보주의 경제사의 종류에서 분리하여 경제사 분과를 신설한 것에 대해서는 Steven A. Sass, "Entrepreneurial Historians and History: An

그럼에도 불구하고 커먼스처럼 도금기를 살아남은 일부 역사경제학자들은 종합적 결론에 도달하려는 노력을 계속했다. 커먼스는 원래 지상의 "신국"을 목표로 하는 복음파의 일원이었다. 도금기 위기를 겪었던 다른 이들과 마찬가지로 그의 주 관심은 노동계급의 불평등이었는데, 커먼스의 독특한 관점은 불평등에 대한 이 확실한 인식을 전통적인 개인주의적·예외주의적 전제들과 결합한 데 있었다. 애초에 자신들의 기회를 어떻게 활용하는가는 개인들의 책임이었다고 그는 강조했다. 공화주의 정치와 생산자 경제가 자유로운 토지소유에 의해 뒷받침되면서 개인들의 노력을 보상하여 경제적 독립과 실질적 시민권을 가져다주었다는 것이다. 그러나 1890년대에 이르러 정치는 부패했고 시장의 수확은 자본가들에 의해 독점되었다. 그 결과 미국은 재생(*regeneration*)을 위한 엄청난 노력을 필요로 하고 있다고 그는 주장했다.[68)]

세기 전환기에 커먼스는 그 세대에 속한 대부분의 사람들처럼 변혁이 임박했다는 희망을 포기했다. 대학에서 쫓겨난 뒤 그는 1902~1904년에 독립적 기업단체인 미국산업위원회(United States Industrial Commission)의 연구직에 종사했고, 그 후 계몽된 사업가들과 보수적 노동계 지도자들을 결합하여 새로운 자유주의적 시도를 시작하던 전국시민연합(National Civic Federation)을 위해 연구 활동을 했다. 이 과정을 겪으면서 커먼스는 "지난 20년 동안 사적 이익의 조직화만큼이나 조용하면서도 강력한 사회운동은 없었음"을 깨닫게 되었다. 공고화된 경제에서 개인은 혼자서는 더 이상 자신의 의지를 관철하고자 희망할

Essay in Organized Intellect" (Ph. D. dissertation, Johns Hopkins University, 1977)에서 논의되고 있다.

68) John R. Commons, *Social Reform and the Church* (New York: Thomas Y. Crowell, 1894), 4, 36~7, 92; Commons가 Ely에게 쓴 편지 1894년 1월 30일자, Ely Papers; John R. Commons, *The Distribution of Wealth* (New York: Macmillan, 1893).

수 없지만, 계급으로 뭉치거나 조직화되면 자신들의 이해관계를 보호할 수 있다는 것이었다. 커먼스는 이익집단을 중심으로 정치적 대표권을 재조직화하고 노동계급에게 헌정질서 내의 공정한 지위를 제공하고 싶어했다. 그는 공화주의의 균형(*balance*)의 논리를 클라크의 대양 비유에 접목시켜 "최초의 원칙들"로 돌아가고자 했다.[69)]

> 권리장전(Magna Carta) 시기 이래 우리가 주장해 온 위대한 헌법적 보장들은 종속계급을 지배계급과 평형상태에 놓기 위해 채택된 것이다. … 이것이 달성된다면, 어떤 계급이나 계급의 일부도 모든 유권자들을 좌우할 만큼 커지지는 않을 것이다. 대양의 파도처럼 아래위로 움직이지만, 결국에는 그 아래의 거대한 흐름으로 되돌아가는 것이다.[70)]

계급들은 상충되는 이해관계를 가지고 있으며 정치와 경제는 계급갈등의 무대였다. 정치권력은 재조정되어 노동자들에게 노동조합을 통해 공정한 싸움을 하도록 허용해야 했다. 그러나 계급들은 결국 이익집단의 결집이었다. 투쟁은 경쟁적 시장과 균형적 공화주의 헌법 내에서 계속될 것이며 이들에 의해 평형을 이루게 될 것이었다.

카네기 재단(Carnegie Institution)의 경제사 프로젝트에서 재정지원을 받아 커먼스는 위스콘신 대학에서 자신의 정치경제학을 뒷받침할

---

69) John R. Commons, "Representative Democracy" (1900), in *Representative Democracy* (New York: Bureau of Economic Research, 1900), 20, 23~4. 계급간 균형에 대해서는 J. G. A. Pocock, *The Machiavellian Moment* (Princeton, N.J.: Princeton University Press, 1975)의 James Harrington에 관한 부분 383~400을 참조.

70) John R. Commons, "Class Conflict: Is It Growing in America, and Is It Inevitable?" (1906), in *Labor and Administration* (New York: Macmillan, 1913), 82~4.

수 있는 방대한 미국 노동사 저술을 시작했다. 학생들과 더불어 커먼스는 노동사 분야의 진지한 연구를 개척하여, 역사학의 방법들은 물론 경제이론과 정치이론에서 끌어온 분석적 목적들까지 도입했다. 그 결과는 미국 노동사에 대한 예외주의적 해석의 창조였다. 커먼스의 핵심 주장은, 경쟁적인 시장조건과 독특한 역사적 환경의 산물이기 때문에 미국의 노동조직은 독특하다는 것이었다. 맑스와는 달리, 미국 노동자들은 공장이 생겨나기도 전에 시장에서 자신들의 경제적 위상을 보호하기 위해 조직화되었다고 커먼스는 주장했다. 그 결과는 자본주의적 착취가 아니라 시장의 확대와 이로 인해 변화된 관계 및 "불공정한" 경쟁이었다. 유럽의 이론가들은 이와 같은 중요한 사실을 간과했다는 것이다.

> 유럽사 연구에는 순수한 경제적 사실들을 감추고 혼란스럽게 하는 경향이 있다. 단순한 경제적 과정으로 간주되는 산업진화(*industrial evolution*)는 사실 그 위에 부과된 다양한 인종적·군사적·종족적·봉건적·종교적·길드적 규제와 제한들을 거치면서 진행되어야 했다. …이렇게 인종이나 길드나 군대나 성직자 등의 덮개를 지니지 않는 미국적 개인주의의 확고한 단순성이야말로 우리들로 하여금 모든 경제구조들의 진화과정을 유년기에서 성년기에 이르기까지 추적할 수 있게 해준다.

요컨대 상이한 계급이해와 상이한 노동조합조직의 발전은 경쟁적 시장의 당연한 산물로서 미국에서 가장 자연스러운 것이며, 따라서 독특하게 미국적인 결과를 기대할 수 있게 한다는 것이다.[71]

---

71) John R. Commons et al., *History of Labour in the United States*, 4 vols. (New York: Macmillan, 1918~35); idem, "American Shoemakers, 1648~1895" (1909), in *Labor and Administration*, 259~61. 또한 idem, "European and American Unions" (1911), ibid., 149~57도 참조.

"역사의 산물이 알려짐에 따라 그 의미가 읽혀진다"라고 커먼스는 말했다. 커먼스의 역사학이 지향한 산물은 임금과 직업의식에 계급의식이 한정되었던 미국노동연맹(AFL)이었다. 노동자들이 원하는 것은 "임금과 노동시간과 산업안전이며, 재정적 책임은 없어야 하고 존중받을 만한 힘은 지니는 것이었다." 미국의 노동사는 바로 이러한 철학을 반영하는 노조의 발전사였다. 때로 인간주의(*Humanitarianism*)와 "지식인들"이 노동조건의 개선에 기여하기도 했지만, 그들은 오히려 노동자들을 진정한 이익으로부터 멀어지게 했다. 노동의 미래는 단체협약과 노동권의 법적 인정에 있었다. 자발적 협상을 벌이는 것은 역사적이고 정치적인 활동이며, 어떠한 예정된 조화도 없었다. 그러나 커먼스가 이 활동에 큰 기대를 걸었던 것은 이것이야말로 자유주의-공화주의적인 자율적 시민권 발휘의 근대 다원주의적 재창조라고 보았기 때문이었다.[72] 여기에서 새로운 이민자들의 대량유입과 관련하여 커먼스의 큰 문제가 야기되었다. "구세계의 특성들은 시민들로 하여금 신중한 자치(*deliberative self-government*)를 할 수 없게 만들며," 이것이 없이는 자본주의 경제든 공화주의 정체든 제대로 작동할 수 없다고 그는 믿었던 것이다.[73]

커먼스가 혁신기에 만들어 낸 예외주의적 미국 노동이론은 신속히 퍼져 나갔다. 그 역사적-분석적 방법이 경제학에 어떤 영향을 미쳤든지 간에, 커먼스가 전제했던 자연적 시장과 미국 역사 사이의 일치

---

72) Commons, "Introduction," in *History of Labour*, 1: 3~21, 특히 p. 9; idem, "The Opportunity of Management," in John R. Commons et al., *Industrial Government* (New York: Macmillan, 1921), 267~9; Jack Barbash, "John R. Commons and the Americanization of Labor Problem," *Journal of Economic Issues*, 1 (September 1967): 161~7.

73) John R. Commons, "Review of Julius Drachsler, *Democracy and Administration*," *PSQ*, 37 (March 1922): 147; idem, *Races and Immigrants in America* (New York: Macmillan, 1907).

(*congruence*)로 인해 방법론의 영향은 제한적이게 되었다. 나아가 역사학처럼 노동연구도 점점 세부전공들로 나뉘게 됨에 따라 경제이론에 대한 커먼스 이론의 함의는 더욱 약화되었다. 그 사이에 커먼스는 급진주의와 전통주의를 자신만의 방식으로 독특하게 결합할 수 있는 보다 광범위한 역사주의적 관점을 향해 노력을 기울여 갔다.

커먼스의 예가 제시하는 바와 같이, 방법론의 개발은 바로 정치적 의지에 의해 추동되었다. 홉슨과 좀바르트 및 베버의 이론들에 나타났듯이, 자본주의 발전에 대한 독창적인 대안적 관점을 수립하기 위해서는 근대 자본주의와 자국 역사에 대한 보다 비판적인 시각이 요구되었다. 이렇게 해서 미국에서 한계주의의 지배에 대한 가장 지속적인 도전은 토스타인 베블렌의 사회주의적, 진화론적 이론으로부터 생겨나게 되었다.

베블렌의 역사-진화주의

세기의 전환기에 활동한 독창적 사회과학자들 중 베블렌은 유일하게 진정한 외부자였다. 말년에 그는 19세기 유럽의 소외된 유대인 지식인과 동일시될 정도였다. 미네소타 주에 정착한 노르웨이 소작농 출신 농부의 아들로 태어난 베블렌은 출생지와 양육지, 모두에서 고통스러우리만큼 뿌리를 내리지 못했다. 그는 또한 대단히 소극적이면서도 공격적인 인성의 소유자여서, 자기 자신의 충동 속으로 들어가는 한편, 세상의 기성질서에 대해서는 눈부시도록 화려한 파괴적 지성을 발휘하기도 했다. 도금기의 후예들 대부분이 사회주의를 포기하고 자유주의를 택하면서 그 윤리적 입장은 일정한 형태로나마 지니려고 노력했던 반면, 베블렌은 도금기의 사회주의를 고수하면서 그 윤리주의는 경멸했다. 급진주의적 충동에도 불구하고 그의 성격이 이러한 충동을 희석했기 때문에 그는 오히려 공격대상에서 일정 부분 떨어질 수 있었다. 급진적 사고로 인해 그는 언제나 의심을 받았지만, 그가 끊임없이 해고된 이유는 급진적 이념보다는 관습에 얽매이지 않는 여자관계 때문이었다.74)

예일대학에서 철학박사 학위를 받은 베블렌은 무종교라는 이유로 철학교수 임용에서 탈락해 서부로 돌아가 7년간 낭인생활을 했다. 당시의 농촌 급진주의와 에드워드 벨라미(Edward Bellamy)의 사회주의 저서들, 그리고 가족들이 공유하던 민중주의(*populist*) 성향에 이끌리게 되어 베블렌은 1891년에 경제학을 연구하러 코넬대학으로 갔다. 이 해에 베블렌은 경제학자로서 최초의 논문인 "사회주의 이론에서 간과된 몇 가지 점들"(Some Neglected Points in the Theory of Socialism)을 출간했는데, 이 논문에서 그는 전통적 경제학을 파괴적으로 공격하고 도금기 좌파들을 인용함에 있어 벌써 특출한 성과를 보였다.

여기서 베블렌의 전략은 칼튼(Carleton)대학 시절 그의 첫 스승이자, 허버트 스펜서의 반대입장을 취했던 존 베이츠 클라크의 전략이었다. 즉, "제자의 정신에서" 논문을 시작한 베블렌은 미국의 산업상태가 사회주의의 수립으로 귀결될 수 있는 가능성을 제시하면서 끝을 맺었다. 사회주의가 추구하는 사회조직 형태는 스펜서가 주장한 것처럼 신분(*status*) 체제로의 복귀가 아니라, 정치영역에 이미 존재하는 "입헌정부"이며, 특히 미국에서 "민주주의 전통과 정신습관(*habits of mind*)"이 된, "영어사용 인민들이 자랑스러워하는 자유주의 제도들"이라고 베블렌은 주장했다. 3년 뒤 시카고 대학에서 그는 콕시(Coxey)의 무리를 동일한 방향의 사회진보를 의미하는 것으로 보았다. 미국의 헌정체계가 "사회주의의 산업 공화국"으로 전환할 수 있다는 것이다. 결국

---

74) 위의 각주 3과 Thorstein Veblen, "The Intellectual Pre-eminence of Jews in Modern Europe" (1919), in *Essays in Our Changing Order*, ed. Leon Ardzrooni (New York: Viking, 1934), 219~31.

도금기의 경제학 논쟁에 그가 참여했던 지점은 바로 사회주의를 향한 진화와 미국 예외주의의 민주적 해석을 연결시키는, 이제 우리에게 매우 익숙해진 바로 그 지점이었다.[75]

그러나 이때 이미 그의 논조와 주장은 독특한 것이었다. 베블렌은 변화의 충격을 완화하는 장치로 공화제적 변혁을 사용하는 대신 오히려 공화제의 역설을 이용했다. 또한 그의 비전은 윤리적 역사학파의 조합주의적 공동체가 아니었다. 사회주의는 불만에 찬 보통 사람들의 요구에 의해 만들어질 것이며, 이는 의심의 여지없이 산업을 국유화하여 민주적인 정부에 귀속시키는 것을 의미했다. 분명 엘리를 염두에 둔 듯, 베블렌은 주로 윤리적 근거에서 사회주의 입장을 취하는 사람들, 곧 "신성한 국가의 권리를 출발점으로 하는, 대서양 이 편의 이른바 권위 있는 사회주의자들"은 사실상 민주주의 정신이 아니라 반동적인 가부장적 정신에 의해 움직이는 것이라고 신랄하게 비판했다.[76]

보통 사람들의 새로운 사회주의적 정서에 대한 베블렌의 분석은 그가 1890년대 말에 《유한계급론》(*The Theory of the Leisure Class*)에서 전개한 경이로운 주장의 출발점이 되었다. 사회주의는 근본적으로 시기심에서 건설되는 것이었다. 모방(*emulation*)은 궁극적으로 인간본성의 보편적 성격이며, 인간은 "자신의 이웃보다 더 나아지기 위해, 더 직접적으로는 더 낫다고 생각하기 위해 다투는 것이다." 그러나 이 욕구를 물질적인 것으로 변환시킨 것은 근대 산업사회였다. 부를 성공의 보편적 기준으로 만들었기 때문이며, 또한 부를 획득하고 누리는 수단들을 더 수월하게 만들고, 모방의 영역을 더 넓히고, "환경을 확대"함

75) Thorstein Veblen, "Some Neglected Points in the Theory of Socialism," *AAAPSS*, 2 (November 1891): 345~62, 359; idem, "The Army of the Commonweal," *JPE*, 2 (June 1894): 456~61, 458; Dorfman, *Thorstein Veblen*, 3~16.

76) Dorfman, *Thorstein Veblen*, 460.

으로써, 접근가능한 성공의 지표들을 더 쉽게 택하도록 만들었기 때문이다. 근대사회에서 "삶의 수준"(*standard of living*)은 무제한적으로 확장될 수 있으며, 새로운 세대가 "이러한 습관으로 뒤덮인 사회"에 태어남에 따라 그 효과는 축적될 것이다. 바로 이 고조된 모방이 "훼손된 정의감"과 "열등감"을 유발했고 사회주의를 낳았다. 사회주의적 사회조직에서는 모방이 "아마 보다 고귀하고 사회적으로 봉사적인" 활동들로 전환될 수 있을 것이다. 분명 이상주의적이기는 하지만, 심지어 노동의 존엄감을 가져올지도 모른다.[77]

모방에 초점을 둔다는 점에서 베블렌은 사이먼 패튼을 따라 근대 자본주의 사회에서 소비의 중요성과 그 성격을 최초로 감지한 미국 경제학자들 중 한 사람이었다. 패튼과 그 동료들 대부분에서는, 소비에 대한 강조가 곧 소비재의 확대가 계급의식을 어떻게 완화시키는지에 대한 평화주의적 관점으로 귀결되었다.[78] 베블렌의 경우, 모방적 소비는 훨씬 문젯거리였다. 모방적 소비는 사회주의를 창출하는 계급갈등을 유발했지만, 또한 그가 이미 일종의 허위의식으로 묘사하던 것, 즉 사회주의에 의해 "아마 보다 고귀하고 사회적으로 더욱 봉사적인" 목표로 대체될, 과도하게 고조된 물질적 모방도 초래했다. 이 허위의식의 존재라는 문제는 베블렌의 분석을 더욱 진전시킨 논점의 하나였다. 다른 하나는 사회주의 철학의 핵심개념인 노동의 존엄성이었는데, 1891년에는 아직 냉소적인 잔여개념 정도로 남아 있어서 이론적 정당화를 필요로 하고 있었다.

패튼과 마찬가지로 베블렌은 자신이 "문화이론"을 필요로 한다는 점을 깨달았고, 이로 인해 그 역시 심리학으로 이끌리게 되었다. 예일

---

77) Veblen, "Some Neglected Points in the Theory of Socialism," 345~62.

78) David B. Schulter, "Economics and the Sociology of Consumption: Simon Patten and Early Academic Sociology in America, 1894~1904," *JHS*, 2 (Fall-Winter 1979~80): 132~62.

대학 시절에 그의 논문은 칸트에 관한 것이었고, 듀이가 헤겔의 관념론을 따랐듯이 그는 신칸트주의 관념론의 길을 따라 심리적 자연주의로 다가갔다. 베블렌은 칸트의 반성적 판단(*reflective judgment*)이라는 규정원리를, 자신이 존스 홉킨스 대학에서 강의를 들었던 찰스 피어스(Charles Peirce)가 논한 "추론의 지도원리"와 동일시했던 것으로 보인다. "우리들로 하여금 주어진 전제로부터 다른 추론이 아닌 어떤 하나의 추론을 끌어내도록 결정하는 것은 천부적이든 후천적이든 일종의 정신습관(*habit of mind*)이다"라고 피어스는 말했다. 물질적 모방과 민주주의 헌정체제의 선호에 대한 자신의 최초의 분석에서부터 베블렌은 이 "습관"을 역사적 경험의 산물로 보았다.[79)]

이후 수년간 베블렌은 특히 맑스와 수정주의자들의 저술들을 읽으면서 생각을 발전시켜갔다. 시카고 대학에서 그는 정기적으로 사회주의 강좌를 개설했으며, 로플린의 〈정치경제학보〉(*Journal of Political Economy*)의 모든 사회주의 관련 서평들을 썼다. 그는 곧 맑스가 가장 위대한 사회주의 이론가임을 인식했고, 칼 카우츠키(Karl Kautsky)의 수정주의를 자신이 "산업공화국"에 대해 취했던 관점과 동일하다고 간주했으며, 맑스를 다윈 및 진화론에 접목시킨 엔리코 페리(Enrico Ferri)[80)]와 안토니오 라브리올라(Antonio Labriola)[81)] 같은 이탈리아

79) Thorstein Veblen, "Kant's Critique of Judgment" (1884), in *Essays in Our Changing Order*, 175~93; Stanley M. Daugert, *The Philosophy of Thorstein Veblen* (New York: Kings Crown Press, 1950), 16~23.

80) 옮긴이 주: Enrico Ferri(1856~1929) —이탈리아의 형법학자. 볼로냐・시에나・피사・로마 대학의 교수를 역임하였으며, 형법에서 실증주의 학파를 창설하여 중남미 제국 및 초기의 소련 형법에 큰 영향을 미쳤다. 1886~1919년에는 사회당 국회의원을 지내기도 했으나, 1926년에는 파시스트로 전향하였다. 주요 저서로는《이탈리아 형법 초안》(1921),《범죄사회학》(1884),《사회주의와 실증과학》(1894),《정치가로서의 무솔리니》(1927),《이탈리아 파시즘과 베니토 무솔리니의 업적》(1928) 등이 있다.

수정주의자들을 찬양했다. 1897년에 이르러 그는 이와 같은 최근의 "분별 있는" 이탈리아 맑스주의자들의 입장은 곧 오직 "사물에 대한 개인들의 습관적 관점"에 영향을 미침으로써 물질적 조건들이 제도에 영향을 미친다는 입장이라고 보게 되었다. 역사에 관한 라브리올라의 "유물론적 관념"은 "사회적 삶과 사회구조에 관한 연구에서 지도원리(*Leitfaden*)"를 제공한다고 그는 말했다. "경제활동과 그에 의해 생겨난 습관"은 "선택적 제거" 과정을 통해 "다른 비경제적 측면에서 사물에 대한 습관적 관점과 활동들을 결정한다"는 것이다. 베블렌은 허위의식의 문제에서 시작해 관념철학을 연구하여 맑스 역사이론의 수정으로 나아간, 미국의 그람시였던 것이다.[82]

베블렌 이론의 틀을 구성한 다른 요소는 기능심리학과 인종인류학이었다. 새로운 심리학에서 그는 인간본성에 관한 근본규범을 발견했다. 인간은 "모든 행위에서 무언가 구체적이고 객관적이며 비인격적인(*impersonal*) 목적의 달성을 추구하는 행위자이다." 노동이 지루하다는 일반적 견해는 "인습적 싫증"일 수 있다. "종의 생존을 위해 이루어지는 모든 활동에" 본능적으로 싫증을 느끼는 종은 없기 때문이다. 베블렌은 "목적의식적 행동"을 지향하는 이러한 근본적 본능을 "근로의 본

---

81) 옮긴이 주: Antonio Labriola(1843~1904) — 이탈리아의 철학자. 초기에는 로마 대학교에서 헤겔 철학과 실증주의 철학을 강의하였으나, 1885년경부터 엥겔스 등과 교류하면서 이탈리아 최초의 정통 맑스주의자가 되어 이탈리아 철학계를 지도하였으며, 이후 초기 이탈리아 공산당 지도자들에게 큰 영향을 미쳤다. 주요 저서로는 《유물론적 역사관에 대한 시론》(1939) 등이 있다.

82) Thorstein Veblen, "Review of Thomas Kirkup, *A History of Socialism*," *JPE*, 1 (March 1893): 300~2; idem, "Review of Karl Kautsky, *Der Parlamentarismus, die Volksgesetzgebung und die Sozialdemokratie*," *JPE*, 2 (March 1894): 312~4; idem, "Review of Richard Calwer, *Einführung in den Sozialismus*," *JPE*, 5 (March 1897): 270~2; idem, "Review of Antonio Labriola, *Essais sur la conception materialiste de l'histoire*," *JPE*, 5 (June 1897): 390~1.

능"(*instinct of workmanship*)으로 명명하고, "역으로 이 본능은 낭비에 대한 경멸에서도 표출된다"고 보았다. 바로 "이 보편적 행동규범"이야말로 "물질을 사용하는 모든 경우에 인간의 삶을 지도하며," 따라서 "경제적 삶의 과정에 관한 이론을 목표로 하는 모든 과학의 지도원리"이다. 그러나 적극적 노동자와 인간성에 대한 기준을 창조하는 "목적의식적 행동"의 성향은 다른 한편으로 사고습관을 만드는 인습적 문화를 창조하기도 한다. 사람들이 세상을 보는 방식은 "사실들(*facts*)을 구별하도록 만드는 이익(*interest*)에 달려 있다."[83] 이와 같이 천부적으로 창조된 인간본성과 문화적으로 결정된 인간본성 사이의 긴장이야말로 베블렌의 이론과 그것이 묘사한 역사의 핵심에 놓여 있었다.

베블렌의 저작을 관통하는 인종이론은 요즘 독자들에게 그다지 매력적이지 않다. 베블렌은 자신이 참고했던 일부 다윈주의적 사회주의 문헌들에서 사용된 생물학적 인종유형에 관한 이론을 수용했으며, 앵글로-색슨적 유산과 예외주의적 운명에 관한 미국내 논의에 빠져들었다. 인종인류학은 베블렌에게 중요한 용도를 지니고 있었다. 역사적 진화에 대해, 그리고 미국 역사와의 연결에 안정적인 생물학적 토대를 제공했다. "장두금발"(長頭金髮, *dolichocephalic blond*) 인종은 어쨌든 "영어사용 국민의 자랑스런 자유제도"의 창조자이자 후예들이었다. 그러나 소란스럽고 자유를 사랑하는 성격을 창조한 이 공격성은 긴 두상을 가진 이 인종으로부터 궤변과 폭력 및 사기의 달인들인 자본가 엘리트들도 만들어냈다. 베블렌의 스타일은 항상 통념들을 버리는 것이 아니라 이런 식으로 전복시키는 것이었다. 이와 동시에 그는 자신의 인종적 뿌리에 대한 관심도 발전시켰다. 그는 북유럽 신화에 깊은 애착을 가졌고, 나중에는 아이슬랜드의 전설들을 번역하기도 했다. 혁

83) Thorstein Veblen, "The Instinct of Workmanship and the Irksomeness of Labor," *AJS*, 4 (September 1898) : 187~90; idem, *Theory of the Leisure Class* (New York: Modern Library, 1934〔1899〕), 9.

신기의 인종적 편견의 분위기 속에서 이와 같은 방어적인 인종적 정체성은 소외된 자들(*outcasts*) 사이에서 유별난 반응은 아니었다.[84]

1899년에 베블렌은 유한계급에 관한 진화이론에서 이 주제들의 결실을 맺었다. 인류가 살았던 초창기의 긴 몽매(*savagery*)의 시기[85]는 생존에 관한 집단적 관심이 개인적이고 이기적인 동기에 우선하던 근본적으로 평화로운 시기였다. 따라서 바로 이 선사(先史)의 긴 몽매기에는 근로의 본능이 습관과 자연선택을 통해 인간본성의 기층을 이루었다. 도구의 사용이 잉여의 창출로 이어지자, 약탈이 일상화되고 새로운 노동규준과 사고습관이 생겨났다. 사냥꾼과 전사의 수탈능력은 존경의 대상이 되고, 채집과 농경의 저급한 노동은 비하되었다. 부가 축적되면서, 신분제도가 성과 연령의 구분 — 저급한 노동에 내몰린 것은 여성과 젊은 사람들이었다 — 을 따라 처음 발전했으며, 그 후에는 계급에 따라 발전했다. 고도의 야만(*barbarism*), 혹은 봉건제 아래에서 재산과 부를 소유한 유한계급은 노동과 유용성에 대해 자신들이 지닌 뚜렷한 경멸을 고도로 발전시킴으로써 권력을 과시했다.[86]

"준평화"(*quasi-peaceable*)의 산업시기에 도달하면서 베블렌은 자신의 핵심적 논점을 불러들였다. 바로 근대산업의 소유자와 경영자들이야말로 봉건 엘리트의 계승자들이라는 것이다. 이들은 금전적 수확에 대한 관심으로 인해 선조들과 동일한 약탈적 행태를 갈구했고 이에 종사

84) Veblen, *Theory of the Leisure Class*, 215. 특히, 사회주의 경향을 막연하게 가졌던 Georges Vacher de Lapouge를 그는 인용했다. Linda L, Clark, *Social Darwinism in France* (University: University of Alabama Press, 1984)를 참조.

85) 옮긴이 주: 사회진화론은 인류의 진화과정을 몽매(*savagery*), 야만(*barbarism*), 문명(*civilization*)으로 구분한다. 여기서 야만은 군주제와 봉건제의 시기에 해당되며, 문명은 근대 시민사회를 지칭한다.

86) Veblen, "The Instinct of Workmanship," 190~201, 197. Veblen은 *Theory of the Leisure Class*, chaps. 1, 2에서 동일한 근거를 제시한다.

했으며, 고귀함에 대해 똑같이 우아한 규준을 채택했다. 근대적 조건 하에서 이들이 폭력에는 관심을 덜 가졌다고 한다면, 그 대신 사기에는 탁월했다. 근대산업의 발전으로 인해 모든 사람이 무언가 일한 것을 보여야만 하는, 곧 생산성에 대한 새로운 관심이 생겨났다고 한다면, "과시적 소비"(*conspicuous consumption*)가 "과시적 여가"(*conspicuous leisure*)를 대신해 고귀함의 제일의 징표가 되었다.

근대사회에서 노동계급은 노예와 같던 선조들처럼 금전적 수확이라는 규준과 별 상관이 없었다. 그럼에도 불구하고 특히 산업사회에서 유한계급이 지닌 고귀함의 규준은 사회계서(社會階序)의 아래로 흘러 내려서 하층계급이 이미 지고 있던 착취의 짐에다가 일종의 허위의식까지 부가시켰다. 그의 가장 냉엄한 구절 중 하나에서 베블렌은 다음과 같이 주장했다.

> 유한계급 제도는 하층계급을 보수적으로 만들도록 작동한다. 바로 하층계급이 새로운 사고습관을 배우고 갖추는 데 드는 노력을 할 수 없도록 만들 때까지, 그들로부터 생계수단을 가능한 한 많이 빼앗고, 그래서 소비를 감축시켜 결과적으로 그들이 지닐 수 있는 에너지를 감소시키는 것이다.

이와 동시에, "고귀함의 규준을 수립함에 있어 상층계급이 세운 절대적 예가 과시적 소비를 촉진시킨다." 미국 사회의 해석자로서 베블렌은 자본가 계급의 권력이 증대하면서 미국에서 귀족이 생겨날 수도 있다는 토크빌의 추측을 입증했다. 도금기에 미국이 도달하게 된 계급사회에서, 민주주의는 계급을 소멸시킨 것이 아니라, 모방의 영역을 확대시키고 그에 따라 상층계급의 헤게모니가 강화되었을 뿐이라는 것이다.

그러나 상반되는 경향도 작동하고 있었다. 집요한 도구적 합리성을 지닌 채 기계화 과정이 근대문화를 지배하게 된 것이다. 산업화는 근로본능을 부활시켰고, 특히 산업에 고용된 노동자들과 하위 관리자들 사이에서 유한계급의 낡은 사고습관을 뒤흔드는 비인격적이고 실질주의적 태도를 낳았다. 노동계급 급진주의뿐 아니라 과학의 대두나 "새로운 여성"과 보다 기능적인 미적 기준들의 등장들에서 베블렌은 낡은 유한계급 습성이 흔들리는 것을 보았다. 게임은 접전이었고 베블렌은 어느 쪽에도 기울지 않았다. 그러나 그가 지닌 진화론적 구조로 볼 때, 그는 언제나 역사진보의 힘이 되었던 기저의 산업화 과정에, 그리고 여전히 인간본성의 기초를 이루는 생산본능에 미래를 맡겼다.[87)]

《유한계급론》에서 가장 중요한 경제적 개념은 "산업적" 기능과 "금전적" 기능의 구분이었을 것이다. 생산적 노동의 정당화, 그리고 자본축적과 이윤추구의 부당성은 이미 사회주의와 남북전쟁 이전 급진적 예외주의 및 민중주의에 동일하게 나타났다. 베블렌은 정직한 노동과 단순한 투기 사이의 구분, 그리고 생산자와 기생적 소유자·중개인·화폐상(*money handler*) 사이의 구분을 전체 자본주의 발전과정으로 옮겨 놓았다. 노동자와 기술자에 의해 수행되는 산업적 기능과 소유자와 경영자의 금전적 기능을 구분하는 것이 근대 산업사회에서 훨씬 더 중요해졌다는 것이다. 이러한 구분은 미국의 경영제도들과 미국 자본주의의 탐욕적 문화에 대한 지속적 비판의 토대가 되었다.[88)]

1904년에 베블렌은 이를 새로운 기업이론으로 발전시켰다. 슈몰러와 좀바르트가 제시했던 자본주의 발전의 역사적 범주들에 근거해 그는 당시 한계주의가 간과하고 있던 것을 분석했다. 즉, 1870년경 이후

---

87) Veblen, *Theory of the Leisure Class*, chaps. 8~9, 특히 pp. 196, 204; Alexis de Tocqueville, *Democracy in America* (New York: Vintage, 1954〔1835〕), vol. 2, chap. 20.

88) Dorfman, *Thorstein Veblen*, 3~16; Thorstein Veblen, *The Theory of Business Enterprise* (New York: Scribner, 1904).

미국이 화폐교환에 의해 지배되던 시장경제로부터 신용에 의해 지배되는 시장경제로 전환되고 있으며, 이에 따라 특히 신용을 공급하는 금융업자에 의한 기업 통제가 증가하고 있음을 분석했던 것이다. 베블렌은 점점 격심해지던 번영과 침체의 순환주기에 초점을 두었는데, 그의 설명은 소유자와 경영자의 경영성향과 생산 사이에 존재하는 심각한 괴리에 근거를 두었다. 맑스가 영국정부 보고서들을 이용했던 것만큼이나 효과적으로 미국산업위원회(U. S. Industrial Commission)의 보고서를 이용하면서 베블렌은 오로지 금전적 동기만을 지닌 "산업 지휘관들"(*industrial captains*)이 살인적 경쟁을 통해 혼란을 조성하고 실질가치 이상으로 명목가치를 올리면서 호황과 불황의 순환을 유발시키고 있음을 보여주었다. 이 역설적 효과를 보이기 위해 베블렌은 가격이 정상적 평형을 추구한다는 한계주의자들의 김빠진 설명을 독자들에게 상기시킬 필요도 거의 없었다. 홉슨이 경고했듯이 이처럼 소모적인 체제의 결과는 체제 자체의 소멸, 즉 "전쟁과 군비 및 제국주의 정치"가 "상위 정치(*high politics*)의 절박성"에 따라 기업이윤을 희생시키는 것일 수 있다고 그는 예측했다. 이보다 개연성이 큰 것은 사회주의였다. 기계화 과정이 노동자들 사이에서 근로의 본능을 부활시키고 있었기 때문이다. 결국 "노동조합 정신"(*trade union animus*)의 논리적 결과는 — 많은 금전적 요소들의 "잔존"에도 불구하고 — 사회주의라는 것이었다.[89]

우리가 공부해 온 다른 사람들처럼 베블렌의 이론은 미국 역사의 경로는 물론 자기 분과학문의 경향을 수립하려는 의도를 지니고 있었다. 1896년에 처음으로 베블렌은 이탈리아의 다윈주의적 맑스주의로부터 자극받아 왜 경제학과 사회학이 진화론적 과학이 아닌지 의문을 품게 되었고, 2년 뒤에는 직접 경제학계 동료들에게 이 질문을 던졌다. 그

89) Veblen, *Theory of Business Enterprise*, 특히 chap. 7과 pp. 328~55, 395.

자신의 해답은 고전경제학이 대단히 상이한 접근방법에 의해 지배되기 때문이라는 것이었다. 즉, 고전경제학은 종종 역사적 사실과 인과적 설명에 근거하지만, 그 분석을 다시 "정상성"(*normality*) 이라는, 경제 과정에 대한 본질적으로 목적론적인 설명으로 회귀시킨다. 어떤 다른 인과적 경로를 따라 전개되는 현상들은 단순히 "교란요소들"로 무시된다. 이러한 자세는 거의 신앙과도 같은 것이며, 과거의 자연법 이론과 쾌락주의 심리학, 그리고 낡은 물활론적 정신습관에서 유래된 것이라고 베블렌은 비판했다.

경제학이 설명하려고 노력해야 할 것은 "어떤 일을 하는 방법, 즉 삶의 물질적 수단을 다루는 방법에서 나타나는 변화의 연속과정"(*sequence*) 이라는 역사적 질문이다. 역사는 문화적 과정이므로, "진화론적 경제학은 경제적 이해관계에 의해 결정된 문화성장 과정에 대한 이론이어야 하며, 과정자체로 진술된 경제제도들의 축적적 과정(*cumulative sequence*)에 관한 이론이어야 한다." 여기에서 역사주의적 경제분석의 필요성이 제기되었다.[90]

그러나 베블렌은 즉시 역사학파를 모델로서 거부했다. 역사변화에 관한 이론이 아니라, 기술적(*descriptive*) 이고 서사적(*narrative*) 이며 부분적으로만 인과적 설명을 제공하기 때문이었다. 그가 제안한 모델은 생물학, 심리학과 인류학이 사용하는 진화론적 과학으로, "열린 과정에 대한 유전학적 설명"[91]을 제공하는 것이었다. 베블렌이 이해한 역사는 폐쇄체제의 단일한 유전적 과정으로서 그 주요 변수들은 보편적인 생물학적 범주들과 시간에 따른 이들간의 상호작용에 근거했다. 이러한 방식으로 역사를 다루는 것은 진화론적 실증주의(*evolutionary*

---

90) Veblen, "Review of Ferri, *Socialisme et science positive*," 97~103; Thorstein Veblen, "Why Is Economics Not an Evolutionary Science?," *QJE*, 12 (July 1898): 384, 387~8, 390~1, 393.

91) Veblen, "Why Is Economics Not an Evolutionary Science?," 378, 388.

positivism)의 방법이다. 따라서 그가 추적했던 "경제제도들의 축적적 과정"은 종종 역사적 증거들과 멀리 떨어져 있었다. 실제, 문화변동이 "선택적 제거"(*selective elimination*)에 의해 작동된다는 관점으로 인해 그는 면밀한 역사분석을 피해갈 수 있었다. 그러나 베블렌은 스펜서뿐만 아니라 맑스로부터도 배웠으며, 문화적 뉘앙스와 제도적 변화를 보는 날카로운 안목을 가지고 있었다. 그가 제한된 시기의 역사에 초점을 두었을 때, 예컨대 근대 기업경영 분석이나, 전쟁 당시 수행된 독일 군국주의의 제도적 뿌리에 대한 연구, 그리고 전후 저술한 부재자 소유권에 관한 저서처럼 베블렌은 역사적 근거와 폭넓은 의미를 모두 가진 업적들을 내놓았다.

역사주의적 전제들과 실증주의적 전제들 간의 괴리는 점점 베블렌을 곤란하게 만들었다. 《기업론》(*Theory of Business Enterprise*)을 저술한 이후 그는 생물학과 심리학 때문에 인종과 본능이라는 자신의 범주가 불안정해지고 있음을 인식했고, 역사변화가 자신의 설명보다 더욱 복잡하고 모순된 효과를 발생시킨다는 것을 깨달았다. 그 결과 베블렌은 1914년에 이러한 복잡성들에 맞추어 자기 이론을 다시 쓰게 되었다. 그는 원래의 인간본성이 다시 압도적이 되도록 되돌아가는 경향이란 역사에 존재하지 않으며, 지금까지의 역사단계들처럼 이러한 본능들이 방해받지 않고 기능하는 데 더 적합했던 역사 시기는 없었다는 점을 인정했다. 그러나 여전히 그는 자신이 구상했던 예외주의적 경제공화국의 윤곽을 그려낼 수 있었다. "시간과 공간 및 인종의 측면에 있어서," 그는 "근대 기계공학, 물질과학, 종교적 회의론, 그리고 자유로운 제도 혹은 인민의 제도로 불리는 것의 내용을 만들어내는 저항정신" 간에 연관성이 있음을 보았다. 이렇게 해서 베블렌의 구조물은 여전히 서 있었지만, 이제 이 구조물은 특정한 역사적 국면에 서 있게 되었으며, 그것을 굴러가게 할 바퀴들을 필요로 하게 되었다.[92]

실증주의는 베블렌의 진화론 모델뿐만 아니라 과학에 대한 관념에도 영향을 미쳤다. 베블렌에게 과학은 산업발전에서 비롯된 비인격적인 사실중심적(*matter-of-fact*) 태도의 전형적 형태였다. 시카고 대학 교수진 중 가장 절친했던 친구들, 예컨대 기계론적 생물학자 자크 롭(Jacques Loeb), 물리학자 미켈슨(A. A. Michelson)과 경제학자 윌리엄 콜드웰(William Caldwell)처럼 그는 자연과학, 특히 심리학과 인류학이 사회과학의 선두에 있다고 믿었다. 베블렌이 인류학자 라푸지(Georges Vacher de Lapouge)의 인종이론에 이끌린 이유 중 하나는 바로 라푸지의 철저한 실증주의였다. "사회과학과 정치과학은 이 물결을 따를 수밖에 없다. 이미 그 흐름 안에 들어가 있기 때문이다"라는 것이었다. 만일 그가 산업화 과정이 사회주의로 귀결된다는 예측을 조심스럽게 피했다면, 아마 근대과학의 승리로 귀결될 것이라고 기꺼이 예언했을 것이다.[93]

1898년에 경제학자들에게 실증주의를 선언한 후 몇 년이 지나서 그는 보다 조절된 모습으로 돌아왔다. 베블렌 내부에서 비정한 기계론자는 인도주의적 이상론자를 결코 완전히 지배하지 못했다. 1906년 "근대문명에서 과학의 입지"(The Place of Science in Modern Civilization)라는 논문에서 베블렌은 실증주의가 정신과 생활의 모든 규준들을 규정하지 않도록 하면서 과학에 대해 정당한 의미를 부여하려 했다. 월터 베지핫의 개념에 동의하여 그는 과학의 기원이 "게으른 호기심"(*idle*

92) Thorstein Veblen, *The Instinct of Workmanship* (New York: Macmillan, 1914), 19, 201. 다음 문헌들도 참조. Veblen, "Christian Morals and the Competitive System" (1910), in *Essays in Our Changing Order*, 200~18; idem, "The Mutation Theory and the Blond Race" (1913)과 "The Blond Race and the Aryan Culture" (1913), in *The Place of Science in Modern Civilization and Other Essays* (New York: B. W. Huebsch, 1919), 457~96.

93) Veblen, "Why Is Economics Not an Evolutionary Science?," 373, 396; Dorfman, *Thorstein Veblen*, 93~4.

curiosity), 즉 야만생활에 기원을 둔, 유희적인 신화창조 충동에 있다고 보았다. 근대 문명에 이르러 과학은 세상을 원인과 결과에 대한 비인격적 측면으로 보게 되었으나, 이 게으르고 유희적인 목적은 여전히 남아 있으며, 근대 인문주의적 학식은 이보다 오래되고 깊이 있는 통찰력의 저장고가 되고 있다는 것이다.

과학의 기원을 근로의 본능이 아니라 "게으른 호기심"으로 소급함으로써 베블렌은 이미 과도하게 이용한 것을 아마 아끼려 했을 수 있다. 그러나 있는 그대로의 세계에 실용주의를 연결하는 것에 대한 거부로 보이기도 한다. 이제 과거의 입장에서 탈피하여 베블렌은 실용적 행동과 이 범주가 지닌 관례적 목적에만 치중하는 실용주의자들로부터 자신이 취했던 기능적 심리학과 자기 자신의 관점을 분리시키려 했다. 과학은 "개인적 이득"(*personal advantage*)이나 "편의적 이득"(*expedient advantage*)에 깊이 간여하는 그런 종류의 실용적 행위와는 무관하다고 그는 말했다. 게으른 호기심의 과학은 "오직 이론만을 창출한다." "그것은 좋든 나쁘든 정책이나 효용에 대해서는 관심이 없다 … 과학적 지식을 유용한 목적을 위해 사용하는 것이 기술(*technology*)이다." 베블렌은 과학이 진화의 경로에 대해 비판적 통찰을 제공하기를 바랐던 것이지, 이를 통제하는 수단이 되기를 바랐던 것이 아니었다. 비록 그 자신도 끝까지 이를 온전히 지켜내지는 못했지만, 이로 인해 베블렌은 사회과학의 과제가 무엇인가에 대한 생각에 있어서 자유주의자 동료들과 확연히 구분될 수 있었다.[94]

베블렌이 동료들의 실증주의와 엇갈리고 부분적으로 실증주의를 재구성하도록 한 것은 객관성에 대한 그의 주장에 있었다. 베블렌은 대부

---

94) Walter Bagehot, *Physics and Politics* (New York: D. Appleton, 1873); Thorstein Veblen, "The Place of Science in Modern Civilization" (1906), in *What Veblen Taught*, ed. Wesley C. Mitshell (New York: Viking, 1936), 3~38, 특히 7~13, 21~6.

분의 평자들이 《유한계급론》을 풍자로 읽는다는 데 실망했다. 그는 로스에게 "이곳의 자연과학자들 여러 명이 이 책이야말로 진정한 과학적 방법의 본보기라고 이야기하고 있다"고 자랑하기도 했다. 또, 동료였던 존 커밍스(John Cummings)가 한 서평에서 《유한계급론》은 객관적 과학이 아니라 위장된 도덕적 판단으로 가득 찬 것이라고 주장하자, 베블렌은 객관성을 달성하기 위해 사용한 자신의 전략을 옹호했다.[95]

처음에 그는 미래에 대한 공공연한 도덕적 판단과 예언을 삼갔다. 그러나 보수적 진화론자들이 이미 보여준 바와 같이, 진화의 방향에 대한 모든 고려들은 특정한 함축적 의미를 담을 수밖에 없었다. 더욱이 그는 "전체적으로 인간의 삶을 향상시키는 데 직접적으로 기여하는지" 여부에 따라 규정되는 근로본능과 낭비의 범주를 통해 인간본성에 그 자신의 가치체계를 내장시켰다. 이러한 판단을 하는 것이 주관적이라고 커밍스가 비판하자, 베블렌은 낭비를 구성하는 것이 무엇인지에 대해서는 이미 상당한 합의가 존재하고 있으며 자신은 단지 이를 반영했을 뿐이라고 답변했다.

> 관점들 간에 이러한 일치가 존재하는 이유는, 과거든 현재든, 어떤 한 공동체 안에 사는 사람들 간에, 혹은 이보다는 덜하지만 모든 공동체에 사는 사람들 간에 존재하는 혈통과 전통 및 환경의 공동체에서 발견할 수 있다. 사람들이 공동체 안에서 살고 공통의 이해관계를 가질 수 있는 것은, 인간적인 것이 무엇인지, 그리고 삶의 정당한 목적이 무엇인지에 대한 견해들이 셀 수 없을 정도로 사람마다 다른 것이 아니기 때문이다.

---

95) Veblen이 E. A. Ross에게 쓴 편지 1899년 12월 7일자, 〈Ross Papers〉; Thorstein Veblen, "Mr. Cumming's Strictures on The Theory of the Leisure Class" (1899), in *Essays in Our Changing Order*, 16~31.

여기서 예일대학 시절 그의 철학선생이었던 노아 포터(Noah Porter)가 말한 인류의 상식(*common sense*)이 다시 등장했으며, 베블렌은 자신의 언어사용 방식은 공통의 의미(*common meanings*)를 반영하고 있다고 주장했다. "과시적 소비"와 "약탈적" 행태와 같은 어휘들이 도덕적 함의를 띠고 있다면, 이는 사람들 스스로가 "자신들이 거론하고 있는 제도적 사실들"에 대해 지닌 도덕적 태도일 뿐이라는 것이다.[96]

베블렌의 최종 방어선은, 객관성을 위해 "훈련받은 과학자"는 "대중적 사고의 이 범주들을 냉정한(*dispassionate*) 시각에서 바라볼" 수 있다는 주장이었다.[97] 그 자신이 이와 같이 냉정한 태도를 취했다는 점은 자신의 인류학적 입장이 지닌 거리두기(*distance*)에서 확인된다고 베블렌은 주장했다. 젊은 시절의 존 베이츠 클라크가 처음으로 그에게 이 가능성을 제기했는지는 모르지만, 베블렌은 인류학자들의 외부 관찰자적 관점이 근대의 관습적 세계를 낯선 것으로 만들어 비판할 수 있게 함과 동시에 거리두기의 객관성을 주장하는 데 이용될 수 있다고 보았다. 일관되게 무감정적인 수사(*rhetoric*)를 통해 베블렌은 과학적 거리두기를 시도했다. 그가 구사한 언어의 형식성이나 길고 규칙적인 운율은 그 자체가 "원인과 결과의 축적적 연쇄과정"을 흉내낸 것이었다. 그러나 이러한 형식적이고 무감정한 언어는 효과적인 풍자를 위해서는 너무 완벽하게 무표정한 인간을 만들어냈다. 그래서,

> 부인이 누리는 여가는 … 물론 게으름이나 나태의 적나라한 표출이 아니다. 거의 언제나 일이나 가사 의무 혹은 사회적 활동의 형태로 가장된 채 발생하지만, 분석해 보면, 그녀가 무언가 이익이 되거나 중요한 용도가 있는 일에 종사하고 있지 않고 그럴 필요도 없다는 사실을

---

96) Veblen, *Theory of the Leisure Class*, 99; idem, "Mr. Cumming's Strictures," 18~9, 30.

97) Veblen, "Mr. Cumming's Strictures," 31~1.

보여주는 것 이외에는 어떤 궁극적 목적에도 기여하지 않는다.[98]

사실, 사적으로 베블렌은 자신의 목적이 부분적으로 풍자적이기도 하다고 인정했다. 심지어 커밍스에 대해 방어하면서도 어느 순간 자신의 저서가 하나의 "모험"(*escapade*)이라고 부르지 않을 수 없었다. 이러한 모순을 지적받았다면 아마 베블렌은 과학적 진리는 언제나 비인습적 진리라고 대답했을 것이다. 보수적이고 전문성에 사로잡힌 사람들에게 과학과 객관성은 논쟁의 여지가 없는 것과 동일시되었다. 베블렌은 급진적 계몽주의의 전복적(*subversive*) 입장과 맑스주의의 전통을 취해서, 과학은 본질적으로 탈정당화(*delegitimation*)의 도구이며 과학적 진리는 항상 기성권력의 인습적 허위에 반대된다고 보았다. 경제적·문화적 제도들의 다양한 층위에서 나타나는 변화속도는 항상 동일하지 않기 때문에, "현재 존재하는 모든 것은 잘못된 것이다"(*Whatever is, is wrong*)라고 베블렌은 말했다. 이 점을 지적하는 것이 바로 객관적 과학의 과제였다.[99]

자연과학에 의해 제공된 비인격적 사실관계와 냉정한 비판을 선호하는 베블렌에서 우리는 20세기 사회과학에서 큰 영향력을 갖게 되는 강경한(*hard-edged*) 현실주의의 첫 사례를 발견할 수 있다. "현실주의"가 도금기의 "단절(*disinheritance*)의 미학"이었다면, 20세기 초반에 이르러서는 계승된 문화적 전통과 실제 현실 간의 괴리는 더욱 넓어졌다. 그야말로 냉정한 태도에 의해서만, 지속되고 있는 인습적 지혜를

98) Veblen, *Theory of the Leisure Class*, 81～2.

99) Veblen, "Mr. Cumming's Strictures," 19; idem, *Theory of the Leisure Class*, 207. Ellsworth R. Fuhrman, *The Sociology of Knowledge in America, 1883～1915* (Charlottesville: University Press of Virginia, 1980)는 미국 사회과학의 지배적인 "사회적-기술적" 전통을 "비판적 폭로"의 입장을 취하는 "비판적-해방적" 맑스주의적 전통과 대비시킨다.

제거하고 "현재 존재하는 모든 것이 잘못된" 세상의 실재를 파악하기를 바랄 수 있었다. 이전의 낡은 이상들은 더 이상 그렇게 보도록 허용되지 않았지만, 다른 것으로 위장되어야만 했다. 베블렌의 문화적 소외는 그로 하여금 거리를 느끼도록 했고, 곧 한 세대를 휩쓸게 할 냉정한 현실주의를 내세우게 했던 것이다.[100]

베블렌의 저작은 또한 제도주의 경제학자들을 위한 모델을 제공하기도 했다. 그는 과학적 객관성의 입장을 취하면서도 어떻게 경제학자들이 역사와 정당한 변화, 심지어 급진적 변화까지를 받아들일 수 있는지, 어떻게 인습을 타파하면서 동시에 보편적 진리의 이름으로 말할 수 있는지 보여주었다. 제도주의자들이 구조변화에 대한 그의 역사주의적 통찰을 부식시키고 사회주의적 진화를 자유주의적 사회통제에 대한 필요성으로 바꾸어 버렸다면, 이는 베블렌이 원래 의도했던 바가 아니라 실증주의가 고무한 결과였을 것이다.

결 론

혁신기의 도정에서 대부분의 미국 경제학자들은 한계주의적 신고전파 패러다임을 채택했다. 지적 구조물로서 한계주의는 이질적인 경제현상들에 대해 단순하고 추상적인 논리를 제공했으며, 폭넓게 발전시킬 수 있음이 증명되었다. 이데올로기적 구조물로서 한계주의는 미국에서 현실화되던 자유주의적 자본주의 질서에 과학적 방어를 제공했

100) 감상적이지 않은 현실주의 형태에서 선구자는, 비록 풍자는 아니지만, Oliver Wendell Holms, Jr.였다. Yosal Rogat, "The Judge as Spectator," *University of Chicago Law Review*, 31 (Winter 1964): 213~56과 Saul Touster, "In Search of Holms from Within," *Vanderbilt Law Review*, 18 (1965): 437~72.

다. 역사적 구조물로서, 그리고 시간을 거치면서 암시적·명시적으로 구현되는 경제모델로서 한계주의는 영구적인 자유주의적 변화의 세계, 즉 자유주의 질서를 끊임없이 역동적으로 재창출하는 세계 — 클라크의 표현에 따르면, "진보적 파라다이스" — 를 구상했다.

도금기에 역사주의의 매력에 빠지거나 세기 전환기에 역사주의를 배운 자유주의 경제학자들 일부는 역사에서 자본주의 시장에 대한 평형추, 즉 자본주의 발전을 수정하고 제한할 수 있는 정치적·사회적·윤리적 행동의 영역을 발견했다. 그러나 시장에 대한 근본적인 지지와 시장이 구획한 진보로 가는 고정된 길에 대한 애착으로 인해 자유주의적 역사주의자들은 곤란한 역사적 이원론에 빠졌다. 곧, 자유주의 경제는 역사의 추동력이자 통제력인 반면, 윤리적-역사적 행동은 역사 변화의 근본적이고 최종적인 조정자였던 것이다. 패튼이 시장과 역사의 상충적 요구들을 조화시키지 못했던 것이나, 셀릭먼이 양자를 단일한 규범적 과정으로 융합시켰던 것, 또 자유주의적 역사주의자들이 역사의 적대적인 독립성을 유지하려 했다가 시장결정론으로 빠져들곤 했던 것은 놀라운 일이 아니다. 자연과 역사가 결합되어 있다는 것은 언제나 미국 예외주의의 핵심이었다. 셀릭먼은 비록 역사의 내용을 자유주의적이 아니라 사민주의적으로 보았음에도 섬너와 동일한 예외주의 전략을 수용했다. 엘리의 경우, 프랜시스 워커보다 더욱 강력한 역사를 기획했지만, 그 역시 근본적으로 유익한 경제원리에 대한 제약조건으로 역사를 파악했다.

급진적 역사주의자들에게 자본주의는 역사의 핵심으로 남았다. 그러나 이 자본주의는 무언가 다른 것으로 변하고 있었다. 보다 견고한 토대 위에서 베블렌은 예외주의 공화국을 조만간 도래할 사회주의 이상향으로 전환시켰던 도금기 역사경제학자들을 뒤따랐다. 다른 사람들이 사라져 가는 유토피아적 미래에 직면하여 곧 미국 역사의 규범적 경로로 돌아갔다고 한다면, 베블렌은 심지어 역사변화의 불확실한 동태

(*dynamic*)를 마지못해 인정할 때도 이 희망을 고수했다. 그러나 베블렌은 과학에 대한 주장에도 매달렸다. 비록 물리학보다 진화론적 생물학을 모델로 선택했지만, 신고전주의와 마찬가지로 그는 경제학이 자연과학의 선례를 온전히 따르기를 원했다. 베블렌의 실증주의 역시 산업화된 미국의 극적으로 변화된 역사에 대한 편치 않은 대응이었다.

도금기 미국 예외주의의 위기는 다양한 경제연구 모델들을 낳았으나, 한계주의든 역사주의든, 자유주의든 급진주의든 간에, 이들 모두는 지금 크롤리가 "미국의 기약"(*American promise*)이라고 부르는 것에 대해 이론적 지지를 구축했다. 산업 생산력에 의해 고무되어 이들은 다가올 미래에 실현될, 미국의 전통적인 확장적 예외주의의 이상을 상정할 수 있었다. 클라크, 셀릭먼, 패튼과 베블렌이 "우리 모두의 내면에 존재하는 믿음"을 표현했다고 클라크는 말한 바 있다. 그렇지만 그들이 공통의 목적지를 가졌다고 해서 각자의 길이 충분히 구별되고 방어되지 않은 것은 아니었다. 한계주의가 학계의 주류를 장악했지만, 베블렌으로부터 철저한 반대에 부딪혔고, 이질적이기는 하지만 역사주의의 영향을 받은 다양한 비판들로부터 활기찬 도전에 직면했다. 한계주의에 대한 비판들은 혁신기를 통틀어 여기저기 분산되어 있었다. 또한 제도주의는 1차 세계대전까지 경제학에서 "학파" 같은 것을 구성하지 않았다. 그러나 미국 경제학자들은 1880년대에 시작된 방법론 논쟁(*Methodenstreit*)을 지속했다. 도전자의 역할이 바뀌고, 독일과 오스트리아에서보다 훨씬 덜 신랄했지만, 그럼에도 불구하고 이는 미국 경제학의 두드러진 특징이 되었다.

독일과 미국 경제학의 특징인 방법론 논쟁은 영국에서는 짧게 끝났다. 역사경제학자와 경제사학자들 중 일부가 아놀드 토인비(Arnold Toynbee)의 역사적-윤리적 목표들을 고수하기도 했다. 그러나 알프레드 마샬(Alfred Marshall)이 차지한 위치와 영국 학계와 문화계의 위계적 성격으로 인해 마샬의 신고전파 패러다임은 향후 두 세대간 영국

경제학계에서 경쟁자들을 흡수하거나 압도할 수 있었다. 반면 미국에서는 탈집중화된 대학 체계와 문화생활로 인해 역사주의의 옹호자들이 더 큰 힘과 더 폭넓은 청중을 지닐 수 있었다.[101]

이러한 차이에는 더 깊은 이유가 있다. 독일과 미국, 양국에서는 19세기 후반의 국가형성과 급속한 산업화의 고통이 국가의 정체성을 위협하고 있었다. 미국에서 예외주의적인 역사적 정체성에 대한 위협은 역사변화의 이슈를 핵심적인 것으로 만들었고, 한 세대 전체가 이 도전에 대응하도록 만들었다. 대조적으로, 국가 정체성이 보다 안정적이고 한 세기 동안이나 산업화에 적응해온 영국의 지식인 계급은, 지속적으로 흐르는 역사적 연속성 내에서의 변형으로 근대를 상정하기가 보다 쉬웠고, 신고전파 패러다임 안에 보다 수월하게 머물 수 있었다. 두 나라를 모두 잘 알았던 그래험 왈라스(Graham Wallas)는 "한 세대

---

101) A. W. Coats, "The Culture and the Economists: Some Reflections on Anglo-American Differences," *History of Political Economy*, 12 (Winter 1980): 588~609는 미국과 유럽을 대조적인 것으로 구별하는 예외주의 실천을 따르면서, 미국 모델을 자유주의 흐름의 하나로 보았다. 그러나 Coats는 미국에서 전문가들의 구조가 더욱 느슨하여, 정치적 적절성을 위한 지방의 압력과 경쟁 정파들 간의 경쟁이 열려 있다고 설득력 있게 주장한다. 그는 또한 미국의 대학이 이 시기 동안 영국보다 더 넓은 사회적 배경으로부터 충원되었다고 올바르게 지적했다. 그러나 Alon Kadish, *The Oxford Economists in the Late Nineteenth Century* (Oxford: Oxford University Press〔Clarendon Press〕, 1982)는 영국에서 이질적인 역사경제학자들이 종종 중간계급 하층과 하층계급 상층 출신이었지만, 더 위계적인 영국 사회와 문화에서는 일단 충원된 후 그들의 계급적 지위와 재정적 지위가 신분 상승의 장애가 되었음을 보여준다. Kadish는 마샬(Marshall) 파의 지배에 효과적으로 도전하는 데 있어 영국 경제학자들의 이러한 실수에 대한 시사적 연구를 제공하고 있다. Alon Kadish, *Historians, Economists and Economic History* (London: Routledge, 1989)도 참조. 역사학자들의 분산된 도전을 저지하고 무장해제시킨 마샬의 능력에 대해서는 Maloney, *Marshall, Orthodoxy and the Professionalization of Economics*, chap. 5를 참조.

동안 새로운 환경이 나타났는데, 그 변화의 속도로 인해 에드워드 시대 영국인들의 정신보다 미국인들의 상상에 훨씬 강한 영향을 미쳤다"고 생각했다. 세기 전환기에 영국 경제학자들은 새로운 역사적 세계의 탄생보다는, 산업 발전 도상에서 훨씬 선진적인 영국이 경제적 쇠퇴를 향해 갈 가능성에 더 큰 관심을 가지고 있었다.[102] 앞으로 보게 되겠지만, 영국에서는 서로 다르게 발전한 모든 사회과학 분야들에서 이러한 역사적 지속성의 관념이 나타나게 되었다. 독일에서와 마찬가지로 미국에서는 혼란스런 역사 변화가 지식인들의 혼란스런 대응을 발생시켰다. 한계이론에 대항하여 변화된 산업세계를 사실적으로 기록할 평형추를 수립하고자 하는 열망이 미국 경제학에서 지속적인 역사주의 논쟁을 낳았던 것이다.

---

102) Matin J. Wiener, *Between Two Worlds: The Political Thought of Graham Wallas* (Oxford: Oxford University Press〔Clarendon Press〕, 1971), 168. 영국의 역사적 불연속성에 대한 19세기 후반의 협소한 의미를 드러낸 연구로는 P. B. M. Blaas, *Continuity and Anachronism* (The Hague: Nijhoff, 1978)을 참조, 그리고 1890년부터 제1차 세계대전까지의 경제·사회적 쇠락에 대한 영국의 두려움에 대해서는 Mark Thomas, *The Edwardian Economy: Structure, Performance, and Policy, 1895～1914* (Oxford University Press, 근간), chap. 1을 참조. C. F. G. Masterman, *The Condition of England* (London: Methuen, 1909)는 그러한 관점의 대중적 표현이었으며, 역사적 맥락에서 로마 제국의 몰락 및 향락과 부패의 순환을 핵심적 표상으로 사용했다.

제 7 장

사회통제의 사회학을 향하여

1905년 여름에 워싱턴 D.C.에 사는 레스터 프랭크 워드의 한 동료가 사회학자들에게 전문학술단체를 설립하자고 제안했다. 미국사회학회(The American Sociological Society)가 "우리들의 입장을 명쾌하게 하고, 다른 사람들의 견해를 우리에게 알려주며, 사회가 지켜보는 가운데 사회학의 존엄성을 고취"하는 데 기여할 것이라는 에드워드 로스의 제안에 모든 이들이 동의했다. 의도적으로 통합적 태도를 취함으로써 사회학자들은 어떠한 이데올로기적·이론적 연계도 피했고, 사회학에 대한 "과학적" 관심을 가지고 있다면 학자든 실천적 사회행동가든 모든 사람들에게 문호를 개방했다. 워드가 초대 회장으로 지명되었으며, 그의 천적인 윌리엄 섬너가 초대 부회장이자 차기회장 당선자가 되었다. 프랭클린 기딩스와 앨비언 스몰 두 사람은 창립회의에서 적극적 역할을 수행했다. 에드워드 로스나 찰스 호튼 쿨리와 같이 사회학으로 전향한 새로운 인물들도 가입했다. 우리가 경제학에서 본 것처럼 전문가들의 화합은 미국 역사에 대한 자유주의적 예외주의 관점과 새로운 자유주의 정치를 지향하는 실질적 운동으로 이어졌다.[1]

전문분야의 수렴

도금기에 워드와 섬너, 그리고 스몰과 기딩스가 취했던 양극적 입장들은 세기 전환기 이후에는 대립의 근거가 약해졌다. 스몰이 사회주의적 변혁의 가능성을 포기한 후, 4명 모두 자유주의의 틀 내에서 근대사회와 미국의 진화를 바라보게 되었다. 이제 질문은 이 진화가 새로운 자유주의적 변화를 어디까지 가져갈 수 있는가 하는 것이 되었다. 섬너가 처음에 주장했던 것처럼, 과연 근대사회는 정해진 경로 위에 있고, 이 경로는 시장과 연결된 자연선택 과정에 의해 결정되며, 이성과 정치와 도덕의 개입으로부터 영향받지 않는 것인가? 아니면 워드가 반론했던 것처럼, 인간행동과 역사적 행동의 결실들이 미래에 상당한 영향을 미칠 수 있는가? 이에 대한 답변들은 다양하게 제시되었지만, 전문가들 간의 친밀함과 이데올로기적 수렴의 영향 아래에서 종류의 차이보다는 정도의 차이가 나타나기 시작했다. "신학자들처럼 적대적인 종파들로 분열되는 것을 더 이상 두려워할 이유가 없게 되었다고 생각한다"라고 한 사회학자는 1906년 첫 회의에서 말하면서, "다르게 보이기는 하지만, 실제 우리 사회학은 다만 한 가지 전체 주제의 중요한 측면들에 각각 강조를 두고 있는 것이다"라고 덧붙였다.[2)]

---

1) "Organization of the American Sociological Society: Official Report," *AJS*, 11 (January 1906): 555~69, 특히 556, 567; *PPASS*, 1 (1906).

2) Frederick Morgan Davenport, in "How Should Sociology Be Taught as a College or University Subject? Discussion", *PPASS*, 1 (1906): 23. William F. Fine, *Progressive Evolutionism and American Sociology, 1890~1920* (Ann Arbor: UMI Research Press, 1979)은 진보기 사회학의 진화론적이고 개혁주의적인 전제들에 대한 탁월한 연구이다. Roscoe C. Hinkle, *Founding Theory of American Sociology, 1881~1915* (Boston: Routledge & Kegan Paul, 1980)는 진보주의 사회학을 동일한 범주 안에

기딩스는 원래 사회에서 진행되는 선택과정이 진정한 자연선택의 형태라고 강조했지만, "사회의 매개를 통해서만 적자생존은 최선의 생존이 될 수 있다"고 언제나 믿었다. 종 의식(*consciousness of kind*)은 사회적 가치와 제도를 통해 작동하면서 사회적 선택의 과정을 속행한다. 따라서 기딩스는 허버트 스펜서의 자유방임이라는 강제처방을 받아들일 필요가 없었다. 사회적 선택은 의도적인 실험을 가능케 하며, 진보는 사회적 극단을 제거하고 종 의식을 확대시키는 것을 포함하고 있었다. 혁신기 동안에 기딩스는 이러한 의무감에서 경제적 기회의 평등과 사회적 연대를 촉진하는 온건한 개혁을 추구했다.3)

심지어 윌리엄 섬너도 《습속: 용법, 예절, 관습, 준칙, 도덕의 사회학적 중요성에 관한 연구》(*Folkways: A Study of the Sociological Importance of Usages, Manners, Customs, Mores, and Morals*)에서 자신의 진화론적 결정론으로부터 어느 정도 물러섰다. 미국의 진보가 리카르도적 경로를 따라 하강하여 공화국의 쇠퇴로 간다는, 자신의 1880년대 예상을 수정하기 위해 섬너는 진보에 관한 생각을 포기하고 인류학에서 나타나는 인간사회의 초창기로 돌아갔다. 《습속》에서 섬너는 진화가 자연선택에 의해 지배되며, 인간사회에서 이 선택은 산업화 과정과 계급투쟁 및 국가간 전쟁에 의해 수행된다고 주장했다. "바로 힘

두었으나, 형식주의적 분석을 제공했다. 그리고 Ellsworth R. Fuhrman, *The Sociology of Knowledge in America, 1883~1915* (Charlottesville: University Press of Virginia, 1980)는 진보주의 진영의 사회학적 지식에 대한 면밀한 "사회적-기술적" 연구이다.

3) Franklin H. Giddings, *The Theory of Socialization* (New York: Macmillan, 1897), 38~9; idem, *Inductive Sociology* (New York: Macmillan, 1901), 6; idem, "Sovereignty and Government," *PSQ*, 21 (March 1906): 1~27; Robert C. Bannister, *Sociology and Scientism: The American Quest for Objectivity, 1880~1940* (Chapel Hill: University of North Carolina Press, 1987), 79.

(*might*) 이 지금까지 존재했거나 지금 존재하는 모든 권리를 만들었다." 이 함의는, 미국 역사는 경제적 개선을 창출한 진화였지만 도덕적 진보를 창출한 것은 아니라는 것이었다.

섬너는 이 자연과정에 습속(*folkways*)과 준칙(*mores*)이라는 심리적 구성물을 부가했는데, 후자는 윤리적 규준의 보다 합리적인 구성체였다. 《습속》의 전체 논조는 숙명론적이어서 물려받은 습속의 결정력을 강조했지만, 준칙은 어느 정도 합리적 수정이 가능한 것이었다. 이러한 심리사회적 구성체들 자체는 진화에 의해 창출되며, "자연과정의 성격"을 갖는다. 그러나 "우리들의 분석을 허용하지 않는" 방식에 의해, 준칙에 의해 결정된 사람들은 또한 이에 영향을 미칠 수도 있다. "정치가와 사회철학자"는 준칙을 지니고 행동하면서, "준칙을 이루는 힘들을 모으고 그 결과가 나타나는 데 크게 기여"할 수 있다. 반면, 과학과 비판적 지성 및 의지를 사용함으로써 준칙에 반하여 행동하고, "지적이고 효과적이며 과학적인 사회관리 기술이 될 수 있는" "사회의 과학"을 수립하는 것도 실제 가능할 수 있다. 역사가 진보를 창출한다고는 더 이상 믿을 수 없으며, 아마도 과학이 할 수 있을 것이다. 비록 진화론적 결정론의 대양 속에서 생긴 잠시간의 고요이기는 했으나, 과학적 통제(*scientific control*)라는 이 생각이 섬너까지도 전문가의 타협으로 인도했던 것이다.[4)]

스몰의 경우는 자신의 관점을 보수적 동료들과 양립 가능한 것으로 보이게 하고자 했다. 미국사회학회의 첫 총회에서 그는 사회의 진화과정은 그 정도와 종류에 있어서 "특정 지역의 동식물"을 산출한 진화과정과는 다르다는 데에 이제 모든 사회학자들이 동의할 수 있다고 주장했다. 어떤 사회학자들은 사회현상을 물리적 요인들에 연결시키고 자신과 같은 사회학자들은 사회진화의 심리적 요인을 추론하여 그것에

4) William Graham Sumner, *Folkways* (Boston: Ginn, 1906), 66, 117~8.

관심을 집중하는 것은 대개 강조점의 차이일 뿐이라고 그는 말했다.[5] 경제학에서 이미 드러났듯이, 이와 같이 자유주의의 테두리 안에서 나타난 이론적 차이는 전문가들의 분업으로 전환될 수 있었다.

노장 사회학자들은 아직 그 영향을 제대로 인식하지 못했으나, 젊은 사회학자들은 아우구스트 바이스만(August Weismann)[6]의 발견이 스몰의 복합적 진화관을 고무시켜 준다는 것을 인식했다. 획득형질의 유전에 대한 바이스만의 반증은 사회적 인과관계의 중요성에 대한 새로운 인식을 가져왔을 뿐 아니라, 생물학적 유전에 대해 사회적 영향을 행사할 수 있는 유일한 길로서 우생학(*eugenics*)에 대한 새로운 관심으로 이어졌다. 마치 사회학 내의 합의를 부정이라도 하는 것처럼 우생학자들은 사회학자들이 영국의 프랜시스 갈튼(Francis Galton)과 칼 피어슨(Karl Pearson)이 개척한 인종과 젠더 및 재생산에 대한 연구를 수행해야 한다고 주장하기 시작했다. 그러나 이와 같이 순수한 생물학주의(*biologism*)는 예외적인 경우였다. 대부분의 사회이론가들은 우생학에 대해 부적응의 생물학적 문제를 다루는 것과 같은 제한된 역할만을 허용했을 뿐이었다. 쿨리의 표현에 의하면, 생물학적 문제는 "악행이나 범죄로 이끌리는 유전적 백치나 신경 불안정 …"이며, "생물학적 사회학과 심리학적 사회학 사이에 필연적 갈등이 존재한다고 상정

5) Albion W. Small, "Points of Agreement among Sociologists," *PPASS*, 1 (1906) : 63~4.

6) 옮긴이 주: August Weismann(1834~1914) — 독일의 생물학자. 특히 발생학을 계속 연구했으나, 시력의 악화로 실험연구에서 이론연구로 전환하였다. 그는 '생식질의 연속성'이라는 방법론을 제창하여 라마르크(Chevalier de Lamarck Jean-Baptiste-Pierre Antoine de Monet)의 획득형질유전론을 부정하였다. 또한 유전의 구성에 대해서도 이론적 검토를 시도하여 유전의 기능을 맡은 입자가 염색체에 있다는 사실과 그 염색체의 이름을 '비오포어(*biophore*)'라고 할 것을 제창하기도 하였다. 자연선택을 진화의 주 요인이라고 주장했는데, 이 학설은 바이스마니즘(*weismannism*)이라고도 알려졌다.

하는 것은 경박한 생각이다."[7]

전문가들의 타협은 사회학과 인접 사회과학, 특히 경제학 사이의 타협도 포함하고 있었다. 스몰의 사회학은 고전경제학에 대한 도전의 하나로 기획되었고, 사회학은 경제학에 비해 보다 확대된 윤리적 관심을 가져왔으며 사회학이 종합적 사회과학이고 경제학은 보조적이라고 주장했다. 고전경제학과 결합한 기딩스조차도 근대사회에 대한 더욱 깊이 있는 정당성과 사회조직의 보다 근본적인 토대를 경제학보다는 사회학에서 찾음으로써 암묵적으로 고전경제학에 도전한 셈이었다. 혁신기 동안에는 이 두 새로운 전문영역 간에 적대적인 논쟁이 간헐적으로 지속되었다. 스몰은 경제학의 협소한 영역에 비해 사회학이 종합적이라는 주장을 계속 퍼부었다. 한편 다른 사회학자들은 보다 외교적인 표현을 시도하기도 했다. 예를 들어 로스는 사회학이 사회과학이라는 나무의 몸통이지만, 벵갈 보리수처럼 독자적으로 뿌리를 가진 여러 줄기들로 구성되어 있다고 주장했다.[8] 경제학자들의 경우, 사회학자들의 자부심에 대해 확고한 경멸을 표했고 사회학의 성공여부에 대해서도 회의적이었다. 사회문제와 사회사업에 관심을 가진 사람들 사이에서 사회학에 대한 수요가 증가하고 있다는 사실도 이러한 견해를 개선시키지는 못했다. 실제 한 추정치에 따르면, 1909년에 이르러 사회학 교과목에 등록한 학생은 경제학 수강생의 약 65%에 이르렀다. 큰 사회학 대학원 학과가 있던 시카고 대학에서는 사회학 전체 등록생 수가

7) D. Collin Wells, "Social Darwinism," *PPASS*, 1 (1906): 117~30과 "Discussion," 131~8; Charles Horton Cooley, *Social Organization: A Study of the Larger Mind* (New York: Scribner, 1909), 296. 또한 William I. Thomas, "The Significance of the Orient for the Occident," *PPASS*, 2 (1907): 123도 참조.

8) Edward A. Ross, "Moot Points in Sociology, I. The Scope and Task of Sociology," *AJS*, 8 (May 1903): 770~3; reprinted in *Foundations of Sociology* (New York: Macmillan, 1905), chap. 1.

경제학과 같은 수준이었다. 아마 대학 내에서는 전문화에 의해 경쟁이 격화되었을 수도 있었을 것이다.[9)]

그러나 양쪽으로부터 상호간 중대한 도발은 거의 없었다. 제국주의적 수사의 밑에는 사실상의 휴전이 존재했다. 한계주의 신고전파 패러다임이 자리를 잡고 역사학적 자극이 순화되면서 경제학자들에게 사회학은 그다지 큰 위협이 아니었다. 사회학 이론을 본질적으로 공격하는 것이 중요하다고 생각한 유일한 경제학자는 사이먼 패튼이었다. 한계주의를 거부하고 경제학 내에 자기 자신의 사회학을 구축하려 했기 때문이었는데, 세기가 바뀐 후에는 그마저 물러섰다.[10)] 여기서 곧 보게 되겠지만, 사회학자들 역시 나름대로의 이유 때문에 경제학자들에 대한 공격을 그만두게 되었다.

이렇게 새로운 이데올로기적 조건과 학계 상황하에서 20세기 초반의 사회학자들은 자신들은 물론 비판적인 인접분야 전문가들도 인정할 만한 분과학문 모델을 수립하기 위해 노력했다. 역사진화에 대한 자유주의적 관념으로 의해 이들은 진보의 핵심동력이자 사회분화와 공화제

---

9) 나의 수치들은 Luther Lee Bernard, "The Teaching of Sociology in the United States," *AJS*, 15 (September 1909): 188~9로부터 추정된 것이다. Hamilton Cravens, *The Triumph of Evolution, American Scientists and the Heredity-Environment Controversy, 1900~1941* (Philadelphia: University of Pennsylvania Press, 1978), chap. 4.

10) Simon N. Patten, "The Failure of Biologic Sociology," *AAAPSS*, 4 (May 1894): 919~47; idem, "The Organic Concept of Society," *AAAPSS*, 5 (November 1894): 404~9; idem, "The Relation of Economics to Sociology," *AAAPSS*, 5 (January 1895): 577~83. Patten에 대한 답변은 Franklin H. Giddings, "Utility, Economics, and Sociology," *AAAPSS*, 5 (November 1894): 398~404를 참조; idem, "Sociology and the Abstract Sciences: The Origin of the Social Feelings," *AAAPSS*, 5 (March 1895): 746~53; Albion W. Small, "The Organic Concept of Society," *AAAPSS*, 5 (March 1895): 740~6.

정부에 연결된 자본주의 시장을 중심으로 결집되었다. 사회학의 존재이유 자체가 이들로 하여금 결정론적인 경제적 역사해석을 거부하도록 했지만, 새로운 자유주의 이론에서는 시장과 사회의 경계가 모호했기 때문에 경제적 인과분석의 여지도 충분히 있었다. 스몰은 셀릭먼의 한계주의 전(前)단계 이론구성이 윤리적 행동의 가능성에 너무 열려 있어서 "그의 결론에 반대하는 것 자체가 극히 어렵다"[11]는 것을 발견했다. 그럼에도 불구하고 사회학자들은 특히 자신들이 이해하기에 적절한, 역사결정의 사회적 요인들을 강조하고자 했다. 이 뿌리 깊은 자기인식이 아마 사회학자들이 베블렌의 진화론을 사회학의 모델로 인정하지 않았던 이유를 설명하는 데 도움이 될 수 있을 것이다. 베블렌 이론이 지닌 사회주의적 광휘가 다른 이유였을 수도 있다. 또한 베블렌이란 사람 자체가 학문적 존중을 추구하던 분과학문이 원할 만한 원천은 아니었을 것이다. 그러나 산업적·금전적인 경제과정이 근대의식의 유일한 결정요인이라는 베블렌의 입증이야말로, 그 통찰력이 미국문화를 이해하는 데 대단히 유망한 실마리를 제공했음에도 불구하고, 사회학자들로 하여금 그를 거부하도록 만들었을 수 있다.

경제적 결정론에 반대한 것을 제외하면, 이 새로운 전문분야의 자유주의적 예외주의의 기준은 다른 부분들에 대해서는 상당한 논쟁의 여지를 지니고 있었다. 경제학의 경우와 마찬가지로, 도금기에 부상했던 방법론적·정치적 차이들이 다시 정리되게 되었는데, 전문주의만으로는 다양한 연구원리들이 지녀야 할 무게 혹은 영향을 결정할 수 없었다. 1910년에 기딩스의 한 제자가 사회학의 "종합적 경향들"을 자랑스럽게 검토했던 적이 있는데, 그는 구성분야 하나하나를 열거할 수밖에 없었다. "어떤 분야도 다른 분야에 대해 정당하게 우월성을 주장

---

11) Albion W. Small, "Review of E. R. A. Seligman, *The Economic Interpretation of History*," *AJS*, 8 (November 1902) : 417~8.

할 수 없기 때문에, 다루는 순서가 중요할 수 없다"는 이유에서였다. 대체로 스몰의 부추김에 따라 수년간이나 사회학자들은 설문조사와 분과토론을 통해 서로 공격을 퍼부으면서 분야의 성격과 교수법에 관한 합의를 이끌어내려 했지만 그다지 효과를 거두지는 못했다.[12)]

스몰의 시카고와 기딩스의 컬럼비아

앨비언 스몰은 과학으로서의 사회학을 향한 중요한 한 길을 마련하는 작업을 계속했다. 스몰이 항상 그랬듯이 이 길이 목적지에 다다르지는 못했지만 실패 자체가 시사하는 바는 크다. 그는 역사에 대한 종합적 이해와 진정성을 갖춘 근대사회의 진보에 대한 이론을 추구했지만, 진화론적 실증주의와 같은 방식으로 이를 자연에 뿌리를 둔 "보다 근원적인"(*deeper*) 범주 위에 구축하려 했다. 또한 비록 시급한 변혁의 희망은 포기했지만 그의 양면성은 여전히 남아 있었다. 스몰은 여전히 미국의 미래에 먹구름을 드리우던 계급갈등에 도달하기를 원했으며 동시에 이를 초월하기를 바랐다. 마침내 스몰은 만족스런 이론을 발견했는데, 바로 적극적 국가에 의해 조정된 오스트리아의 계급갈등과 문화갈등의 역사에 관한 구스타프 라첸호퍼(Gustav Ratzenhofer)[13)]의 고찰

12) Alvan A. Tenney, "Some Recent Advances in Sociology," *PSQ*, 25 (September 1910) : 505; Frank L. Tolman, "The Study of Sociology in Institutions of Learning in the United States," *AJS*, 7 (May 1902) : 797~838; 8 (July 1902) : 85~121, (September 1902) : 251~72, (January 1903) : 531~58; Bernard, "The Teaching of Sociology in the United States," 164~213; F. Stuart Chapin, "Report on Questionnaire of Committee on Teaching," *PPASS*, 5 (1910) : 114~25; "Report of the Committee of Ten," *PPASS*, 7 (1912) : 133~47.

13) 옮긴이 주: Gustav Ratzenhofer(1842~1904) — 오스트리아의 군인 · 사회

이었다. 라첸호퍼는 역사의 근원을 생존을 위한 진화적 투쟁에 두었고, 집단갈등을 진보적 사회분화에 연결시켰다. 근대사회에서는 사회집단들이 광범위한 갈등들에 얽히게 되기 때문에 "문화국가"(*culture-state*)와 사회화의 동력들이 보다 큰 평등과 이해관계의 조화를 이룰 수 있다는 것이었다. 라첸호퍼는 산업 자본주의에 의해 초래되는 경제적 갈등을 인식했으나 이를 더 큰 사회적 조정과정에 포함시켰으며, 계급갈등을 경제적 · 종족적 · 정치적 집단들 간의 보다 특수한 투쟁들 안으로 분산시켰다.[14)]

라첸호퍼를 미국 예외주의에 적용하면서 스몰은 사회학을 집단들의 결사과정, 즉 보다 폭넓은 조화로 귀결되는 갈등과 화합의 다원적 과정에 관한 연구라고 재규정했다. 비록 현 산업질서에서 나타나는 불평등과 갈등에 대해 비난을 계속했지만, 그는 미국에서 계급갈등의 불가피성은 단연코 거부했다. 자신이 역사주의에서 출발했음을 잊지 않은 채 스몰은 "우리의 미래는 아직 결정되지 않았다"는 점에서 미국은 다른 나라들과 똑같다고 주장했다. 그러나 급진주의는 미국이 필요로 하지 않는다고 덧붙였다. "익숙한 푸념이나 탄식들과는 정반대로, 극소수 예외를 제외하고 미국에는 모든 사람들에게 기회가 존재한다." 악이 존재하기는 하지만, "사회질서의 구조적 결함"은 아니며 구조적 변화에 의해 해결될 것도 아니다. 사회의 진정한 갈등은 오히려 지성과 현상 유지 사이에, 그리고 사회문제들을 재고하고 "사회화"하려는 사람들과 이를 꺼리는 사람들 사이에 존재하고 있으며 경제적 계급을 가

학자 · 정치학자. 육군중장과 고등군사재판소 소장을 지냈으며, 실증적 일원론에 입각한 사회학적 국가관을 제창하였다. 주요 저서로 《정치학의 본질과 목적》 전 3권(1893), 《사회학적 인식》(1898), 《실증적 일원론과 모든 현상의 동일 원칙》(1899), 《실증윤리학》(1901) 등이 있다.

14) Albion W. Small, *General Sociology* (Chicago: University of Chicago Press, 1905), pts. 4, 5; Don Martindale, *The Nature and Types of Sociological Theory* (Boston: Houghton Mifflin, 1960), chap. 8.

로지르는 갈등이라고 스몰은 결론지었고, 자신과 같은 전문가 계급의 지적 기능에 특별한 중요성을 부여했다.[15]

스몰은 라첸호퍼의 사회학을 또 다른 방식으로도 전개했다. 사회진보를 진화적 생존투쟁에 둠으로써 라첸호퍼는 진화론적 실증주의와 역사를 연결했지만, 그의 이론은 결국 철저한 역사사회학이 되었다. 그에 있어 근대사회의 갈등은 "이익들" 간의 갈등, 즉 국가, 성직자, 관료, 자원추출 산업, 임금노동자 등을 포함해 역사적으로 형성된 권력 중심들 간의 갈등이었다. 스몰은 이 사회적 이해관계들이 ① 건강, ② 부, ③ 사교, ④ 지식, ⑤ 미, ⑥ 진실이라는, 인간본성의 여섯 가지 "이해관계들"로부터 유래하며 근본적으로 그것들과 동일하다고 주장했다. 워드의 진화론적 심리학의 전제들을 고수하면서, 스몰은 욕구나 필요가 진정한 "사회적 동력"이며, 따라서 과학적 사회학의 적절한 토대라고 믿었다. 더욱 중요한 것은 이것들이 그의 규범적 사회학의 토대였다는 것이다. 이익은 사회적 행동의 단위일 뿐만 아니라, 사회적 가치, 즉 사회과정에서 실현되는 목적의 단위이다. 이 목적이야말로 경제학이 갖추지 못한 것이며 사회학자들이 조화로운 순서로 구축해내야 한다. 역사철학에 대한 열망이 스몰로 하여금 이처럼 역사 속에 나타나는 구체적인 집단갈등으로부터 멀어져서 인간본성의 규범적 범주들로 돌아가게 했던 것이다.[16]

스몰의 정치적 자제의식(*inhibition*)도 그를 같은 방향으로 이끌었다. 라첸호퍼의 이론은 사회학자들에게 근대사회의 갈등적 이익집단들에 관한 경험연구를 요구했다. 급진적 측면에서는 스몰 자신도 같은 방향으로 이끌렸다. 새 이론을 마무리하면서 그는 "경제적 상태"가 "가장 연구를 필요로 하는 사회측면"이라는 진단을 내렸던 것이다.[17] 그

15) Small, *General Sociology*, 375~9, 387~93.

16) Ibid., 249; chaps. 27, 31.

17) Ibid., 394.

러나 그의 양면성을 고려할 때 과연 어떻게 그가 산업자본주의를 이해하게 될 것이며, 전문분야별 특화 속에서 사회학자들이 어떻게 경제제도들에 관한 연구에 착수하게 될 것인가? 스몰 자신은 결코 시도하지 않았으며, 한 가지 예외를 제외하고 그의 제자들도 마찬가지였다. 그 예외는 시카고 출판업에 대한 연구였는데, 이 연구는 경험적 내용이 두드러지게 풍부했고 영업적 고려가 출판결정들을 형성하는 방식에 대해 비교적 통찰력이 있었다. 저자는 여기서 "미적 이익"이 "기업적, 혹은 부의 이익을 위한 행동"에 의존한다고 결론지었다. 스몰의 범주들이 저자에게 분석적인 문제의식을 제공한 듯이 보이지만, 결국 분석을 날카롭게 하기보다 무디게 하는 드넓은 피난처가 되어 버렸다. 이 연구는 사회학 연구의 기본틀로서 스몰의 이론이 지닌 취약성을 보여준다. 반면, 스몰의 이론에 내포된 구체적 방향성을 확인시켜주기도 하는데, 이 방향은 바로 스몰의 제일의 추종자 아서 벤틀리(Arthur F. Bentley)가 취하게 된다.[18]

현실에 적용한 독특한 연구라는 점에서도 이 연구는 흥미로워 보인다. 다음에 보게 되겠지만, 연구에 적용하는 데 있어 스몰의 이론이 기딩스의 이론보다 더 불편했던 것은 아니다. 하지만, 기딩스의 학생들은 어쨌든 기딩스의 이론을 적용할 수 있었다. 전문가들 간의 우의에도 불구하고, 사회학자들은 당시 자본주의하에서 생겨나던 갈등과 화합의 구체적 과정들 주변에서 상당히 많은 미개척의 영역들을 발견할 수 있었다. 확실히 정치적 자제의식은 중요했다. 스몰 휘하의 시카고 사회학은 이 기간 동안 소심함으로 유명했으며, 당대 미국 사회의 자유주의적 갈등이론에서도 사회사적 구체성을 부여하기 위해서는 어느 정도의 정치적 대담함이 요구되었다.[19]

---

18) Herbert E. Fleming, "The Literary Interests of Chicago, VI and VII," *AJS*, 12 (July 1906): 68~118.

19) Ross가 Ward에게 쓴 편지 1905년 9월 16일자, in "The Ward-Ross

구체적 경험연구 중 시카고 대학에서 번창했던 유형은 시카고의 자선활동과 개혁활동에 영향을 받은 도시환경 연구였다. 스몰의 동료 찰스 헨더슨(Charles Henderson)이 사회학과에서 이 연구들을 주도했으며, 철학자 조지 허버트 미드(George Herbert Mead)와 존 듀이(John Dewey), 정치학자 에른스트 프로인트(Ernst Freund)와 찰스 메리엄(Charles Merriam)과 그 밖의 다른 사람들도 참여했다. 이들의 연구에 영감을 준 것은 헐 하우스(Hull House)[20]와 도시 자선운동들이었다. 헐 하우스는 학계 방문자들의 공감을 넓혔으며, 혁신주의 사회개혁 행동가들 중 가장 사려 깊은 인물들 중 하나인 제인 애덤스(Jane Addams)가 쿨리와 미드 및 그들의 동료들로부터 정기적으로 조언을 받았다. 보다 구체적으로 《헐 하우스 지도와 논문들》(*Hull House Maps and Papers*, 1895)이 후일 시카고 사회학이 유명해지게 되는 지도사용과 도시연구를 시작했다.[21] 시카고 시민·자선학교(Chicago School of Civics and Philanthropy)는 러셀 세이지(Russel Sage) 재단으로부터 기금을 받아 헐 하우스의 줄리아 래스럽(Julia C. Lathrop)과 두 명의 시카고대학 박사 소포니스바 브레킨리지(Sophonisba Breckinridge)와 에디스 애버트(Edith Abbott)를 초빙했는데, 이들은 사회학과에서 시간강의를 하며 노동자와 이민자들의 생활조건에 관해 폭넓은 연구들을 수행했다. 이론을 결여하고 있기는 했으나, 현실적 조건들을 보여줌으로써 시민의식을 일깨우고 공공활동을 북돋는다는 믿음을 전제로 하여 도시연구의 전통과 연구기법이 수립되었고, 이는 바로 윌리엄 토

Correspondence, 1904~1905," ed. Bernhard J. Stern, *ASR*, 13 (February 1948): 93.

20) 옮긴이 주: 1889년에 제인 애덤스(Jane Adams)와 엘렌 게이츠 스타(Ellen Gates Starr)가 시카고에 세운 사회복지관.

21) 헐 하우스의 활동은 의심할 여지없이 Albion W. Small and George E. Vincent, *An Introduction to the Study of Society* (New York: American Book Co., 1894), 165~6의 도시 연구 제안의 원천이었다.

마스(William I. Thomas)와 로버트 파크(Robert Park), 그리고 어니스트 버제스(Ernest W. Burgess)의 학문적 사회학으로 귀결되었다.[22]

스몰의 도금기 경쟁자였던 기딩스는 사회학에 대한 자신의 관점을 보다 직접적으로 학생들에게 전수할 수 있었다. 기딩스는 "컬럼비아 사회학"의 창설자로 인정되는데, 이 방식으로 스몰은 "시카고 사회학"을 대표할 수 없다. 기딩스의 직설적인 진화론적 실증주의는 스몰의 모호하고 이중적인 역사주의보다 미국 학계의 상황에서 보다 쉽게 전파되고 변형될 수 있었다.[23]

기딩스는 자신이 세기말에 시도했던 것에 대해 보다 명확한 구상에 도달했는데, 피어슨(Karl Pearson)과 피어슨에게 큰 영향을 주었던 마하(Ernst Mach)의 저작을 읽은 결과였던 것으로 보인다. 1890년대 초반에 기딩스는 역사이자 동시에 자연이기도 한 이 분야에서 연역과 귀납을 어떻게 결합시켜야 할지 확신하지 못했다. 1898년에 그는 피어슨과 마하를 따라 과학은 기술(*description*)이라고 주장함으로써 이 딜레마를 극복했다. 마하는 이론은 단지 간접적 기술이며, 사실들의 더 큰 조합들을 파악하도록 해주고 다시 새로운 사실들을 발견할 수 있게 해 준다고 주장했다. 과학이 발전함에 따라 이 이론들의 영역이 확장되며 상호 연결된다. 피어슨에 따르면, 과학적 기술의 방법이나 이 기

---

22) Steven J. Dinner, *A City and Its Universities: Public Policy in Chicago, 1892～1919* (Chapel Hill: University of North Carolina Press, 1980). Mary Jo Deegan, *Jane Addams and the Men of the Chicago School, 1892～1918* (New Brunswick, N. J.: Transaction Books, 1988)은 지나치게 의도적이었지만, 미국 사회학에 대한 Jane Addams의 관계에 관해 흥미로운 질문을 던진다.

23) Giddings가 주창한 컬럼비아 사회학파에 관한 이해에 대해 나는 Bannister의 탁월한 저서 *Sociology and Scientism*에 많은 빚을 지고 있는데, 이 저서는 지금까지 대개 시카고 학파의 손에 있었던 사회학의 내재적 사료 편집에 어느 정도 균형을 복원해 주고 있다.

술의 과학 네트워크로의 흡수에 사회나 역사는 아무런 장애도 되지 않는다.[24)]

과학을 기술로 정의하는 것은 설명에 있어서 근원적(*innate*) 동력 혹은 원인에 대한 "형이상학적" 관념을 피하는 길이었다. 과학이 알고 있는 것은 단지 동시발생적(*concomitant*)이고 공변하는(*co-varying*) 사실들의 기술이다. 통계방법의 선구자 피어슨은 이러한 동시발생의 신뢰도는 항상 확률로 측정된다고 강조했다. 동시발생과 확률을 결정하는 정확성이야말로, 과학에서 계량화를 대단히 중요하게 만든 것이며 통계학이 사회과학의 핵심적 도구가 되어야 함을 보여주는 것이다. 사회에 대한 과학적 기술로서 사회학은 사회적 사실들의 변량과 상관관계에 대한 경험적·통계적 연구일 것이다. 피어슨은 또한 다윈의 자연선택론을 수학화하는 데 있어 선구자였다. 통계적인 기준 주위에 개인들이 어떤 편차로 분포하는지 분석함으로써 그는 다윈이 옳다는 것을 증명하려 했고 재생산에 대한 우생학적 통제를 촉진하고 싶어했다. 기딩스는 아마 피어슨의 수학적 다윈주의와 엘리트주의적 사회가치들에 매료되었던 듯하다. 그는 이 방법을 자신의 사회학 이론에 적용하여, 인종적·사회적 성격들에 있어서 유형별 일치가 증가하고 있으며 따라서 근대사회가 자신의 사회적 선택 이론에 따라 진화하고 있다는 통계적 증거를 발견하려 했다.[25)]

---

24) Franklin H. Giddings, "The Practical Value of Sociology," *AAAPSS*, 12 (July 1898) : 3; Karl Pearson, *The Grammar of Science* (London: Walter Scott, 1892) ; Ernst Mach, "On the Economical Nature of Physical Inquiry," in *Popular Scientific Lectures* (Chicago: The Open Court, 1894), 186~213.

25) Pearson, *The Grammar of Science*, chap. 9; Franklin H. Giddings, "Review of Karl Pearson, *The Chances of Death and Other Studies in Evolution*," *PSQ*, 13 (March 1898): 156~61; Donald A. MacKenzie, *Statistics in Britain 1865~1930* (Edinburgh University Press, 1981),

기딩스는 이러한 이해를 바탕으로 곧 자신의 일반이론으로부터 구체적 연구 프로그램을 발전시켰다. 《귀납 사회학》(*Inductive Sociology*, 1901)에서 그는 근대사회의 사회진화의 작동을 분석하게 해줄 것으로 보이는, 당대 공동체들의 분석을 위한 연구계획을 선보였다. 그는 심지어 1학년 학생들까지 참가시켜 이 프로젝트를 시작했으며, 그의 대학원 학생들은 1900년대에 이미 일련의 도시연구와 공동체 연구들을 내놓았다. 기딩스는 보다 협력적인 기업행태 규준들과 보다 세련된 사회적 모방의 규준들의 증거를 찾고 있었다. 이 규준들이 형성되는 과정이야말로 혼합된 이민자층을 앵글로-색슨 문화에 동화시키고 산업자본주의에 의해 미국에 초래된 계급갈등을 완화해 줄 과정이었다. 예컨대 북동부 도시에 관한 윌리엄스(James M. Williams)의 연구는, 어떤 사회 행태가 새로운지 혹은 낡은 것인지를 확인하려는 시도와 경제 변화의 사회적 효과를 관찰하려는 노력이 매우 흥미 있는 연구로 진전될 가능성을 엿보였다. 그러나 윌리엄스는 사회심리 유형들과 사회적 활동들 그리고 선택형태들에 대한 기딩스의 세밀한 범주들과 씨름해야 했다. 기딩스의 범주들은 관찰을 그 속에 짜맞추어야 하는 고정된 주형이었던 것이다. 이 틀은 분석을 돕기는커녕 장애가 되었으며, 시간이 흐르면서 학생들과 그 자신의 작업에서 사라지게 되었다.[26]

남은 것은 토대가 되었던 진화론적 가정들과 계량적 방법이었다. 이 초기 연구들에서 통계는 대체로 서술적이었지만, 기딩스는 근대사회에서 성장하는 "종 의식"(*consciousness of kind*)에 관한 이론을 발전시키는 데 통계를 분석적으로 사용하려고 노력했다. 1897년에 벌써 그는 인구조사(*census*) 수치를 사용하여 종족관계를 통해 미국 사회의 "공

---

chap. 4.

26) Giddings, *Inductive Sociology*; James M. Williams, *An American Town* (New York: James Kempster Printing, 1906); Bannister, *Sociology and Scientism*, 80~1.

감도”(*degree of sympathy*)를 측정하는 공식을 제안했다. 유사성의 네 가지 범주들은, 큰 순서대로, 미국 태생 부모를 가진 미국 출생자, 외국인 부모를 가진 미국 출생자, 외국 출생자, 유색인이었다. 1909년에 그는 보다 포괄적인 “사회표식 체계”를 제안하여, 종교와 교육, 그리고 행위에서 나타나는 유사성을 결정하려 했다. 기딩스의 사회적 동질성에 대한 지표수치들은 기묘한 산물로 남았다. 그러나 이 수치들은 사회적 파편화에 대한 미국 사회학자들의 깊은 우려와 사회적 경험을 수량화하려는 충동을 상징하는 것이었다. 기딩스 자신은 다(多)언어의, 방탕한 도시문화에 대해 점점 더 비관적이 되어 1912년에는 신경쇠약에 걸리기도 했다. 이 새로운 역사적 세계의 불확실성과 스트레스들 한가운데에서 숫자들만이 그에게 확실성과 질서 같은 것을 가져다 주는 듯 보였다.27)

기딩스가 컬럼비아 대학에서 수립한 사회학 전통에서는 통계학 모델이 핵심이 되었다. 미국의 미래에 대한 염려가 커질수록, 기딩스는 정확한 측정이라는 과학적 방법을 더욱 선전했다. 컬럼비아 대학 역시 다른 사회학 중심지들보다 통계학 방법의 훈련기회를 더 많이 제공했다. 그러나 스몰과 마찬가지로 기딩스와 그의 제자들 다수는 이 분과학문의 주제에 관한 한 역사 진화론적 관념을 고수했다. 사회학은 역사에 관한 철학이든 진화에 관한 실증주의적 이론이든, 시간에 따른 변화, 특히 미국에서 진행되는 근대사회의 변화에 관한 것이었다. 스몰은 부분적으로 이 역사적-진화적 영역을 인식가능한 역사적 세계로 전환시켰지만, 기딩스의 방법론은 이를 통계적 변량들의 동질적 영역으로 전환시켰다. 어떤 의미에서 이는 원자적 개인들이 모인 대양이라는 익숙한 미국적 세계였다. 그러나 다른 의미에서 이는 시간이 흐른

---

27) Giddings, *Theory of Socialization*, appendix; idem, “The Social Marking System,” *PPASS*, 4 (1909): 42~61; Bannister, *Sociology and Scientism*, 76~8, 81~2.

뒤 미국이 어디에 있을지 더 이상 신뢰할 수 없었던 사람의 최후수단이었다.

로스와 쿨리의 자유주의적 예외주의 사회학

기딩스와 스몰이 역사진화론으로의 도정에서 애쓰는 동안, 이 분과학문에 새로 진입한 두 사람이 학문적 전통의 초점을 다시 맞추고 있었다. 로스(Edward A. Ross)와 쿨리(Charles Horton Cooley) 두 사람은 모두 경제학에서 사회학으로 옮겨왔으며, 둘 다 도금기 미국 예외주의의 위기를 해결하려 했다. 이들의 해법은 사회학을 자유주의적 전제들과 사회심리적 과정의 연구로 이끌었다. 로스는 "사회통제"(*social control*)라는 생각을 통해 이 새로운 방향으로 중요한 첫걸음을 디뎠다. 그는 1896년부터 발간된 스몰의 〈미국 사회학저널〉에 실린 일련의 논문들에서 이 생각을 정리했으며, 그 후 1901년에 바로 《사회통제》라는 제목의 단행본을 발간했다.[28] 사회통제는 개인적 이익과 사회적 이익 사이에 근본적 갈등이 존재한다는 생각을 전제로 했다. 스스로를 유지하기 위해 사회는 개인적 감정과 사고 및 행태들을 사회적 이익에 적합하도록 수정해야만 한다는 것이다. 법에서부터 사회적 제

28) *AJS*, 1 (March 1896): 513~35, (May 1896): 753~70; 2 (July 1896): 96~107, (September 1896): 255~63, (November 1896): 433~45, (January 1897): 547~66, (May 1897): 823~38; 3 (July 1897): 64~78, (September 1897): 236~47, (November 1897): 328~39, (January 1898): 502~19, (March 1898): 649~61, (May 1898): 809~28; 5 (January 1900): 475~87, (March 1900): 604~16, "The Genesis of Ethical Elements" (May 1900): 761~77; 6 (July 1900): 29~41, (September 1900): 238~47, (November 1900): 381~95; Edward A. Ross, *Social Control* (New York: Macmillan, 1901).

안에 이르기까지 이 권력들이 행사되는, 공식적·비공식적으로 구성된 과정들을 로스는 사회통제라고 명명했다. 로스는 1894년 12월에 처음 이 생각을 떠올려서 사회가 사회통제를 행사하는 33가지 방법을 적어두었다고 회상했던 바 있다. 이 생각에 착안하게 되었을 때 로스는 자신이 "사회학에서 위대한 새로운 발견"을 했다고 믿었다.[29)]

이 발견의 주요 배경은 도금기에 벌어진 자본주의와 사회주의 사이의 논쟁이었으며, 그도 여기에 참여했다. 존스 홉킨스 대학에서 1년만에 엘리에게서 경제학 박사학위를 받고 레스터 워드와 절친한 관계가 된 후, 로스는 경제학과 사회학, 그리고 사회주의와 자유주의 사이를 넘나들었다.[30)] 그는 "사적 이익과 공적 이익의 동일성에 대한 믿음을 포기하고 개인적 관점을 사회적 관점에 종속시키는" 엘리의 "새로운 학파"의 입장과 같은 입장이었다. 로스는 "개인적 이득의 추구가 가져오는 〔사회적〕 비용을 막기 위해 공감이 필요함"을 중시하지 않는다고 워드를 비판하면서, "우리가 사회학에서 윤리의 중요성에 관해 제대로 합의하지 못하고 있다"고 생각했다.[31)] 그 역시 바로 사회주의에 관심을 갖게 되었다. 1891년 12월에 이르러 그는 근대 유럽 사회주의에 관한 책을 쓰기로 계획하고, 사회학에서 사회주의적 원리를 확장시키고 있었다. "역사적으로, 그리고 현재 사회들에서 발견되는 사회주의에

29) Edward A. Ross, *Seventy Years of It: An Autobiography* (New York: D. Appleton, 1936), 56; Ross가 Ward에게 쓴 편지 1895년 9월 16일자, in "The Ward-Ross Correspondence, 1891~1896," ed. Bernhard J. Stern, *ASR*, 3 (June 1938): 390.

30) Ross 전기의 주요 출전은 그의 자서전과 Stern의 편집물 및 Julius Weinberg, *Edward Alsworth Ross and the Sociology of Progressivism* (Madison: State Historical Society of Wisconsin, 1972) 이다.

31) Edward A. Ross, "The Unseen Foundations of Society," *PSQ*, 8 (December 1893): 722; Ross가 Ward에게 쓴 편지 1892년 2월 22일자, in "The Ward-Ross Correspondence, 1891~96," 368.

대해 누군가 연구하고 보고해야 한다. 가족, 교회, 자유 학교(*Free Schools*), 과학 등, 해외의 모든 곳에서 수많은 사회주의와 공산주의를 발견할 수 있다." 그러나 코넬대학에 있었던 1892~1893년에 그는 과로로 인한 신경쇠약을 경험했고, 의사들이 휴식을 충고함으로써 이 계획을 포기했다. 이러한 결정이 이 주제의 정치적 위험에 의해 얼마나 영향을 받았는지는 말하기 쉽지 않다. 한 가지 분명한 것은 윤리적 기독사회주의로 인해 로스는 사회통제를 "집단이 개인적 목표들에 반응하여 개인을 이기주의적 경로에서 끌어내어 공동의 복리라는 고속도로로 이끄는" 과정으로 보게 되었다는 점이다.[32)]

현실적으로 볼 때, 사회주의를 둘러싼 갈등은 다른 식으로 로스에게 영향을 미쳤을 수 있다. 그는 실제 급진적 경제학자들의 관점을 수정시키는 사회적 압력을 알고 있었고, 곧 자신의 책에서 이 현상을 경직되고 불건전한 형태의 사회통제로 묘사하기도 했다. 그 자신은 위태로운 게임을 하고 있었다. 즉, 1892년에 그의 스승 엘리가 미국경제학회의 총무자리에서 쫓겨난 후 이 자리를 맡을 것을 수락하는 한편, 노동자와 급진적 농민들, 그리고 통화 인플레이션에 동조한다고 선언하기도 했다. 로스는 학계의 서열을 올라가면서도 그때마다 학문의 자유에 대해 우려했다.[33)] 1894년 여름 엘리의 재판 이후에는, 자신과 동료들

---

32) Ross가 Ely에게 쓴 편지 1891년 6월 12일자, 1891년 11월 5일자, 1893년 2월 9일자, 〈Richard T. Ely Papers〉; Ross가 Ward에게 쓴 편지 1891년 12월 13일자, in "The Ward-Ross Correspondence, 1891~96," 364; Edward A. Ross, "Social Control," *AJS*, 1: 518.

33) Ross, *Social Control*, 398; idem, "The Standard of Deferred Payments," *AAAPSS*, 3 (November 1892): 293~305; idem, "The Unseen Foundations of Society," 722~32; Ross가 Ward에게 쓴 편지 1892년 3월 27일자, 1892년 8월 31일자, in "The Ward-Ross Correspondence, 1891~96," 371, 373; Ross가 Beach 부인에게 쓴 편지 1892년 5월 14일자, 〈Edward A. Ross Papers〉, Wisconsin State Historical Society.

에 대한 사회적 압박을 인식하게 된 것이 최소한 무의식적으로라도 로스가 사회통제를 발견하는 데 영향을 미치지 않았다면 놀라운 일일 것이다.

만일 그렇다면, 이는 또한 복음주의적 사회과학을 넘어서 로스는 사회주의와 사회적 가치의 우월성에 동의하면서 이에 대한 균형으로 사회와 대립하는 개인에 대해서도 공감을 지니고 있었기 때문이었다. 로스 책의 텍스트는 개인의 사익추구에 대한 사회통제를 주장하고 있었지만, 그 행간에는 개인이 사회적 압력에 의해 속박될 수 있다는 두려움이 도사리고 있었다. 8살에 고아가 되어 낯선 사람에 의해 아이오와 농장에서 길러진 그는 자신의 주변성을 예민하게 의식하고 있었고, 창조적 개인을 신성화하고 사회적 인습을 경멸하는 칼라일(Thomas Carlyle)[34]과 에머슨에게서 위안을 받았다. 다른 사람들로 하여금 개인과 사회 간 갈등의 조화로운 해결을 발견하게 한 기독교 이상주의와 천년왕국적 희망도 로스는 유지할 수 없었다. 스펜서를 연구함으로써 로스는 기독교 신앙과 불가지론적 자연주의 사이에서 갈등하게 되었는데, 결국 존스 홉킨스 대학교로 가기 전 독일에서 철학을 공부할 때 후자가 승리하게 되었다.[35]

---

34) 옮긴이 주: Thomas Carlyle(1795~1881) — 영국의 비평가 겸 역사가. 스코틀랜드에서 출생하여 에든버러 대학교에서 문학과 철학을 공부했다. 그 후 역사학에 관심을 가져 1834년에 런던으로 가 역사학자의 길로 들어섰다. 그는 보통선거권에 기반한 민주주의와 자유방임경제를 비판하며 영웅주의적 사관을 주장한 것으로 알려져 있다. 주요 저서는 역사학자로서의 명성을 확립케 한 《프랑스 혁명》(1837) 외에 《영웅과 영웅숭배》(1841), 《과거와 현재》(1843), 《크롬웰의 서간과 강연집》(1845), 《프리드리히 2세》(전 6권, 1858~1865) 등이 있다.

35) Edward A. Ross, "Turning Towards Nirvana," *Arena*, 4 (November 1891): 736~43; R. Jackson Wilson, *In Quest of Community: Social Philosophy in the United States, 1860~1920* (New York: Wiley, 1968), chap. 4. 그러나 Ross에 대한 Wilson의 명민한 평가는 1890년부터 1896년

로스의 개인주의는 또한 존스 홉킨스 대학에서 한계주의 경제학을 연구하면서 더욱 강화되었다. 그는 이 주제에 너무 이끌린 나머지 한두 달 동안 한계효용의 하강곡선을 이용해 경제문제들의 그래프를 개발하는 데에만 전념했다. 워드에게 크게 영향을 받았던 로스는, 경제적 경쟁 자체가 바로 효율적인 자연선택 과정이라고 믿지는 않았을지라도, 한계주의적 분석방법은 수용하게 되었다.[36]

한계주의가 로스에게 미친 영향을 전형적으로 보여주는 것은 사회주의 옹호자들이 수용한 다양한 형평성 기준에 대한 로스의 분석인데, 그는 1891년에 이를 엘리에게 처음 보냈다. 여기에서 그는 한계효용 그래프를 사용하여 어떠한 공식적인 형평성 기준도 상이한 능력을 가진 개인들에게 적합할 수 없음을 보여주었다. 그의 저서 《사회통제》에서 이 통찰은 "사회통제"의 필요성에 대한 분석의 중심에 놓여 있었으며, 사회주의뿐만 아니라 사적 소유의 자본주의 체제에도 적용되었다. 경쟁은 필연적으로 더 능력 있는 자, 혹은 더 기여한 자에게 보상한다. "우리 제도들은 악하지 않은 모든 사람들이 찬성하는 어떤 단일한 윤리적 원칙에 의해 형성된 것이 아니다. … 이 제도들은 절망적인 모순들을 담고 있다. 현존하는 불평등은 물론, 공산주의 국가에 존재하는 인위적이고 신중히 보호되는 평등조차도 모든 사람들에게 공정하다는 생각을 줄 수는 없다." 결과적으로 로스는 누군가는 항상 불만을 가질 것이며, 따라서 사회통제는 언제나 필요하다고 주장했다.[37]

로스가 사회통제에 관한 생각을 발전시키게 된 이데올로기적 맥락

까지 쓴 Ross의 경제학 및 사회학 저작들과, *Social Control*에 미친 그 영향들을 고려하지 않고 있다.

36) Ross가 Beach 부인에게 쓴 편지 1891년 2월 1일자, 〈Ross Papers〉; Ross, "The Standard of Deferred Payments," 293~305.

37) Ross가 Ely에게 쓴 편지 1891년 6월 12일자, 〈Ely Papers〉; Ross, *Social Control*, 54~5, 441.

을 살펴보면 그가 무엇을 한 것인지 분명히 알 수 있다. 기독사회주의자들과 달리 로스의 도덕적 공감은 개인적 주장과 사회적 협력 사이에 진정으로 분리되어 있었다. 엘리와 스몰 같은 복음주의 사회과학자들을 고무시키고 궁극적으로는 미국적 맥락에서 이들의 지적 발전에 장애가 되었던 사회적 평등에 대한 깊고 종교적인 열망을 로스는 지니고 있지 않았다. 보다 냉정한 세속적 안목과 자유주의적 개인주의자의 정서를 지니고 있던 로스는 이들의 도덕적·정치적 난관을 사회학적 문제로 전환시켰다. 사회주의적 가치와 자본주의적 가치 사이의 갈등을 로스는 사회 자체의 객관적 성격이라고 선언함으로써 극복했고, 이를 통해 사회화 과정이 지적 분석의 대상이 되도록 했다.[38)]

로스가 도금기의 이데올로기적 양극화를 넘어섰다고 해서 그가 이데올로기를 극복했다는 것은 아니다. 개인들이 필연적으로 불평등하게 보상받을 수밖에 없고 이에 따라 불가피하게 불만을 지니게 되며 결국 통치(*governance*)가 필요하다는 가정은 바로 자유주의 이론의 출발점이다. 사회주의가 필요로 하거나 무정부주의가 가정하는 고차원의 도덕성을 배척했다고 주장함으로써, 로스의 《사회통제》는 새로운 자유주의를 위한 주장이었다.[39)] 자본주의가 초래하는 불평등과 갈등을 불가피한 것으로 인정했고, 이에 대해 사회통제로 대응하려 했던 것이다.

로스의 인종분석에서 드러나듯이, 사회통제는 또한 미국 예외주의의 도금기 위기에 대한 구체적 대응이기도 했다. 베블렌과 마찬가지로 로

---

38) 나는 여기에 David A. Hollinger, "The Defence of Democracy and Robert K. Merton's Formulation of the Scientific Ethos," *Knowledge and Society: Studies in the Sociology of Culture Past and Present*, 4 (1983): 1~15의 제안을 적용하고 있는데, 이 제안에 따르면 일부 사회과학 이론들은 인습적 담론의 객관화로 이해될 수 있다.

39) Ross, "Social Control," *AJS*, 3: 825~6.

스는 튜튼적 유산을 보다 근대적이고 과학적인 것처럼 보이던 생물학적 인종주의로 변형시켰다. 그는 항상 영국 인종의 진보적 활력을 당연한 것으로 여겼고, 제한되지 않는 이민을 미국 노동자들에 대한 압박요인이라고 반대했다. 그러나 1896년과 98년 사이에 출간된 사회통제에 관한 그의 초창기 논문들에서는 인종에 관한 언급이 거의 없거나 비교적 덜 중요하게 처리되었다. 1898년 이전의 다른 저작들과 방대한 서한들의 경우에도 마찬가지였다. 로스가 지중해 지역 출신 이민자들을 주목하고 염려했다면, 아마 그를 인종론으로 이끈 것은 1898~99년의 파리 체제기간이었을 것이다. 워드에게 쓴 바와 같이, "내 연구의 대체적인 결과에 따라 나는 인류에게 도덕적 다양성이 존재함을 확신하게 되었고, 아리안 종의 사람들, 특히 켈트-게르만족의 사회질서를 설명하는 것을 문제로 삼게 되었다." 사실 비(非)아리안 문화에서 사회통제의 예들도 이 책에서 언급되었다. 그러나 주로 아리안적 맥락이 그가 미국 예외주의의 위기를 직접 다루도록 해 주었다.40)

서두에서 로스는 강한 의지를 가진 "서유럽 종족"이 어떻게 사회통제 아래 들어올 수 있는지가 자신의 핵심관심이라고 기술했다. "이처럼 대담하고 비순종적인 종족 내에 질서가 존재한다는 것은 설명을 필요로 한다. 특히 미국과 오스트레일리아의 유럽 출신자들의 경우가 그렇다. 유순한 슬라브족이나 조용한 힌두족보다 튜튼족을 더욱 자기주장이 강하게 만들었던 선택적 이주(*selective migration*)가 미국인들을 서유럽인들보다도 더욱 의지가 강하고 다루기 힘들게 만들었다." 이처

---

40) Ross가 Ward에게 쓴 편지 1898년 12월 12일자, in "The Ward-Ross Correspondence II, 1897~1901," ed. Bernhard J. Stern, *ASR*, 11 (October and December 1946): 593~605, 734~48. 특히 pp. 604~5. Ross는 George Vacher de Lapouge, Guglielmo Ferrero와 Edmond Demolins의 저작을 인용했다. Linda L. Clark, *Social Darwinism in France* (University: University of Alabama Press, 1984)를 참조.

럼 자신의 문제를 정교화시켜 나감에 따라 미국 예외주의의 위기가 점점 시야에 들어오게 되었던 것이다. 캘리포니아의 초기 광산 캠프에서 나타난 자연적 평등의 초기상태를 서술함으로써 로스는 사회통제의 필요성을 다음과 같이 묘사했다.

> 자영농이나 금광 광부들에게 탈주나 투옥 또는 국가나 법이 없이 며칠간 목가적 생활을 누리도록 해주는 평등은 곧 사라질 것이다. … 법 앞의 평등과 정치적 평등, 종교적 평등 같은 것들은 경제적 분화가 진전되는 것을 늦출지는 모르지만 멈출 수는 없다. … 사유재산은 사실상 거대한 변형력이며 … 경직된 구조를 낳는 것이다.

우리는 로크적·미국적 자연상태에 놓여 있으면서, 이와 동시에 정부제도가 수립되고 산업 자본주의에 의해 미국의 "목가적 나날들"이 파괴되는 것을 목격하고 있는 것이다.

위험스런 것은 "기회의 심각한 불평등"이었다. 그에 따르면, 미국에서는 "서구문명을 가진 새로운 대륙의 영역 안에 기회의 문이 열려 있다. … 가난해도 능력 있는 사람들은 … 언젠가는 스스로가 소유자가 되기를 원하기 때문에 현상유지를 묵인한다." 그러나 낡은 사회에서는 사회적 이동성의 원천이 고갈되는 경향이 있다. "흔히 거론되듯이, 공공정신이 쇠퇴하고 사회적 연대가 붕괴되며 계급이 도덕적 권위를 가지고 대두되는 것이 낡은 사회들이 지닌 고유한 병리현상이다." 유일한 탈출구는 "다시 한번 역동적"이 되는 것이었다. 영국은 미국의 미래에 디스토피아가 아니라 모델이 되었다. 시장을 확대하고 자본주의 생산을 가속화함으로써, 영국은 계급갈등을 완화시키고 민주화했으며 전통적 자유를 보존했다. 미국도 "식민지를 건설하고 산업과 상업을 촉진함으로써 상승 압력을 완화시켜야 한다."41)

자유주의-공화주의의 쇠퇴의 위협에 직면했다는, 익숙한 시간적 지점에 미국을 위치시켰지만, 로스는 또한 역사적 변형이라는 새로운 사회학적 틀로 자신의 우려를 재구성하기 시작했다. 독일 사회학자 페르디난트 퇴니스(Ferdinand Tönnies)와 같은 시기에 로스는 두 종류의 사회조직에 대한 구별을 분명히 했다. 퇴니스가 공동사회(*Gemeinschaft*)라고 부른, 대면(對面)적이고 직접적인 관계가 이루어지는 소규모 공동체(*small community*)와, 비인격적이고 규율에 의해 통제된 관계가 이루어지는 근대사회(*modern society*) 혹은 이익사회(*Gesellschaft*)가 그것이다. 유럽에서처럼 미국에서도 이러한 분석은 산업 자본주의의 변형된 도시세계에서 사회과학자들이 느끼는 이중성을 반영했다. 근대사회의 비인격적 관계야말로 다양화된 자유주의 사회의 이상인 자발적·합리적 유대였다. 그러나 직접적인 대인관계를 갖는 소규모 공동체는 새로운 사회가 위협하는 모든 인간적 가치들을 위한 이상향을 제공했다. 퇴니스는 공동사회의 소멸을 전적으로 유감스럽게 생각했으며, 심지어 자유주의자들도 이중적이었다. 막스 베버는 이 비인격적이고 관료적인 형태의 사회조직들에서 새로운 종류의 독재의 가능성을 인식했으며, 에밀 뒤르카임(Emile Durkheim)은 연대뿐 아니라 아노미도 초래한다고 보았다.[42]

로스는 공동체의 사회통제 형태를 "자연적"인 것으로, 그리고 근대사회의 사회통제 형태를 "인위적"인 것으로 불렀는데, 바로 자연적인 것에서 인위적인 것으로의 역사적 변형이 미국 예외주의의 전통적 우려를 반영했다. "인위적" 통제는 말 그대로 취약하며, 필요한 만큼 신속히 성장하지 않을 수 있다. 마치 쾌락경제로의 이행과정에 대해 패

41) Ross, *Social Control*, 3, 53, 401~3.

42) Harry Liebersohn, *Fate and Utopia in German Sociology, 1870~1923* (Cambridge, Mass.: MIT Press, 1988). M. J. Hawkins, "Traditionalism and Organicism in Durkheim's Early Writings, 1885-1893," *JHBS*, 16 (January 1980): 31~44.

튼이 우려했던 상황과도 같다. “사회가 개인을 복속시키는 영향력으로 각 계급이 다른 계급들을 장악할 수 없는, 그러한 상태의 계급투쟁을 통한 거대한 충돌이 다가오고 있을 수 있다.” 이 충돌을 피하기 위해 근대사회는 보다 정교하고 효과적인 통제형태를 개발하여 “아직 어떻게 규제해야 할지 모르는 새롭고 맹목적인 경제적 힘들”에 대처해야 한다.

그런 다음 로스의 우려는 갑자기 공화주의적 역사 상상의 다른 극단으로 되돌아갔다. 강력한 통제가 도래하고 있다면, 우리는 활력과 의지의 상실에 직면하지 않겠는가? 국경에서 “냉정한 선별”이 없다면, “우리의 정교한 도덕·교육 체제에서 일정한 성격적 퇴화가 진행되어 궁극적으로 우리가 이미 벗어 던진 종교체제와 정부체제를 어떤 형태로든 부활시키지 않을까?” 책의 서두에서 제기했던 사회학적 질문, 즉 아리안 개인주의는 어떻게 통제될 수 있는가 하는 문제가 말미에 가서는 이를 어떻게 쇠퇴로부터 지킬 수 있을까 하는 전통적인 미국적 질문으로 바뀌었다. 로스가 지녔던 최후의 희망은 북부 아리안족의 인종적 성격, 즉 본래적으로 “활력 있고 자기주장이 강하며 개인주의적인” 자질에 달려 있었다. 심지어 근대사회의 사회통제 아래에서도 그들은 쉽게 자신들의 덕성(*virtû*)을 잃지 않을 것이라고 로스는 생각했다.[43]

로스의 사회통제 개념은 곧 강력하고 이중적인 영향력을 발휘하게 되었다. 모든 사회과학 분과학문들에서 이 개념은 새로운 자유주의적 개혁 프로그램을 가리켰다. 개인들의 사익추구에 대한 사회통제는 곧 사적 자본주의 경제에 대한 공적 통제를 의미했다. 이런 의미로 이 용어가 쓰인 것은 이미 1884년이었는데, 자유경쟁을 급속히 파괴하며

---

43) Ross, *Social Control*, chap. 6과 pp. 432~8. 유럽으로 가기 전과 Stanford 대학교에서 해직되기 전에 쓴 초기의 논문에서 Ross는 붕괴가 “부의 악분배(*mal-distribution*)”에 기인한다고 썼다. Idem, “Social Control,” *AJS*, 3: 815.

우리의 "예외적인 역사적 시기"를 지배하는 "산업의 제왕들"(*Lords of Industry*)에 대한 놀라운 폭로에서 헨리 로이드(Henry Demarest Lloyd)가 사용했던 바 있다. "독점과 반독점은 우리 시대의 두 가지 중대한 경향이다. … 독점은 합병(*combination*)의 경향이며 반독점은 이에 대한 사회통제이다."[44] 이 용어는 로스에 의해 널리 알려진 후, 많은 경제학자들과 정치학자들에 의해 새로운 자유주의의 경제적 과제를 지칭하는 것으로 사용되었으며, 시간이 흐르면서 새로운 자유주의 자체만큼이나 폭넓은 정치적·사회적 목적에 사용되었다. 가장 적극적인 개혁활동가들이 열렬히 애용하는 가운데 "통제"라는 이 단어는, "사회적"이라는 형용사와 함께든 아니든, 미국 사회과학에 광범위하게 퍼져나갔다.

로스의 사회통제 개념은 사회학에 보다 구체적인 영향을 주었다. 같은 해인 1896년에 처음 출판된 기딩스의 종 의식 개념처럼, 사회통제는 개인들이 사회에서 결합되는 뚜렷이 사회적인 과정에 사회학자들의 관심을 집중시키기 시작했다. 로스 자신처럼 혁신기 사회학자들은 장래 근대사회의 운명과 그 운명이 실현되는 폭넓은 역사-진화 영역에 대해 핵심적 관심을 가졌다. 이 틀 속에서 이들은 사회통제의 사회심리적 과정에 특별히 주목하기 시작했다. 넓은 의미에서 로스가 찾아냈던 "사회화"와 "사회화된"이라는 용어들이 곧 등장했다. "사회적 필요"(*social imperative*), "사회통제", "사회의 공동 정신생활"(*common mental life of society*) 등 다양하게 불렀지만, 개인과 사회 간의 이 사회적 연계가 사회학의 핵심이라고 사회학자들은 주장하기 시작했다.[45] 이후 미

---

44) Henry D. Lloyd, "Lords of Industry," *North American Review*, 138 (June 1884): 551~2.

45) John Dewey, "The Significance of the Problem of Knowledge" (1897), EW, 5: 11; Daniel M. Fox, *The Discovery of Abundance: Simon N. Patten and the Transformation of Social Theory* (Ithaca, N.Y.: Cornell

국 사회학이 사회심리와 사회적 상호작용, 그리고 사회적 탈조직화(*disorganization*)를 강조한 것은 모두 여기에서 나온 것으로, 어떻게 개인이 사회질서로 편입되는가를 보여주는 것이 사회학의 과제가 되었다.

물론 이 과제는 분명히 자유주의적 과제이다. 자유주의 이론은 사회학자들에게 원자적 개인들의 집합으로부터 출발해서 이들 간의 상호작용이나 심리적 영향들의 묶음으로 사회를 구성하도록 요구했다. 이러한 사회적 결속과 자율적 개인들 간의 관계라는 문제는 존 스튜어트 밀의 《자유론》 이래 자유주의의 핵심주제였다. 내가 발견한 바로, 밀의 《자유론》이 "사회통제"라는 용어를 최초로 사용했는데, 로스와 거의 유사하게 사용하여 개인행위에 대해 사회가 행사하는 사회심리적 통제를 의미했다. 결정적 차이는 밀이 이 사회통제를 행사해야 할 필요성을 인식하면서도 이에 대항하는 데 모든 노력을 기울였었다는 점이다. 19세기 초반의 보다 편안한 상황에서 근대 자유주의 사회의 문제는 사회통제를 최소화하여 개인들이 스스로 자기발전 노선을 따르도록 해서 사회가 발전하는 것이었다. 밀은 자유방임 정책을 정부로부터 사회에까지 확대하기를 원했다.[46] 로스와 새로운 자유주의 세대들은 이 전통적 자유주의 이론의 궤도를 역전시켰다. 이제 추구되어야 하는 것은 사회통제였으며, 개인의 자율성은 부차적 주제였다. 실제, 근대 사회의 사회통제 방식이 급증하면서 더 이상 개인이 사회적 영향의 배

University Press, 1967), 77~8; Giddings, *Theory of Socialization*; Samuel Lindsay, "The Unit of Investigation or of Consideration in Sociology," *AAAPSS*, 12 (September 1898): 214~28; Albion W. Small, "A 'Unit' in Sociology," *AAAPSS*, 13 (March 1899): 81~5; Samuel Lindsay, "A 'Unit' of Sociology - a Reply to Professor Small," *AAAPSS*, 13 (March 1899): 86~9.

46) John Stuart Mill, *On Liberty* (1859), in *The Six Great Humanistic Essays of John Stuart Mill* (New York: Washington Square Press, 1963), chap. 3, 특히 p. 181.

제를 바랄 수 없게 되었다. 자율성이 오직 이와같이 개입적인 사회가 훼손할 수 없는 것, 즉 인종적 성격이라든가 혹은 세기 후반에 프로이트가 지적했던 고집스럽게 자아중심적인 생물학적 충동과 같은 것에 의해서만 유지될 수 있다고 믿었던 자유주의적 사회과학자들에 로스가 속했던 것이다.

사회통제의 과제는 새로운 자유주의적 규범들을 미국 사회학의 분석적 틀 속에 고정시켰다. 도금기의 극단화된 이데올로기적 갈등과 사회의 근본적인 경제적 토대에 대한 관심을 포기하면서, 사회학자들은 경제제도를 주어진 것으로 받아들인 채 기존사회가 구성원들을 사회화하는 방법을 탐구하는 것으로 방향을 전환했다. 사회 자체에 구현된 조화의 과정을 찾는 가운데, 자본주의 시장의 작동이라든가 사회에서 권력의 소재, 또 장기적인 구조변동 같은 것들은 시야에서 사라지게 되었다.[47]

이 구체적인 역사적 형체들은 사회학자들이 선택했던, 예외주의적 역사와 실증주의적 진화의 중간 입장에서는 어쨌든 잘 보이지 않았다. 로스는 어떤 면에서 역사에 집착했다. 사회통제가 결코 완전히 해소할 수 없는 개인과 사회 간의 갈등에 대해 확고한 생각이 있었던 것처럼,

---

47) Geoffrey Hawthorn은 *Enlightenment and Despair: A History of Sociology* (Cambridge University Press, 1976) 제 9장에서 "History Ignored"라는 제목으로 미국 사회학의 자유주의적 성격에 대해 논하지만, 극단적 형태의 예외주의로 인해 어려움을 겪는다. 미국 사회학은 유럽 사회학과 크게 다른데, 전혀 "지성적" 사상이 아니다. "계몽주의 이래 일반적으로 유럽의 사회이론은 정당성을 상실해가면서 붕괴해 가는 가부장제의 폐허 위에서 굳건한 자유주의를 정착시키려는 시도였다면, 미국의 사회이론은 전무한 토대 위에서 굳건한 자유주의를 정착시키려는 시도였다"(p. 216). J. D. Y. Peel, *Herbert Spencer* (New York: Basic, 1971), 250도 매우 덜 편파적이긴 하지만, 미국 사회학에 나타나는 자유주의의 지배와 사회갈등에 대해 상대적으로 주목하지 않는 것이 자유주의적 가치에 대한 미국 사회의 동의에 반영되어 있다고 주장한다.

로스는 역사의 구체적 사실과 갈등 역시 예민하게 인식했다. "나는 생물학적 · 심리학적 비유와 개념을 가능한 한 멀리하고, 사물들을 직접 일상적 이름으로 불러야 할 것이다"라고 그는 워드에게 썼다. 그의 텍스트 대부분은 법과 교육, 종교, 관습을 통한 구체적인 사회통제의 사례들에 대해 인류학적 · 역사적 논의를 하고 있다. 그러나 이들은 그저 사례였으며, 서구 역사와 미국 역사, 그리고 공동사회에서 이익사회로의 진화 사이에 전제된 연결고리를 제외하면, 역사는 존재하지 않았다. 로스도 역사의 부재를 알고 있었다.

> 사회적 평형기구들의 발전과 주요 변형들을 설명하는 사회학자들은 역사상의 모든 도덕적 현상들을 설명하려 들지 않는다. 실제의 사회들과 그 통제체계들은 전쟁과 기근, 인구 감소, 이민, 인종 퇴화, 그리고 계급갈등에 의해 너무나 변형되고 파괴되고 붕괴되었기 때문에, 어떠한 법칙도 이들에 맞게 구성될 수 없다.

생리학자처럼 사회학자는 "사회적 평형기구"에서 "건강한 상태나 혹은 분명한 질병의 상태"에만 관심을 국한해야 한다. 사회학자는 역사가 정기적으로 기록하고 있는 "대참화"를 설명할 수 없다. 로스 역시 역사를 "실제 사회"의 곤란한 형태들에 인접한 자연과정으로 분해하여 사회 안에서 작동하는 조화로운 과정을 발견하려 했던 것이다. 회의적이었던 로스에게 갈등에 대한 인식이 남아 있기는 했지만, 그것은 근대사회 갈등의 실제 원천에 대해 어떠한 이론적 근거도 두고 있지 않았다.[48)]

---

48) Ross가 Ward에게 쓴 편지 1896년 3월 11일자, 1896년 7월 1일자, in "The Ward-Ross Correspondence, 1891~96," 394, 397; Ross, "Social Control," *AJS*, 1: 513~35; Ross가 Ward에게 쓴 편지 1898년 12월 12일자, in "The Ward-Ross Correspondence II, 1897~1901," 604; Ross, *Social Control*, 409~10.

자유로운 개인들을 조화로운 사회에 결속시키는 문제는 미국 사회학자들에게 일단 심리적 문제로 여겨졌다. 자유주의 사회구조를 주어진 것으로 받아들이고 나면, 통제는 결국 사회의식의 영역과 교육 및 설득에 있게 되었던 것이다. 자유주의적인 사회심리적 토대를 모색하려는 노력은 기딩스를 우선 아담 스미스의 《도덕감정론》(*The Theory of Moral Sentiments*)으로 돌려보냈다. "공감"(*sympathy*)에 대한 스미스의 논의는 데이빗 흄에서 비롯되었는데, 이 논지는 이후 유럽의 이론가들과 비평가들에 의해 발전되어, 장-가브리엘 드 타르드(Jean-Gabriel de Tarde)[49]의 "모방"(*imitation*) 이론과 귀스타브 르 봉(Gustave Le Bon)[50]의 군중이론 및 기능심리학자들의 "암시"(*suggestion*) 개념으로 전개되었다. 공감과 모방, 암시는 모두 개인들이 다른 사람들의 욕구와 기대에 조화를 이루면서 자신들의 행동을 형성하는 기제이다. 로스는 《사회통제》에서 암시의 개념을 사용했다. 근대사회에서는 처벌과 보상이라는 공공연한 제재는 덜 사용되며, 관습과 의견 및 교육을 통해 작동하는 암시가 중요성을 더해간다는 것이다.[51] 따라서 사회학의 종합적

---

49) 옮긴이 주: Jean-Gabriel de Tarde(1843~1904) — 프랑스의 사회학자. 법관을 지내기도 했으나, 만년에는 《모방의 법칙》(1890)이라는 저서를 통해 '심리학적 사회학'을 정립하여 사회학자로서 큰 공적을 남겼다. 그의 이론에 따르면, 모든 사회현상은 사회를 구성하는 인간들 간의 심적(心的) 관계라는 궁극적 형태로 환원되며, 이것이 '순수하게 사회적인' 것으로서 사회학의 대상이 된다. 그 밖의 저서로는 《사회논리학》(1895), 《사회법칙》(1898), 《여론과 군중》(1901) 등이 있다.

50) 옮긴이 주: Gustave Le Bon(1841~1931) — 프랑스의 의사·사회심리학자. 의사로 출발하였으나, 이후 군중심리학 연구로 현대 사회심리학의 한 원류를 이루었다. 이성을 중시하는 합리주의와 달리, 감정과 의지 및 민족적 요소에 관심을 집중하여 당대의 상황을 '군중의 시대'로 인식하였다. 주요 저서는 《군중심리학》(1895), 《민족발전의 심리학적 법칙》(1894), 《프랑스 혁명과 혁명의 심리》(1912), 《현대의 잠언집》(1913) 등이 있다.

51) Ross, *Social Control*, 25~6, 61, 71. Tarde는 자신의 저서 *The Laws of*

인 이론적 작업에 착수했던 로스가 대신에 사회심리학의 선구적인 텍스트를 만들어 내게 된 것이 그리 놀라운 일은 아니다.[52]

로스의 저서는 사회화와 자유주의적 사회변동의 중심문제들을 심리학의 차원으로 전환시켰다. 그의 모델은 배지핫과 타르드였다. 배지핫은 메인(Henry Maine)과 빅토리아 시대 인류학자들의 논의에 기초하여, 진보적 사회들이 자유주의적 진보와 영미 정치제도의 특징인 "토의"(*discussion*)를 통해 "관습의 덩어리"를 어떻게 부수는지 설명했던 바 있다. 타르드는 모방의 개념을 중심으로 자유주의적 진보를 보는 관점을 수립했는데, 이 모방이야말로 개인들을 사회적 동질성으로 결합시키는 접착제이자 점차 근대사회의 갈등을 사회적 합의로 용해해 가는 것이었다.[53] 로스는 타르드의 역사적 사례들과 권력에 대한 통찰을 동원하면서, 시간을 가로질러 관습의 지배와 군중과 집회현상 속에서 어떻게 모방이 작동하는지 보여주었다. 여기서 로스는 사회적 정신(*social minds*)의 개념을 만들어내고 나서 이를 갈등과 연결시켜 갈등해소 양태를 논했다. 사회의 합리성과 역사의 진보, 양자의 관건은 토의이며, 이 토의야말로 관습의 파괴자이고 합리적 쇄신의 원천이며 평화로운 조화의 기제였다.

Imitation, trans. Elsie Clews Parsons (New York: Holt, 1903〔1895〕), 79n에서 모방(*imitation*)을 스미스의 공감(*sympathy*)에 연결시켰다. Robert A. Nye, *The Origins of Crowd Psychology: Gustave Le Bon and the Crisis of Mass Democracy in the Third Republic* (London: Sage, 1975)과 Suanna Barrows, *Distorting Mirrors: Visions of the Crowd in Late Nineteenth Century France* (New Haven, Conn.: Yale University Press, 1981).

52) Ross가 Ward에게 쓴 편지 1905년 7월 20일자, in "Ward-Ross Correspondence, 1904~1905," 92; Edward A. Ross, *Social Psychology* (New York: Mcmillan, 1908).

53) Walter Bagehot, *Physics and Politics* (New York: D. Appleton, 1873); Tarde, *Laws of Imitation*.

로스의 독자성은, 갈등이 사회적 유사성 속에서 완전히 해소될 수 있다는 타르드의 평화주의적 관점을 수용하지 않은 데 있다. 그는 이익갈등의 불가피성을 너무도 확신했고, 근대의 개인성과 "미국의 혈통"에 대해 너무도 우려하고 있었다. 로스는 《사회통제》에서처럼 역설적 입장으로 자신의 사회심리학을 끝맺었다. 현재는 "비평형"(*disequilibrium*)의 시기이며, 변화의 속도가 너무 빨라서 안정적인 사회적 동의가 형성될 수 없다는 것이다. 현존하는 모든 어려움이 여기에서 기인한다. 그러나 여기에 또한 개인의 만회 기회가 있다. "전환기는 개인성의 전성기이다. 왜냐하면 사회적 정신의 성장이 만족할 만하게 되면 개인성의 운명이 어찌될지 의문이기 때문이다."[54] 《사회심리학》(*Social Psychology*)을 저술한 후, 로스는 방대한 저술계획을 연기했다. 대신 그는 후진국들을 방문하고 이에 대한 대중적인 글들을 썼다. 일시적으로 그는 "인종 자멸"(*race-suicide*)에 대해 쓴 대중적 저술이 가져다 준 인기에 혹하기도 했다. 이 새로운 시도는 또한 그가 "독재"에 대해 호통칠 수 있게 해주었고, 진보가 그가 우려했던 하향전환에 직면하지 않을 수 있는 길을 탐색하도록 해 주기도 했다.[55]

쿨리(Charles Horton Cooley)는 그가 지닌 개인주의적 충동과 유기체론적 충동 사이의 갈등을 해소하는 데 보다 익숙했고, 자유주의적 역사경로에 대해 보다 낙관적이었으며, 미국 사회학의 심리학적 발전경로에 더욱 큰 영향력을 갖고 있었다.[56] 로스와 마찬가지로 쿨리의

---

54) Ross, *Foundations of Sociology*, 260~71; idem, *Social Psychology*, 363.

55) Ross, *Seventy Years of It*, chaps. 12~7, 특히 p. 161.

56) Cooley의 전기와 관련된 정보는 Edward C. Jandy, *Charles Horton Cooley: His Life and His Social Theory* (New York: Dryden Press, 1942)와, Charles H. Cooley, *Sociological Theory and Social Research* (New York: Holt, 190), vii~viii와 Albert J. Reiss, Jr., ed., *Cooley and Sociological Analysis* (Ann Arbor: University of Michigan Press, 1968), 1~12에 실린, 그의 조카가 쓴 두 서문을 참조. 모든 전기 작가들을 위한 주요 출전은

사고도 도금기 노동갈등과 사회주의 문제에 의해 형성되었다. 경제학 대학원 과정에 들어갔을 때, 그는 "개인의 발전에 산업조건이 미치는 나쁜 영향이 현재 사회문제들 중 가장 심각한 것"이라고 확신했다. "… 나는 무엇을 해야 하는가? '최소한을 제외한 세상의 모든 재화를 포기하고, 네가 이루기에 적합한 개혁을 위해 너의 나머지 정열을 바치라'고 스스로 답변한다."[57] 그는 곧 저명한 법률가였던 아버지 토마스 맥킨타이어 쿨리(Thomas McIntyre Cooley)의 안락한 집에서는 포기가 어렵다는 것을 알게 되었다고 고백했다. 더욱이 그의 기질은 실천보다는 지적 활동이었다. 경제학을 공부하고 낭만주의 문학에 심취하면서 쿨리는 개혁적 성향과 인간주의적 관심에 따라 사회학으로 이끌렸다.[58]

사회학이 직면한 핵심 이슈는 자본주의와 사회주의의 갈등에 의해 규정된 문제, 곧 경쟁의 문제라고 그는 믿었다.

> 영국 고전파 정치경제학자들은… 이것이 경제세계에서 유일하게 보편적으로 유익한 과정이라고 주장했다. 다른 한편 사회주의자들은

Cooley가 청년 시절부터 성인 시절을 통틀어 지켜왔고, 지금은 〈Charles Horton Cooley Papers〉, University of Michigan에 실린 "Journal"이다. Vernon K. Dibble, "The Young Charles Horton Cooley and His Father: A Special Note about Psychobiographies," *JHS*, 4 (Spring 1982) : 1~26은 Jandy가 매우 크게 의존하고 있는 "Journal" 만이 Cooley에 대해 실제 그의 모습보다 더 병약하고 소심하며 신경이 쇠약하고 무기력한 사람으로 묘사했다고 주장했다. Cooley의 인격으로부터 모든 심리학적 깊이의 결함을 제거하려는 Dibble의 노력이, "Journal"은 부분적 통찰력만을 보여준다고 지적한 점에서 그가 비록 옳았음에도 불구하고, 나에게는 잘못된 것으로 여겨졌다. 사실 "Journal"은 실제 생활과 그 연결이 뒤늦게 가까스로 삽입된, 자아도취에 대한 주목할 만한 기록이다. Cooley의 완성된 저작만이 복잡한 지성을 열정적으로 전개함으로써, 그가 "Journal"에서 고수했던 심사숙고를 통해 남겨진 인상을 일소할 수 있다.

57) Charles H. Cooley, "Journal," vol. 6, May 9, 1890.

58) Ibid., May 28, 1890, June 2, 1890.

> 이것이 파괴적이고 낭비적인 과정이며 근대적 삶의 해악이라고 훨씬 더 적극적으로 단언한다…이 두 견해 사이에 현재의 사회적 논의가 벌어지는 전장(戰場)이 있다. 다른 모든 질문들은 부차적이다.[59]

이 전장에 들어섰을 때, 그는 이미 사회주의를 불신하고 있었고 오히려 "평등 비슷한 어떤 것"을 실현시키기 위해 "사회적 이상의 증진"을 모색하고 있었다. 에머슨적 개인주의와 자기 아버지의 머그웜프 정치관 속에서 자라나서 기독사회주의 개혁가들의 평등주의와 박애주의적 이상에 이끌렸던 쿨리는 시장의 경쟁적 개인주의를 더 높은 차원의 사회 유기체론 내에 위치지우는 일에 착수했다.[60]

종합화를 위해 그가 사용한 전략은 1893년 미시간 대학에서 존 듀이의 강의로부터 도출한 것이었다.[61] 쿨리는 듀이에게서 발견한 경제

---

59) Charles H. Cooley, "Competition and Organization," *Michigan Political Science Association*, 1 (December 1894) : 33.

60) Cooley, "Journal," vol. 6, May 9, 1890. Cooley 아버지의 가치를 발견할 수 있는 출전은 Henry Wade Rogers, "Biography of Thomas McIntyre Cooley," 〈Thomas M. Cooley Papers〉, University of Michigan이다.

61) "Journal," vol. 11, June 28, 1897에 Cooley는 자신을 사회학으로 인도한 영향들을 적었다. 가장 큰 자극은 Macaulay와 Emerson 및 Dewey의 심리학으로부터 받았다고 그는 말했다. 그리고 1894년 자신의 최초의 사회학 강의록을 작성할 때에는 Schäffle로부터 중요한 영향을 받았으며, "1893년 가을에 들은 Dewey의 정치철학 강의로부터도 많은 영향을 받았다"고 덧붙였다. 반면, 1928년에 쓴 자전적 진술에서 Cooley는 다른 인상을 주기도 했다. "내가 1893~94년에 그의 정치철학 강의를 들었는데, John Dewey는 틀림없이 지속되는 영향을 남겼지만, 내가 생각하기에 그것은 그의 강의에 의한 것이라기보다는 그의 인격에 의한 것이었다. …지금 그의 강의에서 회상하는 중요한 것은 Spencer에 대한 비평이다. Dewey는 사회는 Spencer가 수용했던 것보다 더 깊은 의미에서 유기체이며 그 언어가 '감각기관'(*sensorium*)이라고 주장했다. 나는 이미 어느 정도 유사한 관점에 도달해 있었다." Charles H. Cooley, "The Development of Sociology at Michigan," in *Sociological Theory and Social Research*, 6. Cooley의 노트,

적 개인주의의 핵심을 받아들이고, 미시간 대학에서 자신의 초기 저작을 격려해 준 기딩스의 영향하에 이를 더욱 예리하게 만들었다. 듀이는 경쟁이 사회의 분화·발전 과정을 통제한다고 주장했었다. 쿨리는 이 경쟁이 어떻게 각 개인들을 사회체계 내에 위치지우며, 어떻게 "둔한 대중"(*sluggish multitude*)과 이들보다는 높은 차원의 모방을 하고 있는 엘리트들이 진보로 나아가도록 추동하는지 보여주었다. 그런 다음 듀이처럼 쿨리는 분화와 개별화(*individuation*) 및 경쟁과 더불어 단합과 결사와 공감이 증진된다고 주장했다. 경제적 투쟁은 점차 의식에 의해 조절되며, 경쟁은 여론과 정부 행동에 의해 더 높고 더 윤리적인 차원으로 승화될 수 있다는 것이다.62)

듀이는 "시간과정은 공간과정에 종속되어 있다 … 어떠한 고립된 사회도 진보적 사회였던 적이 없다"고 지적한 바 있다. 진보와 공감에는 공동체들과 계급들과 개인들 간의 접촉의 증가가 필요하다는 것이다. 이를 이어 받아 쿨리는 사회의 유기적 기능에 관한 셰플레(Albert Schäffle)63)의 정교한 분석에 대해 집중적인 연구를 계속했다. 쿨리는

"John Dewey, Political Philosophy Lectures, 1893," 〈Cooley Papers〉에 기록된 것처럼 사실상 Cooley 사회학의 모든 분명한 분석 맥락은 비록 간단하지만 최초로 Dewey의 강의에서 표출되었다.

62) Cooley, "John Dewey, Political Philosophy Lectures"; idem, "Personal Competition: Its Place in the Social Order and Effect upon Individuals; with Some Considerations on Success," *PAEA: Economic Studies*, 4 (April 1899); "둔한 대중"(*sluggish multitude*)은 p. 156에 쓰여 있다.

63) 옮긴이 주: Albert Eberhard Friedrich Schäffle(1831~1903) — 독일의 사회학자·경제학자. 튀빙겐 대학교와 빈 대학교의 교수를 역임하였으며, 오스트리아의 상무장관을 지내기도 했다. 그러나 내각 붕괴 후 독일 슈투트가르트로 가서 《종합국가학지》(*Zeitschrift für die gesammte Staatswissenschrift*)를 편집하였고, 사회학과 경제학 연구에 종사하였다. 개인과 국가 외에 독자적 영역으로서 사회를 강조하고, 사회유기체설의 입장에서 자연과학과 사회과학의 종합을 시도하였다. 주요 저서는 《사회체의 구조와 생활》

박사학위논문을 운송이론에 관해 썼는데, 이 논문은 사회의 기본적 소통(*communication*) 기능으로서의 운송과 경제적 공간 간의 관계에 대한 연구였다.[64] 완전히 사회학으로 옮겨오자 그의 관심은 소통의 심리적 형태들로 집중되었다. 역사는 "사회변화가 급속하고 점점 가속화하고 있음"을 보여주는데, 이 변화의 뒤에는 개별화와 자발적 결사와 공감을 증대시키는 다수의 가용(可用)한 영향력들이 도사리고 있었다. 원시사회들은 좁은 물줄기처럼 상호 고립되어 있었다. 이에 비해 "근대사회는… 거칠 것 없는 대양과 같아서, 그 위에서 변화의 파도들이 서로를 제외하고는 어떠한 장애도 없이 서로 만나며, 물살의 힘이 실어 나를 수 있는 최대한으로 높고 멀리 흘러간다."[65]

1890년대 경쟁과 의사소통에 관한 연구들에서 쿨리가 보여준 이론적 조화는 그가 일기에서 표현한 심정과는 어울리지 않았다. 여기에서도 그는 여전히 상충적인 개인주의와 유기체주의에 모두 이끌리고 있었다. 1896년 사회갈등이 극에 달했을 때는 "불가피한 경쟁과 공감 사이에 존재하는 보편적 상반성(*antithesis*)이 우리 사회의 비극적 요소이다"라고 털어놓았다. 2년 뒤 미국이 쿠바에서 전쟁에 돌입하자 쿨리는 미국이 아직 진취적인 앵글로-색슨 국가이며 자연선택에 의해 절멸되지 않았다고 기뻐했다. 이 전쟁은 "나의 인종과 미국인 혈통을 자랑스럽게 한다"는 것이었다. 그는 학생들의 "전투적인" 얼굴에서 "자유롭고 경쟁적인 사회질서의 유익한 효력"을 발견했다. 쿨리는 곧 "전쟁에 대한 어린애 같은 흥분"을 부끄러워하게 되었지만, 이는 그의 성격 탓이

(1875~1878), 《사회주의의 진수》(1875) 등이다.

64) Cooley, "John Dewey, Political Philosophy Lectures"; idem, "The Theory of Transportation," *PAEA*, 9 (May 1894). Schäffle에 대해서는 Small, *General Sociology*를 참조.

65) Charles H. Cooley, "The Process of Social Change," *PSQ*, 12 (March 1897): 73, 79.

었다. 그는 기질상 거의 관조적 은둔생활을 하게 되었으나, 상상 속에서는 유기적 사회의 공감 있는 공동생활과 경쟁 속의 적극적인 자기주장, 둘 다를 원했다.[66]

쿨리는 심리학의 차원에서 유기체주의와 개인주의를 조화시킴으로써 자신의 이론적 문제를 해결했다. 진화에서 "선택의 원칙"은 인간본성이며, 바로 이 인간본성 내부에서 개인과 사회의 상충하는 요구들이 화합될 수 있다고 결정했다.[67] 여기서, 완전히 사회화된 자유로운 개인을 이루기 위해서는 개인에 대한 재정의와 사회에 대한 심리학적 고찰을 필요로 했다. "사람이라는 것을 기본적으로 서로 분리된 물질적 형태로서, 그리고 그가 지닌 생각과 감정도 이와 마찬가지로 분리된 것으로 간주한다면, 사회를 만들어낼 수 있는 유일한 길은 사회주의라든가 사회적 능력(*faculty*), 또는 이타주의와 같은 새로운 원리들을 도입하는 것일 뿐"이라고 쿨리는 말했다. 그러나 사회와 개인은 분리될 수 있는 현상이 아니라, 단지 동일한 사물의 다른 측면일 뿐이며, 이 사물은 정신적인 것이다. 우리는 사람을 단지 "정신 속의 상상의 생각"으로만 안다. 실제로 우리가 우리 자신을 개인으로 알게 되는 것은 다른 사람들과의 정신적 상호교제 과정을 통해서만이다. 우리의 자의식(*self-consciousness*)은 언어를 통한 소통과정이며 상상을 통해 내면화된다. 우리의 정체성(*identity*)은 "거울을 보는 자아"(*looking-glass self*), 즉 다른 사람들이 우리를 어떻게 보는지에 대한 상상으로부터 구성된다. 사회는 다시 "이 개인적 생각들 사이의 관계이며, 정신 속의 개인적 생각들로서만 이들은 결합한다."[68]

---

66) Cooley, "Journal," vol. 11, May 7, 1896; vol. 12, June 26, 1898; July 18, 1898; July 24, 1898; September 22, 1898.

67) Cooley, "Development of Sociology at Michigan," 5~6; idem, "Notes on Giddings' Outline," 〈Cooley Papers〉; idem, "Process of Social Change," 81.

"전적으로 사회적이며 … 전적으로 인간 공동생활의 한 부분인" 개인을 창출하고 나서 쿨리는 근대사회의 진보가 공감과 정의를 확대하는 과정이라고 바라볼 수 있게 되었다. 적대감과 모방과 경쟁은 자기주장의 자극으로 남아 있을 수 있지만, 사회적 교감(*communion*)을 가능하게 하는 공통의 요소가 항상 존재한다. "크게 고통받고 있는 사람을 상상하게 되면, 그는 곧 나의 삶이다. 다른 어떤 것만큼이나 현실적이고 직접적으로 그렇다." 따라서 "다른 사람들의 생각과 감정을 지니는 사람은 그들에게 정의를 거부할 수 없다. 그들을 자신의 일부로 만들었기 때문이다. 우리가 본 바와 같이 감정에 있어서는 첫째도 둘째도 없다. 정신 속에서 감정이 살아나면, 그것이 전부인 것이다." 덕성이란 오직 이렇게 "상상을 발휘하는 것"일 뿐이다. 이렇게 해서 공감이라는 자유주의 개념과 듀이와 기능심리학자들의 유기체론적 통찰, 그리고 윌리엄 제임스의 의식 흐름에 관한 유동적·유심론적 용어들이 모두 쿨리에 의해 사용되어 자아와 타자 사이의 고정된 장애를 해소하는 데 이용되었다. 자신의 생각 속에서 주로 살았던 이 사람에게 적절한 해결책이었던 셈이다.[69)]

그러나 사회화에 대한 심리적 장벽을 제거하는 것은 쿨리가 알고 있던 바와 같이 단지 전투의 절반일 뿐이었다. 개인은 조직과 역사를 통해 형성된 사회 안에 살고 있다. 쿨리는 인간본성으로부터 사회조직으로 분석을 확대하는 과정에서 중간적 구성체(*intermediate formation*)를 창안했다. 인간본성은 "1차 집단(*primary group*)," 특히 "가족, 아이들의 놀이집단, 어른들의 공동체나 이웃"에서의 경험을 통해 개인들 내부에서 발전된다. 이 집단들은 보편적 제도들이며, "인간본성과 인간이념들 속의 보편적인 것"을 산출한다. 여기에서는 친밀한 면대면 결

---

68) Charles H. Cooley, *Human Nature and the Social Order* (New York: Scribner, 1902), 84, 86, 89~90, 152.

69) Ibid., 12, 115, 366.

사가 "공동의 전체 속에서 개인성들의 특정한 융합"을 창출한다. 이 1차 집단의 결속은 "자기주장과 다양한 소유욕을 허용하는, 언제나 분화되어 있고 흔히 경쟁적인 결속이지만, 공감에 의해 사회화되고 공동의 정신에 의해 강화된다." 요컨대 여기에 바로 새로운 자유주의 사회를 위한 인간본성이 있다는 것이다.[70)]

쿨리는 정말 구체적이었다. 1차 집단이 산출하는 이념은 자연권 철학의 이념인 개인의 자유권과 노동권, 재산권, 자유경쟁권은 물론 진리와 봉사와 친절 그리고 민주주의를 포함하는, 성실과 준법과 자유의 이념이었다. 민주주의와 기독교로 대표되는 현 시대의 가장 중요한 이념들은 바로 1차 집단의 이념들에 기반하고 있다고 쿨리는 말했다. 민주주의는 지역 공동체로부터 성장하는 것이며, "올바른 민주주의는 소규모 집단에 적용될 때 모두가 정당하다고 생각하는 원칙들을 대규모 집단에 적용한 것일 뿐이다." 기독교 역시 가족에 근거를 두었다. 1차 집단의 이념들을 모든 사회에 확대하고 새로운 자유주의적 인간본성 위에 사회조직을 재구성하는 것이야말로 "인류의 위대한 역사적 과제"였다.[71)]

쿨리는 실질적으로 영구적인 자유주의 사회의 원천을 내다보았다. 그것은 1차 집단만큼이나 지속적이며, "제도변화에 의해 거의 영향받지 않는다." 사회의 조건이 어떠하더라도, 자유주의적 사회화를 위한 사회심리적 토대는 각 세대와 함께 새롭게 창출된다. 이러한 쿨리의 자유주의는 낭만적 자유주의였다. 그는 공동체적 형태와 근대적 형태에 대한 퇴니스와 로스의 구분이 완화될 수 있다고 보았으며, 공동체적 형태가 1차 집단의 형태로 사회에 구현되어 있다고 보았다. 이 영속적 원천으로부터 사회는 앞으로 진보할 것이며 뒤로는 원래의 순수

70) Charles H. Cooley, *Social Organization: A Study of the Larger Mind* (New York: Scribner's, 1909), 23~4.

71) Ibid., 38~48, 51~3, 119, 200~5.

성을 되찾을 것이었다. “우리는 어린아이들처럼 더욱 단순하고 솔직하며 인간적이 될 것이다.” 실제로 현 시점에서 인간본성은 “과거 어느 때보다 더 적절하게 작동할 수 있는 위치에 있는 것으로 보인다.” 이미 미국 사회학에 내재해 있고 장래에 오래 지속될 개념을 제기하면서 쿨리는 현재를 “분열”의 시기 혹은 “인간본성과 그 수단들” 간의 부조화의 시기라고 불렀다. 이와 같은 상황은 심지어 기본적 1차 집단인 가족과 공동체의 건강까지 위협하지만, 단지 급격한 변화에 의해 초래된 과도기적 현상일 뿐이다. “전통의 해체는 인간을 즉각적인 본성으로 돌아가게 해서” 이기심과 쾌락과 회의를 북돋운다. “그러나 이와 동시에 어른 안에 있는 아이를 깨우고 아이 같은 유순함을 일깨워서 본능적 충동의 나쁜 것들뿐 아니라 보다 좋은 것들로도 인도한다.” 보다 폭넓은 공감과 보다 높은 차원의 조직화를 지향하는 경향이 어디에서나 보인다는 것이었다.[72)]

이제 쿨리의 낭만적 자유주의가 미국 예외주의의 특정한 형태를 지니게 되는 것은 전혀 놀라운 일이 아니다. 쿨리는 미국에서 인간본성이 “독특하게” 발현되었다고 믿었다. 미국의 정신은 독특하게도 “인간본성의 일반 정신과 하나가 되어 있는데,” 그는 그 원인을 미국의 예외주의적 역사에 돌렸다. 쿨리는 예외주의적 문헌에 전형적인 모든 것들, 즉 로마의 예라든가, 거대하고 역동적인 공화정의 수립문제, 미국적 개인성과 프랑스적 유대의 대조, 토크빌과의 대화 등을 모두 거론했다. 인간본성과 미국의 핵심적 연결고리는 거의 지나칠 정도로 단순했다. 상호부조와 민주적 자유라는 1차 집단의 이념들이 미국 제도들의 기원이자 인종적 기원인 튜튼의 촌락공동체에 그 역사적 기원을 두었다는 것이다. 곧, “우리의 선조와 우리가 받은 훈련은 우리에게 특별한 축복이었다.” 그 결과, “전반적으로, 사람들이 그처럼 가족같이

---

72) Ibid., 113, 318, 343, 347, 354~5, 399, 419.

느끼고 공동생활을 그토록 쾌적하고 즐겁게 이해하는 거대한 나라가 미국 이전에는 결코 존재하지 않았다고 확실히 주장할 수 있다."[73] 1차 집단은 쿨리의 가장 영향력 있는 발상이었지만, 막상 쿨리 자신은 이렇게 된 데 대해 놀랐다. 이 개념은 저술 이후에 든 생각이었기 때문이다. 원래 쿨리는 유기적 인간본성에 대한 심리학 이론에서 출발하여 미국 사회에 대한 자유주의적 예외주의 관점의 분석으로 바로 나아감으로써, 이 발상 없이 《사회조직론》의 초고를 완성했다. 나중에야 그는 자신의 논지에 빠진 고리가 있다고 인식했다.[74] 1차 집단의 개념은 전체의 연결고리(*linchpin*)로서 구상되었던 것이다.

역사에 대한 예외주의적 독해를 통해 쿨리는 미국을 진보의 최전선에 위치시켰다. 미국은 유럽처럼 특수한 과거를 풍부히 지니고 태어나지 않았다. "몇 개의 씨앗이 이식된 곳에서 인구가 많은 사회가 급속히 성장한다면, 아무리 큰 사회라도 그 구조는 필연적으로 단순하고 단조롭다." 미국에서 새로운 산업적 근대성은 "더 확실히 효과를 발휘했다." 더욱이 미국은 최초의 진정한 민주주의 국가였으며, 이는 거의 전적으로 "과거의 어느 것과도 다른" 발전이었다. 미국은 "아마 장차 도래할 질서의 정신에 보다 가깝게" 위치하고 있다. 쿨리는 잃어버린 과거에 대해 어느 정도 유감스럽게 생각하기도 했다.

> 식민지 개척자들을 통해 아마 영국인들에게보다 우리들에게 더욱 순수하게 전수되었던 훌륭한 영국적 정서는 사라져가고 있으며, 코스모폴리탄적 생활의 홍수 속에서 잊혀지고 있다. 이는 분명한 흐름이다. 의심의 여지없이 우리 앞에는 보다 큰 인류의 세계가 펼쳐져 있으나, 우리 뒤에는 다시는 돌아갈 수 없는 소중한 정신이 남겨져 있는 것이다. 마치 고향을 떠나는 소년처럼 우리는 돌이킬 수 없는 과

73) Ibid., 25, 51, 107, 114~6, 144, 152~3, 160, 168, 196, 331.

74) Cooley, "Development of Sociology at Michigan," 12.

거에 대한 생각을 떨치고 무언지 알 수 없는 곳으로 희망차게 나아가야 한다.

새로운 코스모폴리탄적 역사의 초입에 서서 쿨리는 "혼란에 빠진 불우한 우리 도시대중들"이 "우리 문명을 위해 새롭고 더 높은 차원의 이상을 실현할 사람들"이라고 한 제인 애덤스의 말이 옳기를 바랄 뿐이었다. 옛 전통으로부터 단절되고 억지로 뒤섞인 채, "인간본성을 제외한 모든 것이 무효가 되어 새로운 출발을 위해 던져졌다." 어찌 됐든 미국은 새로운 창조를 위한 자연의 능력을 유지하고 있었다.[75]

미국은 또한 초기 제도들에 구현된 민주주의의 윤곽을 유지할 것으로 쿨리는 확신했다. 《사회조직론》의 상당 부분은 미국의 민주주의와 계급에 대한 분석이었다. 토크빌을 출발점으로 삼아 쿨리는 미국의 현실을 한편으로는 유럽과, 다른 한편으로는 민주주의 이상과 대립시키면서 미국 제도들의 특성을 논의했다. 이상에 비추어서는 부족한 점을 많이 발견했지만, 유럽과 비교할 때에는 미국 예외주의의 이상화된 관점으로 빠져들었다. 미국의 현실은 이상적이기도 하고 동시에 덜 이상적이기도 했던 것이며, 이 불일치가 그로 하여금 정치·사회 제도들에 대해 미묘하게 균형잡힌 예외주의적 분석을 하도록 했다.[76]

예컨대 계급문제에 대해 쿨리는 미국에는 프롤레타리아가 없다는 토크빌의 발견을 지지했다. 미국의 계급들은 세습되지 않고 "개방적"이기 때문에, 공동의 통일체 내에서의 "특화"만을 의미한다는 것이다. 계층(*stratification*) 분석을 시사하면서 쿨리는 미국인들은 보통 한 계급 이상에 속하며, 직업과 소득 및 문화 등 다양한 척도에 따라 등급화될 수 있다고 주장했다. 그 결과 미국에는 계급전쟁이 없으며 전체의 투쟁만이 있을 뿐이다. "집단들이 우리처럼 서로 얽혀있는 사회에서는

75) Cooley, *Social Organization*, 166~7, 169~70, 137.

76) Ibid., 279~80; pts. 3, 6.

계급이익의 갈등은 대부분 사람들의 갈등이 아니라 공통적인 사회매체(*medium*) 내에서 벌어지는 관념들의 갈등이다." 실제, 가계를 통해 전수되는 보다 큰 "특화"와 계급의식 및 직업 전통은 좋은 것이었다. 미국에서 나타나던 "자본가 계급"의 상승에 대해 쿨리는 유익함과 해악을 모두 발견했으며, 시간이 흐르면서 이 해악은 민주주의 원칙에 의해 억제될 것으로 생각했다. 손수 목공작업(*handwork*)을 하면서 여가를 보낸 것을 상기한 듯 노동자들을 "작업자"(*handworker*)로 묘사하면서, 쿨리는 자신의 안락한 가족적·전문가적·소도시적 정체성의 색안경을 통해 미국 사회를 보았다. 개척지 마을을 한 번 방문한 뒤 자신이 "상층계급의 환경"에서 살고 있음을 알게 되었지만, 이미 이 편견은 고칠 수 없는 것이었다.77)

쿨리는 도금기의 윌리엄 섬너에 대한 혁신기의 보완자였다. 그들 모두는 미국 예외주의 위기로부터 등장한 자유주의적 정치 스펙트럼을 짜맞추었던 것이다. 여기에 전통적인 공화주의 정치이론과 예외주의 역사를 도입하면서, 섬너는 소유적 개인주의의 원리를 설파했고 쿨리는 새로운 자유주의적 유기체론을 내세웠다. 섬너가 자신의 경쟁설이 지닌 냉혹한 토대들을 밝히는 데 대담했던 것처럼, 쿨리도 자신의 유기체론적 신조가 가진 낙관적 전제들을 드러내는 데 있어 대담했다. 이런 극단적인 논조로 두 사람 모두 동시대인들로부터 즉각적으로 비판받았다. 그러나 두 사람이 지닌 분석적 힘과 이데올로기적 동조로 인해 이들의 저술은 20세기 내내 괄목할 만한 생명력을 지니게 되었다. 섬너가 새로운 자유주의에 대항하는 자유지상주의(*libertarianism*)의 보고(寶庫, *repository*)로 남게 된 것과 마찬가지로, 쿨리의 저술 역시 이상화된 미국 민주주의를 위한 새로운 자유주의적 옹호자들의 자원으로 판명되었던 것이다.78)

---

77) Ibid., 116~7, 180, 242, 248~9, 272, chaps. 23~4.

사회통제의 의미

세기 전환기에 사회통제의 개념은 미국 사회학이 그 안에서 형태를 갖추게 될 사회심리와 사회적 상호작용 및 사회적 해체(*disorganization*) 라는 광범위한 영역의 틀을 만들었다. 사회학자들이 규정했던 사회통제, 즉 개인의 행위에 대한 사회의 사회심리적 통제라는 개념은 오늘날과는 전혀 다른 것을 의미했다. 최근에는 역사학자들과 사회과학자들이 안토니오 그람시의 저작을 사용하면서 이 용어에 네오맑스주의적 의미를 부여하고 있다. 현대적 용법에서 사회통제는 계급지배, 즉 문화적 헤게모니를 수단으로 하는 자본가 계급의 지배를 통상적으로 의미한다는 것이다.[79] 이 네오맑스주의적 분석은 사회학자들이 사용했던 사회통제 개념에도 어느 정도는 적용될 수 있다. 사회통제는 근대 자본주의 사회가 심각하게 도전받았을 당시 그 규범적 비전을 각인한 것이었으며 또 각인하기 위한 것이었다. 그 결과 자유주의적 자본주의 규범이 그 사회성의 본질로 고착되었고, 과학을 표명함으로써 윤을 내게 되었던 것이다.

로스 자신은 사회통제를 일반적인 사회질서와 특수한 종류의 유익한 자유주의 질서, 이 모두를 의미하는 것으로 정의했다. 계급통제는 "진정한 의미에서" 사회통제가 아니라고 그는 주장했다. "허약하고 무능력한" 사람들이 바닥을 차지하고 있는 식의 경쟁사회라면 육중한 계

---

78) Cooley의 저작과 그 이후의 영향에 대한 훌륭한 평가로서, 그 전통 내부에서 나온 것으로는 Marshall J. Cohen, *Charles Horton Cooley and the Social Self in American Thought* (New York: Garland, 1982)를 참조.

79) T. J. Jackson Lears, "The Concept of Cultural Hegemony: Problems and Possibilities," *AHR*, 90 (June 1985): 567~93; Lois Banner, "Religious Benevolence as Social Control: A Critique of an Interpretation," *JAH*, 60 (June 1973): 23~41.

급통제 체제 자체가 필요하지 않을 것이다. 통제는 "진정으로 사회적인 통제를 특징짓는 진지성과 자발성과 유연성을 보여 줄 것이다." 이는 경쟁적 자유주의 사회에 대한 하나의 이상화된 관점이다. 경쟁적 자유주의 사회를 사회의 본질 자체와 동일시하면서 동시에 이에 의해 정당화하고 있는 것이다.[80)]

사회뿐 아니라 인간본성에 대해서도 자유주의적 사회통제의 개념이 적용되었다. 개인과 사회 간 갈등의 첨예함은 로스의 분석에서도 종종 드러났지만, 이상주의적 사회과학자들은 사회통제의 규범을 인간본성 자체 안에 위치지음으로써 그 갈등을 해소하려 했다. 미드(George Herbert Mead)의 "인간은 본질적으로 사회적이다"라는 선언은 곧 "사회가 달성하려고 노력하는 것은 바로 우리들 행위의 사회적 측면을 나오게 해서 어떤 의식적인 방식으로 이것이 통제의 요소가 되게 하려는 것"임을 의미한다. 이와 같은 이상주의적 형태에서는, 사회에 의해 개인에게 강제된 통제는 개인 자신의 성격과 동일시되었다. 사회통제는 강제력의 성격을 상실했을 뿐만 아니라 자아실현의 과정에 편입되기도 한 것이다. 이러한 사회통제의 개념에서는 누가 누구를 통제하는지가 애매해지면서 사회적 권위의 다양한 근원들이나 상충적 규범들이 모호해지게 되었다.[81)]

---

80) Ross, *Social Control*, 376, 394.

81) George H. Mead, "Review of C. L. Morgan, *An Introduction to Comparative Psychology*," *Psychological Review*, 2 (July 1895) : 401; idem, "Review of Gustave Le Bon, *The Psychological of Socialism*," *AJS*, 5 (November 1899) : 406. Moris Janowitz, "Sociological Theory and Social Control," *AJS*, 81 (July 1975) : 82~108과 *The Last Half-Century: Societal Change and Politics in America* (Chicago: University of Chicago Press, 1978)은 사회학자들 내의 한 용어 사용 전통을 평가하고, 실제 사용을 위해 재생시키려고 시도한다. 그러나 그 분석은 그 용어에 내재한 치명적인 개념적·이데올로기적 모호성을 무시함과 동시에 재현하고 있다.

권력의 문제를 모호하게 하는 경향은 사회학자들이 정치적 범주를 사회적 범주 안에 편입시키는 경향을 지님으로써 더욱 심해졌다. 이는 1893년에 존 듀이가 정치과학 강의에서 그 방식을 보여준 바 있다. 주권에 대한 전통적 정치이론을 예시한 다음 바로 이를 폐기하면서 듀이는 주권이 단지 사회의 유기적 통합성(*unity*)의 표현일 뿐이라고 주장했다. 권리의 주장과 권위의 행사는 전적으로 사회의 유기적 상호의존에 달려 있으며, 개인과 사회의 상호실현이 그 궁극적 규준이라는 것이다. 정치권력의 문제에 대해 오랫동안 축적된 논의는 이와 같이 유기체론의 은유 속에서 사라지게 되었다. 듀이는 민주주의가 "사회적 규율(*discipline*)에 대한 복종"을 요구한다는 점을 인정했다. 이것이 사회주의가 지닌 진리의 싹이었다. 그러나 그의 사회심리학적 입장에서 볼 때, 이 복종은 정치권력의 문제가 아니라 "사회적 조정"(*social mediation*)의 문제가 되었다. 이와 같이 사회통제를 정치적 의지의 행사가 아니라 하나의 사회적 과정으로 인식함으로써 유기체론적 사회과학자들은 권력에 대한 불신이라는 자유주의-공화주의적 전통을 사회통제 연구에 전혀 적용하지 않게 되었다.[82]

여기에는 또 다른 이유가 있었다. 사회가 개인과 경제에 대한 사회통제를 수립하는 것에 대해 이야기하면서 이 사회과학자들은 자기 자신들에 대해서도 이야기하고 있었다. 이것이야말로 사회통제의 개념이 지니는, 마지막이지만 가장 중대한 의미였다. 1894년에 이 용어를 로스가 선택하기 직전, 이 용어는 사회학자들 사이에서 다른 의미를

---

82) Cooley, "John Dewey, Political Philosophy Lectures." Frank Tariello, *The Reconstruction of American Political Ideology, 1865~1917* (Charlottesville: University Press of Virginia, 1981)은 자유지상주의적(*libertarian*) 관점에서 서술하면서 사회통제에 대한 진보주의의 강조가 귀결된 이러한 경고에 주의를 환기시켰으나, 그것을 진보주의자들 저작의 더 넓은 맥락에 위치지우는 데에는 실패하고 있다.

지니고 있었다. 진보적 개혁을 이끌기 위해 새로운 과학이 그 지식을 사용하도록 하려는 워드와 스몰의 사회학 프로그램 중 응용 부분을 스몰과 그 동료들이 "사회통제"라고 불렀던 것이다.[83] 로스는 이 두 개념을 하나의 단어로 끼워 넣으면서, 사회구성원들을 통제하려는 사회의 노력과 사회를 통제하려는 사회학자들의 노력, 양자를 묵시적으로 동일화시켰다. 이에 따라 사회학자들은 사회를 통제하는 법칙들에 대한 지식을 가지고 사회를 대변할 수 있게 되었다. 그들의 수단과 목적은 사회 자체의 사회화 기제들과 사회적 목적들이었다. 마찬가지로 그들의 노력은 사회 자체의 권위를 획득했고 전사회적 범위에 적용될 수 있었다. 20세기 초반 사회과학에 그토록 큰 영향을 미쳤던 사회통제의 개념은 일반적으로 이와 같은 이중적 의미와 이중적 이데올로기 색채를 지니고 있었다.

따라서 그람시의 헤게모니 개념이 지식인과 문화의 상대적 자율성을 허용할 정도로 폭넓게 정의되지 않는다면, 네오맑스주의적 분석은 사회통제라는 개념의 복잡성을 파악할 수 없다.[84] 왜냐하면, 사회통

---

83) Small and Vincent, *Introduction to the Study of Society*, 345; Bernard Moses, "The Nature of Sociology," *JPE*, 3 (December 1894): 27; George E. Vincent, "The Province of Sociology," *AJS*, 1 (January 1896): 487~8.

84) Lears, "The Concept of Cultural Hegemony"는 유용한 방법을 통해 그 개념을 확장하려는 시도이다. Jerome Karabel, "Revolutionary Contradictions: Antonio Gramsci and the Problem of Intellectuals," *Politics and Society*, vol. 6, no. 2 (1976): 123~72도 참조. Gramsci가 "전통적" 지식인이라고 부른 것의 상대적 자율성에 대해서는 pp. 147, 153 ~4를 참조. 문화적 헤게모니라는 개념의 사용에서 나는 Thomas Haskell, David Brion Davis 및 John Ashworth들이 *AHR* 지에서 벌인 논쟁에 어느 정도 순화된 형태로 살아남았다고 주장한다. 경험적 검증의 엄격한 규준이 개인적 동기의 차원에 적용되어야 한다는 Haskell의 주장은 환원주의적이며, 이해관계와 권력관계가 역사적 기회를 형성하는 방법에 대한 분석을 수립하는 것을

제의 개념에 표현된 계급적 편견은 자본가적 편견이라기보다는 학자집단으로서 사회과학자들이 지닌 편견에 속했기 때문이다. 사회과학자들은 자본가들에 의존적이었고 합리성에 대한 관심으로 인해 흔히 자본가들과 결합했지만, 어느 정도의 자율성을 가지고 있는 계급이었다. 이들은 자신들의 선조였던 젠트리 사회과학자들처럼 미국 예외주의 전통의 수호자 역할을 맡았으며, 자본주의 질서의 양심이자 설득가로 기여했다. 사회통제의 사고는 미국 사회과학의 휘그적 학문 문화를 관통했던 신조, 즉 개인의 권리가 사회와 정부가 규정하는 공공선에 종속되어야 한다는 신조의 직접적인 유산이었다. 원래 노동자와 농민의 급진적 개인주의에 대항하기 위해 적용되었던 이 개념이 혁신기에 이르러 자본가들의 탐욕적 개인주의에까지 확장되어 적용되었다. 사회과학자들의 위와 아래의 계급들 모두에게 사회통제를 겨냥하게 된 셈이다. 나아가 사회과학자들은 미국 예외주의의 이중적 목적에 따라 움직이게 되었다. 한편으로는 미국 역사의 기존 경로를 수호하고, 다른 한편으로는 그 본래적인 이상에 보다 가까워지도록 했던 것이다.

그토록 많은 미국 사회과학자들이 사회통제라는 용어를 받아들인 것은 그들이 지닌 역사의 불확실성에 기인하는 바가 컸다. 헨리 로이드(Henry Demarest Lloyd)로부터 로스에 이르기까지 사회통제를 부른 것은 미국 예외주의의 위기였다. 미국 사회과학에서 이 용어와 이 용어의 학술적 역할은 역사의 제한된 영역을 개봉했던 자유주의 사회과학자들에 의해 퍼져 나갔다. 미국의 미래가 창조적인 역사행동에 달려 있다는 인식은 이 새로운 전문적 학문분야 자체에 막대한 중요성을 부여한 동시에 커다란 부담을 지웠다. 앞에서 살펴보았듯이, 레스터 워

방해할 것이다. 그러나 나는 Lears의 글이 때때로 그렇게 하도록 강요하는 것처럼 헤게모니를 의도성으로부터 전적으로 분리하지는 않을 것이다. *AHR*, vol. 90 (April 1985) : 339~61과 (June 1985) : 547~66 ; vol. 92 (October 1987) : 797~878을 참조.

드와 앨비언 스몰은 역사의 불확실성이라는 새로운 공간을, 사회과학이 실질적으로 역사의 경로를 통제할 수 있다는 기약으로 채워 넣었다. 이 목표에 사회통제의 개념은 절묘하게 들어맞았던 것이다.

나름대로 사회과학자들은 이전 세대 지식인들이 했던 것을 그대로 따라 하고 있었다. 색번 버코비치(Sacvan Bercovitch)가 보여준 것처럼, 성직자 엘리트와 공화주의자 엘리트들은 계속해서 미국 예외주의적 소명의 위기에 직면했다. 그 때마다 이들은 숭고한 소명의식과 더불어, 신의 은총이나 절대이성의 힘을 미국 역사의 목적과 일치시킬 수 있다는 경이로운 자신감을 가지고 걱정을 달랬었다.[85] 이러한 이전 세대들과 달리 혁신기 사회과학자들은 역사의 경로를 보장할 신의 은총도 절대 이성도 사용할 수 없었고, 다만 과학에 대한 실증주의적 구상만을 지니고 있었다. 그러나 이제 과학의 실증주의적 구상만이 변화하는 역사경험을 피하도록 기약해 주었다. 오로지 과학만이, 역사의 밑바닥 혹은 내부에 존재하면서 역사의 상대화 효과를 넘어서서 존재하는 자연에 도달할 것을 기약했던 것이다.

과학에 대한 실증주의적 관점은 예측과 통제를 약속했고, 예측과 통제는 다시 사회적 역할에 대한 관념에 기술주의적(*technocratic*) 모습을 부여했다. 물론 모든 미국 사회과학자들이 실증주의적인 사회통제를 믿은 것은 아니었다. 예를 들어 찰스 쿨리는 끝까지 실증주의의 강력한 비판자로 남았으며, 사회과학이 과학만큼이나 예술에 가까운 것으로 간주했다.[86] 그러나 사회통제에 대한 기술주의적 관념은 혁신기에

85) Sacvan Bercovitch, *The Puritan Origins of the American Self* (New Haven, Conn. : Yale University Press, 1975), 특히 pp. 122~3, 132~6, 184~6; idem, *The American Jeremiad* (Madison: University of Wisconsin Press, 1978), 9, 24, 62~5, 86~92, 120, 135~6, 181, 190, 197.

86) Charles H. Cooley, "The Roots of Social Knowledge," *AJS*, 32 (1926): 59~79.

확실히 뿌리를 내리기 시작했다. 이를 로스의 저술에서 볼 수 있다.

로스는 사회통제에 대한 논의를 마무리하면서 자신이 느낀 엄청난 힘을 토로했다. 사회가 구성원들을 어떻게 통제하는지 그 비밀을 자신이 발견했으며, 이러한 지식이 그릇된 손에 들어갈 경우 사회질서를 파괴할 수 있다고—정당한 손에서는 사회를 유익하게 통제하는 것과 마찬가지로—믿었다.

> 그러므로 질서의 비밀이 모든 지붕에서 외쳐질 수는 없다. …사회연구자는… 도덕체계를 너무 존중하기 때문에 이 비밀의 적나라한 모습을 드러내지 않을 것이다. 그는 어른들에게 말하지, 아이들에게 말하지는 않을 것이다. 그는 사회의 도덕적 자본을 관리하는 사람들, 즉 통제수단을 행사하는 교사들과 성직자들, 편집자들, 입법가들과 판사들이나, 인류의 행로를 인도하는 시인들과 예술가들, 사상가들, 교육자들에게만 이야기할 것이다.

그 자신이 성직자와 독재자의 권위에 대해 저항했던 로스는 사회학적 지식의 엄청난 잠재력을 분명히 느끼고 있었다. 그러나 의심의 여지없이 그는 공화정을 수호하는 "입법가들"과 "교육자들"과 같은 정치적·문화적 엘리트와 항상 일체감을 가졌다. 새로운 사회과학자들은 천부 귀족층(*natural aristocracy*)과 동맹해야 할 것이며 다만 그들의 입장을 미묘하게 변화시켜야 할 것이다. 대중독자를 위해 쓴 사회통제에 관한 저서에서 로스는 통제의 지식을 사회과학자들에게 맡겼고, "훌륭한 공동체"(*venerable corporation*)를 수호할 니체(Nietzsche)의 "초인"(*Strong Man*)으로 이들을 묘사했다. 이전 엘리트들이 지녔던 일반적이고 소수에게 집중된 지혜와 달리 사회과학자들의 지식은 전문적인 것이며 사람들에게 소량만 제공되어야 할 위험한 과학이었다.

저널에 게재된 논문들을 통해 로스는 사회과학자들이 이 지식을 "반

(半) 비밀로"(*half esoteric*) 하는 것이 정당하다고 주장했다. "물론 원대한 시야를 가진 사람이 공동의 복지를 그 자신의 이익처럼 여기고 수탈적 욕구와 탐욕스런 야심, 후안무치와 잔인무도한 부정의에 대항한다면, 이 사람에게는 안전하게 통제의 비밀을 맡길 수 있다!" 그는 사회과학자들에게 연구에 매진하도록 촉구했다. "사회통제 체계는 게릴라 전투대들이 은신하고 있는 암흑의 정글이다. 그러나 과학적 방법을 지닌 연구자가 일단 이 지역을 완전히 장악한다면 무질서와 약탈은 중단될 수밖에 없다." 그들은 개인과 사회의 상충적 요구들 사이에서 결정을 가능케 하는 "일반 원리들"을 발견할 것이다. "질서와 진보를 조화시키는 조건들이 여론 지도자들에게 분명해지자마자, 사회구성원에 대한 사회의 통제는 틀림없이 지금보다 더 의식적이고 효과적이 될 것이며, 현 세기의 저주였던 변화와 반동 간의 참담한 시소게임은 사라질 것이다."

요컨대, 사회과학적 지식의 목표는 정치적 판단들을 밝히고 확대하는 것이 아니라, 권위 있는 과학의 토대 위에서 단호하게 그것들을 결정하는 것이다. 일단 효과를 발휘하면, 그들의 지식은 역사의 휘어진 길을 바로잡고 "과학적 방법"과 이성이 통제하도록 할 것이다. 사회과학자들은 "공동의 복지를 그 자신의 이익처럼" 여겨서 사회에 존재하는 다른 집단들의 이기적 이익을 넘어서 있기 때문에 이러한 과학적 지식을 떠맡을 수 있다.[87)]

사회과학이 사회와 역사에 합리적 통제를 수립할 수 있는 실증주의적 지식을 생산한다는 로스의 핵심 전제를 같은 시기에 선도적으로 주창한 사람은 존 듀이였다. 듀이는 철학 자체가 일종의 사회과학이 되고 사회적 실천을 지향해야 한다고 믿었다. 따라서 그 방법은 과학적 방법이어야 하며, 행위를 인도하려 하는 한 그 관심영역은 주로 "심리

87) Ross, "Social Control," AJS, 3: 820~1; idem, *Social Control*, 441~2.

학과 사회윤리학 — 관련된 모든 구체적 사회과학들이 후자에 포함되는 —"이어야 했다. 신의 왕국과 공민적 인간주의의 이상이 역사에서 실현되어야 한다고 굳게 믿었던 듀이는 생에 대한 합리적 통제를 수립할 수단으로 과학에 눈을 돌렸던 것이다.[88)]

듀이는 물리과학의 방법들이 아직 인간에 완전히 적용되지는 않는다고 말했다. 이 방법들이 심리학에서 완전히 발전하고 "역사와 모든 사회과학에 점차 적용될 때, 우리는 윤리영역에서 통제가 증가하는 결과를 기대할 수 있다. 이러한 결과의 성격과 정도는 물리적 질서에 대한 지식을 통해 물리적 자연을 통제하게된 물리과학의 혁명을 통해 가늠해볼 수 있다." 1899년 미국 심리학회 회장 취임연설에서 듀이는 원인에 대한 진정한 지식을 생산하고 통제를 가져다주는 것은 "사물을 한 메카니즘의 상호 연결된 부분들로 진술"하는 능력을 가진 물리과학의 방법뿐이라고 주장했다. 전임 회장 휴고 뮌스터베르크(Hugo Münsterberg)가 과학적 심리학을 교육에 적용하지 말라고 비판했던 것은 단지 과학이 그리 발전하지 않은 상태였기 때문이었다고 듀이는 말했다. "만일 건축가가 훈련받는 것처럼 우리 교사들이 훈련받는다면, 그리고 거대한 공장들이 화학과 물리과학의 토대 위에서 돌아가듯이 우리 학교들이 실제 심리학적 토대 위에서 운영된다면 … 우리는 이 문제를 논의할 필요조차 없을 것이다." 여기에서 듀이는 사회과학자 자신들보다 더 강력히 사회과학의 소명에 대한 기술주의적 비전을 표출하고 있다.[89)]

듀이가 로스나 많은 사회과학자들과 다른 점은 민주적 과정을 고수한 데 있었다. 로스나 뮌스터베르크와 달리 듀이는 과학이 전문가 엘리트들의 "반(半)비밀로" 보존되어서는 안 되며, 사회의 모든 수준에

88) Dewey, "The Significance of the Problem of Knowledge," 21~2.

89) John Dewey, "Psychology and Social Practice" (1899), *MW*, 1: 131~50, 특히 pp. 144, 149~50.

서 재현되고 전달될 수 있다고 믿었다. 그는 과학을 실용적 지성의 정교한 형태, 즉 "사고하는 방식"의 모델로 간주하게 되었다. 이것이 바로 교사들이 해당 부문의 과학에서 건축가처럼 훈련받을 수 있는 이유이며, 과학이 민주적 과정을 회피하지 않고 북돋을 수 있다고 듀이가 믿은 이유이다. 언제나 그랬듯이 여기에서도, 분리를 없애려는 열망 때문에 듀이는 진정한 차이들에 대해 충분히 주목하지 않았다. 자연에 대한 공학적 지식과 조작적 접근방법을 가진 실증주의적 과학 개념은, "거대한 공장들"이나 마찬가지로, 민주주의와 조화를 이루는 것이 쉽지 않은 것이다.[90]

로스와 듀이의 사회통제 개념들에서 사회과학의 과제에 대한 기술주의적 관념을 볼 수 있지만, 다른 사회과학자들이 특히 1차 세계대전 발발 이후에 택하게 될 것에 비하면 이들은 아직 "약한" 수준이었다. 로스는 기술주의적 목표를 흐린 윤곽 정도만 기술했으며, 전통적인 도덕적 목적들과 연결시켰다. 여전히 그는 오랜 세월 동안 여행중인 인류라는 대상을 자신이 이끌고 있으며 공화정의 수호자를 계승했다고 상상할 수 있었다. 반면, 일부 미국 사회과학자들은 심지어 1차 대전 이전에, 그리고 많은 사회과학자들이 전쟁 이후에 과거로부터 더욱 심하게 단절되어, 실증주의 과학을 통해 역사를 통제하려는 노력에 더욱 적극적으로 이끌리게 된다. 사회과학과 통제에 대한 듀이의 생각은 이들과 나란히 전개되었지만 궁극적으로는 결별하게 되었다.

90) Ibid., 134~6.

결론

혁신기의 경제학자들처럼 혁신기 사회학자들도 도금기 위기의 경험으로부터 자기 분과학문에 관한 새로운 구상을 이루었다. 거의 희망을 포기했던 섬너를 제외하면, 사회학자들은 미국이 도달한 변화된 산업세계를 받아들였고, 예외주의 이념을 자유주의 역사의 진보적 흐름 속에 새롭게 자리매김하려 했다. 그들이 동의했던 갈등은 근대사회 발전의 불가피한 특징이었지만, 경제적·인종적·종족적 갈등이었을 뿐이다. 1904년의 세인트루이스 학회에는 베르너 좀바르트가 초청되어 근대사회의 "산업 프롤레타리아트"에 관해 강의했는데, 미국 청중들에게는 "산업집단"으로 통역되었다.[91] 어떤 중요한 의미에서도 미국에서는 갈등이 계급갈등이 아니고 그렇게 되지 않을 것이다. 실제로 사회갈등의 현 상태는 낡은 전(前)산업사회와 새로운 산업사회 간의 일시적 이행을 보여 줄 뿐이다. 산업사회가 나아갈 방향은 자유주의적 조화이며, 이해관계들이 점차 평화적이고 합리적이며 윤리적으로 조정될 것이다. 이것이 바로 스몰과 기딩스, 로스와 쿨리 모두의 메시지였다.

"사회통제"는 사회학자들이 역사적 변혁을 용이하게 하는 데 자신들의 새로운 분과학문을 사용해야 한다는 것을 의미했다. 이 개념은 자유주의 사회가 경쟁적 개인들을 사회질서 속으로 이끌 수 있게 하고 미국의 어려운 시기를 종식시키도록 해 줄 사회적·심리적 수단을 모색하려는 사회학자들의 열망을 나타냈다. 사회통제는 또한 예측과 통제라는 기술주의적 과학의 방향으로 나아가는 징표를 이미 보이던 사회학 분과학문의 야심을 표현하고 있었다. 조화라는 이데올로기는 종종 구체적

91) Werner Sombart, "The Industrial Group," in *Congress of Arts and Sciences: Universal Exposition*, St. Louis. 1904, ed. Howard J. Rogers, 8 vols. (Boston: Houghton Mifflin, 1906), 7: 791~9.

인 역사적 현실에 대해 사회학자들의 눈을 멀게 만들었고 자신들의 과제가 얼마나 어려운지 알지 못하게 만들었다. 사회적 단합에 대한 열망으로 인해 이들은 자본주의 사회와 인간본성에서 나타나는 분열을 얼버무리곤 했던 것이다. 자신들이 통제하고 있다고 상상하면서 이들은 사회통제의 행사를 전적으로 유익한 것으로만 상상했다.

새로운 산업세계에 살게 된 미국 사회학자들은 유럽의 사회학자들처럼 역사를 공동체 중심적 전통사회와 분화된 근대 산업사회라는 두 이념형 단계의 연속으로 재구성하기 시작했다. 유럽의 사회학자들도 동일한 이분법적 관점을 구축했는데, 마찬가지로 역사의 복합적 형상들을 솎아내고 현실적 역사분석을 회피했다. 그러나 유럽에서 이 근대 사회학적 상상은 이미 풍부하게 존재했던 역사변화에 대한 인식 위에 이루어진 것이었다.[92] 반면 미국에서는 예외주의적 은유에 대한 집착으로 인해 이미 희박해진 역사의식 위에서 이루어졌다. 현재를 전환점의 위치에 놓은 이 2단계 모델은 도금기 위기로 형성된 역사의 근본적 변형이라는 의식에 완벽하게 들어맞았다. 쇠퇴에 대한 전통적 두려움과 새로운 상실감으로 인해, 산업사회의 위협에 직면하여 전통적 활기를 유지하는 방법을 모색하게 되었다. 예컨대 로스가 "미국적 혈통"에 의존했던 것은 생물학적 인종에 의존했던 유럽인들의 시도와 평행선상에 있는 것이었다. 또 쿨리의 일차 집단과, 전적으로 사회화되었지만 개인주의적인 인간본성과 같은 것은 유럽 대륙의 이론가들에 의해 그려진 더욱 강력한 변형을 완화시킨 것으로, 이미 조화의 이상을 활성화할 준비가 되어 있던 미국의 낭만적 자연주의를 반영한 것이었다.

미국 사회학자들은 경제학자들에 비해 보다 파편화되고 덜 발전된 지적 전통을 지니고 도금기에 진입했으며, 신고전파 경제학의 패러다

92) Philip Abrams, "The Sense of the Past and the Origins Sociology," *Past and Present*, no. 55 (May 1972) : 18～32; Liebersohn, *Fate and Utopia*.

임적 선명성과 같은 것은 전혀 갖지 못한 채 도금기를 벗어났다. 그럼에도 불구하고 이들은 학계에 견고한 발판을 구축했으며, 이론과 연구의 명확한 방향들을 수립했다. 필립 아브람스(Philip Abrams)가 지적했듯이, 영국에서 사회학은 2차 세계대전 이후까지 하나의 분과학문으로 결집되지 못했다. 사회학이 근대사회의 정당화 필요성에 응답하는 것이라면, 영국 역사의 상대적 지속성이 경제학에서처럼 사회학에서도 이데올로기적 개입의 필요성을 잠재웠던 것이다. 그 대신 정부 서비스와 개혁조직들이 사회적 조화를 용이하게 하는 방법에 관심 있는 사람들에게 일할 기회를 제공했고, 정치적 관심을 사회과학이 아니라 실천적 행정과 개혁으로 돌리게 했다. 이론적 정당화에 대한 필요성은 이미 잘 발전된 인류학의 통로로 흘러들어서, 영국의 제국적 역할에 조응했다.[93)]

바로 여기에 영국과 미국의 차이가 있었다고 상정할 수 있다. 미국은 외부가 아니라 그 심장부에 다양한 인종들이 존재했고, 이것이 미국에서 사회학의 필요성을 훨씬 크게 제기했다. 그러나 우리가 본 바와 같이 사회학으로의 추동력은 새로운 이민자의 충격이 감지되기 이전에 왔으며, 처음에는 산업화의 사회 변혁과 노동계급의 운명이라는 문제를 향해 있었다. 미국 사회학자들은 프랑스 제 3 공화국의 뒤르카임주의자들과 독일 사회정책학회(Verein für Sozialpolitik) 주변의 사회학자들처럼 정치적·산업적 변형에 직면하여 국가 정체성을 확보하려

---

93) Philip Abrams, *The Origins of British Sociology, 1834～1914* (Chicago: University of Chicago Press, 1968); J. W. Burrow, *Evolution and Society* (Cambridge University Press, 1966). Reba N. Soffer, *Ethics and Society in England: The Revolution in the Social Sciences 1870～1914* (Berkeley: University of California Press, 1978)는 영국의 사회과학이 대륙 유럽의 사회과학과 유사하게 혁명을 경험했다고 주장하지만, 내가 생각하기에는, 부주의하게도 영국 사회사상에서 상대적으로 지속되는 경우를 지지한다.

는 노력에 전념했다. 분산되어 있었고 계속 확장하던 대학체제가 미국에서는 중요한 지원을 제공했다. 사회학자들이 튼튼한 지적 영역을 수립하도록 허용하고 자극했던 것이다. 그러나 프랑스와 독일처럼 이데올로기적 의지가 존재했던 곳에서는 덜 우호적인 제도적 조건에도 불구하고 학문적 사회학이 자신의 자리를 마련할 수 있었다.[94]

혁신기에 미국 대학들은 이론적 야심과 사회개선에 관한 실천적 관심, 양자를 결합하는 학문을 제공했는데, 이것이 바로 미국 사회학이 경험연구와 이론 간에 특정한 결합을 이루게 된 핵심원인이었다고 간주되었다.[95] 그러나 이 결합에는 존중될 만한 이데올로기와 과학적 거리두기의 올바른 융합이 필요했다. 기딩스의 자유주의 진화론적 실증주의는 신속하게 이 조작적 도약을 이룰 수 있었다. 반면 스몰은 정치적 소심함과 모호함으로 인해 결코 이를 이룰 수 없었다. 다음에 보듯이 일군의 새로운 인물들이 진입하면서 시카고 대학 사회학은 곧 쇄신을 시작하게 되었다.

---

94) Anthony Oberschall, "The Institutionalization of American Sociology," in *The Establishment of Empirical Sociology*, ed. Anthony Oberschall (New York: Harper & Row, 1912); Terry N. Clark, *Prophets and Patrons: The French University and the Emergence of the Social Sciences* (Cambridge, Mass.: Harvard University Press, 1973).

95) Oberschall, "The Institutionalization of American Sociology."

한국 사회과학의 정체성 논의

1. 정체성 논의의 흐름

한국 사회과학의 정체성에 대한 논쟁은 1970년대 후반부터 시작된 반성을 토대로 1980년대의 새로운 연구 및 독자성 확립의 시도를 거쳐 1990년대에 와서 그 싹을 틔웠다고 할 수 있다. 그러나 오랫동안 지속된 척박한 학문토양에서 그 논쟁은 아직 분과학문 범주 내의 노력을 벗어나지 못하여, 계열학문으로서 사회과학의 정체성 논의는 2000년대에 와서야 가능했으며, 아직도 그 수준은 시론(試論)적 차원에 머물러 있다.

1970년대에 시작된 한국 사회과학 정체성 논의는 한국사회과학연구소[1]와 유네스코한국위원회[2] 및 한국사회과학연구협의회·유네스코한국위원회[3]를 중심으로 이루어졌다. 그중 한국사회과학연구소는 방법론을 중심으로 사회과학을 소개했으며, 다른 경우는 한국 사회과학에

1) 한국사회과학연구소(편), 《현대사회과학방법론》(서울: 민음사, 1977).

2) 유네스코 한국위위원회(편), 《한국 사회과학 연구》(서울: 범문사, 1977).

3) 한국사회과학연구협의회·유네스코한국위원회(편), 〈한국 사회과학의 토착화: 연구방법을 중심으로〉, 한국사회과학의 연구방법의 토착화를 위한 세미나보고서(1979).

관해 연구대상과 경향을 전반적으로 다루었다. 이 문헌들은 당시 정치계의 '한국적 민주주의' 혹은 '민주주의의 토착화' 담론과 맞물려 한국 사회과학의 토착화를 화두로 기획되었다. 그러나 토착화 논의는 한국적 정체성을 가진 학문을 개발하는 것이 아니라 외국의 이론을 한국에 적용시키는 것에 초점을 두었다. 그나마 한국사회과학연구소는 분과학문 중심으로 외국의 이론을 소개하는 데 머물러, 외국이론이 "우리의 역사적·사회적 맥락에서 어떤 의미를 가지며 어떠한 긍정적·부정적 측면이 있는가에 대해서는 공백으로 남겨" 두었다.[4] 유네스코한국위원회와 한국사회과학연구협의회·유네스코한국위원회는 반성 자체에 의미를 두고[5] 발전을 위한 제언과 기대를 표명하기도 했지만, 계열학문으로서의 사회과학에 대한 논의를 발전시키지 못했고 토착화 개념에서도 더 나아가지 못하였다.

이러한 반성을 계기로 1980년대에는 홍승직[6]에 의해 경험적인 연구가 시도되었다. 홍승직은 한국 사회과학에 대한 사회과학자들의 의식조사를 통해 현실을 파악하고 정체성 확립을 시도했다. 한국사회과학협의회[7]는 방법론 논의를 이어갔고, 김경동·안청시 교수[8]가 방법론

4) 황성모, "한국사회과학의 기본과제와 방향," 성균관대학교 사회과학연구소(편), 《한국사회과학론: '사회'없는 사회과학들이 어떤가?》(서울: 대왕사, 1983), p. 294.

5) 황성모, "사회과학의 토착화에 대하여," 한국사회과학연구소(편), 《현대사회과학방법론》(서울: 민음사, 1977).

6) 홍승직, "사회과학과 사회개발," 〈한국사회개발연구〉 제 5권(고려대학교 아세아문제연구소, 1981).

7) 한국사회과학연구협의회(편), 《사회과학 방법론》(서울: 박영사, 1983).

8) 김경동·안청시(편저), 《한국 사회과학 방법론의 탐색》(서울: 서울대학교

논의에 가담했으며, 성균관대 사회과학연구소[9]는 사회적 배경이 열악함을 지적하면서 긴 여정의 한국 사회과학 논의를 시작하였다.

그러나 홍승직의 새로운 시도는 1970년대까지 논쟁된 토착화 논의를 경험적으로 증명하는 데에서 더 발전되지 못했다. 한국사회과학연구협의회의 방법론 논의[10]도 북한의 통일정책 분석, 노인에 대한 아동의 태도, 현대 농민사회와 양반에 관한 논문 등 새로운 가능성을 모색하고 22명의 학자들이 참여한 방대한 시도였지만, 역시 각자의 테마를 가지고 외생적 방법론을 설명하는 데 머물렀다.[11] 같은 해에 발간된 성균관대 사회과학연구소의 문헌[12]은 서장에서 사회과학 일반에 대한 논의를 시도했으나 방법론에 관해 정리한 차원이었으며, 그밖에는 한국 사회과학에 대한 총체적 분석 없이 한국 사회과학내 분과학문들의 경향을 나열적으로 소개하는 데 만족했다. 김경동·안청시의 편저서[13]도 도입 부문에서나마 한국 사회과학 전반에 대한 논의를 했지만 역시 분과학문별로 당시의 경향을 소개한 문헌이었다.

1990년대는 1980년대의 논의를 이어가면서 그 깊이를 더하고 범주를 넓혀간 시기였으며, 무엇보다 1950년대 한국에 등장한 맑스주의적

출판부, 1986).

9) 성균관대학교 사회과학연구소(편), 《한국사회과학론: 사회없는 사회과학들이 어떤가》(서울: 대왕사, 1983). 이후 성균관대학교 사회과학연구소는 간헐적이지만 지속적으로 한국 사회과학에 관한 문헌들을 발간해왔다.

10) 한국사회과학연구협의회(편), 앞의 책.

11) 황성모, "한국사회과학의 기본과제와 방향," 앞의 글, pp. 294~295.

12) 성균관대학교 사회과학연구소(편), 《한국사회과학론: '사회'없는 사회과학들이 어떤가?》, 앞의 책.

13) 김경동·안청시(편저), 앞의 책.

연구경향이 사회과학 정체성과 관련해서도 연구업적으로 표출되기 시작했다. 먼저 1994년에 성균관대 사회과학연구소[14]가 사회과학의 동향과 전망에 관한 연구를 이어가는 한편, 한국산업사회연구회[15]가 같은 해에 현대 한국 인문사회과학 연구사를 개관하면서 1980/90년대 비판학문에 대해 평가했다.[16] 그러나 이 두 연구는 고찰의 시각을 대조적으로 했을 뿐, 사회과학에 대한 총체적 분석 없이 사회과학내 분과학문들 일반의 경향만 나열적으로 소개했다는 점에서 대동소이했다.

한편 윤근식·서규환·김일영[17]은 이듬해 공동작업을 통해 사회과학의 성립사에 초점을 두고 방대한 분량의 논문을 발표하여 한국 사회과학의 역사적 분석에 기여하였으며, 임희섭[18] 등은 한국 사회과학의 새로운 지평을 연다는 야심작을 내놓아 논의의 획기적인 발전을 꾀했다. 그렇지만 이 업적들도 사회과학 일반에 대한 논의에서 장족의 발전을 보인 반면, 한국적 사회과학이나 한국 사회과학에 대한 언급은 논문 한두 편 혹은 지엽적 논의에 그친 아쉬움을 보였다.

그러나 다른 한편으로 1990년대의 한국 사회과학 정체성 논의는 이

---

14) 성균관대학교 사회과학연구소(편), 《사회과학의 동향과 전망》(서울: 한울아카데미, 1994).

15) 한국산업사회연구회(편), 《현대 한국 인문사회과학 연구사: 80·90년대 비판학문의 평가와 전망》(서울: 한울아카데미, 1994).

16) 김동춘의 《한국 사회과학의 새로운 모색》(서울: 창작과 비평사, 1997)도 이러한 경향의 시도로 꼽을 수 있지만, 이 문헌은 사회과학에 대한 논의라기보다 한국 사회현상에 대한 분석서이다.

17) 윤근식·서규환·김일영, "사회과학의 성립," 〈사회과학〉 제34권 2호(통권 제41호, 성균관대학교 사회과학연구소, 1995).

18) 임희섭(편), 《사회과학의 새로운 지평》(서울: 나남출판, 1999).

십년대를 마감하고 새로운 세기가 시작하는 2000년에 한국사회과학연구협의회가 발간하는 〈사회과학논평〉(제 19호)에서 심도 있는 논쟁으로 이어졌다. 그중에서도 이 시기 사회학회의 정체성 논의는 가장 선도적으로 평가되었다.[19]

2000년대는 한국 각 대학들이 계열별로 입학한 학생들을 위해 사회과학 소개서를 다투어 내놓고 한국 사회과학 정체성에 대한 논의가 본격적으로 시작된 시기이다. 가장 먼저 연세대[20]가 전공선택의 길잡이를 펴냈고, 이어 이화여대[21]가 입문을 발간했으며, 성균관대[22]가 새로운 소개서를 내놓았다. 그리고 한국 사회과학의 정체성에 대한 본격적 논의를 연 이택휘의 논문[23]은 한국 사회과학자들에게 뼈아픈 반성의 계기를 제공했다. 또한 같은 해에 이기홍[24]도 토착화의 논리를 비판하면서 한국 사회과학의 과학성 결여를 비판하는 논문을 통해 다시 한번 자성을 촉구했다. 분과학문별로도 서규환의 최근 논문[25]은 1999

19) 임현진, "한국사회학의 해부: 자아정체성과 유관적합성을 중심으로," 〈사회과학논평〉 제 19호(한국사회과학연구협의회, 2000) 참조.

20) 연세대학교 사회과학대학(편), 《사회과학의 이해: 전공선택의 길잡이》(서울: 연세대학교출판부, 2000).

21) 이화여자대학교 사회과학연구소(편), 《사회과학의 이해》(서울: 이화여자대학교 출판부, 2005).

22) 성균관대학교 사회과학연구소(편), 《사회과학으로의 초대》(서울: 성균관대학교출판부, 2007).

23) 이택휘, "한국 사회과학의 정체성과 한국정치사상사 연구," 〈한국동양정치사상사〉 제 3권 1호(2004).

24) 이기홍, "한국 사회과학의 논리와 과학성," 〈사회과학연구〉 제 43집(강원대학교 사회과학연구소, 2004).

25) 서규환, "한국정치학의 자기정체성 논의에 대한 비판적 논고," 한국세계학술

년 임희섭 편저에 실린 이정복 교수의 한국정치학 논의[26]를 발전시켜 비판적으로 논고한 점이 주목할 만하다.

그러나 각 대학들이 출판한 사회과학 소개서들은 서론 논문으로 사회과학 전반에 대한 설명을 짧게 한 후 분과학문들을 병렬적으로 소개한 문헌들로서 한국 사회과학 정체성에 대한 논의를 촉발시키는 정도의 한계를 가지고 있다. 다만 논문으로 표출된 논의들은 상당한 수준의 비판적 안목을 담고 있어 향후 한국 사회과학 정체성 논의를 크게 발전시킬 것으로 보인다. 이러한 시도와 논쟁들이 어떻게 이어져 왔는지 보다 구체적으로 살펴보자.

2. 논의의 내용

1950년대 중기 이전의 한국 사회과학은 일제의 엄혹한 시기와 전쟁의 고난 속에서 사회가 발전되지 못한 만큼 학문적 발전도 제대로 이루어지지 못했다. 당시에 가능했던 방법은 역사적 연구에 국한되었으며, 외국이론의 적극적 소개에 관심을 보인 것도 극히 소수의 학자들에 불과했다.[27] 한국 전쟁이 끝날 무렵에야 미국과의 교류를 통해 사회조사방법론 등 새로운 사회과학 연구가 도입되었다. 정치사회적 배

대회 발표문(2007년 8월 25일, 부산).

26) 이정복, "한국정치학의 변화와 발전방향," 임희섭(편), 《사회과학의 새로운 지평》(서울: 나남출판, 1999).

27) 이만갑, "한국사회과학 연구방법의 현황," 한국사회과학연구협의회 · 유네스코한국위원회(편), 〈한국사회과학의 토착화: 연구방법을 중심으로〉, 한국사회과학의 연구방법의 토착화를 위한 세미나보고서(1979), p. 18.

경으로나 학문 발전상으로나 사회과학적 토양이 형성되지 못한 우리나라의 현실에서는 외국의 이론소개가 가지는 의미는 적지 않았다. 서구 선진국의 발전된 이론들이 국가와 사회의 발전을 기획하고 추동하는 데 기여할 수 있기 때문이었다.

그러나 전무하다시피 한 한국 사회과학의 토양에서 도입된 서구이론들은 이후 거의 절대적 권위를 가지고 한국의 학계를 지배하기 시작했다. 게다가 오랜 권위주의 정치로 인해 서구의 이론들조차 설명력이 극히 제한된 절름발이 이론으로 작용할 수밖에 없었고, 그럼에도 불구하고 서구민주주의를 추구하는 한국에서 서구이론의 이념적·사상적 지배력은 유지되었다. 따라서 서구 사회과학의 비판적 성격은 한국 사회과학에서 작동하지 못했으며 오히려 권위주의 정치를 정당화하는 이론으로 기능했다.

이러한 상황에서 비판적 사회과학자들 중에서 문제의식이 나타나기도 했다. 서구이론의 한국 적용과 관련해 미국으로부터 이식된 사회조사방법론에 대한 비판이 1970년 추계사회학대회에서 처음으로 제기된 것이다. 그러나 이 비판조차 대부분 방법론 내의 연구절차상의 문제제기였으며, 이마저도 이미 미국에서 제기된 비판을 반복하는 수준이었다.[28]

그렇지만 자성적 의식의 태동이라는 면에서 이러한 시도는 매우 중요한 의미를 가진다. 곧 1970년대 중후반에 한국 사회과학의 토착화 문제가 본격적으로 제기되었기 때문이다. 이와 관련해 1981년도 홍승직의 연구는 당시 사회과학자들의 의식을 잘 보여주고 있다. 그의 연구에

28) 위의 글, p. 24.

따르면, 1978년 1월 서울과 각 지방에서 국립대학과 사립대학을 하나씩 선정하여 사회학자, 경제학자, 정치학자, 인류학자 등 55명의 사회과학자들을 대상으로 사회과학의 토착화 문제에 대해 질문한 결과 토착화에 대한 동의가 상당한 수준으로 이루어졌음을 알 수 있다.[29]

설문의 내용은 다음과 같았다.[30]

> 어떤 학자들은 문화적 배경과 전통의 차이 때문에 대부분의 사회과학자들이 다른 사회의 사회적 실태를 완전히 이해하지 못하며, 따라서 그들의 세계관과 가치관에 보다 민감한 '토착화' 이론과 모델을 발전시킬 필요가 있다고 주장합니다. ① 선생님께서는 이러한 주장에 동의하십니까?, ② 만약 동의하신다면, 우리나라의 경우에는 '토착적'인 이론이나 모델에 어떠한 가치관들이 고려되어야 합니까?, ③ 우리나라의 사회과학 지식은 우리 고유의 지적 전통에 얼마나 그 근거를 두고 있다고 생각하십니까?

첫째 질문에 대해 전적으로 동의한다는 응답자는 35%(19명)였고, 원칙적으로 동의한다는 사람은 44%(24명)였으며, 반대한다는 응답자는 16%(9명)이었다(무응답 3명 5%). 둘째 질문에 대해서는 한국의 역사와 현실을 중시하는 응답자가 51%(28명)였고, 서구이론을 우선적으로 이해해야 한다고 생각하는 학자들이 24%(13명)였다(기타 14명 25%). 그리고 셋째 질문과 관련해서는 오늘의 한국 사회과학이 한국의 지적 전통과 별로 관계가 없다고 생각하는 사람이 39명으로 전체의

29) 홍승직, "사회과학과 사회개발," 앞의 글, pp. 27~28.
30) 위의 글, p. 27.

71%였다. 곧 한국의 사회과학이 한국의 지적 전통과 연속적 관련을 가질 필요가 있다는 희망과, 서구이론을 소화하여 한국의 역사와 현실에 맞도록 해야 한다는 인식에 동의하는 학자들이 압도적 다수였음을 알 수 있다. 이러한 의미에서 토착화 정서는 당시 한국 사회과학계의 주된 흐름이었다고 할 수 있다.

황성모에 따르면, 한국 사회과학에 대한 반성 자체는 과학발전에 기여할 수 있는 것이었다.[31] "한국의 사회과학이 의식구성에 대해 어떠한 의미를 가졌는가하는 문제는 일종의 금기사상이었고" 그에 따라 이 문제에 관해 "표면적으로는 혼미상태를 계속해 왔"는데, 그것은 "해방과 국토분단이라는 특수사정", "한국사회의 정치·경제적 전근대성", "세계적 규모의 냉전체제에 의한 일반적 영향" 때문이었다는 것이다. 곧 객관적 조건에도 불구하고 또는 객관적 조건의 일정한 변화에 따라 사회과학자들의 주체적 의식의 변화가 과학 발전으로 이어질 것이라는 전망이었다.

이와 같이 서구이론의 수용에서 그에 대한 비판과 토착화 시도로 전환된 논쟁은 이후 좀더 구체화된 논의로 옮겨갔다. 먼저 서양 사회과학의 국내 유관적합성 문제를 둘러싸고, 보편성과 특수성의 문제, 즉 이론과 역사, 이론과 현실, 연구방법의 부적절성, 역사성의 결여 등 학문 내적인 문제뿐만 아니라, 사회과학과 국가 내지 정부의 관계를 두고도 자율적 입장, 협력관계, 심지어는 어용학문의 지위 등에 관한 논쟁이 일어났으며, 더 나아가 방법론상의 접근법과 자세에 대해서도 논쟁과 비판이 제기되었다.[32] 그러나 이러한 논쟁의 한 켠에서는 김

31) 황성모, "사회과학의 토착화에 대하여," 앞의 글, p. 239.

경동 교수처럼 이 논쟁과 비판 자체를 특정 학문, 특히 미국학문 중심으로만 비판이 행해진다는 점을 파악하고, 비판조차도 외국의 비판조류를 맹목적으로 추종하는 비판의 무비판성 혹은 종속성을 지적하기도 했다.[33]

1980년대 중후반을 거치면서 점차 토착화 논리에 대한 비판과 함께 보다 심도 있는 정체성 논의가 진척되기 시작했다. 이것은 해방 이후 이어져 온 주류 사회과학이나 1980년대에 등장한 비판적 사회과학을 막론하고 공통된 현상으로 나타났다.

새로운 논의에 의하면, 과거의 토착화 논리는 실증주의 과학관의 '법칙 연역적 설명 모델'을 기반으로 하며, 한국의 사회과학은 이 모델에 따라 서구의 선진이론을 한국의 경험적 자료로 검증하는 가설-검증 형태의 연구에 치중했다는 것이다.[34] 그리고 토착화에 관한 황성모의 낙관적 전망은 "한국 사회과학의 자기반성사에 대해서 엄밀한 학사적 논증을 가지고서 주장하지 못하는" "일종의 인상비평"이라고 비판받았다.[35] 비판 사회과학계도 새로운 시도로 한국사회를 분석하기는 했으나, 역시 자본주의 비판의 일반이론에 따라 구조에 초점을 맞춤으로써,[36] 서구이론을 한국에 적용하는 수준을 반복하거나 한국에 적용이 가능한 새로운 외생적 비판 이론을 찾는 데 집중하는 보습을 보였다.

32) 김경동, "한국 사회과학 방법론의 탐색: 서설적 고찰," 김경동·안청시(편저), 《한국 사회과학 방법론의 탐색》(서울: 서울대 출판부, 1986), p. 6.
33) 위의 글, p. 7.
34) 이기홍, 앞의 글.
35) 서규환, 앞의 글, p. 2.
36) 김동춘, 앞의 글, pp. 13~4.

다소 극단적 비판에 따르면, 한국 사회과학의 토착화 논의는 다시금 "새로운 학문사조를 열렬히 떠받들다가 순식간에 다른 것을 넘보는 유행 추구적 학문경향"[37] 과, "개념화에서 일반화에 이르는 분석과 설명의 과정뿐만 아니라 문제해결을 위한 정책진단과 처방에 이르기까지 서구추종 현상"[38] 을 극복하지 못했다고 표현된다.[39] 한국 사회과학의 토착화 개념을, "경험적 연구를 통해서 서양이론을 우리 사회에 적용하고 그 이론을 우리의 사정에 맞게 수정 또는 재구성하는 것"뿐만 아니라, "한국의 고유한 사상체계에서 사회이론의 단초를 발굴해내어 그것을 중심으로 이론체계를 세우는 것"까지 포괄하는 개념으로 이해할 수도 있다. 그러나 그렇다고 하더라도 이러한 폭넓은 의미의 토착화 약속은 50년 동안 이루어지지 못했으며, 그렇다면 이는 목표 자체가 잘못 설정된 것이라고 할 수 있다는 주장까지 제기되었다.[40] 서구의 이론을 도입하여 한국의 사회현실에 가설-검증의 방법으로 적용하는 형태는 한국 사회현실에 작용하는 갖가지 객체들 가운데 서구의 '선진 이론'에 개념적으로 추상화되어 있는 객체만을 현실에서 찾아볼 뿐 '선진 이론'에 사상된 개체들은 포착하지 못한다는 지적이다.[41]

37) 김문조, "한국사회학의 위기," 임희섭(편), 《사회과학의 새로운 지평》(서울: 나남출판, 1999), p. 201.

38) 임현진, 앞의 글, p. 43.

39) 물론 한국 사회과학의 토착화가 1980년대에 총론 수준에서 일정한 성공을 거두었다는 평가〔한경구, "한국 인류학 연구의 문제," 〈사회과학논평〉 제 19호(한국사회과학연구협의회, 2000), p. 116〕도 없지 않지만, 이러한 평가가 다수 견해는 아니다.

40) 이기홍, 앞의 글, p. 41.

41) 위의 글, pp. 54~55.

한편, 1990년대는 1980년대 후반 한국의 민주화와 동구권의 몰락이 유사한 시기에 일어남으로써 한국 사회과학에 막대한 영향이 작용한 시기이기도 하다. 그에 따라 새로운 대안을 찾는 포스트 증후군이 유행하기 시작했으며, 사회과학에 대한 성찰의 노력이 또 다른 색채를 띠고 진행되었다.[42] 한국의 주류 사회과학 방법론은 한국사회의 본질적 문제를 취급하지 못하고, 변화에 대해 무관심하며, 가치판단을 경시하고, 주체적 발전방향을 제시하지 못하였을 뿐만 아니라, 사회과학자들로 하여금 그들이 살고 있는 사회의 문제를 성찰적으로 인식하게 하는 데도 실패했다는 판단이었다.[43]

분명히 1990년대 이후 2000년대에 이르러 한국사회에서도 서구와 같이 탈근대적 현상이 강화되고 있다. 미시적 권력의 중요성이 커지고 시민사회의 비중과 영향력이 커지면서 사회적 권력을 소유한 자와 소유하지 못한 자 사이의 경계가 흐려지는 경향을 보인다. 페미니즘과 소비자 및 네티즌의 영향력이 새로운 사회권력의 행위자로 부상하는 추세이다. 저자와 권력 주체보다 독자와 다양한 대중을 강조함으로써 새로운 현상을 설명하는 포스트모더니즘은 한국적 상황에도 유용한 방법론을 제공하는 것이 사실이다. 그에 따라 1990년대 도입된 포스트모더니즘

---

42) 포스트모더니즘과 관련된 새로운 사회과학 패러다임을 계열학문적 관점에서 소개한 연구로는, 김용학·전효관, "사회과학 패러다임의 위기와 그 쟁점: '근대적 과학성'의 문제를 중심으로," 경남대학교 극동문제연구소(편), 《세계의 위기와 한국》(서울: 경남대학교 극동문제연구소, 1994); 이용필, 《사회과학연구와 새로운 패러다임》(서울: 서울대학교출판부, 1999); 임희섭, 앞의 글이 대표적이다.

43) 문태현, "사회과학 방법론의 갈등과 이론선택의 합리성," 〈대구·경북행정학회보〉 제5집(1993), p. 74.

패러다임들은 한국의 탈근대성을 설명하기 위해 노력하고 있다.

그러나 포스트모더니즘의 도전이 전혀 새로운 것이 아니며 근대성을 전적으로 탈각한 것도 아니라는 것은 이미 서구에서도 논의된 바 있다.[44] 그럼에도 불구하고 한국에 도입된 포스트모더니즘 패러다임들은 근대성의 중요성을 간과하고 일부 탈근대성을 띠는 현상들에 포스트모더니즘을 적용하는 데 관심을 집중하고 있다. 이는 결국 또 다시 새로운 외생적 이론을 한국에 적용하여 설명하려는 구습의 반복이라고 할 수 있다. 그렇지 않은 경우에도 새로운 패러다임을 이론적 수준에서 논의하는 범주를 벗어나지 못하고 있다.

한국사회는 여전히 근대적 민주화와 합리성이 온전히 자리잡지 못한 전근대적 현상도 보이고 있다.[45] 역사가 압축적으로 발전함으로써 근대성과 탈근대성이 공존하는 현상이라고 할 수 있다. 때문에 한국 사회과학은 근대성과 탈근대성을 동시에 추구하는 방향으로 나아가야 할 필요가 있다. 포스트모더니즘 이론만을 강조하는 것은 "우리의 관심을 근대성의 병폐를 치유하기보다는 앞으로도 계속 추진해야 할 근대화의 작업으로부터 이탈시키는 역기능을 할 우려"가 있는 것이다.[46] 따라서 포스트모더니즘 패러다임들은 이러한 복합적 현상을 설명하기 위해 사회과학의 지평을 넓히는 수준에서 논의하는 것이 바람직할 것이다.

---

44) Pauline Marie Rosenau, *Post-Modernism and the Social Sciences: Insights, Inroads, and Intrusions* (Princeton, N. J. : Princeton University Press, 1992), p. 180 참조.

45) 문태현, 앞의 글, p. 80.

46) 이정복, 앞의 글, p. 46.

3. 문제의식과 과학성

긍정적으로 볼 때, 한국 사회과학과 한국 사회과학 분과학문들의 정체성을 찾기 위한 반성과 노력들이 지속, 진전되어 왔다고 평가할 수 있다. 그러나 이 노력들은 다분히 추상적 수준에 머물러 있고, 엄혹한 한계 내에 갇혀있다는 인상을 준다. 문제의식과 방법의 양자에 있어서 대안을 발견하지 못하고 외래 이론의 강력한 영향하에 있기 때문이다.

사회과학은 그 시대, 그 사회에서 가장 중대한 문제들을 발견하고, 밝히고, 해결하려는 문제의식에서 출발한다. 예컨대 19세기 중반까지 서구 사회과학의 화두는 진보와 역사발전이었고, 19세기 후반 들어 서구 사회과학은 계급갈등의 문제와 정면으로 대결하였다. 이 속에서 고전파 경제이론, 스펜서류의 사회발전론과 다원주의 사회이론, 그리고 맑스주의가 탄생했다. 당시 사회과학자들이 가장 주목했던 당시 사회의 가장 중대한 문제에 대한 천착 속에서, 이 문제를 해결하기 위한 한 방안으로 후대에 남겨진 사회과학 이론들이 개발되었던 것이다. 마찬가지로, 한국 사회과학 이론이 생기기 위해서는 한국 사회과학의 문제의식이 있어야 한다. 무엇이 이 시대 한국사회에 가장 중대한 문제인가? 이것은 수입된 이론들이 제기하는 문제 속에서 찾아질 가능성보다는 이 이론들에 의해 왜곡될 가능성이 클 수도 있다. 포스트모더니즘 이론들이 수입되지 않았다면, 미시적 권력에 대해 우리가 그토록 중시하게 되었을까? 우리 사회에서 근대적 권력의 문제들이 얼마나 해결되었나? 포스트적 현상들이 이 시대 우리 사회에 그토록 중대한 현상일까?

1960년, 70년대 우리 사회의 가장 중대한 문제는 아마 개발독재와 연관된 문제였을 것이다. 근대화의 관리, 개발과 민주주의의 딜레마, 개발속의 과실분배 등이 당시 한국 사회과학이 한국사회에 문제를 제기하고 해결을 제시해야 했던 주제이자 문제의식이었을 것이다. 그러나 이러한 주제들이 당시 한국 사회과학의 지배적 문제로 인식되었다고 보기는 어렵다. 지금에 이르러서는 사회과학자들 대다수가 주목해야 할 지배적 사회문제가 존재한다는 것 자체가 부정되고 거부되기도 한다. 학자들 각자가 천착해야 할 문제가 있고 각자가 독자적 문제의식에 따라 연구되어야 한다는 것이다. 우리 사회의 운명을 결정지을 중대한 문제가 존재하지 않는다면 이 주장도 용인될 수 있을 것이다. 그렇지 않다면, 사회과학자가 사회현실에서 유리되는 것이고, 문제의식 자체를 잃게 된 것이다. 어떤 경우이든, 독자적인 한국 사회과학의 가능성은 사라진다.

둘째는 방법과 연관된 문제이다. 한국 사회과학의 정체성 논쟁에서 전가의 보도로 사용되는 개념은 학문의 보편성과 과학성이다. 실증과학의 보편이론이라는 입장에서 볼 때, 한국적 사회과학이란 것은 존재할 수도 없고 바람직한 것도 아니다. 수입되는 과학적 서구이론은 보편적 이론이며, 타당한 서구이론들을 한국사회에 적용하는 작업은 필수적이다. 한국 사회과학계가 과학적 이론을 수립한다면, 이는 서구이론들과 마찬가지로 보편성을 지닌 것일 것이다. 따라서 한국사회에만 적용되는 독자적인 한국적 사회과학이란 것은 과학이 아니며 지향되어서는 안 된다는 것이다. 이 과학주의의 요구(*imperative*)를 넘어서지 않는 한, 한국적 사회과학이라는 정체성을 수립하기는 어려울 것이다.

문제의식의 중요성을 발견하고 과학주의를 넘어서려는 작업의 첫걸음으로 이 책은 미국 사회과학의 "기원"을 파악하려 시도했다. 한국 사회과학에 보편성과 과학의 요구를 부과하고 있는 근원의 상당 부분이 미국 사회과학이기 때문이다. 미국 사회과학 역시 당대 미국사회가 지녔던 중대한 사회문제들에 대한 대응이었고 이 과정에서 과학주의로 귀결되었다는 점을 인식하는 것은 한국적 사회과학의 정체성을 수립해야 할 필요성을 뒷받침해줄 것이다.

참고문헌

김경동. 1986. “한국 사회과학 방법론의 탐색: 서설적 고찰.” 김경동·안청시 편저. 《한국 사회과학 방법론의 탐색》. pp. 1~9. 서울: 서울대학교출판부.

김동춘. 1997. 《한국 사회과학의 새로운 모색》. 서울: 창작과 비평사.

김문조. 1999. “한국사회학의 위기.” 임희섭 편. 《사회과학의 새로운 지평》. pp. 193~217. 서울: 나남출판.

김용학·전효관. 1994. “사회과학 패러다임의 위기와 그 쟁점: ‘근대적 과학성’의 문제를 중심으로.” 경남대학교 극동문제연구소 편. 《세계의 위기와 한국》. pp. 19~52. 서울: 경남대학교 극동문제연구소.

문태현. 1993. “사회과학 방법론의 갈등과 이론선택의 합리성.” 〈대구·경북행정학회보〉 제 5집. pp. 73~89.

서규환. 2007. “한국정치학의 자기정체성 논의에 대한 비판적 논고.” 한국세계학술대회 발표문(2007년 8월 25일, 부산).

성균관대학교 사회과학연구소 편. 1983. 《한국사회과학론: 사회 없는 사회과학들이 어떤가》. 서울: 대왕사.

성균관대학교 사회과학연구소 편. 1994. 《사회과학의 동향과 전망》. 서울: 한울아카데미.

성균관대학교 사회과학연구소 편. 2007. 《사회과학으로의 초대》. 서울: 성균관대학교출판부.

연세대학교 사회과학대학 편. 2000. 《사회과학의 이해: 전공선택의 길잡이》. 서울: 연세대학교출판부.

유네스코 한국위위원회 편. 1977. 《한국 사회과학 연구》. 서울: 범문사.

윤근식 · 서규환 · 김일영. 1995. "사회과학의 성립." 〈사회과학〉 제 34권 2호(통권 제 41호, 성균관대학교 사회과학연구소). pp. 277~372.

이기홍. 2004. "한국 사회과학의 논리와 과학성." 〈사회과학연구〉 제 43집(강원대학교 사회과학연구소). pp. 39~57.

이만갑. 1979. "한국사회과학 연구방법의 현황." 한국사회과학연구협의회 · 유네스코한국위원회 편. 〈한국사회과학의 토착화: 연구방법을 중심으로〉. pp. 17~27.

이용필. 1999. 《사회과학연구와 새로운 패러다임》. 서울: 서울대출판부.

이정복. 1999. "한국정치학의 변화와 발전방향." 임희섭 편. 《사회과학의 새로운 지평》. pp. 33~51. 서울: 나남출판.

이택휘. 2004. "한국 사회과학의 정체성과 한국정치사상사 연구." 〈한국동양정치사상사〉 제 3권 1호. pp. 7~15.

임현진. 2000. "한국사회학의 해부: 자아정체성과 유관적합성을 중심으로." 〈사회과학논평〉 제 19호(한국사회과학연구협의회). pp. 41~68.

임희섭 편. 1999. 《사회과학의 새로운 지평》. 서울: 나남출판.

한경구. 2000. "한국 인류학 연구의 문제." 〈사회과학논평〉 제 19호(한국사회과학연구협의회). pp. 95~142.

한국사회과학연구소 편. 1977. 《현대사회과학방법론》. 서울: 민음사.

한국사회과학연구협의회 편. 1983. 《사회과학 방법론》. 서울: 박영사.

한국사회과학연구협의회 · 유네스코한국위원회 편. 1979. 〈한국 사회과학의 토착화: 연구방법을 중심으로〉.

한국산업사회연구회 편. 1994. 《현대 한국 인문사회과학 연구사: 80 · 90년대 비판학문의 평가와 전망》. 서울: 한울아카데미.

홍승직. 1981. "사회과학과 사회개발." 〈한국사회개발연구〉 제 5권(고려대학교 아세아문제연구소). pp. 1~70.

황성모. 1977. "사회과학의 토착화에 대하여." 한국사회과학연구소 편. 《현대사회과학방법론》. pp. 238~248. 서울: 민음사.

황성모. 1983. "한국 사회과학의 기본 과제와 방향." 성균관대학교 사회과학연구소 편. 《한국사회과학론: '사회' 없는 사회과학들이 어떤가?》. pp. 275~297. 서울: 대왕사.

水田洋·長洲一二. 1995. 《사회과학강의: 사회과학발달사》. 장명국 역. 서울: 석탑.

Barber, Willaim J. 1992. *Journal of Economic Literature*. vol. 30. no. 2.

Ross, Dorothy. 1991. *The Origins of American Social Science*. Cambridge: Cambridge University Press.

Rosenau, Pauline Marie. 1992. *Post-Modernism and the Social Sciences: Insights, Inroads, and Intrusions*. Princeton, N. J.: Princeton University Press.

▪ 참조한 수고 모음집 목록

Herbert Baxter Adams Papers, Special Collections, Johns Hopkins University.

Henry Carter Adams Papers, Michigan Historical Collections, University of Michigan.

Arthur F. Bentley Mss., Lilly Library, Indiana University.

John Bates Clark Papers, Rare Book and Manuscript Library, Columbia University.

John R. Commons Papers, State Historical Society of Wisconsin.

Charles Horton Cooley Papers, Michigan Historical Collections, University of Michigan.

Charles William Eliot Papers, Harvard University Archives, Pusey Library.

Richard T. Ely Papers, State Historical Society of Wisconsin.

Daniel Coit Gilman Papers, Special Collections, Johns Hopkins University.

Frank J. Goodnow Papers, Special Collections, Johns Hopkins University.

William Rainey Harper Papers, University of Chicago Special Collections.

Albert Bushnell Hart Papers, Harvard University Archives, Pusey Library.

Philip M. Hauser Papers, University of Chicago Special Collections.

Frank H. Knight Papers, University of Chicago Special Collections.

A. Lawrence Lowell Papers, Harvard University Archives, Pusey Library.

George Herbert Mead Papers, University of Chicago Special Collections.
Charles E. Merriam Papers, University of Chicago Special Collections.
Wesley Clair Mitchell Papers, Rare Book and Manuscript Library, Columbia University.
William F. Ogburn Papers, University of Chicago Special Collections.
Robert E. Park Papers, University of Chicago Special Collections.
Presidents' Papers, 1889~1925, University of Chicago Special Collections.
Records of the History and Political Science Association and of the Seminary of History and Politics, Special Collections, Johns Hopkins University.
Edward A. Ross Papers, State Historical Society of Wisconsin.
Albion W. Small Papers, University of Chicago Special Collections.
Edwin R. A. Seligman Papers, Rare Book and Manuscript Library, Columbia University.
William I. Thomas Archival Biographical File, University of Chicago Special Collections.
Graham Wallas Papers, British Library of Political and Economic Science, London School of Economics and Political Science.

이 자료집들 대부분이 그 대상의 삶과 저작보다 더욱 폭넓은 정보에 접근할 수 있게 해주었다. 도금기 미국 사회과학에 대해서는 〈허버트 백스터 애덤스 자료집〉(Herbert Baxter Adams Papers)이 〈길먼 자료집〉(Gilman Papers)과 존스 홉킨스 대학 세미나 〈기록〉(Record)과 함께 이 나라 최초의 주요 사회과학 센터에 대해 훌륭한 설명을 제공했다. 1890년대 시카고 대학에 대해 그에 필적하는 자료는 〈앨비언 스몰 자료집〉(Albion Small Papers)과 윌리엄 레이니 하퍼(William Rainey Harper)의 개인문서들 및 〈시카고 대학 총장 자료집〉(Chicago Presidents' Papers)에 실린 하퍼의 자료들이다. 이에 더하여 스몰은 도금기 사회과학의 윤리학파, 역사학파에 대해 엘리 및 다른 사람들과 교류했다. 로웰의 개인자료들과 하트와 엘리어트 자료집(Hart and Eliot Papers)

은, 하바드에서의 초창기 발전에 대한 완벽한 그림을 제공하려면, 로버트 처치(Robert L. Church)의 박사학위논문으로 보충할 필요가 있다. 협조적 사회주의에서 자유주의로 옮겨간 고뇌에 찬 전환에 대한 가장 두드러진 기록은 〈헨리 카터 애덤스 자료집〉(Henry Carter Adams Papers)이다. 엘리 자료집은 이 주제에 대해 유용하지만, 대개 수신 우편으로 구성되어 있고, 그래서 사회과학 분과학문들 안팎에 있었던 다양한 사회 복음운동을 위해 더 훌륭한 자료이다.

혁신기와 1920년대에 진입하기까지의 사회과학과 관련해서는, 〈스몰 자료집〉과 〈시카고 대학 총장 자료집〉 및 하바드 대학의 〈로웰 자료집〉(Lowell Papers)이 개별 주제와 각 분과학문, 그리고 사회과학에 대한 정치적 압력을 이해하기 위해 유용하다. 〈커먼스 자료집〉(Commons Papers)은 위스콘신 대학에서 이루어진 사회과학 활동의 폭을 일정하게 파악할 수 있게 해준다. 개인적 지적 발전에 대한 기록들로서 로스와 쿨리 자료모음집(Ross and Cooley collections)은 둘 다 특별한 가치가 있다. 그밖에 〈쿨리 자료집〉에는 1893년 존 듀이의 정치철학 강의노트도 실려 있었는데, 이 노트는 사회과학과 듀이의 관계에 대한 중요한 문서이다.

1910~1929년 기간에 대해 유용한 수고 모음집은 역사학자들에 의해 개발된 상당한 자료들도 포함하고 있다. 벤틀리에 관해 발간된 연구가 부족한 상태에서 그의 자료집은 없어서는 안 될 근거자료이다. 나이트의 경우도 비록 그 모음집이 사용하기 어려운 것이기는 하지만 마찬가지로 중요하다. 앨빈 존슨의 강의를 기록한 나이트의 노트와 나이트의 명제에 대한 앨린 영의 논평 역시 많은 정보를 제공한다. 상당수에 달하는 미첼의 편지들이 이미 간행되었음에도 불구하고 〈미첼 자료집〉(Mitchell Papers)은 그의 지적 발전을 추적하는 데 유용한 노트와 수고들, 그리고 경제학 내의 관계망을 이해하는 데 중요한 서신왕래를 포함하고 있다. 불행하게도 사회학의 역사와 관련해서는, 대단

히 중요함에도 불구하고 시카고에서의 토마스의 서신 몇 장만이 그의 파일과 〈스몰 자료집〉, 〈파크 자료집〉 및 〈총장 자료집〉 속에 들어 있다.

1920년대 시카고의 사회과학에 관해서는 풍부한 근거자료들이 있다. 〈파크 자료집〉(Park Papers)은 1930년 이후 시카고 사회학에 대한 변화하는 해석에 관해서도 상당한 통찰력을 제공하지만, 주요하게는 파크 자신의 연구와, 인종관계 및 생태학에 대한 시카고 사회학을 위해 유용하다. 〈메리엄 자료집〉(Merriam Papers)은 정치학과 정부업무에 대한 메리엄의 많은 접촉과 사회과학연구협의회(SSRC)에서의 핵심적 역할로 인해 사용범위가 가장 넓다. 이 모음집은 놀라울 정도로 시사적인, 1920년대 사회과학연구협의회 회의록의 축약본을 포함하고 있다. 오그번의 자료집은 그의 경력과 사회학을 위해 유용하며, '최근 사회 추세'(*Recent Social Trends*) 프로젝트에 관해서는 없어서는 안 될 문서인 프로젝트 위원회 회의의 축약 사본이 실려 있다. 마지막으로, 〈왈라스 자료집〉(Wallas Papers)은 미국 사회과학자들의 일부 흥미로운 서신왕래를 포함하고 있다.

독자들은 내가 참고한 수고 모음집들의 목록이 1929년까지의 미국 사회과학 주제에 관해 유용한 것들에 대해 완벽한 안내서는 아니라는 것을 주의해야만 한다. 수많은 경우에 수고 출전에 기반한 강력한 이차 문헌들이 있는데, 예를 들어 예일 대학의 두툼한 〈윌리엄 섬너 자료집〉(William Graham Sumner Papers)에 기반한 도날드 벨로미(Donald Bellomy)의 상세한 박사학위논문, 그리고 시카고와 펜실베니아 주립대의 루터 버나드(Luther Lee Bernard)의 폭넓은 논문들에 부분적으로 기반한 로버트 배니스터(Robert Bannister)의 《사회학과 과학주의》(*Sociology and Scientism*)가 그것들이다. 프랜시스 리버와 존 버제스와 꼭 마찬가지로 이 책의 초기에 등장한 인물들의 일부와 관련해서는 수고 모음집들이 유용했지만, 또한 훨씬 더 유용한 것으로서, 출판된 일차 및 이차 저작이 있다.

▪ 간행된 일차 및 이차 출전

이 책이 토대로 한 출판된 일차 출전은 사회과학자들 스스로가 쓴, 발간된 편지와 논문 및 문헌들, 그리고 주요 사회과학 학술지들을 포함한다. 이 마지막 것은 논문들뿐만 아니라 서평을 위해서도 특히 유용한 출전인데, 이것은 견해들과 견해의 분열을 공식저술보다 종종 더 자유롭게 드러낸다. 각주에 쓰인 약자들의 목록은 역시 내가 참고한 주요 사회과학 학술지들의 목록으로 사용될 수 있다. 내가 다룬 각 사회과학자들과 특수 주제들의 주요 일차 출전들은 관련 텍스트를 함께 소개한 각주를 통해 가장 잘 접근할 수 있다.

내가 사용한 이차 출전들도 마찬가지다. 색인이 충분히 상세하여 특정한 인물과 주제 및 시기가 논의된 본문 내 위치를 독자들이 쉽게 찾을 수 있기를 바란다. 각주에서 논평이 이루어지고, 한 개의 장에서 다루어진 시기나 주제 이상을 포괄하는 이차 출전들이 있는 곳일 경우, 색인은 관련 인용들을 어디에서 발견할 수 있는지를 지시해줄 것이다. 예를 들어, '정치학'이라는 표제 아래에는 '일반 출전'이라는 부제가 있고, 미국 정치학의 일반 역사에 대한 일차 참고문헌들을 소개한 페이지들이 이 부제 옆에 쓰여 있다.

찾아보기

(인 명)

ㄱ~ㄷ

ㄹ

ㅁ

ㅂ

ㅈ

ㅌ

ㅍ

ㅎ

찾아보기

(용 어)

ㄱ

ㄴ~ㄷ

ㄹ~ㅁ

ㅂ~ㅅ

ㅇ

ㅈ

ㅊ~ㅍ

ㅎ

도로시 로스 (Dorothy Ross)

스미스 대학(Smith College)을 졸업하고, 1965년에 컬럼비아 대학에서 역사학 박사학위를 취득했다. 1972~76년 프린스턴 대학, 1978~90년 버지니아 대학에서 강의했으며, 1990년 이후 현재 재직중인 존스 홉킨스 대학에 역사학 교수로 부임하여 미국 지성사, 현대 사회사상과 정치사상, 인문과학사를 강의하고 있다. 그밖에 행태과학연구센터(Center for Advanced Study in the Behavioral Sciences), 우드로 윌슨 재단(Woodrow Wilson Foundation), 멘토상 스펜서 재단(Spencer Foundation Mentor Award)에서도 적극적으로 활동하고 있다.

《미국 사회과학의 기원》(*The Origins of American Social Science*, 1991) 외 주요 저서로는《G. 스탠리 홀: 예언자로서의 심리학자》(*G. Stanley Hall: The Psychologist as Prophet*, 1972),《1870~1930년대 인문과학의 근대적 충동》(*Modernist Impulses in the Human Sciences, 1870~1930*, 편저, 1994)이 있으며, 그밖에 미국사 및 지성사에 관한 다수의 저서와 논문이 있다.

백창재

미국 캘리포니아 대학(버클리) 정치학 박사. 현 서울대 정치학과 교수. 세종연구소 연구위원, 가톨릭대학 국제학부 교수 역임.

주요 저서로《정치학의 대상과 방법》(공저, 2005),《현대정치의 이해》(공저, 2002),《20세기로부터의 유산: 세계경제와 국제정치》(2001), *Politics of Super 301: The Domestic Political Basis of U.S. Foreign Economic Policy*(1994) 외 다수.

정병기

독일 베를린 자유대학 정치학 박사. 현 서울대 교수학습개발센터 연구교수. 서울대 국제대학원 선임연구원, 서울대 기초교육원 전임대우강사 역임.

주요 저서로《이념갈등과 사회통합》(공저, 2006),《제 3의 길과 신자유주의》(공저, 개정판, 2006),《세계화시대 노사정의 공존전략》(공저, 2005),《사회과학 글쓰기》(2005) 외 다수.